DIE MITTELMEER
KÜCHE

Christoph Wagner · Franz Haslauer

DIE MITTELMEER KÜCHE

Novelli's GROSSES MEDITERRANES KOCHBUCH

Fotos:
Luzia Ellert und
Johannes Kittel

Pichler Verlag

Wir danken den nachstehenden Firmen
für ihre Unterstützung:

Alpe Adria Weindepot GmbH, Klagenfurt
Holzmann Rudolf OHG · Groß- und Einzelhandel, Wien
Rasper & Söhne Nfg GmbH & Co KG, Wien

ISBN 3-85431-331-4

Pichler Verlag im Internet: www.styriapichler.at

Redaktion und Fachlektorat: Renate Wagner-Wittula
Lektorat: Olivia Volpini de Maestri

Umschlagfoto vorne und Kapiteleinstiegsfotos: Luzia Ellert
Alle übrigen Fotos stammen von Johannes Kittel
Fotoassistenz: Dorit Kittel

Mitarbeit und Foodstyling: Alexander Pochlatko

Umschlag- und Buchgestaltung: Bruno Wegscheider

Reproduktion: Pixelstorm, Wien
Druck und Bindung:
Druckerei Theiss GmbH, St. Stefan im Lavanttal
Gedruckt auf Magno Pearl von **sappi**

Inhalt

Im Paradies der leichten Genüsse

Einladung zu einem kulinarischen Streifzug rund ums Mittelmeer

Oliven, Kräuter, Wein und Meer. Mit diesen vier Elementen lässt sich der Mikrokosmos der mediterranen Küche sehr einfach charakterisieren. Die Fünfte im Bunde ist die Sonne – und alles andere ergibt sich von selbst.

Doch die mediterrane Küche ist nicht nur die Küche des europäischen Südens, sondern sie ist vor allem auch die Erfüllung der Sehnsüchte des Nordens. Gibt es doch vermutlich kaum ein kulinarisches Thema, über das in den letzten Jahrzehnten so viel diskutiert und geschrieben wurde wie über die südliche Art zu genießen.

Der thematische Bogen reicht von der einfach-raffinierten toskanischen Bauernküche über die spanische Tapas- und die venezianische Fischküche bis hin zur Kreta-Diät und der Vielfalt südosteuropäischer Meze-Buffets.

Doch so einfach sich die mediterrane Küche zwischen Algarve und Antalya auch präsentieren mag, so viel kochtechnisches Knowhow, Produktverständnis und Fingerspitzengefühl verlangen die Gerichte des Mittelmeers im Detail.

In der Fülle der Kochbücher über Sonnen- und Meeresküche fehlte uns daher bislang eines: nämlich ein Grundkochbuch der mediterranen Küche, das Anfängern einen leichten Einstieg ermöglicht und auch für Profis noch interessante Details auf Lager hat.

Dieses Buch ist der Versuch, ein solches Standardwerk zu schreiben. Als Fokus des Werks haben wir daher auch kein Restaurant in Florenz, Barcelona oder Heraklion gewählt, sondern das „Novelli", eine mediterrane Oase inmitten der Wiener City.

Dieses Restaurant, das 2002 vom italienischen Außenhandelsministerium als eines der fünf besten italienischen Restaurants der Welt außerhalb Italiens ausgezeichnet wurde, eignet sich nämlich perfekt für eine „kulinarische Gesamtschau" auf die mediterranen Küchen vom Blickpunkt der Mitte Europas aus.

Wie jedes gute Grundkochbuch beginnt auch dieses mit einer umfangreichen Koch- und Warenkunde, die wir in Form einer kleinen Kochschule von Artischocke bis Zitrone präsentieren.

Das Kernstück des Buches bilden freilich – nach der klassischen Menüfolge geordnet – die Rezepte aus allen Mittelmeerländern, bei deren Auswahl wir selbstverständlich keinen Anspruch auf Vollständigkeit verfolgt haben, sondern jenen, typische Rezepte aus allen Ländern des nördlichen Mittelmeerbogens von Südportugal über Spanien, Südfrankreich, Italien, die Balkanhalbinsel und die Ägäis bis hin zum Bosporus anzubieten.

Bekannte Klassiker wie Paella, Bouillabaisse, Ratatouille, Panzanella oder Moussaka wechseln einander dabei mit vielen autochthonen Regionalrezepten wie provençalischer Piperade, portugiesischer Steinsuppe, kroatischem Ajvar oder türkischem Adana Kebap ab.

Da sich das Restaurant „Novelli" jedoch nicht nur als Brennpunkt mediterraner Aromen und Originalrezepte, sondern auch als ein Flaggschiff einer zeitgemäß-leichten und vor allem auch kreativen Sonnenküche versteht, finden sich zwischendurch immer wieder inspirierte Gerichte, die sich keinem Land zuordnen lassen, sondern einfach als „Novelli-Spezialitäten" Eingang in dieses Kochbuch gefunden haben.

Ein mediterranes Grundkochbuch kann jedoch – so sind wir überzeugt – bei allem Bemühen um Übersichtlichkeit und leicht nachvollziehbaren Rezeptaufbau nicht nur eine Arbeitsanleitung sein. Es sollte vielmehr auch Flair und Lebensgefühl wiedergeben sowie kulinarischen Lesestoff rund ums Mittelmeer bieten. Aus diesem Grund haben wir das vorliegende Standardwerk rundum mit vielen kultur- und kulinarhistorischen Anekdoten gewürzt. Sie sollen vor allem auch dann appetitanregend wirken, wenn draußen keine mediterrane Sonne scheint, sondern der Kontinent sich wieder einmal von seiner wetterwendischen Seite präsentiert.

In diesem Sinne wollten wir ein Kochbuch schreiben, das nicht nur zum Kochen, sondern auch zum Träumen anregt. Ihrer kulinarischen Phantasie sind dabei – und das ist ein letztes, vielleicht sogar das entscheidende Geheimnis des Zaubers der Mittelmeerküche – kaum Grenzen gesetzt.

Guten Appetit wünschen

Christoph Wagner und Franz Haslauer

P.S.: *Selbstverständlich stehen hinter einem so ehrgeizigen Projekt wie diesem nicht allein zwei Autoren, sondern ein ganzes Team. Wir möchten in diesem Zusammenhang ganz besonders Alexander Pochlatko für die intensive Mitarbeit und das Foodstyling danken sowie allen Mitarbeitern des „Novelli", die dieses Restaurant seit seiner Eröffnung durch ihren Einsatz zu dem gemacht haben, was es heute ist. Unser besonderer Dank gilt auch den vielen lieben Freunden, die in zahlreichen privaten Nach-Verkostungen zum Gelingen des Buches wesentlich beigetragen haben.*

WIE KOCHT MAN MEDITERRAN?

Eine kleine mediterrane Kochschule von Artischocke bis Zitrone

Mediterrane Küche — das bedeutet schon angesichts des Einzugsgebiets von Portugal bis Türkei größtmögliche Vielfalt. Dennoch haben die Regional- und Landesküchen auch eine Reihe von Gemeinsamkeiten, was Techniken und Zutaten betrifft. Dieses kleine südliche Genuss-Alphabet versteht sich als Führer durch die wichtigsten Ingredienzen und Zutaten der mediterranen Küche.

ARTISCHOCKE

Wenn es neben der Olive noch ein Wahrzeichen der Sonnenküche des Mittelmeers gibt, so ist dies mit Sicherheit die ursprünglich aus Arabien stammende Artischocke, die in den unterschiedlichsten Sorten auf den Tafeln zu finden ist:

CAMUS DE BRETAGNE: runde Form; Frankreichs bekannteste Artischockenart
CASTEL: rund, großköpfig, von sehr zartem Fleisch
VIOLETTA DI TOSCANA: mittelgroß, besonders zart und delikat
ROMANESCO: großköpfig, rund, dornenlos
CATANESE: längliche Kopfform, dornenlos
LILA ARTISCHOCKE: längliche Kopfform sowie leicht violett gefärbte Blätter

Die Artischocke ist in nördlicheren Gefilden zwar durchaus erhältlich, jedoch weniger populär, weil es als „schwierig“ gilt, sie zu essen. Dabei sollten ihr gerade Feinschmecker, die gerne auch ihr Gläschen Wein zum südlichen Essen genießen, in besonderem Maße zusprechen, da die Artischocke (übrigens auch der Artischockensaft) aufgrund des darin enthaltenen Bitterstoffs Cynarin eine schützende bis heilsame Wirkung auf die menschliche Leber ausübt. Auch der italienische Magenbitter *Cynar* wird übrigens aus den Stielen und Wurzeln der Artischocke hergestellt.

Es lohnt sich jedoch keineswegs nur wegen der Leber, sondern durchaus auch aus geschmacklichen Gründen, bis ins Herz der Artischocke vorzudringen. Und es ist auch längst nicht so kompliziert, wie manche meinen.

WIE MAN ARTISCHOCKEN ZUPUTZT

Wie man mit Artischocken umgeht, hängt in erster Linie von ihrer Größe ab. Handelt es sich um junge, zarte Artischocken, so haben die äußeren Blätter noch kein Fleisch, während die inneren Blätter besonders zart sind. Auch das aus Blütenfäden gebildete „Artischockenheu“ ist in diesem Zustand noch essbar. All das zusammen bezeichnet man als „Artischockenherz.“ Um daran zu gelangen, wird zunächst der Stiel aus dem Artischockenboden gebrochen oder möglichst nahe am Kopf abgeschnitten. Dann entfernt man etwa die Hälfte der Außenblätter, schneidet das obere Drittel der Artischocke ab und reibt die Schnittfläche mit Zitrone ein. Jetzt erst kann das Artischockenherz, je nach Rezept, beliebig weiterverarbeitet werden.

WIE MAN ARTISCHOCKEN KOCHT

Größere Artischocken müssen hingegen vor der Verarbeitung im Ganzen gekocht werden. In diesem Fall werden die Stiele und die Spitzen abgeschnitten und mit je einer Zitronenscheibe belegt. Achtung: Mit Küchengarn binden, damit die Zitronen fixiert werden und die Artischocken ihre Façon nicht verlieren! Danach werden die Artischocken in Wasser mit Salz, Lorbeerblatt, Weißwein und Zitronensaft je nach Größe 10–25 Minuten weich gekocht. Danach kann man die Blätter bequem abziehen und das Fruchtfleisch aussaugen. Sobald das Artischockenheu frei liegt, wird es mit einem scharfen Messer abgeschnitten, und die übrig bleibenden Artischockenböden lassen sich dann nach Belieben weiterverarbeiten.

WIE MAN ARTISCHOCKEN ISST

Die Antwort lautet: möglichst furchtlos, und zwar mit beiden Händen. Man nimmt die Artischocke einfach in die linke Hand und arbeitet sich, nachdem man die äußeren, holzigen Blätter entfernt hat, ein Blatt nach dem anderen abzupfend, allmählich von außen nach innen vor. Jedes dieser Blätter tunkt man dabei kurz in die gewählte Dip-Sauce und führt es dann zwischen die Zähne, um auch noch das letzte bisschen Fruchtfleisch genüsslich vom Blatt zu lösen. Das sieht zwar zuweilen nicht nach wirklich guter Kinderstube aus, wird aber von Knigge & Co. durchaus wohlwollend toleriert.

So erhalten Sie Artischockenherzen

1 *Stiel mit dem Messer kappen und äußere Blätter entfernen*
2 *Mit einem Parisienneausstecher das „Heu" entfernen*
3 *Artischockenherzen vierteln und in Olivenöl anbraten*

So erhalten Sie Artischockenböden

1 *Äußere Blätter entfernen*
2 *Schnittfläche mit Zitronensaft einreiben und mit einem scharfen Tourniermesser zuputzen*
3 *Verbliebene harte Stellen wegschneiden und die Artischockenböden je nach Rezept weiter verwenden*

Hat der oder die Artischockenesser(in) erst einmal alle Blätter ausgesaugt, so gibt's als Belohnung den Kern der Sache, nämlich den Artischockenboden. Für dessen Bewältigung greift man sinnigerweise zu Messer und Gabel und trennt zunächst einmal mit einem Schnitt das ungenießbare „Heu" ab. Was jetzt noch zurückbleibt, kann man entweder für verschiedene Gerichte (z. B. gefüllte Artischockenböden) weiterverwenden oder einfach wie ein Stück besonders zartes Fleisch genießen. In einem guten Restaurant oder falls Sie Gäste bewirten, sollte nach dem Artischockenessen eine Fingerbowle gereicht werden. Im Alltag kann man sich auch einfach die Hände waschen.

AUBERGINE s. MELANZANI

BOHNEN

Wenn am Mittelmeer von Bohnen die Rede ist, so sind meist nicht Stangenbohnen, sondern dicke Bohnen gemeint. Die wohl bekannteste Sorte ist die dünnschalige und längliche *Cannellini-Bohne* mit ihrem hohen Nährwert und dem milden Geschmack. Die ebenfalls weißen, aber größeren und etwas unförmigen *Fagioli di Spagna* (auch: Fagiole) werden in der Toskana vor allem im Sommer frisch enthülst gegessen. Besonders geschätzt sind zurzeit auch die rundlichen, dunkelroten *Borlotti-Bohnen,* die man leicht an ihren dünnen Streifen erkennen kann.
Das Kochen der Bohnen gilt in südlichen Ländern als hohe Hausfrauenkunst, da die Bohnen niemals schlabbrig oder klebrig werden dürfen, sondern ganz und bissfest bleiben müssen. Das Wasser darf daher nie kochen, sondern muss, wie es in Italien heißt, auf ständig gleich bleibender, sehr mäßiger Hitze „beben" (fremere).
Die liebsten Begleiter mediterraner Bohnengerichte sind reichlich Olivenöl, wenig Salz und Pfeffer sowie rohe, fein gehackte Zwiebeln. In der Toskana wird zu Bohnen auch Brot gereicht, das zuvor mit etwas Bohnen-Kochwasser benetzt wurde.

BRATEN

„Al forno" sagen die Italiener, wenn sie Fleisch oder Fisch, meist im Ganzen, ins Rohr schieben. Der klassische Braten ist aber keineswegs nur in Italien, sondern im ganzen Mittelmeerraum populär, vor allem dort, wo man dafür auch die herrlichen Lehmbacköfen verwenden kann, in denen keineswegs nur die Pizza unvergleichlich wird. Im häuslichen Backrohr lassen sich da freilich nur Annäherungswerte erzielen, die allerdings sehr wohl beachtlich sein können. So sollte man von den Südländern durchaus die Sitte übernehmen, mit den Fisch- oder Bratenstücken ganze, oft gar nicht geschälte, sondern nur leicht angedrückte Knoblauchzehen, Rosmarinzweige, Salbeiblätter und – für den Saft – ruhig auch ein paar Tomaten mitzubraten.
Wichtig ist vor allem auch, den Bratvorgang, um die Poren so rasch es geht zu verschließen, auf möglichst hoher Hitze (ca. 220 °C) zu starten und die Hitze dann in Zehnminutenschritten allmählich herunterzuschalten. Je langsamer der Braten gart, desto stärker kann die Hitze reduziert werden und desto saftiger wird das Fleisch am Schluss sein. Kurz vor Bratende sollte man sich dann um die knusprige Kruste kümmern und die Hitze kurz stark erhöhen oder, so vorhanden, die Grillschlange zuschalten.
Unumgänglich ist es auch, den Braten möglichst oft mit dem eigenen Saft zu übergießen. Wasser oder Suppe dürfen dabei nur zugegossen, nicht aber direkt über den Braten gegossen werden. Nicht weniger ratsam ist es auch, den Braten vor dem Tranchieren bei ausgeschaltetem und halb geöffnetem Rohr 10–15 Minuten rasten zu lassen, damit sich die Säfte setzen können und der Braten sich bequem schneiden lässt.

BULGUR

Auch *Burgul* oder *Burghul* genannt, bildet der Weizenschrot mit seinem nussigen Aroma eine der wichtigsten Getreidezutaten der türkischen und arabischen Mittelmeerküche. Der Weizen wird zunächst vorgekocht, dann luftgetrocknet und schließlich zerkleinert, wobei die meisten seiner Nährstoffe erhalten bleiben. Bulgur wird feinkörnig und grobkörnig angeboten, braucht, je nach Körnung, meist ca. 10–12 Minuten, bis er gar ist, und wird vor allem als Beilage verwendet.

CHILISCHOTE

Ob in ganzen frischen oder getrockneten Schoten, als Granulat, als Paste oder als Öl – die scharfen Pfefferschoten (ital. peperoni oder peperoncini, span. pimentos) sind eine Grundzutat der Mittelmeerküche, die zart besaiteten Gaumen schon auch einmal gefährlich werden kann. Vorsicht ist vor allem bei den Kernen geboten, in denen die wahre Schärfe sitzt und die man vor der Weiterverarbeitung, so man es nicht wirklich scharf möchte, unbedingt entfernen sollte.

COUSCOUS

Einer der wichtigsten Beiträge Nordafrikas zur mediterranen Küche ist das berühmte Grießgericht aus gemahlenen und zu feinen Kugeln gerollten Getreidekörnern, Hirse und Kichererbsen, das im 16. Jahrhundert von den Franzosen in Tunesien entdeckt wurde und ihnen auch seine heutige Schreibweise verdankt. Original wird der heute vor allem auch in ganz Südfrankreich verbreitete Couscous immer in einer *Couscoussière,* einem doppelstöckigen Topf, zubereitet. In dessen unterem Teil werden Fleisch und

Gemüse geschmort, während darüber das Getreide unter Dampf quillt. Wer keine Couscoussière besitzt, der kommt daher auch bequem mit einem Dämpftopf zurecht. Damit der feine Couscous nicht durch die Löcher des Dämpftopfs rieselt, füllt man ihn einfach in ein sauberes Küchentuch, bindet dieses zu und setzt es in den Topf. Eine ganz einfache Methode zu einem guten Couscous zu kommen, besteht auch darin, das Getreide mit kochendem Salzwasser zu übergießen und je nach Packungsanleitung 5–10 Minuten zugedeckt quellen zu lassen.

EIS UND EISCREME

Eisspezialitäten sind zwar aus dem gesamten Mittelmeerraum nicht wegzudenken, haben ihren Ursprung jedoch nicht hier, sondern im alten China, wo schon Konfuzius im Ruf stand, einen eigenen Eiskeller voll fruchtig-süßer Köstlichkeiten zu besitzen, mit denen er unter anderem auch seine Kurtisanen verwöhnt haben soll. Über die Araber kam das *Sharbat* oder *Sherbet* genannte Eis dann nach Sizilien und verbreitete sich von dort aus in alle Richtungen des Mittelmeers.

Vom Sherbet leitet sich auch die Bezeichnung *Sorbet* ab, die heute noch jedes Wasser-Frucht-Eis aus geeistem Fruchtsaft oder Fruchtpüree, Zuckersirup und meist auch einem Schuss Alkohol bezeichnet. (Eng verwandt damit ist auch das Granité, das nichts anderes ist als ein kristallisiertes Sorbet.)

Seit der Erfindung der Linde'schen Kältemaschine im Jahre 1876 kann praktisch jeder Eis, Sorbet und Granité herstellen, der eine Eismaschine (im Fachjargon auch Sorbetière genannt) besitzt. Je nach Maschinentyp dauert es etwa 5–20 Minuten, bis das Eis fertig ist. Die Maschine sollte allerdings nie in zimmerwarmem Zustand in Gang gesetzt, sondern zuvor im Kühlschrank ordentlich durchgekühlt werden.

Wer keine Eismaschine besitzt, kann die Masse auch in eine geeignete Form füllen und im Tiefkühlfach unter gelegentlichem Durchrühren, je nach gewünschter Konsistenz, etwa 2–3 Stunden frieren lassen.

ESSIG

Essig war im Mittelmeerraum schon immer ein – allerdings eher schlecht beleumundetes – Nebenprodukt des Weinbaus. Sein heutiges Ansehen verdankt er ohne Zweifel der Stadt Modena in Oberitalien, die für ihren *Aceto Balsamico Tradizionale* weltweit berühmt ist. Er wird aus dem eingekochten Most der weißen Trebbiano-Traube gewonnen und in Holzfässern auf Dachböden bis zu 12 Jahren gereift. Dafür benötigt man eine so genannte „Solera", worunter man eine Anzahl verschiedener, oft Jahrzehnte alter Holzfässchen versteht. Aus dem ältesten davon wird einmal im Jahr ein Drittel des Elixiers auf Flaschen gezogen. Was nunmehr im Fass an Flüssigkeit fehlt, wird mit dem Inhalt des zweitältesten Fasses aufgefüllt. Dieser Vorgang wird bis zum jüngsten Fass fortgesetzt, welches dann seinerseits wieder mit frischem Traubensaft und jungem Wein aufgefüllt wird. Dann beginnt der ganze Prozess wieder von vorne, wodurch der ursprünglich weiße Essig im Laufe der Zeit eine fast schwarzbraune Farbe und einen besonders konzentrierten, aber milden Geschmack annimmt. Die Bezeichnung Balsam-Essig hat sich, da nicht geschützt, mittlerweile auch für nicht aus Italien stammende Balsam-Essige (z. B. auf der Basis von Apfelmost) eingebürgert.

In letzter Zeit wird auch verstärkt der so genannte „Weiße Balsamicoessig" angeboten. Er ist wesentlich preisgünstiger, von hellerer Farbe sowie von unkomplizierterer Art als der Aceto Balsamico Tradizionale, leistet aber in der Küche sehr gute Dienste. Der neben dem Aceto Balsamico wohl berühmteste Essig der Mittelmeerregion stammt aus dem Sherry-Anbaugebiet im spanischen Jerez und wird in drei Qualitätsstufen angeboten: *Gran Gusto* (junger Essig aus Eichenfässern); *Mayoral* (12 Jahre im Eichenfass); *Reserva* (24–25 Jahre in Fässern gereift, die oft über 50 Jahre alt sind).

FISCHE

Meeresfische – noch vor wenigen Jahrzehnten hauptsächlich als billige Massennahrung populär – werden zunehmend zu raren, teuren Delikatessen. Im Folgenden ein kurzer Überblick über die wichtigsten Mittelmeer-Speisefische:

AAL *(Anguille, Anguilla):* Wanderfisch zwischen Süß- und Salzwasser mit konsistentem, geschmacksintensivem Fleisch, das am besten schmeckt, wenn sich der Aal (in den Sommermonaten) auf dem Weg ins Meer befindet. Vorsicht: Winteraale schmecken oft tranig! Als besondere Delikatesse unter Gourmets gelten die winzigen Glasaale, die vor allem in Spanien erhältlich sind und für gewöhnlich roh (mit Salz, Pfeffer und Olivenöl) oder mit Chili frittiert verspeist werden.

ANGLER, auch **SEETEUFEL** *(Lotte de mer, Baudroie, Coda di rospo, Rana pescatrice):* Grätenfreier Meeresraubfisch, dessen äußerst schmackhaftes Fleisch in seiner Bissfestigkeit an Hummer oder Scampi erinnert.

DRACHENKOPF, auch **SKORPIONFISCH** *(Rascasse, Scorfano, Scorpena):* Mittelmeerfisch von beängstigendem Äußeren, aber mit weißem Fleisch von unvergleichlichem Biss, weshalb er unverzichtbarer Bestandteil jeder Bouillabaisse ist. Als besondere Delikatesse gilt seine Leber.

Meeresfische filetiert man, indem man zunächst vom Kopf weg den Rücken entlang schneidet (Bild oben), und danach das Filet mit dem Küchenmesser vorsichtig von den Gräten abzieht (Bild unten).

GOLDBRASSE *(Dorade royale, Daurade, Orata):* Einer der teuersten Fische der Welt ist nach dem charakteristischen Goldband zwischen den Augen benannt, an dem man auch die Frische des Fisches feststellen kann, da es nach dem Tod sehr schnell verblasst. Das feste, fast krebsartige Fleisch ist sehr kalorienarm und auch ausgezeichnet zum Schmoren geeignet.

KNURRHAHN *(Grondin, Capone):* Grätenfreier Knochenfisch mit bissfestem Fleisch, vor allem in der Adria heimisch.

LACHS *(Saumon, Salmone):* Forellenähnlicher Wanderfisch, der seine ersten 2 Lebensjahre im Süßwasser zubringt und dann flussabwärts ins Meer zieht, aus dem er erst zum Laichen wieder zurückkehrt. Ist im Mittelmeer zwar nicht wirklich heimisch, spielt jedoch in der mediterranen Küche dank günstiger Lieferbedingungen aus anderen Gewässern eine zunehmend wichtigere Rolle (Spaghetti al salmone, Lachsravioli etc.).

MEERBARBE:
siehe **ROTBARBE**

PETERSFISCH, auch **ST. PETERSFISCH** *(St. Pierre, San Pietro, Sampietro):* Besonders schmackhafter Plattfisch mit sehr festem, buttähnlichem und strahlend weißem Fleisch. Aufgrund des eher raren Vorkommens zählt er zu den begehrtesten – und daher auch teuersten – Gourmetfischen. Seinen Namen trägt der Petersfisch nach dem charakteristischen schwarzen Fleck an der Flanke, der der Legende nach auf einen Fingerabdruck des Apostels Petrus zurückgeht. Er soll diesem Fisch angeblich, um Christus Tribut zu zollen, ein Goldstück aus dem Mund gezogen haben.

ROCHEN *(Raie, Razza):* Stark gelatinehaltiger und äußerst kalorienarmer Rundfisch mit charakteristischen „Dreiecksflügeln", die als besondere Delikatesse gelten. Frischer Rochen riecht nach Ammoniak, nach etwa zweitägiger Lagerung verschwindet dieser Geruch jedoch. Bei Gourmets besonders beliebt: der feine Nagel- oder Stachelrochen.

ROTBARBE, auch **ROTE MEERBARBE** *(Rouget, Triglia):* Von vielen Spitzenköchen aufgrund seines bissfesten, mageren Fleisches favorisierter Fisch, auch „Schnepfe des Meeres" genannt. Als besondere Delikatesse gilt die Leber.

SCHWERTFISCH *(Espadon, Pesce spada):* Haiähnlicher Meeresfisch mit muskulöser, etwas fetter, an Kalbfleisch erinnernder Fleischstruktur.

SARDINE *(Sarda, Sardina):* Die in ihrem Aussehen dem Hering sehr ähnliche Sardine ist einer der beliebtesten Mittelmeerfische und wird frittiert, gegrillt, gebraten und gedünstet. Sardinen werden aber auch oft geräuchert, eingesalzen oder in Öl in Konserven eingelegt.

SEETEUFEL: siehe **ANGLER**

SEEZUNGE *(Sole, Sogliola):* Einer der edelsten Plattfische mit ebenso feinem wie festem, gallertreichem und kalorienarmem Fleisch. Mundet sowohl im Ganzen als auch filetiert und zu (häufig gefüllten) Röllchen geformt exzellent.

STEINBUTT *(Turbot, Rombo):* Plattfisch mit charakteristischer trapezförmiger Form und bissfestem, feinem weißem Fleisch. Die kleinen Baby-Steinbutte haben besonders zartes Fleisch.

THUNFISCH *(Thon, Tonno):* Durch exzessive Dosenverwertung lange Zeit zu Unrecht diskriminierter Fisch aus der Makrelenfamilie. Als bester Thunfisch gilt der hellfleischige *Albacore* oder „weiße Thunfisch", der vor allem vor den Küsten Spaniens zu finden ist. Häufiger ist jedoch der rote Thunfisch erhältlich, dessen vitaminreiches, rötliches Fleisch an Kalb-, manchmal auch an Rindfleisch erinnert. Besonders köstlich: der kalbfleischähnliche kleine *Bonito.*

WOLFSBARSCH *(Loup de mer, Branzino, Spigola):* Der auch Seebarsch genannte Fisch zählt zu den edelsten und teuersten seiner Art. Bissfest im Fleisch und ausdrucksstark im Geschmack, vermählt er sich gelegentlich sogar mit Rotwein perfekt.

Angler auch Seeteufel

Drachenkopf

Seezunge

Goldbrasse

Steinbutt

Knurrhahn

Sardine

Wolfsbarsch

ZAHNBRASSE *(Denté, Dentice, Boga):* Exzellenter, festfleischiger Speisefisch von hohem Eigengeschmack, der in den letzten Jahren allerdings ziemlich teuer geworden ist.

SCHUPPEN. *Die meisten Meeresfische müssen vor der Zubereitung, möglichst unter fließendem kaltem Wasser, entschuppt werden, wofür im Fachhandel Spezialwerkzeuge angeboten werden. Gute Fischhändler besorgen diese Tätigkeit aber auch für ihre Kunden.*

FISCHPRODUKTE:

ANCHOVIS, AUCH SARDELLEN: Der zur Heringsfamilie gehörende Salzwasserfisch zeichnet sich durch seinen geringen Fett- und hohen Jodgehalt aus und wird durchschnittlich 10 cm lang. Angeboten werden Sardellen meist eingesalzen, als Dosenware, mit oder ohne Kapern in Öl eingelegt sowie als Sardellenpaste. Durch ihren intensiven Geschmack werden sie vor allem als Appetitbissen oder Würzzutat verwendet.

BOTTARGA: Der „Kaviar des Mittelmeers" wird meist aus dem Rogensack der Meeräsche, seltener auch aus jenem des Thunfischs gewonnen. Die Rogensäcke ausgewählt großer Fische werden zunächst eingesalzen, nach 2 Stunden in Salzwasser gewaschen und auf Holzbrettern im „Bottarga-Haus" so übereinander gelegt, dass auf die Eier ein leichter Druck ausgeübt wird. Nach einigen Tagen Lagerung werden die Rogensäcke dann je nach Sorte mehrere Wochen oder Monate luftgetrocknet. Bottarga wird entweder wie Trüffeln über verschiedene Gerichte (z. B. Pasta) gehobelt oder auch in granuliertem Zustand als Würzzutat verwendet.

THUNFISCHKONSERVEN: Sie sind in der Mittelmeerküche für einige wesentliche Gerichte wie etwa Vitello tonnato oder Salade Niçoise schlechthin unentbehrlich und unterliegen ziemlich hohen Qualitätsstandards: So dürfen die verarbeiteten Grundprodukte beispielsweise weder Gräten noch minderwertiges braunes Fleisch enthalten und werden nach Stückgröße in Klassen eingeteilt: *solid* oder *solid pack* ist die Bezeichnung für wenige, große, festgekochte Thunfischstücke; *chunk* oder *chunk style* weist auf größere Bruchstücke hin, *flake* oder *flakes* nennt man Thunfischschnitzel unterschiedlicher Größe, während *grated* schlicht für jene Thunfischraspeln steht, die sich als Würzzutat eignen.

FONDS

Der Fond – die Basis jeder verfeinerten Küche – spielt in der mediterranen Küche ganz allgemein nicht jene Rolle wie beispielsweise in der klassischen französischen. Für viele südliche Gerichte reicht es oft, eine ordentliche Rind- oder Gemüsesuppe zur Verfügung zu haben. Gerade die moderne und zeitgemäße mediterrane Küche hat jedoch auch mit Fonds zu arbeiten gelernt. Und speziell in vielen Novelli-Kreationen spielen Fonds eine wichtige Rolle. Dazu noch ein hilfreicher Tipp: Fonds bereitet man meist in Mengen zu, die nicht sofort verbraucht werden können. Füllen Sie den abgekühlten Fond in Eiswürfelsäckchen und legen Sie diese ins Tiefkühlfach. So haben Sie zu jeder Zeit den passenden Fond parat (s. auch Stichwort Saucen).

Die wichtigsten Fonds

Gemüsefond

ZUTATEN

3 Zwiebeln, 3 Knoblauchzehen, 4 mittlere Karotten
2 Petersilienwurzeln, 1 Lauchstange, 1 Stangensellerie
2 Lorbeerblätter, 5 Pimentkörner, 4 Pfefferkörner
5 Wacholderbeeren, ca. 250 ml Olivenöl
250 ml Weißwein, 50 g grobes Meersalz
Meersalz aus der Mühle, Pfeffer aus der Mühle

ZUBEREITUNG

Zwiebeln und Knoblauch waschen und mit der Schale in grobe Stücke schneiden (Zwiebeln vierteln, Knoblauch halbieren). Olivenöl erhitzen und zuerst die Zwiebeln, später den Knoblauch darin Farbe nehmen und etwa 15 Minuten schmoren lassen. Karotten und Petersilienwurzeln in grobe Würfel schneiden, hinzufügen und ebenfalls 15 Minuten mitdünsten. Lauch und Sellerie grob schneiden, zugeben und weitere 15 Minuten schmoren lassen. Bei Bedarf etwas Olivenöl nachgießen. Dann alles mit grobem Meersalz bestreuen und dieses 5 Minuten einwirken lassen, ohne das Gemüse währenddessen zu bewegen. Mit Weißwein ablöschen und 10 Minuten bei sehr kleiner Flamme ziehen lassen. Das Schmorgemüse in einen großen Topf umstechen, mit etwa 5 Liter kaltem Wasser auffüllen, die Gewürze hinzufügen, aufkochen lassen und weitere 20 Minuten köcheln lassen. Mit Salz sowie Pfeffer abschmecken und das Gemüse mit einer Schöpfkelle herausheben. Man kann den Fond abseihen, aber auch warten, bis die Trübstoffe nach kurzer Zeit ohnedies auf den Topfboden absinken.

Wer Wert auf Kalorienarmut legt, kann vor der Weiterverwendung des Fonds auch das (allerdings geschmacksgebende) Fett abschöpfen.

KOCHZEIT: ca. 80 Minuten
TIPP: Zur Herstellung eines Gemüsefonds eignen sich so gut wie alle Gemüsereste, wobei man auch gewaschene Schalen und Abschnitte problemlos verwenden kann. Vorsicht ist allerdings bei hocharomatischem Gemüse wie Fenchel, Paprika oder Knollensellerie geboten. Auch Gemüse, das den Fond zu dunkel machen würde (Rote Rüben, Tomaten etc.), ist zu meiden. Und für Karotten gilt: Wer seinen Fond nicht zu süß haben will, der sollte damit sparsam umgehen.

Courtbouillon
(Kochfond für Fische und Schaltiere)

ZUTATEN
1 l Wasser, 1 l trockener Weißwein
2–3 Zwiebeln, 1–2 Knoblauchzehen, 1 Karotte
1 Kräutersträußchen, 8 weiße Pfefferkörner
1 Lorbeerblatt , ca. 2–3 EL Meersalz

ZUBEREITUNG
Salzwasser mit Wein aufkochen lassen. Zwiebeln, Karotte und Knoblauch in grobe Scheiben schneiden und mit den übrigen Zutaten ca. 20 Minuten gut durchkochen. Danach Fische oder Schaltiere im Ganzen darin garziehen lassen.

KOCHZEIT: ca. 20 Minuten
TIPP: Der Fond eignet sich – nachdem die Fische oder Schaltiere darin gegart wurden – übrigens ganz hervorragend als Grundlage für eine schmackhafte Sauce.

Fischfond

ZUTATEN
1 kg Fischkarkassen und Abschnitte von Meeresfischen aller Art (Vorsicht: Fischköpfe machen den Fond leicht tranig!) · 1 Lorbeerblatt, 10 Pfefferkörner · 1 kleiner Bund Petersilie · 300 ml trockener Weißwein · 1 Bund Suppengemüse, ca. 6 Champignons · 2 Schalotten

ZUBEREITUNG
Gut gewaschene Fischkarkassen, grob gewürfeltes Suppengemüse, halbierte Champignons sowie Schalotten, Pfefferkörner, Lorbeerblatt und Petersilie in einen Topf geben. Mit Weißwein und Wasser aufgießen, bis alle Zutaten bedeckt sind. Bei kleiner Hitze etwa 30 Minuten köcheln lassen und währenddessen ständig den Schaum abschöpfen. Abschließend den Fond durch ein mit einem Leinentuch ausgelegtes Haarsieb abseihen.

KOCHZEIT: ca. 30 Minuten

Geflügelfond

ZUTATEN
1 Suppenhuhn oder 2 kg Geflügelkarkassen
1 Zwiebel, 1 Stangensellerie, 1 Karotte
1 Lauchstange, nur das Weiße, 1–2 Lorbeerblätter
1–2 Gewürznelken, einige Pfefferkörner

ZUBEREITUNG
Das Huhn bzw. die Karkassen mit sämtlichem Gemüse und den Aromaten in einen Topf geben, mit eiskaltem Wasser bedecken und sehr langsam zum Kochen bringen. Dann etwa 2 Stunden sanft köcheln lassen. Abseihen und nach Belieben weiterverwenden.

KOCHZEIT: ca. 2 Stunden
TIPP: Das Hühnerfleisch wird durch das lange Kochen trocken und zäh. Möchte man es dennoch weiterverwenden, so muss es fein gehackt werden und könnte beispielsweise als Fülle für Ravioli dienen.

Kalbsjus

ZUTATEN

1 kg Kalbsknochen (vom Fleischer in kleine Stücke hacken lassen), 100 ml Öl oder 100 g geklärte Butter (ersatzweise Butterschmalz), 1 Karotte
1 Stange Sellerie, 2 Zwiebeln, 1 KL Tomatenmark
2 l Wasser, 250 ml Rotwein, 1 Lorbeerblatt
1 EL Meersalz, 10 weiße Pfefferkörner, zerstoßen

ZUBEREITUNG

Die klein gehackten Kalbsknochen waschen, abtropfen lassen und in einem Bräter mit Öl oder Butterschmalz anrösten. Gemüse grobwürfelig schneiden und mit den Knochen mitrösten. Nach einer Weile Tomatenmark einrühren. Überschüssiges Fett abschöpfen und Knochen samt Gemüse in einen Suppentopf umfüllen. Mit Wasser und Rotwein bedecken. Gewürze sowie Meersalz hinzufügen und einmal aufkochen lassen. Abschäumen und etwa 5 Stunden sanft köcheln lassen. Dabei immer wieder den Schaum abschöpfen. Danach den Fond durch ein feines Tuch oder Haarsieb passieren, erkalten lassen und das sich absetzende Fett zur Gänze entfernen.

KOCHZEIT: ca. 5 Stunden
TIPP: Kalbsjus wird vor allem als Grundlage für braune Saucen verwendet, eignet sich aber auch hervorragend zum Vollenden und Dekorieren feiner Gerichte, die dadurch das letzte Pünktchen auf dem vielzitierten „i" erhalten.
Kalbsjus ist mittlerweile auch im gut sortierten Delikatessenhandel erhältlich.

HOLZKOHLENGRILL

Der Holzkohlengrill ist in der mediterranen Küche, ob er nun als so genannter *Fogolar* im offenen Kamin oder im Freien verwendet wird, fast ebenso wichtig wie der Herd. Viele Gerichte verdanken ihm ihr unvergleichliches Aroma, das man auch in der besten Pfanne oder mit der modernsten Grillstufe im Backrohr nicht erreichen kann. Doch auch Grillen will gelernt sein:

WELCHER GRILL?

Grill-Profis sehen sich beispielsweise die *Dicke der Stäbe*, die der Grillrost aufweist, ganz genau an. Dünne Stäbe sind zwar zierlich, aber unpraktisch, weil dünnere Fleisch- oder Gemüsestücke in die Glut rutschen können. Vor allem aber garantieren dickere Stäbe durch bessere Wärmeleitung einen optimalen Garungsprozess.

Ein Elektrogrill kann immer nur Annäherungswerte an einen Holzkohlengrill erzielen. Besonders empfehlenswert ist die Anschaffung eines Grills mit Deckel, weil sich dadurch Hitze und Garungsprozesse leichter regulieren lassen.

DAS ANZÜNDEN

Trotz vieler fester oder flüssiger Anzündehilfen hat sich zum *Entfachen der Glut* noch immer die klassische Methode am besten bewährt: Die Kohlenpfanne zunächst mit zerknülltem Zeitungspapier anfüllen und kreuzweise nicht zu wenig Spanholz darüber aufschichten. Erst jetzt gleichmäßig und locker die Holzkohle darüber verteilen und anzünden. Bläst dabei ein anständiger Wind, so ist für die nötige Zugluft ohnedies gesorgt. Bei Windstille hilft man traditionell mit einem Blasebalg nach, was allerdings zu gefährlichem Funkenflug und unregelmäßiger Glutverteilung führen kann. Allein: Ausgefuchste Schlaumeier unter den Grillspezialisten wissen auch da Abhilfe und benützen statt des Blasebalgs einen Haarfön, der Hitze und Luft wesentlich „softer" verteilt.

DIE RICHTIGE HITZE

Das *Auflegen des Grillguts* darf in keinem Fall erfolgen, solange die Flammen noch lodern. Die Holzkohlen sollten bereits schön weiß sein. Um den korrekten Hitzegrad richtig einzuschätzen, halten Sie Ihre Handfläche am besten etwa 10 cm über den Rost und begin-

nen zu zählen: 21, 22 ... Wenn Sie die Hand bereits jetzt wieder wegziehen müssen, ist die Hitze optimal für Kurzgebratenes. Können Sie ohne Verbrennungen bis 24 zählen, so lässt sich voluminöseres Bratgut bequem auf mittlerer Hitze garen. Ab 25 ist die Hitze jedoch eindeutig zu niedrig und allenfalls nur noch zum Warmstellen geeignet.

GRILLEN VON FLEISCH, GEFLÜGEL UND FISCH

Verwenden Sie nur *Fleisch mit Grilleignung*, niemals Schmor- oder Siedefleisch. Vergessen Sie also Fleisch, das Sie sonst dünsten, schmoren oder kochen. Ideal zum Grillen geeignet ist gut abgehangenes (d. h. eher dunkelrotes) und fein marmoriertes (von zarten Fettäderchen durchzogenes) *Rindfleisch* vom Filet oder von der Beiried. Vom *Kalb* eignen sich (nicht zu helle) Koteletts, aber auch Leber und Niere hervorragend zum Grillen, wobei das Nierenfett vorher unbedingt bis auf einen zarten Rand entfernt werden muss. Das *Schwein* bietet vom Lungenbraten (den man in der Mitte einschneiden und aufklappen sollte) über Koteletts, Leber, Nieren bis zum Schopfbraten eine wahre Fülle von Grillgut. Vom *Lamm* fühlen sich vor allem die aus dem Rücken geschnittenen Koteletts wohl auf dem Rost. *Geflügel* wird entweder „al diavolo", also aufgeklappt gegrillt, oder man verwendet nur einzelne Hühnerteile (vor allem Keulen). Im übrigen eignen sich auch viele Würste (z. B. italienische Salsicce) sehr gut zum Grillen.

Fische werden vor allem im Ganzen gegrillt und dafür vorher häufig der Breite nach mehrmals schräg eingeschnitten. Vorsicht: Zu lange Garzeiten lassen den Fisch leicht austrocknen. Wer die Fische lieber saftig möchte, sollte sie zuvor in Alufolie wickeln oder – gut eingeölt – auf durchlöcherte Aluminiumtassen setzen. *Scampi, Hummer und Langusten* werden immer mit der Schale gegrillt.

GRILLEN VON GEMÜSE

Unter den Gemüsen besonders grillgeeignet sind Melanzani und Zucchini, die man in ca. 0,5–1 cm dicke Scheiben schneidet

Gemüse zu grillen, funktioniert nicht nur am Gartengrill, sondern ist auch in einem modernen Herd mit Grillstufe keine Hexerei.

und beispielsweise mit einer Marinade aus zerdrückten Knoblauchzehen, Herbes de provence (Provencekräuter), Salz, Pfeffer und etwas Olivenöl einstreicht. Je nach Dicke und Gluthitze lässt man sie dann auf jeder Seite 1–2 Minuten braten, bis das Fruchtfleisch innen saftig und die Haut knusprig ist.

Auch *Tomaten und Paprikaschoten* entwickeln über der Holzkohlenglut ein ganz spezielles Aroma. Besonders hübsche Effekte erzielt dabei, wer grüne, rote und gelbe Paprikaschoten in etwa 2 cm dicke Streifen schneidet, diese auf den Grill legt, anschließend durcheinander mischt und dann, mit etwas kalt gepresstem Olivenöl begossen, auf einem Teller serviert. Für alle bisher erwähnten Gemüse gilt: Wenn man ein paar Zweiglein Rosmarin mitbrät, wird das Aroma gleich dreimal so intensiv.

Ähnliches trifft auch auf *Radicchio und Chicorée* zu. Beides lässt sich mit großem Erfolg grillen, vorausgesetzt, man salzt das Grillgut zuvor gut ein und beträufelt es großzügig mit Öl, da die Blätter sonst trocken werden. Chicorée schmeckt besonders gut, wenn man ihn der Länge nach halbiert, mit einer Mischung aus zerlassener Butter, Salz, etwas Muskatnuss und Rosenpaprika bestreicht und dann etwa 10 Minuten grillt.

Das richtige Grillen von *Pilzen* ist so etwas wie die Hohe Schule mediterraner Grillkunst. Zum Grillen eignen sich vor allem die Kappen der Pilze, während die Stiele gerne dazu tendieren, durch den Rost zu fallen und daher besser für eine Schwammerlsauce aufgehoben werden sollten. Ihr Aroma entfalten gegrillte Pilze am besten, wenn man sie vor dem Anbraten an der Oberseite mit einer Mischung aus Olivenöl (nicht kalt gepresst), Knoblauch und Salz bestreicht. Die Pilzkappen werden zunächst mit der dem Stiel zugewandten Unterseite auf den Rost gesetzt und, je nach Größe, 2 bis maximal 4 Minuten gegrillt. Dann dreht man sie um, beträufelt sie abermals mit der Ölmischung und gart sie noch ein paar Minuten weiter. Vor dem Servieren werden die Pilzkappen mit Pfeffer aus der Mühle und frisch gehackter Petersilie bestreut sowie mit ein paar Tropfen Extra-Vergine-Öl beträufelt. Dazu serviert man frisches Weißbrot oder Crostini.

UND NOCH EIN PAAR GRILLTIPPS. *Fleischstücke, die für das Grillen bestimmt sind, sollte man zuvor eine oder auch mehrere Stunden in einer Marinade aus Öl, Pfeffer und Gewürzen (Rosmarin, Knoblauch, Thymian) ziehen lassen. Das Fleisch wird dadurch nicht nur zarter, sondern nimmt die Würze auch im Inneren auf. Gesalzen wird erst unmittelbar vor dem Servieren!*

Wenden Sie Fleisch nie mit der Gabel!
Wenn sich die Poren einmal geschlossen haben, heißt es: Weg mit spitzen Gegenständen. Verwenden Sie nur flache Bratenwender, denn jeder Saftverlust macht das Fleisch nur trocken.
Regulieren Sie den Abstand zwischen Rost und Glut!
Die beste Möglichkeit der Hitzeregulierung am Grill ist die Einstellung der Brathöhe. Faustregel: Flache Stücke kurz und nahe der Glut grillen. Bei Grilladen mit größerem Durchmesser sowohl Glutabstand als auch Garzeit erhöhen.
Aromatisieren Sie den Rauch!
In die Glut geworfene Rosmarinzweiglein verleihen dem Fleisch einen unverwechselbaren Geschmack.
Machen Sie die Fingerdruckprobe!
Ob ein Stück Fleisch durch ist oder nicht, „erspüren“ Sie am besten mit den Fingern. Gibt es Ihrem Druck nach, so ist das Fleisch noch saftig, bleibt die Oberfläche hart oder verspannt, so ist es endgültig durch.

KAPERN

Die Blütenknospen des Kapernstrauchs, der überall im Mittelmeerraum wächst, vorwiegend aber in Frankreich, Spanien und Italien kultiviert wird, werden unmittelbar vor dem Erblühen in den frühen Morgenstunden geerntet und danach entweder in Öl, Salzlake, Essig oder Meersalz eingelegt. (Vorsicht beim Einkauf: Wenn man in Salz eingelegte Kapern kauft, so sollte man darauf achten, dass das Salz weiß und nicht gelb ist.)
Die kleinen Knospen mit weniger als 1 cm Durchmesser, auch *Nonpareilles* oder *Surfines* genannt, gelten als edler und feiner als die größeren *Capucines* und *Communes* mit bis zu 1,5 cm Durchmesser. Die besten Kapern der Welt gedeihen, zumindest nach Meinung der Italiener, auf den Liparischen Inseln. Besonderer Beliebtheit erfreuen sich in den letzten Jahren auch die Kapernfrüchte, auch *Kapernbeeren* oder *Cornichons de câpres* (Kaperngürkchen) genannt, deren Geschmack sehr intensiv ist und tatsächlich ein wenig an jenen von Essiggurken erinnert. Kapern spielen vor allem in der Tapas- und Antipastikultur eine bedeutende Rolle als „Pickles“ und sind aus Gerichten wie Caponata (s. S. 373), Vitello tonnato (s. S. 94) und der Tapenade (s. S. 79), die zwar eine Olivenpaste ist, ihren Namen aber den Kapern (provençalisch „tapenos“) verdankt, nicht wegzudenken. Im übrigen harmonieren Kapern perfekt mit Zitronen und Sardellen, aufgrund ihres starken Eigengeschmacks weniger gut mit Salbei, Oregano oder Rosmarin.

KÄSE

Der mediterrane Raum ist reich an vielen feinen und großen Käsen. Aus Platzgründen werden hier allerdings nur jene Käse berücksichtigt, die in der mediterranen Küche auch eine „aktive“ Rolle spielen und nicht nur eine Käseplatte zieren.

CANTAL: Der halbharte Schnittkäse aus dem französischen Zentralmassiv zählt zu den ältesten unter den französischen Käsen und ist an seiner Brüchigkeit sowie den wenigen Spalten ohne Lochung erkennbar. Hervorragend als Würzzutat und zum Verfeinern von Salaten geeignet.

CHÈVRE: Frankreich gilt mit Recht als Eldorado des Ziegenkäses. Was die Bezeichnung *chèvre* oder *pur chèvre* trägt, muss ausschließlich aus Ziegenmilch hergestellt sein und mindestens 45 % Fett i. Tr. aufweisen. Chèvre eignet sich als Würzzutat, aber auch zum Überbacken sowie für zahlreiche pikante kleine Happen.

FETA: Der stark salzige griechische Frischkäse aus Schaf- und Ziegenmilch ist einer der wichtigsten Bestandteile des griechischen Bauernsalats, wird aber auch über zahlreiche Gerichte gerieben und zum Überbacken verwendet.

FONTINA: Seine Beliebtheit verdankt dieser leicht schmelzende Käse nicht zuletzt der Tatsache, dass er ein unentbehrlicher Bestandteil jeder Piemonteser Fonduta (s. S. 236) ist, jener köstlichen cremigen Suppe aus Käse, Eidotter, Milch und Butter, die Gourmets vor allem im Herbst schätzen, weil sie in dieser Zeit mit darüber gehobelten Alba-Trüffeln serviert wird.

GORGONZOLA: Die „kuhäugige" Schwester des „schafsäugigen" Roquefort ist ein Edelschimmelkäse, der seine Entstehung den speziellen Gegebenheiten in den Höhlen der Gegend rund um das Dörfchen Gorgonzola verdankt. Das Markenzeichen „g" sowie der Namenszug des Consorzio garantieren Echtheit. Der hohe Fettanteil und der daraus folgende Schmelzpunkt machen den Gorgonzola zu einer idealen Ingredienz für Saucen und Sughi, aber auch zum Überbacken (etwa von Scaloppine oder Kalbskoteletts).

GRANA PADANO: Je älter der italienische Reib- und Hartkäse ist, desto besser schmeckt er. Die 24 Monate Reifezeit sind bei altem Grana ein unbedingtes Muss, was keineswegs im Widerspruch dazu steht, dass Grana auch *fresco* – im „jugendlichen" Zustand von 6 Monaten Reifung – einen unverwechselbaren, zarten Geschmack entwickelt. Seit 1955 ist Grana padano ursprungsgeschützt, wobei sich das Wörtchen *Grana* auf die kristalline Körnung des Käses bezieht, während *padano* sich von *padus*, dem lateinischen Namen für den Po, ableitet. Verwendet wird Grana padano vor allem als Reibkäse für italienische Pastagerichte, er mundet aber auch köstlich, wenn man ihn, mit etwas Olivenöl beträufelt, als kleine Vor- oder Nachspeise genießt.

MASCARPONE: Der sahnige, crème-fraîche-ähnliche italienische Frischkäse hat vor allem in den letzten beiden Jahrzehnten als Grundlage des Modedesserts Tiramisu besondere Popularität erlangt.

MOZZARELLA: Obwohl Mozzarella – ein Frischkäse aus Kuh- und manchmal auch ein wenig Büffelmilch – als klassischer Pizzakäse gilt und weltweit zum Überbacken und Gratinieren verwendet wird, hat der echte Mozzarella aus Büffelmilch im Backrohr im Grunde nichts verloren. Er fühlt sich wohler im Caprese-Salat (s. S. 144) sowie als Bestandteil zahlreicher feiner Antipasti. Der Name Mozzarella stammt übrigens aus dem neapolitanischen Dialekt und geht auf *mozzo* zurück, was soviel bedeutet wie „in Teile geschnitten".

PARMIGIANO REGGIANO: Der so genannte Parmesan – diese Bezeichnung ist übrigens eine deutsche Wortschöpfung und kommt im Italienischen nicht vor – ist ein halbfetter Hartkäse aus teilweise entrahmter Kuhmilch und wird in zylindrischen Laiben von mindestens 24 kg Gewicht erzeugt. Parmigiano reggiano findet ähnlich dem Grana padano oder altem Pecorino als Reibkäse in der Pastaküche sowie als Gratinierkäse Verwendung. Je älter der Käse, desto besser eignet er sich auch als Weinbegleiter, aber

auch zum Hobeln über Gerichte wie Carpaccio und feine Salate.

PECORINO: Der bekannte italienische Schafmilchkäse wird vor allem in drei Sorten vermarktet: als Pecato (mit Pfeffer), als Romano (mit Olivenöl behandelt) und als Siciliano (löchrig) und dient in der Küche als Würzzutat.

RICOTTA: Der italienische Frischkäse, der häufig mit Topfen verwechselt wird, aber mit diesem keineswegs identisch ist, ist vor allem in seiner geräucherten Form *(Ricotta affumicata)* ein beliebter Küchenhelfer für Füllungen, zum Gratinieren und Überbacken.

ROQUEFORT: Der in den Höhlen von Roquefort in der Languedoc hergestellte Edelschimmelkäse besteht aus roher Schafmilch. Ausgangsprodukt für die Roquefortherstellung sind weiße Frischkäselaibe (Fromages blancs), die nach dem Einsalzen mit grobem Meersalz mit dem Blaupulver des *Penicillium Roqueforti* versetzt, mit speziellen Nadeln „geimpft" und anschließend unterschiedlichen Reifungsprozessen unterworfen werden. In der Küche wird Roquefort vor allem als Würzmittel, aber auch zum Überbacken sowie für „Salades composées" (Vorspeisensalate) eingesetzt.

KNOBLAUCH

Ob mehr oder weniger bleibe dem individuellen Gusto überlassen, aber eine mediterrane Küche, die ganz und gar ohne Knoblauch auskommt, ist schlechthin undenkbar. Gewiss: Der Knoblauch steht im (Ver-)Ruf, neben Wohlgeschmack auch ziemlich ordinäre Dünste von sich zu geben, und das keineswegs nur während des Essens, sondern leider auch danach.
Doch solchen unangenehmen Nebenerscheinungen lässt sich mit etwas Küchentechnik leicht gegensteuern. Grundsätzlich wird der dem Knoblauch eigene und geruchsbestimmende Inhaltsstoff Alliin erst dann frei, wenn man den Knoblauch schneidet, bricht, an- oder zerdrückt. In welcher Form man das tut, sollte man sich also gut überlegen:

- Beim Drücken der Zehen durch eine Knoblauchpresse wird das meiste Alliin frei. Wenn Sie es weniger intensiv möchten, hacken Sie den Knoblauch also lieber fein.
- Wenn Sie, wie fast alle wirklichen Gourmets, nur einen „Hauch Knoblauch" lieben, so reicht es, die Kasserolle oder Pfanne, mit der Sie arbeiten, lediglich mit einer Knoblauchzehe rundum einzureiben und diese danach nicht mehr weiterzuverwenden.
- Um einem Braten ein dezentes Knoblaucharoma zu verleihen, lohnt es sich, zwei oder drei leicht eingeschnittene Knoblauchzehen mitsamt der Schale mitzubraten und diese vor dem Auftragen wieder zu entfernen.
- Könner der mediterranen Kochkunst schälen die Knoblauchzehen zwar, schieben sie aber beim Braten von Fischen, Koteletts oder Steaks an den Pfannenrand, wo sie weniger Hitze bekommen, und servieren sie keinesfalls mit.
- Knoblauch wird zudem weniger aufdringlich, wenn man ihn zuvor eine Weile in Milch einlegt.

KRÄUTER

BASILIKUM. Was in Indien als „Beschützer gegen das Böse" gilt, ist im Mittelmeerraum nicht nur der ständige Begleiter der Tomate und des Olivenöls, sondern auch der „Beschützer der Köche". Sie können dieses hocharomatische Kräutlein nämlich sehr vielseitig einsetzen, wobei die Grundregel gilt: Basilikum immer frisch gezupft verwenden, da es sonst schnell an Aroma verliert. Das gilt übrigens auch für den Fall, dass es zu lange in einer Sauce mitgekocht wird. Das vielleicht berühmteste Basilikumgericht ist das *Pesto genovese*, eine mit Knoblauch, Pinienkernen und Parmesan vermischte Paste (s. auch Stichwort Pesto).

LORBEER. Die Blätter des Lorbeerstrauchs sind durch die darin enthaltenen ätherischen Öle hocharomatisch und feinbitter, aber stark vorschmeckend. Bei der Verwendung in der Küche ist daher Vorsicht geboten. Oft reicht schon ein halbes Lorbeerblatt, um die gewünschte Wirkung zu erzielen, während ein oder zwei ganze Blätter den Geschmack eines Gerichts schon recht stark beeinträchtigen können.

OREGANO. Das auch *Wilder Majoran* oder *Dost* genannte Lippenblütengewächs besitzt die für Kräuter seltene Eigenschaft, dass es in getrocknetem Zustand mehr Aroma entwickelt als in frischem. Da Oregano sehr charakteristisch duftet und leicht vorschmeckt, wird er in der feineren Küche eher gemieden, während er ein unverzichtbarer Bestandteil der Pizza napoletana geworden ist.

ROSMARIN. Das wegen seiner Liebe zu mediterranen Küstengebieten früher auch *Meertau* genannte Gewächs aus der Familie der Lippenblütler erinnert geschmacklich ein wenig an Eukalyptus und Kampfer und ist, gemeinsam mit Knoblauch, geradezu ein Wahrzeichen der mediterranen Küche geworden. Wegen seines starken Aromas wird Rosmarin kaum für Fisch, sondern hauptsächlich für kräftige Fleischsorten (Rind, Lamm) sowie Bratenstücke aller Art, vom Geflügel bis zum Kaninchen, verwendet. Besonders gut harmoniert Rosmarin auch mit Kartoffeln.

SALBEI. Das schon von antiken Ärzten als besonders heilend gerühmte Kraut namens *Salvia* existiert im Mittelmeerraum in verschiedenen Varietäten, die vom spanischen über den dalmatinischen bis zum griechischen Salbei reichen und deren Gehalt an ätherischen Ölen recht unterschiedlich ist. Das klassische Salbeigericht ist Saltimbocca alla romana, wie Salbei ganz generell besonders gut mit Kalbfleisch harmoniert, dem er eine besonders würzige Note verleiht. Exzellent passt Salbei auch zu Bohnen und Gnocchi.

THYMIAN. Das auch *Römischer Quendel* genannte Küchenkraut wird (ob seiner Blüten) nicht nur von den Bienen geliebt, sondern auch von den Köchinnen und Köchen. Vereint Thymian doch zarte Bitterstoffe mit einem unvergleichlichen Duft, der ihn zu einer Art Universalkraut der mediterranen Küche und für die Gemüse-, Fisch- und Fleischküche gleichermaßen gut geeignet macht.

KRUSTENTIERE UND MEERESFRÜCHTE

AUSTERN: Austernbänke findet man, auch wenn die wertvollsten Austern eher aus atlantischen Gewässern stammen, häufig im Mittelmeer, wobei jene vor der istrischen Küste (z. B. aus der Region um den Limskikanal) besondere Qualität bieten.

Zum Öffnen der Austern, die meist roh, mitunter aber auch pochiert oder gratiniert gegessen werden, benötigt man ein Austernmesser (Austernbrecher). Man legt die Auster mit der gewölbten Seite nach unten, damit das kostbare Austernwasser (ein wesentlicher Teil der Delikatesse, der am Schluss ausgeschlürft werden muss) nicht verloren geht, und hält sie mit der linken Hand gut fest. Nun trennt man den starken Muskelstrang der Auster, indem man den Austernbrecher am Scharnier zwischen beiden Hälften (kenntlich durch eine schwarze Verfärbung) ansetzt, mit einer leichten Drehbewegung die Hälften auseinander drückt und das Austernmesser an der Innenseite des flachen Deckels entlang zieht. (Dabei sollte man möglichst vorsichtig vorgehen, denn die Verletzungsgefahr ist nicht unbeträchtlich. Doch Übung macht den Meister, und nach dem zweiten Dutzend Austern geht die Sache schon viel schneller von der Hand.) Austern darf man ruhig in die linke Hand nehmen, während man mit der Rechten das Austernfleisch mithilfe einer kleinen, bauchig gewölbten Austerngabel aus der Schale löst und anschließend das Austernwasser ausschlürft.

Serviert werden rohe Austern grundsätzlich auf Eis, mit Austerngabel, traditionell mit (verzichtbarer) Zitronenhälfte, eventuell auch mit einem Schuss Tabascosauce sowie mit Pumpernickelhäppchen, die mit Butter bestrichen sind. Unerlässlich ist frisch geschroteter Pfeffer. Austern haben in den Monaten mit „r", also von September bis April, Saison.

HUMMER UND LANGUSTEN: Der mit Recht König der Meere genannte Hummer (Saison von Mai bis Juni) kommt in Europa vor allem in atlantischen Gewässern, aber – leider immer seltener – auch im Mittelmeer (z. B. Sardinien, Korsika, Dalmatien) vor. Das ideale Hummergewicht beträgt etwa 500–700 Gramm, die ideale Länge zwischen 25 und 40 Zentimeter. Eine besondere Delikatesse ist sein Corail (Hummerrogen). Langusten (Saison von April bis September) werden in besonders guten Qualitäten vor den dalmatinischen Felsenküsten gefangen, haben aber im Gegensatz zum Hummer keine Scheren und neigen bei unsachgemäßer Zubereitung zur Trockenheit. Beim Hummer wie bei der Languste ist es wichtig, die je nach Größe sehr unterschiedlichen Garzeiten keinesfalls unnötig zu überziehen.

Hummer wird geteilt, indem man zunächst den Schwanz mit einer schnellen Drehbewegung ausbricht (Bild oben), und danach die verbliebenen Scheren mit dem Messerrücken aufklopft (Bild unten).

WIE ISST MAN HUMMER UND LANGUSTE?

Um den Hummer mundgerecht vorzubereiten, muss er zunächst mit einem großen, scharfen Messer der Länge nach in der Mitte zerteilt werden. Nun werden Magen sowie Darm entfernt und die Scheren, Arme und Beine mit jeweils einer kräftigen Drehbewegung aus den Gelenken herausgedreht. Mit dem Hummerbesteck (Hummerzange und Hummergabel) sowie mit Fisch- oder normalem Besteck nimmt man sich dann zunächst des Schwanzstückes an und geht erst dann zu den kleinteiligeren Teilen über. Während man das Fleisch mit der Hummergabel auslöst, kann man Schalen und Scheren getrost in die Hand nehmen und mit der Hummerzange aufknacken. Die feingliedrigen Arme und Beine kann man auch nach Herzenslust aussaugen. Keine Bange, wenn's spritzt. Vor dem Hummeressen ist es daher ratsam, eine Serviette umzubinden und danach eine Fingerschale mit Zitronenwasser zur Reinigung der Finger zu reichen.

Für das Langustenessen gilt sinngemäß dasselbe, wobei sich dabei weniger Probleme ergeben, da das komplizierte Aufbrechen der Scheren wegfällt.

MEERKREBSE: Bei den kleinen Verwandten von Hummer und Languste herrscht auf der Tafel oft heillose Verwirrung, in die jedoch durchaus System gebracht werden kann:

- Die *Garnelen*, auch Shrimps, Gambas, Prawns, Hummerkrabben oder Krevetten genannt, erkennt

man an ihrem spitzen Schwanz und dem relativ dünnen Panzer. Die edelste ihrer Art ist die Riesengarnele, die irrtümlich häufig auch als Scampo bezeichnet wird.

- *Scampi*, auch Kaisergranat oder Lagostinos genannt, sehen aus wie kleine Hummer (sind aber keine Hummerkrabben), werden ungefähr 20 cm lang und werden wegen ihres breiten, massiven Schwanzstückes oft fälschlicherweise als Langustenschwänze angeboten. Sie sind in jedem Fall edler und daher meist auch teurer als Riesengarnelen.
- *Taschenkrebse* werden von Feinschmeckern vor allem auch wegen ihrer Eier und Leber geschätzt. Vom schmackhaften und aromatischen Fleisch gibt es in Scheren und Bruststück nur relativ wenig, weshalb Taschenkrebse meist ausgelöst oder gratiniert auf den Tisch kommen.
- *Heuschreckenkrebse*, auch Canocchie, Canoce oder französisch Squilles genannt, sind eine äußerst zarte und wohlschmeckende Krebsart mit durchscheinendem grau-beigem Panzer, der vor der Zubereitung an beiden Seiten mit einer Schere abgetrennt werden muss, weil sie sonst schwer zu essen sind.
- *Seespinnen*, auch Grancevola oder Granceola genannt, sehen ähnlich wie Taschenkrebse aus, wobei ihr rotbrauner Rumpf mit den knallroten Beinen dem Körperbau einer Spinne ähnelt. Das Fleisch ist zart und wird vor allem in der italienischen Küche sehr geschätzt. Es wird meist ausgelöst, mit Olivenöl sowie klein gehackten Chilischoten mariniert und in der eigenen Schale serviert.

WIE ISST MAN KREBSTIERE? *Scampi, Garnelen und Krebse dürfen – eine umgebundene Serviette vorausgesetzt – bedenkenlos mit den Händen gegessen werden, die man danach in einer Fingerbowle mit Zitronenwasser reinigt. Im übrigen gilt für alle Krebstiere: Zunächst wird der Panzer abgetrennt, indem man den Krebsschwanz mit der Hand abdreht. Wenn nötig, kann man zur Öffnung der Unterseite mit dem Messer nachhelfen, normalerweise lässt sich der Schwanz aber durch leichtes Auseinanderdrücken mit den Händen öffnen. Vom ausgelösten Schwanz sollte man verbliebene Darmfäden unbedingt mit einem Messer oder mit der Gabel entfernen.*

MUSCHELN: Die meisten Muscheln sind Kinder des Winters und haben von Oktober bis Mitte Mai Saison. Die *Jakobsmuschel* (Capesante, Coquille St. Jacques, Capa Santa oder Pilgermuschel) gilt als edelste aller Muscheln, die man vor allem zwischen November und März genießen sollte, weil da der orangerote Rogensack am zartesten und das weiße Fleisch des Schließmuskels besonders bissfest ist. Die Jakobsmuschel zählt zur Familie der Kammmuscheln und trägt ihren Namen nach dem Apostel Jakob, der in Santiago de Compostela begraben ist, wo sich schon die Pilger des Mittelalters von den – damals wohl noch billigeren – Jakobsmuscheln ernährten und sie auch als Trinkgefäße verwendeten. Das Wichtigste bei der Zubereitung von Jakobsmuscheln ist, dass ihr Fleisch nicht zu lange gegart wird, damit es glasig bleibt und sich dadurch sein nussiges und dezent-süßliches Aroma erhält. Der orangerote Corail kann, aber muss nicht mitgegessen werden.

Die *Miesmuschel* (Cozza, Moule, Pfahl- oder Seemuschel) ist die häufigste europäische Muschelart. Ihr gelbes, manchmal leicht rötliches Fleisch ist schmackhaft und reich an Vitaminen und Spurenelementen. Wie alle Muscheln sollte man auch Miesmuscheln nur in den Monaten mit „r" essen, weil während der Sommermonate das Risiko einer Muschelvergiftung durch die von den Muscheln absorbierten Panzergeißelalgen wesentlich größer ist.

Die *Venusmuschel* (Vongola, Praire) ist, in ihrer kleineren, nur 3–4 cm großen Variante (insgesamt gibt es über 500 Arten davon), die Hauptingredienz der berühmten Spaghetti vongole. Wesentlich edler ist die an ihren ausgeprägten konzentrischen Streifen erkennbare *Venus verrucosa*, die keilartig geformt ist und bis zu 8 cm Durchmesser hat. In Italien auch als „Tartufo di mare" bekannt, wird sie meist wie eine Auster roh geschlürft.

Die *Messermuschel* (Schwert- oder Scheidenmuschel) heißt in Italien Capalonga oder Cannolicchio, in Frankreich Couteau gaine. Sie wird meist nur mit Weißwein und etwas Knoblauch gedünstet, muss aber zuvor gründlich entsandet werden, was mitunter mehrere Stunden dauern kann. In manchen Staaten (z. B. Kroatien) ist der Genuss der dortigen „Steinbohrermuscheln" verboten, weil durch ihre massenhafte „Ernte" die Felsenküsten, in denen sich diese Muschelart festbeißt, ernsthaft gefährdet sind.

WIE ISST MAN MUSCHELN? *Zu Muschelgerichten wird gewöhnlich eine Austerngabel (kleine, bauchige Gabel) serviert. Man darf die Muschel ohne weiteres mit der linken Hand aus dem Sud nehmen, während man in der rechten die Gabel hält. Eine andere Art, Muscheln zu essen, ist es, die erste Muschel, nachdem man das Fleisch herausgenommen hat, als eine Art „Zange" für alle weiteren Muscheln zu verwenden. Übrigens: Der Sud ist ein Teil des Muschelgerichts und wird, nachdem alle Muscheln herausgenommen und beiseite gelegt wurden, wie eine Suppe mit dem Löffel gegessen oder mit knusprigem Weißbrot aufgetunkt. (Statt des Löffels kann man auch eine Muschelhälfte benützen.) Übrigens: Wie bei allen Gerichten, an deren Verzehr die Finger beteiligt sind, sollte auch bei Muscheln abschließend eine Fingerbowle mit Zitronenwasser zum Reinigen angeboten werden.*

TINTENFISCHE: Im Gegensatz dazu, was ihr Name verheißt, sind Tintenfische keineswegs Fische, sondern Mollusken (Weichtiere). Man könnte auch sagen, es handelt sich um Schaltiere ohne Schale. Zoologisch betrachtet, zählen sie zur Gattung der Kopffüßler, von deren zahlreichen Untergruppen für den Gourmet vor allem folgende von Interesse sind:

Die Sepia wird auch *Gemeiner Tintenfisch* genannt und – etwa in der spanischen oder venezianischen Küche – meist gemeinsam mit der Tintenflüssigkeit zubereitet. Dieselbe ist übrigens auch die geschmackstragende und namensgebende Zutat bei Gerichten wie Risotto nero oder Spaghetti neri. Vor allem erfreuen sich unter Gourmets auch die kleineren Sepiaarten (ital. seppiole, seppioline) allergrößter Wertschätzung.

Unter Feinschmeckern ist vor allem der *Gemeine Kalmar* (Calamaro, Calmar) von Bedeutung, dessen mageres und eiweißreiches Fleisch (auch jenes der Tentakel) zu 80 Prozent essbar ist. (Die harten Teile um den so genannten „Schnabel" müssen vor der Zubereitung entfernt werden.) Kalmare können gekocht, gefüllt oder geschmort werden. Zum Grillen oder Frittieren sind Kalmare nur in den seltensten Fällen geeignet.

Eine Herausforderung für jeden Koch sind auch die Fangarme der *Gemeinen Krake* (Octopus, Polpo, Poulpe). Werden diese nicht lange genug gekocht, schmecken sie zäh wie Leder. Manche Köche fügen dem Kochwasser auch einen Weinkorken bei, um das Fleisch mürber zu machen. Überdimensionale Exemplare werden sogar zuweilen mit Schnitzelklopfer und Nudelholz recht handgreiflich bearbeitet, um sie einigermaßen zart zu bekommen. Nach einer anderen Methode wiederum wird der Octopus vor der Verwendung gut tiefgekühlt, da sich dadurch die Zellstruktur verändert und das Fleisch weicher wird. Der Lohn für solche Mühen kann sich dafür – etwa in Verbindung mit edlem Balsamicoessig und feinstem Olivenöl – durchaus schmecken lassen.

SEEIGEL: Obwohl sie relativ selten auf unseren Tafeln zu finden sind, erfreuen sich Seeigel (Oursin, Riccio di mare) in der Gunst vieler Feinspitze hohen Ansehens. Der stachelige Panzer des Seeigels wird (bereits in der Küche, nicht bei Tisch) mit einem schnellen Schnitt mit der Schere geöffnet, sodass man die mit etwas Zitrone beträufelten Eierstöcke bzw. Gonaden ausschlürfen kann, die mit Recht als wahre Köstlichkeit gelten. „Seeigelkaviar“ wird aber auch häufig als Zutat zu Pasta- oder Omelette-Gerichten verwendet. Als populärster essbarer Seeigel des Mittelmeers gilt der so genannte Steinseeigel.

MEERESSCHNECKEN: Im Mittelmeerraum versteht man darunter vor allem jene köstlichen französischen Bigorneaux (Gemeine Strandschnecken), die man in vielen mediterranen Küstenlokalen mit nadelgroßen Spießchen als Hors d'œuvre in Kräuterbutter oder als kleine Barhappen (ganz natur) serviert, nachdem man sie zuvor in Salzwasser gekocht hat. Von den Meeresfrüchtetellern an Atlantik und Mittelmeer sind auch die köstlichen, in der Schale gekochten Wellhornschnecken nicht wegzudenken, während in Italien die Cornetti di mare, auch Stachelschnecken oder Herkuleskeulen genannt, dominieren.

WIE ISST MAN SCHNECKEN? *Wenn sie nicht zu Ragouts, Ravioli oder anderen Spezialitäten verarbeitet werden, serviert man Schnecken auf einem Schneckenteller oder in einer Schneckenpfanne mit den charakteristischen Einwölbungen. Pro Person rechnet man ein halbes bis ein Dutzend Tiere, die üblicherweise im Schneckenhaus serviert werden. Letzteres nimmt man mit einer speziellen Schneckenzange (kleinere Exemplare dürfen auch einfach in die Hand genommen werden) und pickt mit der Schneckengabel das Tier aus dem Inneren heraus.*
Zu Meeresschnecken werden meist kleine Spießchen gereicht, mit deren Hilfe sich die Mollusken im Inneren (nach Abziehen eines Deckels) leicht entfernen lassen.

MEERSALZ

Das Mittelmeer ist voll von „blühenden“ Salzgärten. Vor nahezu allen Küsten wird das Meerwasser in künstlich angelegten Becken aufgefangen, wo es durch Sonne und Wind verdampft, bis nur noch das – ungereinigte – Meersalz zurückbleibt.
Mit Hilfe von Bleich- und Rieselmitteln wird dann ein Großteil des Salzes zu Tafelsalz verarbeitet, wobei jedoch viele wertvolle Mineralien und Spurenelemente verloren gehen. Erfreulicherweise wird heute aber auch immer öfter biologisches grobes Meersalz angeboten, das ohne weitere chemische Behandlung und Zusatzstoffe auskommt. Unter Feinschmeckern besonders beliebt ist das graue *Fleur de sel*, das häufig auch zu Antipasti, Tapas und Hors d'œuvres gereicht wird, sich aber auch beim Braten von Fleisch, Fisch oder Pilzen mit Olivenöl sehr gut kombinieren lässt. Während das Fleur de sel gewöhnlich in kristallinem Zustand verwendet wird, empfiehlt es sich, für grobkörniges Meersalz eine spezielle Salzmühle anzuschaffen, die auf derselben Basis wie eine Pfeffermühle funktioniert.
Eine typische mediterrane Kochtechnik ist das Garen in der Salzkruste. Fische, Geflügel und auch andere Bratenstücke bleiben unter der Kruste nämlich saftiger und schmecken würzig, ohne deshalb auch nur im Geringsten versalzen zu sein.

Salzkruste (Grundrezept)

ZUTATEN
2 kg grobes Meersalz, 3 Eiklar, 10 weiße Pfefferkörner

ZUBEREITUNG
Eiklar locker verschlagen und mit den grob geriebenen weißen Pfefferkörnern sowie dem Meersalz zu einer elastischen, nicht zu flüssigen Masse verrühren. Ein Backblech mit Alufolie auslegen und etwa ein Drittel der Masse aufstreichen. Das Bratgut auflegen, mit der restlichen Salzmasse vollständig bedecken und mit den nassen Handflächen rundum gut andrücken. Das Bratgut je nach Gewicht und Art ca. 30–60 Minuten im auf 220 °C vorgeheizten Backrohr garen. (Beispiel: Für einen Fisch von 1,3 kg benötigt man etwa 30–45 Minuten.) Danach das Bratgut aus dem Ofen nehmen und die Salzkruste rundum aufklopfen. Den Braten vollständig von Salzresten befreien, tranchieren und portionsweise anrichten.

BACKROHRTEMPERATUR: 220 °C
BACKZEIT: je nach Bratgut 30–60 Minuten
TIPP: Das volle Aroma, etwa von Kräutern, bleibt auch unter einem Salzteig erhalten (siehe dazu Marinierter Wolfsbarsch mit Kartoffeln im Salzteig S. 276).

MELANZANI (AUBERGINE)

Lange Zeit galten Melanzani, in der französischen Küche Auberginen genannt, als Gemüse minderer Qualität. Im Zuge der Wiederentdeckung mediterraner Küchentraditionen ist mittlerweile daraus sogar ein echtes Kultgemüse geworden. Voraussetzung dafür ist die richtige Behandlung. Hier einige wichtige Tricks:
Entziehen Sie den Melanzani die Bitterstoffe, indem Sie die gewaschenen und trocken getupften Früchte zunächst von den Stielansätzen befreien. Melanzani dann in ca. 1 cm dicke Scheiben schneiden, beidsei-

tig kreuzweise einschneiden und auf jeder Seite einige Minuten auf ein ausgebreitetes Küchenkrepp legen.
Braten Sie die Melanzani, indem Sie in einer Pfanne etwa 1 cm hoch Olivenöl erhitzen und die Scheiben dann einlegen. Keine Angst vor zuviel Fett: Melanzani haben die Eigenschaft, sich beim Braten zunächst mit Fett vollzusaugen, um es dann wieder abzugeben. Lassen Sie die Melanzani möglichst auf doppellagigem Küchenkrepp gut abtropfen, damit auch das letzte überschüssige Öl aufgesaugt wird.

NOVELLI-SHOP

Diesen Service bietet das Restaurant Novelli nicht nur seinen Stammgästen, sondern allen Lesern dieses Buches. Auf der Homepage www.novelli.at wird eine wahre Fülle italienischer Grundprodukte in exquisiter Novelli-Qualität angeboten, die auch zuhause beste Dienste leisten können. Die wichtigsten davon sind:

PASTASPEZIALITÄTEN

Lasagne all'uovo *(Eierlasagne)*
Doppie Tagliatelle all'uovo *(Doppelte Eierbandnudeln)*
Molle all'uovo *(Eiersprungfedern)*
Penne
Strozzapreti
Maccheroni
Spaghetti-Senatore Cappelli
Spaghettini-Senatore Cappelli
Farfalle Perlato
Cavatelli casarecci

REIS UND GETREIDE

Riso Carnaroli aus biologischem Anbau
Riso Vialone aus biologischem Anbau
Farro Perlato (Dinkelperlen)

SUGHI, PESTOS UND PASTEN

Sugo alle verdure *(Gemüsesugo)*
Sugo all'arrabbiata *(scharfer Sugo mit Paprika)*
Sugo alle olive *(Olivensugo)*
Sugo al pomodoro/basilico *(klassischer Tomatensugo mit Basilikum)*
Pesto alla genovese *(klassische Genueser Spezialität)*

PRAKTISCHE KÜCHENHELFER

Sel Marin de Guérande *(edelstes Meersalz)*
Bottarga *(getrockneter Fischrogen)*
Zafferano puro stimmi *(ital. Safran von Top-Qualität)*
Pomodori pelati *(geschälte Tomaten)*
Crema di pomodoro *(aus ökologischem Landbau)*
Crema di olive *(Olivenpaste)*
Schwarze Oliven entkernt in Öl

EINGELEGTE MEDITERRANE GENÜSSE

Antipasto vegetale
Cipolline sott'olio *(weiße Zwiebelchen)*
Oliven „Salamoia" *(in kalt gepresstem Olivenöl)*
Steinpilze in Olivenöl
Anchovisfilets in Olivenöl
Peperoncini larciti *(Paprika mit pikanter Füllung)*
Ventresca *(Thunfisch-Bauchfilets in Olivenöl)*
Bonito del norte *(Thunfischfilets in Olivenöl)*
Carciofini *(Artischockenherzen)*
Melanzane rosse in olio di oliva
Pomodori secchi in olio di oliva

ESSIG UND ÖL

Aceto Balsamico di Modena – 12 jährig
Aceto Bal. di Modena- Miniature – 5 Aceti Balsamici
Aceto di Prosecco
Aceto di Cabernet
Olivenöl Novelli *(Spezialabfüllung)*

TRÜFFELSPEZIALITÄTEN

Tartufi bianci d'Alba „Tuber Magnatum Pico" sott'olio allettato vaso *(in Öl eingelegte weiße Alba-Trüffel)*
Bouquet burro con tartufo *(Trüffelbutter)*
Tartufissima tagliolini con tartufo *(Hartweizengrießnudeln mit Trüffeln, Tipo 18 und Tipo 19)*
Tartufissima Barbaresco e tartufi tagliolini al vino Barbaresco e tartufi *(getrüffelte Rotwein-Hartweizengrieß-Eiernudeln)*
Polenta pronta con funghi porcini e tartufi *(getrüffelte 3-Minuten-Polenta)*
Risotto pronto con tartufi *(getrüffelter 8-Minuten-Risotto)*

ZUM NASCHEN

Tartufi dolci Saccetto *(Schokotrüffel aus Alba)*

OLIVE

Der Olivenbaum wurde der Sage nach bereits den alten Griechen, und zwar von keiner Geringeren als der Göttin Athene, geschenkt. Wie alt der Olivenbaum wirklich ist, darüber streiten die Historiker allerdings noch heute. Vermutlich war er im levantinischen Raum schon in der Steinzeit anzutreffen, und bereits im 4. Jahrtausend v. Chr. kannten ihn die Kreter. Der Olivenbaum stand damit gewissermaßen an der Wiege der abendländischen Zivilisation, weil er es erstmals ermöglichte, tierische Fette durch pflanzliche zu ersetzen. Von Attika und dem Peloponnes (von wo heute die besonders empfehlenswerten Kalamata-Oliven kommen) gelangte der Olivenbaum zunächst nach Rom und von dort bis in die entlegensten Ecken des römischen Weltreichs. Vor allem gelangte das Olivenöl durch römische Legionäre auch nach Spanien und Portugal, jenen beiden Ländern, die heute mit rund 250 Millionen Olivenbäumen den größten Anteil an der Welt-Olivenölerzeugung halten. Alleine auf der Iberischen Halbinsel werden 60 verschiedene Olivensorten kultiviert, und manche Olivenbäume sollen dem Vernehmen nach sogar ein „biblisches Alter" von 800 bis 1000 Jahren haben.

In der Tat ist der Olivenbaum ein Methusalem, der die ersten zehn Jahre seines Lebens vorerst einmal gar keine Früchte trägt. Je älter die Pflanze wird, desto besser wird dann auch die Qualität, und nicht nur in dieser Hinsicht ähnelt die Olive der Weintraube. Zu den auffälligsten Parallelitäten zählt etwa die Tatsache, dass Olivenbäume wie Rebstöcke viel Sonne brauchen und Südhänge lieben. Wie die Reben müssen auch die Olivenzweige entsprechend geschnitten und ausgedünnt werden, um wirklich hervorragende Qualität und ein entsprechend konzentriertes Öl zu liefern. Wie der Wein liebt die Olive jene steilen, kargen Lagen am meisten, an die der Bauer am schwersten herankommt, der für seine Mühe dafür jedoch mit besonders saftigen Früchten belohnt wird. Und wie edle Kreszenzen aus Burgund oder Bordeaux wird auch Olivenöl von geschulten Gaumen nach Farbe, Geschmack und Abgang fachmännisch verkostet und bewertet. In einer anderen Hinsicht haben die Oliven mit den Weintrauben allerdings rein gar nichts zu tun. Wenn man die Steinfrüchte des Ölbaums nämlich während eines Spaziergangs pflückt und daran nascht, dann stellt sich am Gaumen ein bitterer Nachgeschmack und bei den Olivenbauern nur Spott und Hohn für den Pflücker ein. Oliven schmecken nämlich, unabhängig von ihrer Farbe, zunächst einmal bitter und müssen – um sie überhaupt genießbar zu machen – zuerst in Salzlake eingelegt werden. Die Farbe der Oliven hängt übrigens davon ab, wie lange man sie am Baum hängen lässt: Grüne Oliven werden ab Oktober, schwarze Oliven ab Dezember geerntet.

OLIVENÖL

Olivenöl ist das starke Rückgrat jeglicher mediterraner Küche von der Algarve bis nach Antalya. Es beinhaltet nachweislich rund 1000 aktive biologische Wirkstoffe und besteht zu 76 Prozent aus der einfach ungesättigten Ölsäure, die eine besondere Schutzwirkung auf das Blut ausübt, während die ebenfalls darin enthaltenen zweifach gesättigten Fettsäuren den Stoffwechsel befördern. Kurzum: Olivenöl ist ein

Jungbrunnen. Es schützt nicht nur vor Krebs und Infarkt, sondern regt auch den Kreislauf an, verdünnt das Blut, senkt den Blutdruck, erhöht das gute HDL- und reduziert das schlechte LDL-Cholesterin. Es regt die Verdauung an, wirkt mild abführend und beugt – was angesichts seiner Kalorienwerte fast paradox klingt – dem Übergewicht vor.

Dennoch gilt: Olivenöl ist nicht gleich Olivenöl, und wer sich der geschmacklichen wie auch ernährungsphysiologischen Vorzüge des Götterelixiers versichern will, der sollte auf Qualität und, wenn möglich, auch auf vollbiologischen Anbau achten.

Im Wesentlichen unterscheidet man neben dem seltenen und sehr teuren „Tropföl", das noch vor der Pressung aus den zerkleinerten Oliven rinnt:

- *Natives Olivenöl extra*, auch Extra vergine, Virgen extra oder Vierge extra genannt, ist leicht hellgrün, geschmacklich fein ausbalanciert und darf nicht mehr als 1% freie Fettsäuren enthalten.
- *Natives Olivenöl aus zweiter Pressung* ist etwas dunkler, schmeckt kräftiger und darf nicht mehr als 2% freie Fettsäuren enthalten.
- *Raffiniertes Olivenöl*, dem zur Geschmacksverbesserung häufig zwischen 5 und 15% Natives Olivenöl beigemischt wird, ist milder und weniger ausgeprägt in Geruch sowie Geschmack.

Der Herstellungsprozess ist in den vier großen Olivenölländern Europas – Italien, Frankreich, Spanien und Griechenland – ziemlich ähnlich. In modernen Ölmühlen werden die Oliven nach dem Waschen gemahlen und in einer Zentrifuge gepresst, bis das Öl austritt, das dann von allen wässrigen Bestandteilen getrennt wird. Der im Deutschen oft gebrauchte Ausdruck der „Kaltpressung" ist vom Gesetz her nicht definiert, bezeichnet aber generell das „olio vergine", das bei einer Temperatur von etwa 20–35 °C gewonnen, also „kalt" gepresst wird. Das dabei entstehende Öl unterliegt jedoch, vergleichbar dem Wein, großen Unterschieden, die es schon wenige Kilometer weiter östlich oder westlich völlig anders schmecken lassen. Geologische und mikroklimatische Abweichungen, Sortenvielfalt, aber auch Unterschiede in Baumschnitt und Bewässerung führen dazu, dass jedes Olivenöl seinen unverwechselbaren Geschmack hat, und dass man es sensorisch genauso penibel verkosten kann wie edlen Wein.

Im Wiener Restaurant Novelli hat man lange nach einer hocharomatisch-fruchtigen Spezialabfüllung gesucht, die für die Bedürfnisse mediterraner Spitzengastronomie ideal geeignet ist und nun auch an Gäste sowie Leserinnen und Leser dieses Kochbuchs weitergegeben werden kann. Das Novelli-Olivenöl kann unter *www.novelli.at* auch via Internet bestellt werden.

OLIVENÖL IN DER KÜCHE: *Auch wenn es immer mehr Menschen gibt, die Olivenöl wie Medizin einnehmen, so ist und bleibt sein wahrer Platz selbstverständlich in der Küche. Insbesondere in der Kalten Küche ist Olivenöl, zumal mit seinem Alter Ego, dem weltberühmten „Aceto Balsamico" aus Modena, zu den betörendsten Geschmacksmetamorphosen imstande. Das trifft keineswegs nur auf Salate und Vorspeisensalate (z. B. Caprese aus Mozzarella, Basilikum und Tomaten) zu, sondern auch auf roh Mariniertes von Fisch und Fleisch (Carpaccio), auf Antipasti-Buffets ganz allgemein, aber auch auf ein Stückchen Käse wie Grana oder Pecorino, das man vor dem Servieren mit feinem Olivenöl beträufelt. Nicht zuletzt ist Olivenöl jedoch auch ein ideales Konservierungsmittel, wenn man etwa Pilze, Gemüse, Kapern, Peperonata oder Meeresfrüchte einlegen möchte.*

Olivenöl hat jedoch nicht nur einen ausgeprägten, fruchtigen Geschmack, sondern auch die Fähigkeit zu binden. Kurz vor dem Servieren in Sughi und Saucen eingerührt, verleiht es denselben nicht nur Aroma, sondern auch Geschmack und obendrein eine feine Emulgation. Im übrigen hält Olivenöl auch die Pasta geschmeidig und verhindert ein Zusammenkleben der Nudeln, wenn man zuvor ein Löffelchen Öl ins Kochwasser gibt.

Auch wenn man gelegentlich hört, dass kalt gepresstes Olivenöl aufgrund seiner besonderen physiologischen Zusammensetzung in der Bratpfanne nichts verloren habe, so beweisen doch Hunderttausende italienische Köchinnen und Köche Tag für Tag das Gegenteil. In Italien weiß man allerdings auch, dass Olivenöl Extra vergine beim Braten nur mit Bedacht eingesetzt werden darf. Durch zu starkes Erhitzen verliert es nämlich einerseits Nährstoffe und Vitamine, entwickelt aber andererseits schnell einen zu intensiven, nicht mehr angenehmen Geruch. Fürs schnelle Anbraten ist daher in der Tat ein neutrales Pflanzenöl oder raffiniertes Olivenöl besser geeignet. Für die Geschmacksgebung vor allem bei Fisch-, Geflügel- und Gemüsegerichten bleibt Extra vergine in der mediterranen Küche jedoch auch bei Gebratenem und Gegrilltem unverzichtbar.

Ebenso wichtig, wie Olivenöl nicht zu überhitzen, ist freilich auch seine fachgemäße Lagerung. Olivenöl sollte bei knapp über 10 °C möglichst dunkel gelagert werden. Kalt gepresstes Olivenöl ist ungeöffnet etwa 18 Monate, naturtrübes Olivenöl etwa 12 Monate haltbar. Beides sollte jedoch nach der Öffnung möglichst rasch verbraucht werden.

PASTA

Die Frage, ob man seine Pasta lieber kaufen oder selber zubereiten soll, ist gar nicht so leicht zu beantworten. Tatsächlich werden nämlich heute exzellente Teigwaren angeboten, wobei die teuersten keinesfalls zwangsläufig immer die besten sind. Man achte also weniger auf den Preis als vielmehr auf die Ingredienzen. So bürgt etwa die Verwendung von Hartweizengrieß zumeist für Qualität und ganz allgemein gilt: Je mehr Eier verarbeitet werden, desto besser wird vermutlich das Endresultat sein. Den Nudelteig selbst zu machen, ist indessen ebenfalls keine große Hexerei. Dabei gilt das ebenso einfache wie erprobte Grundrezept, dass man auf 100 g Mehl ein Ei verwenden sollte. Was das Mehl betrifft, so hat es sich bewährt, ganz gewöhnliches griffiges Weizenmehl zu gleichen Teilen mit Hartweizengrieß zu vermengen und den daraus gekneteten Teig mit Hilfe von etwas Olivenöl geschmeidig zu machen. Sollten Sie keinen Hartweizengrieß aus Durumweizen bekommen (er wird in allen Getreidemühlen angeboten und kann auch über hilfsbereite Bäcker bezogen werden), so werden Sie auch mit ganz normalem Weizenmehl durchaus vernünftige Resultate erzielen.

DIE WICHTIGSTEN PASTA-SORTEN:

AGNOLOTTI. Die handgeformten Nudeltäschchen werden meist mit Ricotta und Spinat gefüllt und sind vor allem in der piemontesischen, toskanischen sowie lombardischen Küche beheimatet.

BIGOLI. Dicke Spaghetti; in Venetien auch aus Vollkornmehl hergestellt.

BUCATINI. So nennt man alle Spaghetti, die einen schmalen, runden Luftkanal in der Mitte haben, also Röhrennudeln sind.

CANNELLONI. Große Nudelröhren, die mit Fleisch-, Käse- oder Gemüsemasse gefüllt, für gewöhnlich in Tomatensauce weich gedünstet und anschließend gratiniert werden.

CAPELLINI. Dünne Fadennudeln, die in noch dünnerer Version auch „Angel Hair“ (Engelshaar) genannt und in Nestform gewickelt werden.

CAVATELLI. Muschelförmige Nudeln

CONCHIGLIE. Muschelförmige Nudeln

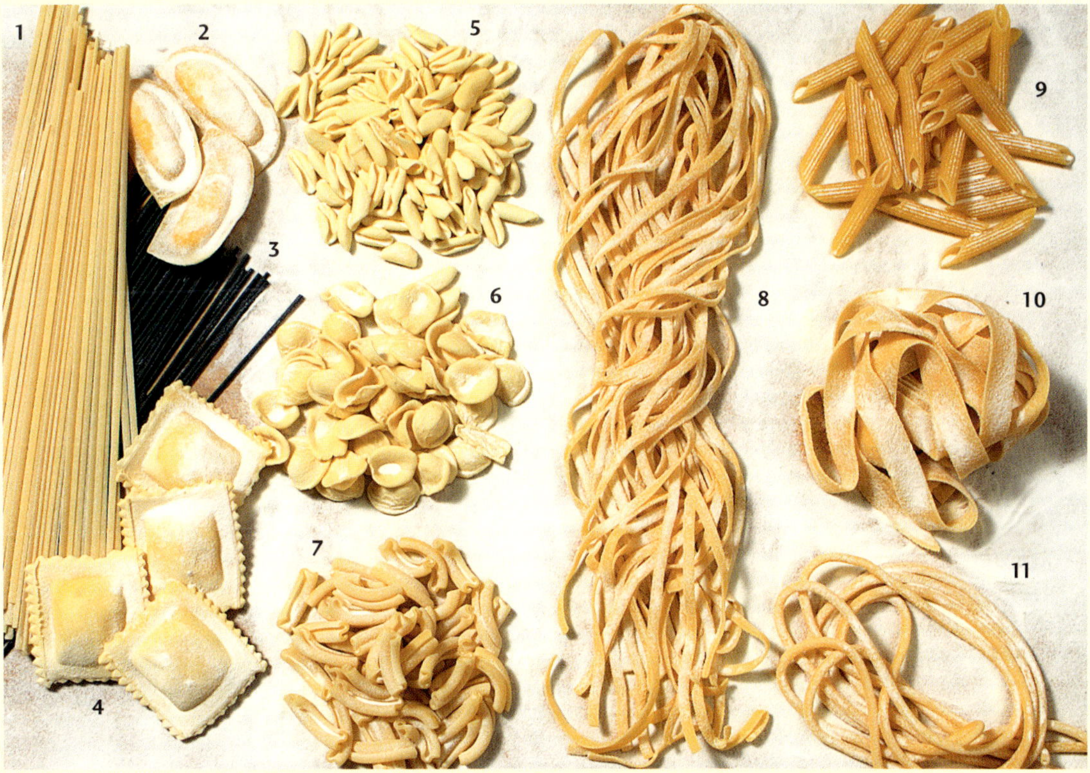

1 Linguine · 2 Agnolotti · 3 Spaghetti neri · 4 Ravioli · 5 Cavatelli · 6 Orecchiette · 7 Strozzapreti · 8 Tagliatelle · 9 Penne · 10 Pappardelle 11 Maccheroni

FAGOTTINI. Kleine gefüllte Teigtäschchen

FARFALLE. Die schmetterlingsartig geformten Nudeln erinnern auch an ein Frackmascherl oder eine „Fliege".

FETTUCCINE. Bandnudeln, zu kleinen Nestern gerollt.

FRICELLI. Spiralenförmig gerollte Röhrennudeln

FUSILLI. Die typischen Spiralennudeln, die früher durch Umwickeln einer Stricknadel mit Spaghettiteig hergestellt wurden, unterscheiden sich je nach Region voneinander.

GNOCCHI. Kleine Klößchen oder Nockerln, die nicht aus Nudel-, sondern aus Kartoffelteig geformt werden und durch Abdrücke der Gabel ihre typische gerillte Form erhalten.

LASAGNE. Große rechteckige Nudelblätter werden – natur oder mit Blattspinat gefärbt – abwechselnd mit Tomaten- oder Fleischsauce sowie Béchamelsauce bestrichen und mit Parmesan überbacken. In Süditalien kennt man auch eine Lasagne-Variante mit gerippten Rändern.

LINGUINE. Schmale Bandnudeln (mit „Zungenform")

MACCHERONI. Längere Röhrennudeln

ORECCHIETTE. Die vor allem in Apulien beheimatete Nudelspezialität erinnert der Form nach an kleine Ohren.

PAPPARDELLE. Breite Bandnudeln

PENNE. Schräg abgeschnittene Maccheroni

RAVIOLI. Quadratische, kleine Nudeltäschchen, die mit Kräutern, Ricotta, Spinat, faschiertem Fleisch u. ä. gefüllt werden.

RIGATONI. Die kurzen, gerippten Röhrennudeln sind vor allem in der Gegend um Rom gebräuchlich.

SPAGHETTI. Sammelbegriff für alle länglichen und fadenartigen Nudeln

STROZZAPRETI. Kleine, länglich eingerollte Nudeln

TAGLIATELLE. Die nestförmig gewickelten Bandnudeln ähneln den Fettuccine, sind aber dünner als diese. Tagliatelle verdi werden mit Spinat grün gefärbt.

TAGLIOLINI/TAGLIARINI. Die Dünnsten und Feinsten aus der Bandnudelfamilie

TORTELLINI. Ringförmige Nudeltäschchen, die mit Prosciutto, Kalbfleisch oder bestimmten Kräutermischungen gefüllt werden.

ZITI. Dicke Maccheroni

Pastateig (Grundrezept)

ZUTATEN

200 g griffiges Weizenmehl
200 g Hartweizengrieß aus Durumweizen
4 Eier, 4 EL Olivenöl, 4 EL Wasser, 1 TL Salz
Mehl für die Arbeitsfläche

ZUBEREITUNG

Mehl auf die Arbeitsfläche sieben, mit Grieß vermengen und eine kleine Mulde formen. Eier in die Mulde schlagen und gemeinsam mit den restlichen Zutaten zu einem glatten, geschmeidigen Teig kneten. In eine Klarsichtfolie einschlagen und 1–2 Stunden im Kühlschrank rasten lassen. Dann den Teig auf einer bemehlten Arbeitsfläche mit einem Nudelholz dünn auswalken und in die gewünschte Form schneiden. Bei der Verwendung einer Nudelmaschine den Teig in kleinere Stücke teilen und diese mehrmals hintereinander auf die gewünschte Stärke hin ausrollen. Je nach Verwendung die Teigplatten dann in Tagliatelle etc. schneiden.

TIPPS: Fertige Nudeln entweder sofort kochen oder auf Backpapier ausbreiten und über Nacht trocknen lassen.
Wie oben erwähnt, kann man den Anteil an Hartweizengrieß auch durch normales Weizenmehl ersetzen, wodurch die Nudeln allerdings etwas an Biss verlieren.

Ravioli (Grundrezept)

ZUTATEN

300 g Mehl, doppelgriffig (ersatzweise griffiges Mehl mit 2–3 EL Grieß vermischt)
3 Eier, 1 Schuss Olivenöl, 1 Ei zum Bestreichen
500 g Fülle nach Belieben (s. S. 185–189)
Mehl für die Arbeitsfläche, Salz
Butter und Parmesan nach Belieben

ZUBEREITUNG

Das Mehl mit den Eiern und dem Olivenöl am besten in der Küchenmaschine gut verarbeiten und zu einem geschmeidigen Teig kneten. Nach Bedarf noch etwas Wasser einarbeiten, damit der Teig nicht zu fest wird. Nun den Teig teilen und auf einer bemehlten Arbeitsfläche zu 2 Rechtecken mit je ca. 20 x 30 cm Fläche ausrollen (2). Eines der beiden Rechtecke zur Gänze mit dem verschlagenen Ei bestreichen (3).
Die vorbereitete Fülle in kleinen Häufchen (etwa 1 Teelöffel) in regelmäßigen Abständen von etwa 2,5 cm auf die mit Ei bestrichene Teigfläche setzen. Dabei

1

2

3

4

5

6

mindestens einen 1 cm breiten Streifen an den Rändern frei lassen (4). Das zweite Teigstück darüber legen. Den Teig an den Rändern und rund um die Füllung gut anpressen (5). Mit einem Teigrad, einem Ravioli-Ausstecher oder umgedrehten Glas etwa 5 cm große Ravioli ausstechen, die Ränder nochmals festdrücken und auf eine bemehlte Unterlage legen (6). In einem großen Topf ausreichend viel Salzwasser aufkochen und die Ravioli leicht wallend 3–5 Minuten ziehen lassen. Vorsichtig herausheben und gut abtropfen lassen. Nach Belieben mit flüssiger Butter beträufeln und mit frisch geriebenem Parmesan bestreuen.

GARUNGSZEIT: 3–5 Minuten

TIPPS: Es muss nicht der gesamte Nudelteig auf einmal verarbeitet werden, denn der Teig hält sich in Folie gewickelt im Kühlschrank problemlos 2 Tage. Auch die bereits gefüllten Ravioli lassen sich 1–2 Tage aufbewahren, indem man sie auf ein bemehltes Blech legt und gut mit Frischhaltefolie abdeckt.
Sollen die Ravioli tiefgekühlt werden, so friert man sie direkt auf einem bemehlten Blech oder Brett ein und gibt sie dann erst in Gefrierbeutel.

1

2

3

4

5

6

Gnocchi (Grundrezept)

ZUTATEN

500 g Kartoffeln, gekocht, 150 g Mehl
30 g Grieß, 1 Eidotter, 1 TL Salz, weißer Pfeffer
Muskatnuss, gerieben

ZUBEREITUNG

Die gekochten Kartoffeln schälen und durch eine Kartoffelpresse drücken (2). Die Masse auf einer Arbeitsfläche verteilen und mit Mehl, Grieß, Eidotter, Salz, etwas Muskatnuss und Pfeffer zu einem weichen, aber formbaren Teig verkneten (3).

Etwa 60 Minuten kühl rasten lassen. In einem großen Topf ausreichend viel Salzwasser aufkochen lassen und zuerst einen „Probegnoccho" kochen. Sollte der Teig zu weich sein, noch etwas Mehl oder Grieß einarbeiten. Dann eine daumendicke Teigrolle formen (4). Davon etwa 3 cm lange Stücke abschneiden, rundlich formen und mit einer Gabel jeweils längs eindrücken (5). In das kochende Wasser einlegen, aufsteigen und noch 2–3 Minuten ziehen lassen (6). Vorsichtig herausheben und abtropfen lassen.

GARUNGSZEIT: ca. 2–3 Minuten nach dem Aufsteigen

TIPP: Die nach diesem Grundrezept zubereiteten Gnocchi können auf vielfältige Weise „veredelt" werden, etwa durch Schwenken in brauner Butter oder durch die Zugabe von gehackten Kräutern, geriebenen Nüssen oder kleinen Prosciuttowürfeln. Mit deftigem Käse überbacken ergeben sie auch eine kräftige Hauptmahlzeit.

WIE MAN PASTA RICHTIG KOCHT. *Pasta braucht viel Platz im Kochwasser. Ganz allgemein gilt: Für 100 g Pasta muss man mit 1 Liter Wasser rechnen. Ob man dasselbe mit etwas Öl geschmeidiger macht, darüber streiten sich die Geister. Die meisten italienischen Köche und Köchinnen amüsieren sich über diese eher „nordische" Sitte. Ganz und gar nicht lächerlich ist indessen die Frage, wie lange die Pasta gekocht werden muss. Die einfachste Antwort lautet: So lange, wie es auf der Packung steht. Ansonsten heißt das Zauberwort in jedem Fall „al dente", zu deutsch: bissfest, was soviel bedeutet, dass die Nudeln zwar nicht hart sein sollen, aber den Zähnen immer noch einen gewissen Widerstand entgegensetzen. Auch dafür gibt es gewisse Richtwerte: Frisch gemachte Pasta braucht selten mehr als 2–5 Minuten, getrocknete oder industriell gefertigte Linguine kocht man etwa 6–10 Minuten, Spaghetti je nach Dicke 7–12 Minuten, Tagliatelle etwa 8–13 Minuten, Pappardelle 8–15 Minuten, und die dicken Rigatoni können mitunter sogar 10–18 Minuten benötigen.*

Da in der schnellen Küche von heute der Zeitfaktor eine besonders große Rolle spielt, kann man das Pastakochen noch weiter verkürzen, indem man das Nudelwasser auf Induktionskochfeldern (z. B. von Juno-Electrolux) aufsetzt. In diesem Fall kocht 1 Liter kaltes Wasser nämlich bereits nach 2 Minuten!

PEPERONI/PEPERONCINI
S. CHILISCHOTE

PESTO UND PASTEN

Unter einem Pesto versteht man in der italienischen Küche zunächst einmal das berühmte *Pesto genovese*, jene vielseitige Paste, die sich für Nudelgerichte ebenso verwenden lässt wie zum Verfeinern von Fisch-, Fleisch- oder Geflügelgerichten. Die italienische Küche kennt allerdings eine Vielzahl von Pestos, die alle die Tatsache gemeinsam haben, dass sie ursprünglich in einem Mörser zubereitet wurden (und in wirklichen Profiküchen meist auch noch werden). Das erfordert freilich viel Geduld, einen starken Oberarm und einen starken Willen.

Im modernen Haushalt werden Pestos daher meist in einer Küchenmaschine oder in einem Glasmixer zubereitet. Doch auch in diesem Fall gelten die folgenden Grundregeln:

Bei allen grünen Pestos empfiehlt sich die Zugabe von einer Prise geriebener Muskatnuss, denn nur so bleibt das Pesto kräftig grün.

Pestos sind lange haltbar, wenn sie fachgerecht gelagert werden. Einmachgläser eignen sich prinzipiell sehr gut, wobei man Gläser mit grünem Pesto – trotz Zugabe von Muskatnuss – mit Alufolie umwickeln sollte, damit der Lichteinfall das Pesto nicht grau werden lässt.

Viele der folgenden Pestos eignen sich quasi als Sugo-Ersatz und helfen, binnen weniger Minuten eine schmackhafte Pasta auf den Tisch zu zaubern. Die al dente gekochte Pasta (Penne, Gnocchi, Rigatoni etc.) wird dafür gut abgetropft und nach Bedarf unter Zugabe von wenig Olivenöl in einer Pfanne mit dem vorbereiteten Pesto vermengt. Mit frisch geriebenem Parmesan und gegebenenfalls gehackten, dazu passenden Kräutern bestreuen und servieren. Beim Verfeinern von Saucen, Schmorgerichten u. ä. mit Pesto, ist darauf zu achten, dass Pestos mitunter einen recht dominanten Eigengeschmack besitzen und daher nur wohl dosiert eingesetzt werden sollten.

Das Pesto ist freilich nicht die einzige Würzpaste, die in der Mittelmeerküche populär ist. Es gibt eine Fülle von Pasten und kalten Saucen, deren Bogen vom klassischen Aïoli über die Salsa verde bis hin zum Ajvar der Balkanküche reicht. Sie alle haben eines gemeinsam: Sie lassen sich gut vorbereiten und auf höchst vielfältige Art und Weise einsetzen.

Basilikumpesto (Pesto genovese)

ZUTATEN

250 g Basilikum, 30 g Pinienkerne
20 g Parmesan, frisch gerieben, 250 ml Olivenöl
Meersalz aus der Mühle, Pfeffer aus der Mühle
1 Prise Muskatnuss, gerieben

ZUBEREITUNG

Basilikum zupfen und ebenso wie die Pinienkerne fein hacken. Alle Zutaten bis auf das Öl in einen Mörser geben und unter langsamer Zugabe des Öls zu einer homogenen Masse zerstoßen (oder in der Küchenmaschine mixen). Weiterverarbeiten oder licht- und aromageschützt aufbewahren.

Rucolapesto

ZUTATEN

250 g Rucola, 30 g Pinienkerne
20 g Parmesan, frisch gerieben
100 ml Walnussöl, 150 ml Olivenöl
Meersalz aus der Mühle, Pfeffer aus der Mühle
1 Prise Muskatnuss, gerieben

ZUBEREITUNG

Die Rucola und die Pinienkerne fein hacken. Alle Zutaten bis auf beide Ölsorten in einen Mörser geben und unter langsamer Zugabe des Öls zu einer homogenen Masse zerstoßen (oder in der Küchenmaschine mixen). Weiterverarbeiten oder licht- und aromageschützt aufbewahren.

Bärlauchpesto

ZUTATEN

250 g Bärlauch, 30 g Pinienkerne
20 g Parmesan, frisch gerieben
250 ml Olivenöl. Meersalz aus der Mühle
Pfeffer aus der Mühle, 1 Prise Muskatnuss, gerieben

ZUBEREITUNG

Den Bärlauch und die Pinienkerne fein hacken. Alle Zutaten bis auf das Öl in einen Mörser geben und unter langsamer Zugabe des Öls zu einer homogenen Masse zerstoßen (oder in der Küchenmaschine mixen). Weiterverarbeiten oder licht- und aromageschützt aufbewahren.

Brennnesselpesto

ZUTATEN

250 g Brennnesseln, 30 g Erdnüsse, geschält
20 g Parmesan, frisch gerieben, 250 ml Olivenöl
Meersalz aus der Mühle, Pfeffer aus der Mühle
1 Prise Muskatnuss, gerieben

ZUTATEN

Die Brennnesseln und die Erdnüsse fein hacken. Alle Zutaten bis auf das Öl in einen Mörser geben und unter langsamer Zugabe des Öls zu einer homogenen Masse zerstoßen (oder in der Küchenmaschine mixen). Weiterverarbeiten oder licht- und aromageschützt aufbewahren.

Sauerampferpesto

ZUTATEN

250 g Sauerampfer, 30 g Pinienkerne
20 g Parmesan, frisch gerieben, 100 ml Sesamöl
150 ml Olivenöl, Meersalz aus der Mühle
Pfeffer aus der Mühle, 1 Prise Muskatnuss, gerieben

ZUBEREITUNG

Den Sauerampfer und die Pinienkerne fein hacken. Alle Zutaten bis auf beide Ölsorten in einen Mörser geben und unter langsamer Zugabe des Öls zu einer homogenen Masse zerstoßen (oder in der Küchenmaschine mixen). Weiterverarbeiten oder licht- und aromageschützt aufbewahren.

Walnusspesto

ZUTATEN

250 g Walnusskerne, 50 g Pistazienkerne · 1/2 Knoblauchzehe, zerdrückt · ca. 3 EL Öl · 100 ml Milch
100 g Ricotta, 30 g Gorgonzola · Meersalz aus der Mühle, weißer Pfeffer aus der Mühle · gekochte Pasta nach Belieben (Spaghetti, Tagliatelle, Penne etc.)

ZUBEREITUNG

Von den Walnusskernen ca. 50 g grob hacken und beiseite stellen. Die restlichen Nüsse zusammen mit den Pinienkernen hacken und mit Knoblauch, Öl sowie Salz im Mörser zerstoßen, bis eine geschmeidige Creme entsteht. In eine Schale füllen. Die Milch erhitzen, die zerbröckelten Käse zugeben und bei geringer Hitze leicht schmelzen lassen. Mit der Nusscreme verrühren, mit Salz sowie Pfeffer würzen und rasch unter die vorbereitete Pasta mengen. Die restlichen gehackten Nüsse darüber streuen.

Tomatenpesto

ZUTATEN

350 g getrocknete Tomaten, in Öl eingelegt
50 g Haselnüsse, gemahlen
75 g Parmesan, frisch gerieben, etwas Chilipulver
Olivenöl

ZUBEREITUNG

Die Tomaten abtropfen lassen. Dabei 100 ml Öl auffangen und mit Olivenöl auf 200 ml auffüllen. Die Tomaten grob hacken und im Mixer (oder Küchenmaschine) zusammen mit den Haselnüssen unter ständiger Zugabe des Öls pürieren. Den geriebenen Parmesan unterrühren und mit Chili abschmecken. Weiterverarbeiten oder gut verschlossen aufbewahren.

Olivenpesto

ZUTATEN

250 g schwarze Oliven, 3 Schalotten, gehackt
2 Knoblauchzehen, gehackt
1 getrocknete Chilischote, gehackt
1 Rosmarinzweig, 200 ml Olivenöl
Zitronensaft, Meersalz aus der Mühle
Pfeffer aus der Mühle

ZUBEREITUNG

Die Oliven entkernen und mit den gehackten Schalotten, Knoblauchzehen sowie Chilischote in heißem Olivenöl anschwitzen. Auskühlen lassen und gemeinsam mit dem gehackten Rosmarin in einem Glasmixer (oder einer Küchenmaschine) mixen. Mit Meersalz, Zitronensaft und Pfeffer abschmecken. Weiterverarbeiten oder gut verschlossen aufbewahren.

Fenchelpesto

ZUTATEN

1 Fenchelknolle, 1 EL Fenchelsamen
250 ml Gemüsefond, Saft von 2 Zitronen
250 ml Olivenöl, 50 g Parmesan, frisch gerieben
Fenchelgrün, gehackt, Meersalz aus der Mühle
Pfeffer aus der Mühle

ZUBEREITUNG

Den geputzten Fenchel mit den Fenchelsamen in Salzwasser weich kochen und dann abseihen. Mit Gemüsefond, Zitronensaft, Olivenöl und dem Parmesan in einem Glasmixer (oder Küchenmaschine) mixen. Mit frisch gemahlenem Meersalz, Pfeffer und gehacktem Fenchelgrün abschmecken. Weiterverarbeiten oder gut verschlossen aufbewahren.

GARUNGSZEIT: ca. 30 Minuten

Artischockenpesto

ZUTATEN

5 Artischocken, Saft von 1 Zitrone
2 Knoblauchzehen, zerdrückt
100 ml Weißwein, 1 Thymianzweig
200 ml Olivenöl, Meersalz aus der Mühle
Pfeffer aus der Mühle, Zitronenschale, gehackt

ZUBEREITUNG

Die Artischocken putzen, Stiel sowie Blätter entfernen und die Böden klein schneiden (s. auch S. 12f.). Mit dem zerdrückten Knoblauch in etwas Olivenöl anschwitzen, Weißwein sowie Zitronensaft zugießen und weich dünsten. Nach Bedarf noch etwas Wasser zugießen, es sollte aber am Schluss die ganze Flüssigkeit verkocht sein. Den Thymian zupfen, mit den Artischocken samt Knoblauch in eine Küchenmaschine geben und unter langsamer Zugabe des Öls mixen. Mit Meersalz, Pfeffer und gehackter Zitronenschale abschmecken. Weiterverarbeiten oder gut verschlossen aufbewahren.

GARUNGSZEIT: 15–20 Minuten

TIPP: Bei diesem Pesto empfiehlt sich die Verwendung einer Küchenmaschine oder eines Mixers, da die Masse so besser emulgieren kann als im Mörser.

Selleriepesto

ZUTATEN

1 Knollensellerie, 1 Stück Stangensellerie
100 ml Weißwein, 50 g Walnüsse
20 g Parmesan, frisch gerieben
200 ml Olivenöl, Meersalz aus der Mühle
Pfeffer aus der Mühle, Sellerieblätter, gehackt

ZUBEREITUNG

Die Knolle schälen, in kleine Würfel schneiden und in Weißwein weich dünsten. Dabei sollte die ganze Flüssigkeit verkochen. Den Sellerie auskühlen lassen und mit Olivenöl und Nüssen in einem Glasmixer (oder Küchenmaschine) mixen. Den Stangensellerie schälen, in sehr feine Würfel schneiden und mit dem geriebenen Parmesan unter das Selleriepesto mischen. Mit Meersalz, Pfeffer und gehackten Sellerieblättern abschmecken. Weiterverarbeiten oder gut verschlossen aufbewahren.

GARUNGSZEIT: ca. 15–20 Minuten

Paprikapesto

ZUTATEN

3 rote Paprikaschoten, 1 gelbe Paprikaschote
20 g Sesam, geröstet, 1 Basilikumzweig
200 ml Olivenöl
etwas Gemüsefond zum Aufgießen
Kapernessig, Meersalz aus der Mühle
Pfeffer aus der Mühle

ZUBEREITUNG

Die Paprikaschoten schälen und entkernen. Die roten Schoten in Würfel schneiden und in etwas Olivenöl anschwitzen. Mit wenig Gemüsefond aufgießen und weich dünsten. Auskühlen lassen. Mit Sesam und dem restlichen Olivenöl in einem Glasmixer (oder Küchenmaschine) mixen. Die gelbe Paprikaschote in sehr feine Würfel, Basilikum fein schneiden und beides unter das Pesto mischen. Mit Meersalz, Pfeffer und etwas Kapernessig abschmecken. Weiterverarbeiten oder gut verschlossen aufbewahren.

GARUNGSZEIT: ca. 10 Minuten

Aïoli (Knoblauchmayonnaise)

ZUTATEN

5 Knoblauchzehen, 2 Eidotter, raumtemperiert
ca. 1 Tasse bestes kalt gepresstes Olivenöl
Zitronensaft, Meersalz aus der Mühle

ZUBEREITUNG

Die geschälten Knoblauchzehen in einem Mörser gemeinsam mit einer kräftigen Prise Salz zerstoßen oder mit einem Wiegemesser sehr fein hacken. In einer Schüssel die Eidotter mit dem Knoblauch gut verschlagen. Nun das Öl vorerst tropfenweise, dann in einem dünnen Strahl zugießen und dabei mit einer Schneerute oder Mixstab ständig schlagen. Stets nur so viel Öl zugießen, dass die Sauce immer wieder bindet. Hat die Sauce mayonnaiseartige Konsistenz, mit etwas Zitronensaft und Salz abschmecken. In eine kleine Schüssel umfüllen und servieren.

VERWENDUNG: zu Fischgerichten, Schnecken, Schaltieren sowie als Ergänzung bei Tapas-Buffets oder Hors-d'œuvres-Platten.

TIPPS: Sollte das Aïoli gerinnen, so mengt man etwas gekaufte Mayonnaise unter. Noch einfacher ist es freilich, Knoblauch und Zitronensaft in eine bereits vorgefertigte Mayonnaise einzurühren.
In vielen Rezepten wird, um das Aïoli noch sämiger zu machen, auch in Milch geweichtes Weißbrot mit dem Eidotter aufgemixt.

Rouille
(Scharfe Knoblauchmayonnaise)

ZUTATEN

1 grüne Paprikaschote, 1 rote Paprikaschote
2–3 Chilischoten, 6 Knoblauchzehen
ca. 250 ml gutes, kalt gepresstes Olivenöl
ca. 2 EL frisches Weißbrot, gerieben
Meersalz aus der Mühle, weißer Pfeffer

ZUBEREITUNG

Paprikaschoten halbieren, Stiele und Kerne entfernen, gut waschen. Chilischoten aufschneiden, entkernen. In einem Topf etwas Wasser zum Kochen bringen, Paprika und Chili einlegen und etwa 8–12 Minuten weich dünsten. Herausheben und abtropfen lassen. Geschälte Knoblauchzehen grob zerkleinern und in einer Küchenmaschine mit Paprika und Chili fein mixen. Nun mit der Hand weiterrühren und das Öl langsam einfließen lassen. Dabei rühren, bis die Creme wie eine Mayonnaise zu binden beginnt. So viel Weißbrotbrösel unterrühren, dass die Rouille eine kompakte Konsistenz bekommt. Mit Salz und weißem Pfeffer abschmecken. In ein Saucenkännchen füllen und extra servieren.

VERWENDUNG: klassische Bouillabaisse-Beilage, aber auch als Dip-Sauce für kalte Buffets

TIPP: Die Chilischoten können auch durch Chili- oder Tabascosauce ersetzt werden, wobei man in diesem Fall die Sauce erst in die fertige Rouille einrührt.

Ajvar (Kalte Gemüsesauce)

ZUTATEN

ca. 600 g rote Paprikaschoten, 400 g Melanzani
200 g Zwiebeln, 3 Knoblauchzehen
150 ml Olivenöl, 50 ml Weißweinessig
1 Prise Zucker, Salz, Pfeffer
Paprikapulver nach Geschmack
Olivenöl zum Bedecken

ZUBEREITUNG

Gewaschene Paprikaschoten und Melanzani im Ganzen im auf 180 °C vorgeheizten Backrohr weich garen, bis sich die Haut leicht ablösen lässt. Früchte nach dem Schälen entkernen und Fruchtfleisch grob hacken. Zwiebeln und Knoblauch ebenfalls grob hacken und gemeinsam mit dem Gemüse im Mixer fein pürieren. Mit Öl, Essig, Zucker, Salz, Pfeffer und Paprikapulver abschmecken. Abschließend mit einer dünnen Schicht Olivenöl bedecken und über Nacht im Kühlschrank ziehen lassen.

BACKZEIT: je nach Größe der Früchte ca. 10–30 Minuten
BACKROHRTEMPERATUR: 180 °C
VERWENDUNG: würzige Beilage zu gebratenem Fisch, gegrilltem Fleisch oder Geflügel
TIPP: Der Essig kann bei dieser in Kroatien wie in Serbien gleichermaßen beheimateten Würzsauce auch durch Zitronensaft ersetzt werden. In manchen Rezepten werden unter die Paprikaschoten zusätzlich noch rote Pfefferoni gemischt und mitunter wird auch mit Petersilie abgeschmeckt. Unter einer entsprechenden Ölschicht lässt sich Ajvar in gut verschlossenen Gläsern problemlos auch länger aufbewahren.

Salsa verde

ZUTATEN

1 Bund Basilikum, 3 Bund Petersilie, 1 Knoblauchzehe
1 TL Kapern, 2 eingelegte Sardellenfilets
7 EL Olivenöl, 2 EL Zitronensaft
Meersalz aus der Mühle

ZUBEREITUNG

Basilikum und Petersilie waschen, in einem Sieb gründlich trocken schütteln.
Blätter abzupfen und fein hacken. Kapern, Knoblauch und Sardellenfilets ebenfalls fein hacken. Alles gemeinsam mit Öl, Zitronensaft und frisch gemahlenem Salz zu einer sämigen Sauce verrühren.

VERWENDUNG: klassische Sauce zu Bollito misto, aber auch zu Fisch und Geflügel.

POLENTA

Polentamehl (Maisgrieß) gibt es in drei Mahlstufen zu kaufen: Fein, mittel und grob. Das feine Mehl gelangt vor allem für Süßspeisen auf Polentabasis zur Verwendung, das grobe, auch *Bramata* genannt, verwendet man für bäuerliche Polentagerichte, vor allem dann, wenn diese danach noch in Öl frittiert oder überbacken werden. Für den Hausgebrauch reicht der mittlere Mahlgrad des *Farina per polenta.*
Wie man seine Polenta kocht, hängt vor allem davon ab, ob man sie als Brei oder schnittfest genießen möchte:

- Um cremige Polenta zuzubereiten, bringt man Salzwasser zum Kochen und rührt den Maisgrieß mit einem Schneebesen ein (Abergläubische meinen: gegen den Uhrzeigersinn). Danach darf das Wasser keinesfalls zu stark kochen, da sich sonst Klümpchen bilden und die Polenta „spritzen“ würde. Je nachdem, ob man die Polenta eher konsistent oder suppig bevorzugt, kann man das Verhältnis zwischen Maisgrieß und Wasser auch verändern bzw. mit Olivenöl, Butter oder Milch verdünnen. Außerdem sollte man vor der Verwendung stets einen Blick auf die Packung werfen, da es heute auch schon viele Formen von Instant-Polenta gibt, die andere Zubereitungsvarianten und Garzeiten erfordern.
- Um schnittfeste Polenta zuzubereiten, geht man nach demselben Rezept vor, füllt die Polenta aber, sobald sie sich nur noch schwer umrühren lässt, in eine mit Wasser ausgespülte Form, in der man sie auskühlen lässt. Danach stürzt man die Polenta und kann sie bequem in Scheiben schneiden und diese in Olivenöl braten, grillen oder mit Käse überbacken.
- Eine Sonderform der Polenta, die sich vor allem in Norditalien großer Beliebtheit erfreut, ist die weiße Polenta *(Polenta bianca)*. Dabei handelt es sich um einen besonders feinen Grieß aus weißem Mais, der kochtechnisch jedoch genauso wie die gelbe Polenta behandelt wird.

Polenta (Grundrezept)

ZUTATEN

ca. 1 l Wasser, lauwarm, 1 1/2 TL Salz
250 g Polenta (Maisgrieß), Butter zum Ausstreichen

ZUBEREITUNG

Eine feuerfeste Form mit Butter ausstreichen und beiseite stellen. In einem Topf etwa 600 ml Wasser zum Kochen bringen und das Salz zugeben. Die Polenta mit dem restlichen Wasser verquirlen und in das kochende Wasser gießen. Hitze reduzieren und mit einem Schneebesen rühren, bis die Masse andickt. Weitere 10 Minuten auf kleiner Flamme unter ständigem Rühren kochen, bis die Masse sehr dickflüssig geworden ist. Nun die Polentamasse in die gebutterte Form streichen und im auf 180 °C vorgeheizten Backrohr 15 Minuten backen. Herausnehmen, stürzen und in Scheiben schneiden.

BACKROHRTEMPERATUR: 180 °C
GARUNGSZEIT: ca. 12 Minuten köcheln, 15 Minuten backen
TIPPS: Gerade bei Polenta, aber auch bei vielen anderen Gerichten auf Getreide- und Reisbasis, ist es besonders wichtig, dass die Hitze sofort reduziert wird, sobald das Gericht das ganze Wasser aufgenommen hat. Damit sich die Masse nicht am Pfannenboden anlegt, sollte die Temperaturregelung daher möglichst ohne Zeitverzögerung durchgeführt werden. Das funktioniert mittlerweile nicht nur bei Gasherden problemlos, sondern auch bei Induktionskochfeldern (z. B. von Juno-Electrolux).
Besonders fein schmeckt Polenta, wenn sie nach dem Backen noch zusätzlich in heißem Olivenöl knusprig gebraten wird. Dabei verleihen mitgebratene Kräuter, wie etwa Thymian, Rosmarin oder Salbei, der Polenta echtes mediterranes Aroma.

RADICCHIO

Radicchio gehört zur botanischen Familie der Korbblütler und wird im Wesentlichen in drei Arten angeboten. Der am häufigsten verwendete Radicchiokopf wird im Frühjahr angepflanzt und bis zu den ersten Frösten im Herbst geerntet. Die zweite Sorte bildet, wie etwa der *Radicchio di Verona*, eine lose Blattrosette anstatt eines festen Kopfes. Er wird im Sommer angepflanzt und nach der Überwinterung im Frühjahr geerntet. Als besondere Delikatesse während der Wintersaison gilt der (mit Warmwasserschläuchen aufgezogene) *Radicchio di Treviso*, jene ovale, langstielige, milde und aromatische Spezialität, deren Geschmack vor allem in den (gut geschälten) Wurzeln sitzt. Man kann ihn entweder grillen oder im Backrohr garen. Vor der Verwendung sollte Radicchio allerdings in jedem Fall zuerst in lauwarmem, dann in kaltem Wasser gewaschen werden, damit er an Bitterstoffen verliert.

REIS

Reisgerichte gibt es überall im Mittelmeerraum, und der Bogen reicht vom „Schmutzigen Reis" und der Paella auf der Iberischen Halbinsel bis zu den eher schon orientalisch beeinflussten Arten der Reiszubereitung in Griechenland und der Türkei. Das berühmteste mediterrane Reisgericht ist jedoch ohne Zweifel der Risotto, dessen „korrekte" Zubereitung nicht nur eine Wissenschaft, sondern auch immer wieder Gegenstand von leidenschaftlich geführten Diskussionen ist.
Nach dem folgenden Grundrezept wird ein Risotto freilich immer gelingen:

Risotto (Grundrezept)

ZUTATEN

320–400 g Risottoreis, 250 ml Weißwein
ca. 1 l Geflügelfond, heiß
1 Zwiebel, ca. 100 g Butter
Meersalz aus der Mühle, weißer Pfeffer aus der Mühle
ca. 70 g Parmesan, frisch gerieben

ZUBEREITUNG

Die Zwiebel feinwürfelig schneiden und in der Hälfte der Butter in einem größeren Topf glasig dünsten (2). Den Reis einrühren, ganz kurz anlaufen lassen (3) und mit Weißwein ablöschen (4). Bei starker Hitze kräftig einkochen lassen. Dann erst unter stetigem Rühren den heißen Fond nach und nach zugießen. Dabei immer nur so viel zugießen, dass der Reis gerade bedeckt ist (5). Mit Salz und Pfeffer würzen und unter beständigem Rühren bei mittlerer Hitze 18–20 Minuten „al dente" garen. Den Topf von der Kochstelle nehmen, den frisch geriebenen Parmesan einrühren (6) und mit der restlichen Butter montieren (sämig rühren).

GARUNGSZEIT: 18–20 Minuten
TIPP: Die Menge der zum Schluss eingerührten Butter hängt ganz vom persönlichen Geschmack ab. Es gibt Risottoliebhaber, die das Einrühren der Butter gänzlich ablehnen, andere wiederum schätzen die durch die Butter hervorgerufene mollig-cremige Konsistenz ihres Risottos überaus.

1

2

3

4

5

6

SO GELINGT IHR RISOTTO AUF JEDEN FALL

- *Verwenden Sie eine große, tiefe Pfanne, damit die Flüssigkeit darin langsam und allmählich verdampfen kann.*
- *Lassen Sie die Zwiebeln, bevor Sie den Reis hinzufügen, glasig anschwitzen, aber niemals zu braun werden.*
- *Verwenden Sie nur Original-Risottoreis. Ob Sie sich für den körnigeren und weniger cremigen* Vialone nano *aus dem Veneto, für den verlässlichen* Arborio *aus dem Piemont oder für den vielseitigen lombardischen* Carnaroli, *der auch im „Novelli" verwendet wird, entscheiden, ist letztlich Geschmackssache.*
- *Waschen Sie den Reis nicht vor der Verwendung, denn dadurch geht jene wertvolle Stärke verloren, die dem Risotto seine Cremigkeit verleiht.*
- *Gießen Sie die Flüssigkeit stets in heißem, möglichst noch leicht köchelndem Zustand zum Reis, da dieser sonst durch die ständigen Temperaturschwankungen seine Struktur nicht bewahren kann.*
- *Mengen Sie die Flüssigkeit öfter, aber dafür in kleinen Mengen ein und versuchen Sie, den Risotto durch stetiges Rühren in Bewegung zu halten.*
- *Lassen Sie sich Zeit! Ungeduld ist der größte Feind des Risotto.*

- *Halten Sie die Flamme (Hitze) auf keinen Fall zu hoch, aber auch nicht zu niedrig. Ideal ist eine möglichst gleichmäßige mittlere Temperatur.*
- *Nehmen Sie den Reis unbedingt von der Kochstelle, bevor er vollständig gegart ist – durch die eigene Hitze gart er noch etwas weiter.*
- *Achten Sie darauf, dass der Risotto beim Servieren cremig ist, die Reiskörner aber noch einzeln deutlich erkennbar bleiben. So sind sie außen weich, haben aber innen den für einen klassischen Risotto typischen harten, weißlichen Kern.*

RUCOLA

Die verdauungsfördernde Rucola oder Rauke ist durch ihr nussiges, krautiges, zartbitter-scharfes und an Kren sowie Kresse erinnerndes Aroma eine besonders beliebte Zutat für kreativ komponierte Salate und Pestos, aber auch für wohlschmeckende Dekors. Die stark nitrathaltigen Stiele sollten vor der Zubereitung jedoch unbedingt entfernt werden. Außerdem lässt sich Rucola nicht lange aufbewahren und ist daher am besten nur in ganz frischem Zustand zu verwenden.

SAUCEN

Die mediterrane Küche von heute erweist sich, was die Saucenzubereitung betrifft, als Konglomerat oft recht archaischer bäuerlicher Zubereitungstechniken und moderner, vor allem auch von der französischen Saucenküche her beeinflusster Zubereitungsarten.

Die meisten bäuerlichen Gerichte basieren auf einer Mischung aus gehackten Zwiebeln, Kräutern, Gemüse, Oliven, Kapern, Chilischoten etc., die entweder mit Speckwürfeln, Olivenöl oder Butter (oft auch in Olivenöl und Butter) angeröstet wird. Dieser im Italienischen *Battuto* genannte Gemüseansatz ist die Basis von zahlreichen südlichen Saucen, aber auch vieler, vor allem geschmorter Gerichte.

Üblicherweise werden die einzelnen Teile eines solchen Battuto hintereinander angeschwitzt, manchmal aber auch gemeinsam, wobei allerdings Zwiebeln in jedem Fall eine längere „Anlaufphase" als Knoblauch brauchen. Ebenso wichtig ist auch, dass diese geschmacksgebenden Zutaten einerseits nicht anbrennen und dadurch bitter werden (Vorsicht ist vor allem bei Knoblauch geboten), andererseits aber auch nicht zu kurz und zu zaghaft angebraten werden, da sich sonst die Aromastoffe nicht wirklich entfalten können. Um beispielsweise aus Zwiebeln alle süßen Aromastoffe herauszuholen, müssen sie 45 Minuten und oft auch noch länger sanft dünsten.

Irgendwann muss der Battuto, der mittlerweile zu einem *Sofritto* geworden ist, jedoch auch zeigen, was in ihm steckt. Das tut er, sobald er mit den Hauptzutaten – Fleisch, Fisch oder Gemüse – vermählt wird. Auch dieser Vorgang sollte behutsam und niemals zu schnell vor sich gehen. Der Sofritto sollte sich an die (oft schon vorher kurz angebratene und inzwischen warm gestellte) Hauptzutat langsam und allmählich anschmiegen. Dabei können auch Flüssigkeiten wie etwas Wein oder Suppe, aber auch der aus klein gewürfelten Tomaten austretende Saft wertvolle Dienste erweisen. Je mehr Zeit man sich für diese, dem eigentlichen Kochvorgang vorausgehenden Vorbereitungen nimmt, desto aromatischer und schmackhafter wird das Gericht, vor allem aber die Sauce dazu.

(s. auch Stichwort: Fonds)

1 Lardo · 2 Bauernsalami · 3 Prosciutto crudo · 4 Chorizo getrocknet · 5 Chorizo frisch · 6 Mortadella

SCHINKEN, SPECK, SALAMI & CO.

Zu den edelsten Delikatessen rund um das Mittelmeer gehören unzähli-ge Spezialitäten, die vorwiegend aus Fleisch vom Schwein, durchaus aber auch vom Wildschwein, Esel oder Rind produziert werden. Hier eine kleine Übersicht über die in südlichen Küchen gebräuchlichsten Sorten:

BRESAOLA: Das gepökelte, luftgetrocknete Rindfleisch aus der Lombardei wird, als Vorspeise oder auch als sommerliches Hauptgericht, in dünne Scheiben geschnitten und mit Öl, Zitrone und Pfeffer, häufig auch auf frischen Blattsalaten serviert.

CHORIZO: Sammelname für alle mit farbspendendem Paprikapulver hergestellten spanischen Würste, die meist auf Schweinefleischbasis, mitunter aber auch aus Esel- oder Kalbfleisch hergestellt werden und eine wichtige Zutat der Tapas-Küche wie auch zahlreicher Eintöpfe (vor allem auch so mancher Paella) sind.

COTECHINO: Die Schweinskochwurst aus harten und weichen Stücken von Hals, Kopf, Muskelfleisch und Schwarte (ital. Cotenna) wird, ebenso wie der gefüllte Schweinsfuß, gekocht und beispielsweise mit Polenta serviert. Gekocht wird bei extrem milder Hitze, dafür aber mindestens 2–3 Stunden lang. Die Wurst darf dabei keinesfalls aufreißen. Dem lässt sich vorbeugen, indem man die Wurst vor dem Kochen an beiden Enden öffnet und sie in Gaze einschlägt oder in ein Stück weißes Leintuch einnäht.

CULATELLO DI ZIBELLO: Der würzige Bruder des Parmaschinkens stammt aus Zibello, also ebenfalls aus der Emilia-Romagna und reift, luftgetrocknet und mit Knoblauch, Salz sowie Pfeffer gewürzt, in einer Schweinsblase heran. Und noch ein Tipp für den Smalltalk bei Tisch: Culatello bedeutet „Ärschchen".

JAMÓN SERRANO (SERRANO-SCHINKEN): Der berühmte luftgetrocknete spanische Rohschinken wird in der andalusischen Gebirgsregion der Sierra Nevada hergestellt. Seinen Namen verdankt er seinem Herstellungsort, da „serrano" wörtlich „aus dem Gebirge" bedeutet. Am bekanntesten ist der Schinken aus dem Dorf Trevélez, das mit 1.700 m Seehöhe zugleich auch der höchstgelegene Ort Spaniens ist. Die Schinken stammen von den so genannten weißen Schweinen, die in Intensivmast aufgezogen werden. Serrano-Schinken wird zuerst gepökelt und dann in speziellen Trockenspeichern aufgehängt, wo er unter ständiger Zufuhr von frischer Bergluft mindestens 12 Monate reift und rund 35 % an Feuchtigkeit verliert.

LARDO: Lardo ist der italienische Name für Speck,

bezeichnet aber auch eine Spezialität aus vollfettem Speck, deren Ursprung bis in die Antike zurückreicht und die heute noch im Aostatal und im toskanischen Collonata hergestellt wird. Dieser Lardo wird aus dem Schweinerücken gewonnen, wobei nur die Fettschicht direkt unter der Schwarte zur Verwendung gelangt. Gewöhnlich wird dieser Speck in große quadratische oder rechteckige Stücke geschnitten, die gesalzen, mit Aromastoffen (Lorbeer, Pfeffer, Salbei, Rosmarin, Nelken, Zimt, Wacholder, Muskatnuss, Weißwein) sowie Knoblauch gewürzt und — in Collonata traditionell in einem Bottich aus Carrara-Marmor — in Salzlauge eingelegt werden. Dann beschwert man die Speckstücke mit Gewichten und lässt sie mindestens 3, oft aber auch bis zu 12 Monaten reifen. Lardo lässt sich in der Küche höchst vielfältig, etwa zum Verfeinern von Sughi, als Ingredienz von Polenta, zum Einwickeln von Bratenstücken oder auch als Antipasto verwenden.

MORTADELLA DI BOLOGNA: Die vielleicht populärste aller italienischen Würste wird aus feinst gehacktem Schweinefleisch zubereitet und mit etwa 1 cm großen Speckwürfeln angereichert. Ihren Namen verdankt die bei 90 °C in einem Spezialofen gegarte Wurst den – neben den Pfefferkörnern – für die Fülle verwendeten Myrtenbeeren (splat. myrtatella).

PANCETTA: Diese würzige Grundzutat vieler Gerichte wird aus Schweinebauch hergestellt (siehe Rezept S. 96). Je nach Verarbeitung erhält man Produkte, die sich in Form, Aroma und Geschmack oft stark voneinander unterscheiden. So kann Pancetta zylindrisch oder rechteckig geformt sowie mehr oder weniger aromatisch sein. Da Pancetta stark gesalzen ist, hält sie sich meist längere Zeit. Einmal angeschnitten, sollte sie jedoch innerhalb von 4 Tagen verbraucht werden.

PATA NEGRA: Die aus dem Fleisch von Schwarzfußschweinen – diese werden ausschließlich mit Eicheln gefüttert – aus der spanischen Estremadura erzeugte Spezialität zählt mit einer Reifungsdauer von bis zu 36 Monaten zu den wertvollsten Schinken der Welt. Üblicherweise wird der Schinken in einen „Jamonero" (Schinken-Holzgestell) eingespannt und mit einem schmalen, scharfen Messer in hauchdünne Scheiben geschnitten, da so sein feines Aroma am besten zur Geltung kommt.

PROSCIUTTO: Bezeichnet in Italien im Regelfall ganz allgemein Prosciutto crudo (Rohschinken) im Gegensatz zu Prosciutto cotto, dem gekochten Schinken.

PROSCIUTTO COTTO: Der gekochte Schinken spielt in der mediterranen Küche – im Gegensatz zum Rohschinken – eine untergeordnete Rolle und wird meist nur als Brotbelag verwendet. Exzellente Ware stammt vor allem aus Triest, wo der komplizierte Herstellungsprozess des einstmals weltberühmten „Prager Schinken" bis heute überlebt hat.

PROSCIUTTO DI PARMA (PARMASCHINKEN): Trocken eingesalzener, luftgetrockneter und bis zu 18 Monaten lang gereifter Rohschinken aus der Emilia-Romagna, dessen Echtheit mit einem Gütesiegel auf der Schwarte garantiert wird, das eine Herzogskrone zeigt.

PROSCIUTTO DI SAN DANIELE (SAN-DANIELE-SCHINKEN): Die besonders milde Schinkenspezialität aus Friaul wird zunächst eingesalzen und dann zwischen zwei Brettern (durch ein Gewicht) gepresst, wodurch der Schinken seine typische lautenähnliche Form erhält. Die Reifung erfolgt, damit auch die adriatische Meeresbrise das Fleisch durchdringen kann, in hohen, luftdurchlässigen Räumen und dauert je nach Qualität 9–14 Monate.

PROSCIUTTO DI SAURIS: Die vielleicht rustikalste und am stärksten geräucherte Rohschinkenspezialität reift in der würzigen Bergluft der Karnischen Alpen heran.

PROSCIUTTO SAN LEO: Die nur schwach gesalzene Schinkenspezialität aus den Marken stammt ausschließlich von Schweinen, die mit Molke und Mais gefüttert wurden. Der Schinken reift im Bergdorf Carpegna mindestens 14 Monate.

PROSCIUTTO TOSCANO: Besonders stark gewürzter und lange getrockneter Rohschinken von Schweinen aus Freilandhaltung.

PROSCIUTTO VENETO: 10 Monate lang luftgetrockneter Rohschinken aus der Hinterkeule reinrassiger Schweine.

PRSUT: Auch der Balkan hat seine unverwechselbare Rohschinkenkultur. Produktionstechniken und Erscheinungsbild erinnern oft an große italienische Vorbilder, doch die Produktionseinheiten sind in Istrien oder Dalmatien meist kleiner, und sehr oft ist Prsut auch würziger und kräftiger im Geschmack als Prosciutto.

SALAME DI MILANO (MAILÄNDER SALAMI): Die wohl berühmteste aller italienischen Salamisorten besteht vorwiegend aus magerem Fleisch von Keule, Nacken und Schulter. Die Bestandteile werden (ursprünglich von Hand, heute meist maschinell) so lange vermengt, bis eine homogene Masse entsteht, in der mageres und fettes Fleisch gleichmäßig verteilt ist. Die Mailänder Salami wird in große Därme gefüllt und hängt dann 3–4 Monate ab. In der Küche eignet sie sich sehr gut für Beläge und Füllungen aller Art, vor allem auch bei Pizza.

SALSICCE: Dieser Sammelbegriff bezieht sich auf Würste von Schwein, Rind, Esel, Pferd, Wildschwein etc., die allesamt in der Tradition der antiken „Lukanischen Würstchen" stehen – kleinen Bratwürsten, die während der Saturnalien serviert wurden. Zuweilen werden Salsicce auch als Füllung für Fleischgerichte benutzt, meist allerdings in der Pfanne gebraten oder auf dem Rost gegrillt.

ZAMPONE: Der gefüllte Schweinsfuß ist eine Spezialität aus der Emilia-Romagna, wo er bis heute, vor allem in Modena, populär ist und aus Schwarte und Fleisch von Schulter, Backe und Stelze des Schweins zubereitet wird. Diese Mischung füllt man sodann in die ausgelöste Vorderhaxe des Schlachttieres, von der zuvor allerdings weder Füße noch Klauen entfernt werden. Danach wird der Schweinsfuß in einem Spezialofen getrocknet und leicht vorgegart. Vor der Zubereitung muss der Zampone zunächst 12 Stunden in kaltes Wasser gelegt werden und rundum mit einer dicken Nadel angestochen werden. Die Garzeit beträgt in sanft siedendem Wasser mindestens 3 Stunden. Der gekochte Schweinsfuß wird in dicke Scheiben geschnitten und mit Kartoffelpüree und/oder gekochten Bohnen serviert.

SUGO

Der Sugo ist das andere Ich der Pasta, und man findet ihn auf der apenninischen Halbinsel in mindestens ebenso vielen Varianten, wie es Nudelspezialitäten gibt. Welcher Sugo zu welchen Nudelarten passt, ist letztlich ebenso eine Geschmacksfrage wie jene, ob man den Sugo mit der Pasta erst bei Tisch oder bereits vor dem Anrichten vermischen soll. Wichtig ist in jedem Fall, dass der Sugo mit der Pasta wirklich gut vermengt wird, weil die Nudeln sonst zu trocken werden. Umgekehrt macht zuviel Sugo die Pasta suppig und unelegant.

Hier die Grundrezepte für die wichtigsten Sughi sowie einige typische Novelli-Spezialitäten:

Tomatensugo

ZUTATEN

1 kg reife Tomaten, frisch von der Rispe
1 mittelgroße Fenchelknolle, 1 Stangensellerie
1 rote Paprikaschote, 5 Schalotten
100 ml Olivenöl, 1 EL brauner Zucker
2 Knoblauchzehen
1 Basilikumzweig, gezupft und gehackt
1 Lorbeerblatt, 1 EL Tomatenmark
1 Dose Pelati (geschälte Tomaten)
1 Chilischote, Meersalz aus der Mühle
Pfeffer aus der Mühle

ZUBEREITUNG

Die Tomaten kurz überbrühen, enthäuten und vierteln. Das Gemüse in kleine Würfel schneiden. Das Olivenöl in einem Topf erhitzen, den Zucker zugeben und karamellisieren. Das Gemüse (ohne Tomaten) zugeben und mit Knoblauch, Tomatenmark, Lorbeerblatt und Basilikum vermengen. Dann Tomaten einrühren und alles zugedeckt ca. 15 Minuten köcheln lassen. Die Dosentomaten mit einer Gabel zerdrücken, mit dem Saft in den Topf geben und nochmals zugedeckt für ca. 1 Stunde kochen lassen. Abschließend mit Chili, Meersalz und Pfeffer abschmecken.

GARUNGSZEIT: ca. 80 Minuten

Sugo alla puttanesca

ZUTATEN

4 Knoblauchzehen, 4 Sardellenfilets
150 g schwarze Oliven, entkernt, 2 EL Kapern
4 Tomaten, geschält, entkernt, klein gewürfelt (oder Pelati), 100 ml Rotwein
1 Chilischote, klein gehackt
1 Bund Petersilie, grob gehackt
Olivenöl, Meersalz aus der Mühle
Pfeffer aus der Mühle

ZUBEREITUNG

Den Knoblauch in Scheiben schneiden, die Kapern fein hacken. In heißem Olivenöl zunächst den Knoblauch hell anschwitzen. Die Sardellenfilets zugeben und mit einem Kochlöffel zerteilen. Danach Oliven, Kapern sowie Tomaten beimengen und alles andünsten. Mit dem Rotwein ablöschen. Die gehackte Chilischote und Petersilie zugegeben und sämig einkochen lassen. Mit Salz und Pfeffer abschmecken.

GARUNGSZEIT: ca. 15 Minuten

Sugo di prosciutto

ZUTATEN

150 g Prosciutto crudo (Rohschinken)
1 EL Olivenöl, 1 Zwiebel, 500 g Karotten
800 g Pelati (geschälte Tomaten aus der Dose)
Meersalz aus der Mühle, Pfeffer aus der Mühle

ZUBEREITUNG

Den Schinken in Streifen schneiden. Die Zwiebel sowie die geschälten Karotten fein hacken. Dann den Schinken in heißem Olivenöl langsam anbraten, die

1

2

3

4

5

6

Zwiebeln und Karotten dazugeben und kurz mitanschwitzen. Die Tomaten durch ein Sieb passieren und den Tomatensaft einrühren. Ordentlich durchkochen lassen und abschließend mit Salz und Pfeffer abschmecken.

GARUNGSZEIT: ca. 20–25 Minuten

Sugo bolognese

Fotos linke Seite

ZUTATEN FÜR 4–6 PORTIONEN

80 g Zwiebeln, 80 g Karotten, 80 g Knollensellerie
600 g Faschiertes (halb Rind, halb Schwein)
1 Dose Pelati (geschälte Tomaten)
100 ml Rotwein, 4 EL Olivenöl, 1 TL Oregano
2 Lorbeerblätter, 3 Thymianzweige, fein gehackt
2 Knoblauchzehen, fein gehackt
2 EL Tomatenmark, Meersalz aus der Mühle
Pfeffer aus der Mühle

ZUBEREITUNG

Zwiebeln, Karotten und Sellerie in kleine Würfel schneiden (2). In einem breiten Topf das Olivenöl erhitzen und das Gemüse darin etwas anschwitzen (3). Dann das Faschierte dazugeben und alles bei relativ starker Hitze gut durchrühren (4). (Dabei darauf achten, dass das Faschierte kein Wasser zieht, da es sonst zäh wird.) Mit Rotwein ablöschen und den Bratensatz durch kräftiges Umrühren lösen (5). Tomatenmark einrühren, die Tomaten ohne Saft einmengen und mit dem Kochlöffel zerdrücken (Saft aufbewahren). Die Gewürze, Kräuter und Knoblauch beigeben (6). Kurz durchkochen lassen und dann bei kleiner Hitze zugedeckt etwa 1 Stunde dahin köcheln lassen. Währenddessen wiederholt umrühren und gegebenenfalls mit etwas Tomatensaft aufgießen. Abschließend mit Salz und Pfeffer abschmecken und die Lorbeerblätter wieder entfernen.

GARUNGSZEIT: ca. 1 Stunde

Lammsugo

ZUTATEN FÜR 4–6 PORTIONEN

600 g faschiertes Lammfleisch
1 Zwiebel, 4 Knoblauchzehen, 2 Karotten
3 EL Olivenöl, 100 ml Rotwein, 250 ml Rindsuppe
100 ml Tomatensaft, 5 Tomaten (oder Pelati)
100 g getrocknete Tomaten, 2 Lorbeerblätter
1 Rosmarinzweig, 1 Thymianzweig
Meersalz aus der Mühle, Pfeffer aus der Mühle

ZUBEREITUNG

Zwiebel, Knoblauch und Karotten kleinwürfelig schneiden und in Olivenöl anschwitzen. Das Faschierte dazugeben und bei starker Hitze gut anrösten. Mit Rotwein ablöschen und Tomatensaft sowie Suppe zugießen. Die Lorbeerblätter zugeben und alles etwa 35–40 Minuten zugedeckt sanft köcheln lassen.
Die Tomaten kurz in heißem Wasser überbrühen, schälen, entkernen und in Würfel schneiden. Die getrockneten Tomaten fein schneiden. Beides mit den gehackten Kräutern einmengen und nochmals gut durchkochen lassen, bis der Sugo schön sämig ist. Mit frisch gemahlenem Pfeffer und Salz abschmecken.

GARUNGSZEIT: ca. 45–50 Minuten

TIPP: Nach derselben Rezeptur lässt sich auch Wildsugo aus Hirsch- oder Rehfaschiertem herstellen. In diesem Fall verleihen noch zusätzlich beigemengte Gewürznelken (2 Stk.), passierte Preiselbeeren (100 g), Pimentkörner (2 Stk.) und der Saft von 2 Orangen dem Sugo das zum typischen Wildgeschmack passende Aroma.

Entensugo

ZUTATEN FÜR 4–6 PORTIONEN

1 kg Entenkeulen, 300 g Karotten
100 g Stangensellerie, 1 Zwiebel, 2 Knoblauchzehen
2 EL Olivenöl, 1 Dose Pelati (geschälte Tomaten)
500 ml Geflügelfond
5 cl Marsala (oder anderer Süßwein)
1 Prise Nelkenpulver, 5 Salbeiblätter
Meersalz aus der Mühle, Pfeffer aus der Mühle

ZUBEREITUNG

Die Entenkeulen entbeinen, Haut und grobe Sehnen entfernen. Das Fleisch in größere Würfel schneiden und mit der mittleren Scheibe des Fleischwolfs faschieren. Karotten schälen und in ca. 1 cm große Würfel schneiden. Stangensellerie putzen und in ca. 1/2 cm dicke Scheiben schneiden, Zwiebel und Knoblauch fein hacken.
Das vorbereitete Gemüse außer Knoblauch in heißem Olivenöl unter ständigem Rühren 5 Minuten hellbraun anbraten. Knoblauch zugeben und noch kurz mitrösten, das Gemüse wieder herausheben. Dann das Fleisch unter häufigem Rühren 5–6 Minuten bei starker Hitze kräftig anbraten. Die Tomaten (mit Saft) in eine Schüssel geben, etwas zerdrücken und mit dem Geflügelfond und dem Gemüse unter das Fleisch mengen. Alles aufkochen lassen und mit halb geöffnetem Deckel bei geringer Hitze ungefähr 2 Stunden köcheln lassen. Dabei häufig umrühren, damit sich

nichts anlegt. Nach ca. 1 Stunde mit Nelken würzen. Salbeiblätter von den Stielen zupfen und hacken, mit dem Wein kurz vor Ende der Garzeit zugeben. Abschließend mit Salz und Pfeffer abschmecken.

GARUNGSZEIT: ca. 2 Stunden

Aalsugo

ZUTATEN FÜR 4–6 PORTIONEN

600 g Aal, 1 Bund Petersilie, 1 Knoblauchzehe
100 ml trockener Weißwein, 200 ml Fischfond
500 g Tomaten, geschält, entkernt, klein gewürfelt (oder Pelati), 5 cl Olivenöl, Meersalz aus der Mühle
Pfeffer aus der Mühle

ZUBEREITUNG

Zunächst den Aal putzen, Kopf entfernen und Aal in etwa 3 cm große Stücke schneiden. Petersilie und Knoblauch fein hacken und in Olivenöl kurz anschwitzen. Dann die Aalstücke dazugeben und rundum gut anbraten. Mit Weißwein ablöschen und einkochen lassen. Die Tomaten einmengen, mit dem Fond aufgießen und zugedeckt so lange schmoren, bis sich das Aalfleisch leicht von den Gräten löst. Die Gräten entfernen und Aalfleisch wieder zugeben. Abschließend mit frisch gemahlenem Salz und Pfeffer abschmecken.

GARUNGSZEIT: ca. 20–25 Minuten

Meeresfrüchtesugo

ZUTATEN

400 g gemischte Meeresfrüchte nach Belieben (ohne Schale)
150 g Krabben oder Crevetten (ohne Schale)
Saft von 1 Zitrone, 2–3 EL Olivenöl
1 Zwiebel, 2 Knoblauchzehen
1 Bund Frühlingszwiebeln, 4–5 Tomaten
200 ml Tomatensauce (s. S. 51)
Spritzer Worcestershiresauce, Meersalz aus der Mühle
Pfeffer aus der Mühle

ZUBEREITUNG

Die Meeresfrüchte waschen, gut abtropfen lassen und mit den Krabben vermischen. Mit Zitronensaft und Worcestershiresauce beträufeln, mit Salz und Pfeffer würzen und im Kühlschrank 10–15 Minuten ziehen lassen. Die Tomaten kurz überbrühen, schälen, entkernen und in Würfel schneiden.
Die Zwiebel fein hacken und in heißem Olivenöl glasig anschwitzen. Die Knoblauchzehen fein hacken und mit den in Scheiben geschnittenen Frühlingszwiebeln dazugeben und ebenfalls glasig dünsten. Die Tomatenwürfel mit den marinierten Meeresfrüchten zugeben und etwa 4–5 Minuten dünsten. Mit der Tomatensauce aufgießen und abschließend mit Salz und Pfeffer abschmecken.

GARUNGSZEIT: 4–5 Minuten

Sardinen-Fenchel-Sugo

ZUTATEN

250 g Fenchel, 4 frische Sardinen
2 Zwiebeln, 1 Messerspitze Safran
3 Sardellenfilets, 100 ml Weißwein
100 ml Noilly-Prat (oder anderer trockener Wermut)
50 g Rosinen, 50 g Pinienkerne, geröstet
Olivenöl, Meersalz aus der Mühle
Pfeffer aus der Mühle

ZUBEREITUNG

Den Fenchel putzen, würfelig schneiden und in reichlich kochendem Salzwasser kurz überbrühen. Herausheben, in einem Sieb abtropfen lassen und den Sud aufbewahren. Die Sardinen waschen, trocken tupfen und filetieren. Die Zwiebeln in feine Würfel schneiden und in wenig Olivenöl anschwitzen. Sardellenfilets zugeben, mit dem Kochlöffel zerkleinern und mit Weißwein sowie Noilly-Prat ablöschen. Eine Tasse Fenchelsud zugießen und alles etwa auf die Hälfte einkochen lassen. Mit Salz und Pfeffer abschmecken. Rosinen, Fenchel und Safran zugeben und dann so viel Olivenöl in die kochende Sauce einrühren, bis ein cremiges Sugo entsteht. Die Sauce darf dabei allerdings nicht mehr kochen! In einer anderen Pfanne die Sardinen in sehr heißem Olivenöl von beiden Seiten scharf anbraten und mit den gerösteten Pinienkernen unter die Sauce mischen.

GARUNGSZEIT: ca. 20 Minuten

TOMATEN

Als die ersten Tomaten von den Konquistadoren des 16. Jahrhunderts aus Mittelamerika nach Europa gebracht wurden, veränderte man die ursprünglichen und noch durchaus sachlichen Bezeichnungen wie „Peruanischer Apfel“ oder „Akazienapfel“ sehr schnell. (Die erste botanische Beschreibung der Tomate verdanken wir übrigens dem Sieneser Renaissance-Botaniker Matthiolus Pier Andrea.) In den 60er Jahren des 16. Jahrhunderts wurde in Italien dann auch die erste Kulturtomate gezüchtet und *Pomo d'oro* (Goldener Apfel) genannt, woraus sich schon bald die „pomodori“ entwickelten. Die Tomatenkonservierung wurde

allerdings erst viel später erfunden. In einem Rezept aus dem Jahr 1917 heißt es zum Beispiel: „Man füllt einen Steintopf mit gut ausgereiften, aber noch harten Tomaten und gießt gekochten und wieder abgekühlten Weinessig darüber und über diesen etwa eine fingerdicke Lage Olivenöl. Die Tomaten halten auf diese Weise vorzüglich."
Unter den zahlreichen Tomatensorten des Mittelmeers (z. B. Lucullus, Merveille du marche, Cuore di bue, Roma, La Geante, Selma, Berao, Olivetti, Alfresco, Tegerella) ist ohne Zweifel die Tomate aus San Marzano in Kampanien die bekannteste, die durch ihre charakteristische längliche Form und ihre intensive Farbe unverwechselbar ist. Großteils wird sie in geschälter Form in Pelati-Konserven vermarktet.
Hier einige der wesentlichen Tomatengrundrezepte:

Klassische mediterrane Tomatensauce

ZUTATEN

1 große Dose Pelati (400 g geschälte Tomaten)
2 Zwiebeln, 1 Stück Stangensellerie
1 EL brauner Zucker, 2 Lorbeerblätter
einige Basilikumstiele, Meersalz aus der Mühle
Pfeffer aus der Mühle, Olivenöl

ZUBEREITUNG

Zwiebeln und Sellerie in Würfel schneiden und in etwas Olivenöl anschwitzen. Zucker einrühren und karamellisieren lassen. Tomaten, Lorbeerblätter sowie Meersalz zugeben und alles bei kleiner Hitze aufkochen lassen. Basilikumstiele und einen kräftigen Schuss Olivenöl einmengen und unter wiederholtem Rühren köcheln lassen. Sobald die Sauce auf die gewünschte Konsistenz eingekocht ist, durch eine Flotte Lotte (oder Passiersieb) passieren und mit frisch gemahlenem Salz sowie Pfeffer mild abschmecken.

KOCHZEIT: 15–25 Minuten
TIPPS: Am einfachsten lässt sich die Tomatensauce zubereiten, indem man sie im Backrohr langsam schmort.
Da diese Sauce nur als Grundsauce dient und später mit anderen Zutaten weiterverarbeitet wird, sollte man sie nur mild würzen und keinesfalls Knoblauch zugeben.

Tomatenmark

ZUTATEN

2 kg Eiertomaten, vollreif (am besten San Marzano)
1 Bund Basilikum, Meersalz aus der Mühle
Pfeffer aus der Mühle

ZUBEREITUNG

Die Tomaten grob schneiden, zusammen mit den Basilikumblättern in einen Topf geben und mindestens 15 Minuten durchkochen lassen. Die Masse durch ein Sieb streichen und dann unter ständigem Rühren so lange kochen, bis die Masse einer Paste ähnelt und die gesamte Flüssigkeit verdampft ist. Mit etwas Meersalz und Pfeffer abschmecken und in kleine, heiß ausgespülte Einmachgläser füllen. Die Gläser gut verschließen, in einen Topf geben, vollständig mit Wasser bedecken und ca. 1 Stunde lang bei geringer Hitze pochieren. Im Wasser auskühlen lassen.

GARUNGSZEIT: ca. 30 Minuten kochen, 1 Stunde pochieren

Ketchup „Novelli"

ZUTATEN

2 kg Tomaten, 2 EL Rotweinessig
2 EL brauner Zucker, 2 EL Apfelmus, Meersalz
brauner Rum zum Anzünden

ZUTATEN

Die Tomaten in grobe Würfel schneiden, mit den übrigen Zutaten in einen Topf geben und stark verkochen lassen. Durch ein Sieb streichen und nach Bedarf unter ständigem Rühren nochmals einkochen, bis die Masse die für Ketchup typische Konsistenz besitzt. In heiß ausgespülte Einmachgläser füllen. Etwas braunen Rum darauf gießen, diesen anzünden und sofort gut verschließen. Die Gläser auf den Kopf stellen und auskühlen lassen. Kühl und dunkel lagern.

GARUNGSZEIT: ca. 30 Minuten

Pizza-Grundsauce

ZUTATEN

1 große Dose Pelati (geschälte Tomaten)
1 Bund Basilikum, gezupft, 1 TL brauner Zucker
100 ml Olivenöl, Meersalz aus der Mühle
Pfeffer aus der Mühle

ZUBEREITUNG

Tomaten abseihen und gemeinsam mit den gezupften Basilikumblättern durch einen Fleischwolf drehen. Dann mit braunem Zucker, Meersalz sowie Pfeffer abschmecken und das Öl einrühren.

TIPPS: Steht kein Fleischwolf zur Verfügung, so können Sie die Tomaten (mit den Kernen) auch mit einem scharfen Messer ganz fein hacken und dann mit dem ebenfalls fein gehackten Basilikum vermengen.
Diese Tomatensauce gilt als klassischer Pizza-Grundbelag, schmeckt aber auch auf überbackenen, knusprigen Weißbrotscheiben ganz hervorragend.

TRÜFFELN

Die tollen Knollen, die alle Jahre wieder, ob sie nun aus Piemont, Périgord, Umbrien oder Istrien stammen, schwindelerregende Höchstpreise erzielen, zählen zur Gattung der Schlauchpilze (lat. tuber). Sie gedeihen vor allem im Umkreis von Eichen, die ihnen jenes Chlorophyll liefern, das sie für ihr Nachtschattendasein benötigen.
Unter den etwa dreißig bekannten Trüffelsorten, zu deren Aufspüren man entweder Schweine oder Hunde mit dem „gewissen Riecher" benötigt, sind vor allem die folgenden von Bedeutung:

Die **SCHWARZE TRÜFFEL** (Tuber melanosporum) heißt nach ihrem französischen Herkunftsgebiet zwar Périgordtrüffel, ist aber beispielsweise auch in Umbrien anzutreffen. Sie gedeiht von Ende November bis März, duftet nach Moschus und wird meist in gekochtem Zustand (etwa in getrüffelter Gänseleber) verwendet.
Die **WEISSE TRÜFFEL** (Tuber magnatum) wird wegen ihrer piemontesischen Herkunft auch Albatrüffel genannt. Sie hat im Spätherbst Saison, riecht nach Knoblauch und wird in rohem Zustand über verschiedene Gerichte – am besten über Pasta oder Fonduta (Käsesuppe) – gehobelt. Istrische Trüffeln stammen aus derselben Familie.
Die **SOMMERTRÜFFEL** (Tuber aestivum) ist wesentlich preisgünstiger, aber auch weniger aromatisch als ihre Verwandten aus der kalten Jahreszeit.
Damit die teuren Stücke nicht verderben, können sie, eingelegt in Reis, Sand oder Maismehl, etwa eine knappe Woche (bei leichter, von Tag zu Tag voranschreitender Qualitätsminderung) kühl gelagert werden. Besonders gut zur Aufbewahrung von Trüffeln ist auch feuchte Holzwolle oder leicht angefeuchtetes Papier geeignet. Wichtig ist, dass das Behältnis niemals völlig luftdicht verschlossen werden sollte und die Lagertemperatur eher kühl bleibt. Eingelegte schwarze Trüffeln sind auch außerhalb der Saison in Konserven oder Gläsern zu 25, 50, 100 oder 200 Gramm erhältlich. Angeboten werden überdies auch Trüffelöle, Trüffelmehl, Trüffelbutter, Trüffelhonig und ähnliche Produkte, bei deren Verwendung jedoch Vorsicht geboten ist, da ihr Aroma häufig auf synthetischer Grundlage beruht.

WEINE DES MITTELMEERS

DIE WEINE SÜDFRANKREICHS

Als „Mittelmeerweine" im klassischen Sinn kann man, obwohl sie sehr oft auch zu mediterranen Gerichten getrunken werden, weder Bordeaux noch Burgund bezeichnen. Als dritter im Bunde der „Drei Großen Franzosen" trägt jedoch der *Côtes du Rhône* ganz eindeutig mediterrane Züge. Dominieren weiter nördlich (neben dem weißen Viognier) noch tiefdunkle Weine von steilen Terrassen (meist aus robusten Syrah-Trauben mit würzigen Beerennoten und exzellenten Tanninen), so steht der Unterlauf der Rhône ganz und gar im Zeichen des *Châteauneuf du Pape*. Unter diesem Titel sind insgesamt 13 Rebsorten, vor allem Syrah und Grenache, aber auch weniger bekannte wie Mourvèdre, Terret noir oder Vaccarèse zusammengefasst. Die daraus gekelterten Kreszenzen können sehr unterschiedlich sein und, im Gegensatz zur verbreiteten Meinung, dass Chateauneuf du Pape ausschließlich ein Rotwein sei, auch zu äußerst interessanten Weißweinen ausgebaut werden.

Das riesige Weinbaugebiet *Languedoc-Roussillon* ist zweifellos das größte Weinreservoir des französischen Südens und stand lange Zeit im Ruf, eher Masse statt Klasse (Vin de table) zu erzeugen. Das stimmt zwar in gewisser Hinsicht heute noch, wird aber auch immer häufiger von jungen, engagierten Winzern widerlegt. (Besonders erwähnenswert sind in diesem Zusammenhang auch die Süßweine der Region – Vins doux naturels – wie *Muscat de Frontignan* oder die beiden portweinähnlichen „Schokoladenweine" *Banyuls* und *Maury.*

Von Kennern häufig unterschätzt wird auch die Qualität der *Provence-Weine,* die sowohl als kräftige, sonnige Rotweine oder – seltener – als unkomplizierte Weißweine angeboten werden. Dominierend sind jedoch die Roséweine des Gebietes, die auch mit den meisten Gerichten der „Cuisine du soleil" (Sonnenküche) am besten harmonieren und deren höchste Qualitäten zweifellos im Weinbaugebiet *Bandol* erzielt werden.

Nicht unerwähnt sollten auch die Weine der Insel Korsika bleiben, wo im Weinbaugebiet *Patrimonio* neben vielen einfachen, unkomplizierten Kreszenzen auch sehr komplexe Rotweine entstehen.

DIE WEINE SPANIENS

Lange Zeit war, zumindest außerhalb Spaniens, das Weinbaugebiet *Rioja* nahezu identisch mit spanischem Wein schlechthin. Rioja ist zwar nach wie vor ein Anbaugebiet höchst nobler Kreszenzen, jedoch mittlerweile längst nicht mehr das einzige, das Spitzenqualitäten hervorbringt. Unmittelbar am Mittelmeer liegen beispielsweise auch *Penedès* und das kleine, aber feine Weinbaugebiet *Priorato.* Zu Recht gerühmt werden auch die hervorragenden Weine aus *Navarra* und *Ribera del Duero.* Und keinesfalls vergessen sollte man auf die gespriteten Wein-Spezialitäten aus *Jerez,* der Hauptstadt des *Sherry,* der ja nicht nur im Glas, sondern auch im Kochtopf immer wieder eine große Rolle spielt.

Was die Rebsorten betrifft, so ist Spanien schon von jeher eine Hochburg von eigenständigen, autochthonen Rebsorten gewesen. Angebaut werden u. a. die Rotweinsorten Garnacha (alkoholreich und schwer), Monastrell (kräftig, eher hell und auch für Likörweine geeignet) und Tempranillo (elegant, samtig). An Weißweintrauben findet man geschmacklich so unterschiedliche Rebsorten wie Albariño, Macabeo, Parellada, Pedro Ximénez oder Verdejo. Bei Rot- wie bei Weißweinen ist jedoch in den letzten Jahren ein deutlicher Trend zu internationalen Rebsorten wie Cabernet Sauvignon, Merlot oder Chardonnay festzustellen.

DIE WEINE ITALIENS

Aufgrund der Längserstreckung der apenninischen Halbinsel findet man zwischen den Alpen im Norden und Sizilien im Süden eine – auch in stilistischer Hinsicht – schier unendliche Vielfalt an Weinen, die sich in höchst unterschiedlichen autochthonen wie internationalen Rebsorten präsentiert.

In allen italienischen Provinzen wird Wein angebaut, einige davon liefern jedoch regelmäßig Topweine in absoluter Spitzenqualität: In der „Trüffelprovinz" *Piemont* beispielsweise werden aus der Nebbiolo-Rebe rote Edelkreszenzen wie *Barolo* und *Barbaresco* produziert, wobei allerdings auch Weißweine wie *Arneis* und *Asti Spumante* von großer Bedeutung sind.

Die *Toskana* steht ganz im Zeichen der Sangiovese-Rebe, die nicht nur die Weine des *Chianti* und den *Vino nobile di Montepulciano* prägt, sondern in der Spielart des Sangiovese Grosso auch jene des *Brunello di Montalcino.*

Umbrien ist vor allem als Heimat des weißen *Orvieto* bekannt, den der Dichter D'Annunzio einst als „Sonne in der Flasche" besang und der vorwiegend aus der Trebbiano-Traube gekeltert wird.

An Image kräftig aufgeholt haben auch die Weine des Südens wie etwa der kampanische Weißwein *Greco di Tufo,* der an den Hängen des Vesuvs gedeiht. Im Schatten des Ätna reifen hingegen die Weine Siziliens heran, von denen längst nicht nur mehr die bekannten Süßweine wie *Marsala* und *Moscato,* sondern in letzter Zeit vor allem auch die kraftvollen Rotweine internationale Bedeutung erlangten.

Aber auch der Weinbau im Hinterland der nördlichen Adria kann sich sehen und schmecken lassen. Aus dem *Veneto* etwa stammen nicht nur der prickelnde *Prosecco* und die meist eher „leichtgewichtigen" Weine aus *Valpolicella* (rot) und *Soave* (weiß), sondern auch die wuchtigen, nach einem speziellen Traubentrocknungsverfahren hergestellten *Amarone-Rotweine.* Im *Friaul,* zu dessen wichtigsten Weinbaugebieten der *Collio* und die *Colli Orientali* zählen, sind neben oft sehr süffigen, zuweilen aber auch wirklich großen Weißweinen (Tocai, Pinot grigio) auch immer wieder schöne Merlots und hervorragende Rotweine aus autochthonen Sorten wie z. B. Pignolo zu entdecken.

Die bedeutendsten weißen Rebsorten Italiens sind Chardonnay, Cortese, Malvasia, Moscato, Pinot grigio (Grauburgunder), Prosecco und Trebbiano, die roten

Leitsorten sind Barbera (kräftig, mit viel Säure), Cabernet (auch in der Variante des Cabernet franc), Dolcetto (fruchtig, wenig Tannin), Lambrusco (meist mit Kohlensäure), Merlot, Montepulciano (kräftig und samtig), Nebbiolo (kräftig, tanninhältig, blumig), Primitivo (Zinfandel), Sangiovese (kräftig, säurestark und voll) sowie Vernatsch (fruchtig und hell).

DIE WEINE PORTUGALS

Der geringe Anteil, den Portugal mit der südlichen Algarve am Mittelmeer hat, wird für Qualitätsweinbau praktisch nicht genützt (dafür umso mehr für den Anbau von Korkeichen). Die große Vielfalt der autochthonen Rebsorten Portugals ist daher dem atlantischen Weinbau zuzuzählen, wobei der federleichte *Vinho Verde* (mit etwa 9 Vol. % Alk.) als äußerst unkompliziert und leicht zu trinkend gilt, während der weltbekannte *Portwein* aus dem Dourotal im Norden des Landes eher dazu geeignet ist, ein opulentes Mahl krönend abzuschließen.

DIE WEINE SLOWENIENS

Der kurze Küstenstreifen, der Slowenien zu einem Mittelmeerland macht, wird vor allem vom Anbau der beiden wichtigen Karstreben, des weißen *Vitovska* (traubig, süffig, animierend) und des roten *Téran* (erdig, säurebetont, tiefgründig) bestimmt. Die Weine des slowenischen Collio sind stilistisch und, was die Rebsorten betrifft, eng mit jenen des italienischen Collio verwandt.

DIE WEINE KROATIENS

Der kroatische Weinbau kann seit dem Fall des Eisernen Vorhangs mit Recht als aufstrebend bezeichnet werden. Neben oft immer noch äußerst einfachen Trinkweinen bringen ehrgeizige Winzer zunehmend Kreszenzen hervor, die auch internationale Anerkennung finden. Zu den bekanntesten Rotweinen der Balkanhalbinsel zählen *Plavac*, *Dingac* und *Postup*, zu den bekanntesten Weißweinen *Zlahtina* und *Pošip*. Allerdings bemüht man sich auch, dem Anbau von internationalen Rebsorten immer mehr Augenmerk zu schenken.

DIE WEINE GRIECHENLANDS

Obwohl Griechenland eines der ältesten Weinbauländer der Welt ist, hat sich sein Weinbau die längste Zeit seiner langen Geschichte auf die Herstellung einfachster Trinkweine beschränkt. Auf alte bäuerliche Traditionen geht vor allem der *Retsina* zurück, ein leichter Weißwein, der früher in Holzfässern gelagert wurde, deren Dauben mit dem Harz von Aleppokiefern abgedichtet waren. Der dadurch entstehende charakteristische Harzgeschmack ist den Griechen so sehr ans Herz gewachsen, dass dem Retsina, der längst nicht mehr in Holzfässern, sondern in Stahltanks reift, noch immer etwas Pinienharz als „Aromastoff" beigegeben wird. Retsina ist zwar mit Sicherheit der bekannteste, keineswegs jedoch der beste und schon gar nicht der einzige griechische Wein. Wichtige Rebsorten sind u. a. Assyrtiko, Moscophilero, Malvasia oder Muscat of Alexandria, wichtige Rotweinsorten sind Agiorgitiko (St. Georgstraube), Limnio, Mandelaria und Xynomavro. Auch Süßweine wie *Samos* und *Mavrodaphne* spielen eine bedeutende Rolle. Und wie anderswo auch entdecken immer mehr griechische Weinbauern die moderne Önologie sowie die internationalen Rebsorten, und immer häufiger hat das alte Harzfass im modernen Barriquefass einen würdigen Nachfolger gefunden.

DIE WEINE DER TÜRKEI

Die Türkei ist trotz Mohammeds striktem Alkoholverbot eines der größten Weinbauländer der Welt. Allerdings werden nur etwa 3 % der Rebfläche zu meist einfachen Landweinen verarbeitet, die dann vor allem von Touristen konsumiert werden. Der Rest wird in Form von Tafeltrauben verkauft (bei denen die Türkei weltweit Marktführer ist) oder zu Rosinen verarbeitet.

WEIN IN DER MEDITERRANEN KÜCHE

Wein ist nicht nur der wichtigste Speisenbegleiter so gut wie aller mediterraner Gerichte, sondern häufig auch selbst in Saucen und Marinaden zu finden. Für das Kochen mit Wein sollte man sich jedoch an einige Grundregeln halten: Achten Sie auch bei Kochwein auf Qualität. Aus einem minderwertigen Wein kann man keine hochwertige Sauce zaubern.

- Verwenden Sie zum Kochen, wenn möglich, auch den (oder einen ähnlichen) Wein, den Sie zum Essen trinken werden.
- Gießen Sie auf keinen Fall mit altem oder abgestandenem Wein auf. Ein Wein mit leichtem Korkgeschmack ist jedoch notfalls auch zur Weiterverwendung in der Küche geeignet, da sich derselbe meist binnen kurzem verflüchtigt.
- Verwenden Sie zum Kochen möglichst trockene Weine, es sei denn, Sie wollen der Sauce bewusst einen süßlichen Geschmack verleihen.
- Ist Ihr Kochwein eher von der leichtgewichtigen Sorte, so können Sie ihm durch Beigabe von etwas trockenem rotem Portwein oder Cognac mehr Aroma verleihen. Auch Sherry, Marsala oder Madeira eignen sich ebenfalls sehr gut als „Aromaspender". (Aber Vorsicht bei zuviel Süße!)
- Binden Sie den Wein in die Sauce von Anfang an ein, indem Sie Zwiebeln oder Gemüse nach dem Anbraten mit Wein ablöschen und dann die Sauce oder das Schmorgericht erst fertig kochen. Dabei verkocht sich der Wein, und es bleibt davon nur ein leichter Geschmack, der das gesamte Gericht angenehm abrundet, aber den Wein und vor allem auch dessen Säure nicht vordergründig vorschme-cken lässt. Solche Weinsaucen können Sie be-ruhigt auch Kindern servieren. Spätestens nach zehnminütiger Kochzeit ist nämlich die letzte Spur von Alkohol verdampft.
- Wollen Sie einer Sauce oder Suppe jedoch den unverwechselbaren Geschmack eines bestimmten Weins verleihen, so sollten Sie den Wein erst beim Abschmecken kurz vor dem Servieren hinzufügen.
- Speziell bei Prosecco-Saucen, die meist zu Fisch gereicht werden, bietet sich auch eine Mischform an: Man löscht zwar schon zu Beginn des Kochvorgangs mit Prosecco ab und gießt mit Fischfond auf, jedoch wird vor dem Anrichten noch einmal frischer Prosecco zugegeben.

ZITRONE

Die Zitrone wurde wahrscheinlich von den Arabern nach Italien gebracht und verbreitete sich seit dem 17. Jahrhundert vor allem deswegen über den gesamten Mittelmeerraum so stark, weil man der Überzeugung war, dass der Genuss von Zitronensaft der Erkrankung an Skorbut vorbeugen könne. Besonders intensiven Zitronenanbau findet man im Golf von Neapel, an der Amalfiküste und auf der Halbinsel von Sorrent. Eine der qualitativ hochwertigsten Sorten ist die *limone di Massa*, die sich durch ihre elliptische Form auszeichnet. In der Küche wird Zitronensaft vor allem zum Verfeinern von Saucen, aber auch als Essigersatz in Salatmarinaden sowie für erfrischende Desserts (Zitronensorbet, Sgroppino al limone etc.) eingesetzt. Im Gegensatz zur Zitrone ist die von manchen Gourmets favorisierte *Limette* nicht im Mittelmeer heimisch, sondern eine Tropenfrucht. Als *„limoni"* bezeichnet man in Italien wiederum auch all jene Zitronen, die während der zweiten Erntestufe (Dezember bis Mai) geerntet werden. Die Farbe der Schale hat mit der Reife der Zitronen allerdings nichts zu tun. Eine Zitrone ist, unabhängig von ihrer Farbe, dann erntereif, wenn ihre Schale glänzt.

FRÜHSTÜCK À LA MÉDITERRANÉE

Beginnen Sie den Tag
mit südlichem Flair

FRÜHSTÜCK À LA MÉDITERRANÉE

Beginnen Sie den Tag mit südlichem Flair

Böse Zungen sagen den Bewohnern der Mittelmeerländer nach, sie hätten keine besondere Frühstückskultur, weil sie den Tag ohnedies erst in der nächsten Kneipe so richtig beginnen würden. Das mag übertrieben sein, doch tatsächlich ist für die meisten Südländer nicht das erste Frühstück wirklich von Bedeutung, sondern das zweite, das man in einer Arbeitspause im nächsten Café, in einem Tapas-Lokal, in einem griechischen Kafenion oder in einem venezianischen Bàcaro einnimmt. Das zweite Frühstück verträgt sich (im Gegensatz zum ersten) durchaus auch mit einem Gläschen Wein oder Prosecco, und die vorherrschende Geschmacksrichtung ist nicht süß, sondern pikant. Im folgenden Kapitel sind einige der köstlichsten südlichen Frühstücksideen zusammengefasst. Hervorragend „frühstücksgeeignet" sind allerdings auch sämtliche Tramezzini, Crostini, Bruschette, Frittate und Tortillas, die Sie in unserem Brot- bzw. Vorspeisenkapitel finden.

KLEINE FRÜHSTÜCKS-GERICHTE

Ciabatta „De Luxe"

Mailand

ZUTATEN

2 große (oder 4 kleine) Ciabatta-Wecken (s. S. 123)
ca. 16 Scheiben Parmaschinken, hauchdünn geschnitten
4 hart gekochte Eier
2 reife Avocados
2–3 vollreife Tomaten
Zitronensaft zum Beträufeln
Meersalz aus der Mühle
Pfeffer aus der Mühle
kalt gepresstes Olivenöl zum Beträufeln
marinierter Eisberg- oder Kopfsalat als Garnitur

ZUBEREITUNG

Große Ciabatta-Wecken in zwei Hälften teilen, kleine ganz lassen und dann jeweils der Länge nach halbieren. Auf der Innenseite ohne Fettzugabe leicht anrösten. Jede Innenseite mit etwas Olivenöl beträufeln, die Hälfte davon mit frisch gemahlenem Pfeffer würzen. Jeweils die Unterseite der Brötchen mit der Hälfte des Schinkens belegen. Eier schälen, in Scheiben schneiden und auf dem Schinken verteilen. Avocados halbieren, den Kern entfernen, Fruchtfleisch herauslösen und in Streifen schneiden. Rasch mit Zitronensaft beträufeln, damit sich die Avocados nicht braun verfärben. Avocadostreifen auf die Ciabatta-Hälften legen. Tomaten entstielen, in Scheiben schneiden und auf die Avocados legen. Mit etwas frisch gemahlenem Salz würzen. Den Belag mit restlichem Schinken abschließen. Zweite Ciabatta-Hälfte darauf legen und mit mariniertem Salat anrichten.

Foto rechte Seite

Pan bagnat („Gebadetes Brot")

Provence

ZUTATEN

4 mittelgroße runde Brotfladen aus Baguette-Teig (s. S. 122)
8 Knoblauchzehen
8 Scheiben Beinschinken
4 Salatblätter
2 große Fleischtomaten
2 Zwiebeln
2 hart gekochte Eier
100 g eingelegte rote Paprikaschoten
4 EL kalt gepresstes Olivenöl
1 KL Dijonsenf
1 Schuss Essig
Meersalz aus der Mühle
Pfeffer aus der Mühle

ZUBEREITUNG

Knoblauch fein hacken, Zwiebeln in Ringe, Eier sowie Tomaten in Scheiben schneiden. Salat waschen und trocken tupfen. Aus Olivenöl, Dijonsenf und Essig eine sämige Marinade anrühren. Knoblauch, Salatblätter, Tomaten, Zwiebelringe, abgetropfte Paprikaschoten und Eierscheiben in eine flache Schüssel geben und die Marinade darüber gießen. Alles gut durchmischen und mit Salz und Pfeffer abschmecken.
Die Baguette-Fladen halbieren und die „gebadeten" Zutaten gleichmäßig auf die unteren Hälften verteilen. Auf jede Brothälfte eine Scheibe Schinken legen. Den in der Schüssel zurückgebliebenen Marinadenrest über die Schinkenscheiben gießen. Die oberen Hälften darauf legen und die Brote in Butterpapier oder Klarsichtfolie wickeln. Etwa 30 Minuten durchziehen lassen, damit die Flüssigkeit das Brot auch wirklich durchtränkt.

TIPP: Statt Schinken kann man auch Thunfisch oder Sardellen, Kräuter und frische Gemüse verwenden. Wer das *Pan bagnat* lieber fleischlos möchte, füllt es mit dicken Schnitten von möglichst reifem Camembert.

Hühnerleberparfait

Südwestfrankreich

ZUTATEN

300 g Hühnerleber
30 g Schalotten
8 cl Portwein
8 cl Madeira
1 Knoblauchzehe
7 g Zucker
3 Eier
300 g Butter
20 g Rosinen
je 1 Prise Majoran, Muskatnuss und Thymian
Butter für die Rosinen
Salz aus der Mühle
Pfeffer aus der Mühle

ZUBEREITUNG

Die Schalotten klein hacken und mit Portwein sowie Madeira bei starker Hitze gut einkochen lassen. Überkühlen lassen. Die gut geputzte Hühnerleber mit Knoblauch, Zucker, Salz, Pfeffer, Majoran, Muskatnuss, Thymian und der Schalottenreduktion mixen. Etwas Butter schmelzen, die Rosinen ca. 10 Minuten darin ziehen lassen, dann abseihen und zugeben. Nach und nach die Eier in die Lebermasse einmixen, abschließend die nicht mehr ganz kühlschrankkalte Butter dazufügen. Alles durch ein Sieb passieren, in kleine Portionsförmchen füllen, in ein heißes Wasserbad stellen und im vorgeheizten Backrohr bei 120 °C Oberhitze und 160 °C Unterhitze (oder 160 °C statischer Hitze) ca. 30–40 Minuten pochieren. Herausnehmen und über Nacht kalt stellen. Vor dem Servieren stürzen.

BACKROHRTEMPERATUR: wenn möglich 120 °C Oberhitze und 160 °C Unterhitze; sonst 160 °C statische Hitze
BACKZEIT: 30–40 Minuten
BEILAGENEMPFEHLUNG: leicht angetoastete Brioche- oder Toastscheiben

Bagna cauda (Piemonteser Dip-Gemüse)

ZUTATEN

1 rote Paprikaschote
1 gelbe Paprikaschote
1 Bund Frühlingszwiebeln
2 junge Karotten
1 Stangensellerie
1 Fenchelknolle
1 Chicorée
4 Sardellenfilets, in Salz eingelegt
2 Knoblauchzehen
80 g Butter
120 ml Olivenöl
Weißbrot als Beilage

ZUBEREITUNG

Paprikaschoten halbieren, entkernen, Stiel entfernen und in dünne Streifen schneiden. Frühlingszwiebeln der Länge nach halbieren. Karotten und Stangensellerie in mundgerechte Stücke, Fenchel in dünne Scheiben schneiden, Chicorée in Blätter zerlegen. Alles dekorativ auf einer Glasplatte anrichten. Von den Sardellenfilets das Salz gut abspülen, mit Küchenkrepp abtupfen und fein hacken. Knoblauch ebenfalls fein hacken. In einer Rechaudpfanne (oder Fonduetopf) die Butter schmelzen. Knoblauch darin zart anschwitzen lassen, Sardellen und Olivenöl hinzufügen und bis zum Siedepunkt erhitzen. Die Sauce auf kleinster Flamme ca. 10 Minuten lang ziehen lassen und dann über dem Rechaud warm halten. Nun das vorbereitete Gemüse mit der Hand eintunken und dazu Weißbrot servieren.

GARUNGSZEIT: Sauce 10–15 Minuten
TIPP: Die Bagna cauda ist ein ideales Gericht, um an Feiertagen einen sanften Übergang vom Frühstück zum Mittag- oder auch Abendessen zu schaffen. Die Sauce kann man übrigens auch noch mit fein gehackten Kapern aromatisieren.

Eier in Paprika-Tomaten-Gemüse

Griechenland

ZUTATEN

4 Eier
50 g Feta-Käse
4 Tomaten
1 Frühlingszwiebel
2 kleine Paprikaschoten
2 grüne Chilischoten, mild
Petersilie, grob gehackt
Butter zum Andünsten
Paprikapulver
Meersalz aus der Mühle
Pfeffer aus der Mühle

ZUBEREITUNG

Die Frühlingszwiebel in feine Würfel schneiden. Paprika- und Chilischoten entkernen und in dünne Streifen schneiden. Alles zusammen in etwas Butter andünsten. Die Tomaten blanchieren (kurz überbrühen), Haut abziehen, entkernen und in grobe Stücke schneiden. Zugeben und mit Meersalz sowie Pfeffer würzen. Die grob gehackte Petersilie einmengen und so lange dünsten, bis die Tomaten zerfallen und das Gemüse dadurch sämig wird. Topf kurz vom Feuer nehmen und mit einem Esslöffel 4 Mulden in die Oberfläche drücken. In jede Mulde vorsichtig ein aufgeschlagenes Ei gleiten lassen und zugedeckt bei geringer Hitze stocken lassen. Die Eier mit etwas Paprikapulver und Meersalz würzen und den Feta darüber bröseln. Portionsweise auf vorgewärmten Tellern anrichten.

GARUNGSZEIT: ca. 18–20 Minuten

Käsesoufflé mit pochierten Eiern

Languedoc

ZUTATEN

4 Eier zum Pochieren
3 Eidotter
5 Eiklar
750 ml Essigwasser
ca. 200 ml Milch, heiß
2 EL Butter
3 EL Mehl
150 g Hartkäse, gerieben
1 Prise Muskatnuss, gerieben
Meersalz aus der Mühle
Pfeffer aus der Mühle
Butter für die Förmchen

ZUBEREITUNG

Das Essigwasser in einem großen Topf zum Köcheln bringen. Jedes Ei einzeln zuerst vorsichtig in eine Tasse schlagen, ohne das Eidotter zu beschädigen. Die Eier nacheinander in das Wasser gleiten lassen und mit zwei Suppenlöffeln das stockende Eiklar so rund um das Dotter drücken, dass dieses von Eiweiß umhüllt ist. Eier 2–3 Minuten knapp unter dem Siedepunkt pochieren (ziehen lassen). Mit einer Schöpfkelle herausnehmen und beiseite stellen.

Butter in einer Kasserolle schmelzen, Mehl einrühren und hell anschwitzen. Heiße Milch unter ständigem Rühren zugießen und so lange weiterrühren, bis eine glatte Masse entsteht. Mit Salz, Pfeffer und Muskatnuss würzen. Etwa zwei Drittel des geriebenen Käses zugeben und so lange rühren, bis der Käse vollständig geschmolzen ist. Eiklar mit einer Prise Salz zu Schnee schlagen. Eidotter vorsichtig unter den Schnee heben und mit der Käsemasse vermengen. Feuerfeste Förmchen mit Butter ausstreichen und die Hälfte der Masse einfüllen. Je ein pochiertes Ei darauf setzen und mit der restlichen Soufflémasse auffüllen (die Formen nicht ganz anfüllen, damit das Soufflé noch aufgehen kann). Restlichen Käse darüber streuen. Backrohr auf 200 °C vorheizen, Formen in ein heißes Wasserbad stellen und etwa 15 Minuten goldbraun backen.

BACKROHRTEMPERATUR: 200 °C
GARUNGSZEIT: pochierte Eier 2–3 Minuten, Soufflé ca. 15 Minuten

Überbackenes Trüffel-Ei

Piemont

ZUTATEN

5 g Alba-Trüffel
8 Eier
ca. 150 g Crème fraîche
Schlagobers nach Bedarf
Meersalz aus der Mühle
2 EL Butter für die Förmchen
Ciabatta als Beilage

ZUBEREITUNG

Vier flache Auflaufförmchen gut mit Butter ausstreichen und in jede Form zwei Eier schlagen. Crème fraîche glatt rühren, die Eier damit übergießen (ist die Crème fraîche zu fest, diese vorher eventuell mit etwas Schlagobers vermischen) und mit Salz würzen. Die Förmchen ins auf 190 °C vorgeheizte Backrohr stellen und etwa 5 Minuten backen, bis das Eiklar gerade gestockt ist, die Dotter aber noch cremig sind. Förmchen herausnehmen. Trüffel über die Eier hobeln und mit knuspriger Ciabatta servieren.

GARUNGSZEIT: ca. 5 Minuten, je nach Größe der Eier

TIPP: Wesentlich preisgünstiger gestaltet sich dieses Gericht, wenn man auf die Trüffel verzichtet und stattdessen gemischte Schinken- und Käsewürfel in die Förmchen streut und dann erst die Eier darauf setzt.

Trüffel-Rührei

Périgord

ZUTATEN FÜR 2 PORTIONEN

100 g Shrimps, geschält und gekocht
3 Eidotter
125 ml Milch
125 ml Schlagobers
Meersalz aus der Mühle
weißer Pfeffer aus der Mühle
1 EL Trüffelöl (erhältlich im Novelli-Shop unter www.novelli.at)

ZUBEREITUNG

Milch, Obers, Eidotter und Trüffelöl am besten in einem Geschirr aus Edelstahl unter ständigem Rühren über heißem Dampf aufschlagen, bis das Ei zu stocken beginnt. Shrimps grob hacken und unter das Trüffel-Ei rühren. Mit frisch gemahlenem Salz und Pfeffer würzen.

TIPP: Noch besser mundet das Gericht selbstverständlich mit Trüffeln oder Trüffelabfällen (bei Dosenware das Trüffelwasser zur Milch mischen!).

Wachtelspiegeleier auf Jägerart

Lombardei

ZUTATEN

12 Wachteleier
200 g Kartoffeln
1 Knoblauchzehe
2–3 frische Salbeiblätter (ersatzweise Thymian, Oregano etc.)
2 EL Parmesan, frisch gerieben
1 EL Öl
2 EL Butter
Rucolablätter zum Garnieren
Meersalz aus der Mühle
Pfeffer aus der Mühle

ZUBEREITUNG

Kartoffeln ca. 15 Minuten weich kochen, aber nicht zu weich werden lassen. Kurz überkühlen lassen und in Scheiben schneiden. In einer Pfanne Öl und Butter erhitzen. Die Kartoffelscheiben darin mit der leicht angedrückten Knoblauchzehe und den grob gerissenen Salbeiblättern knusprig braten und dabei öfters wenden. Wachteleier in eine kleine Schüssel schlagen. Sobald die Kartoffeln knusprig sind, die Wachteleier vorsichtig in die Bratpfanne gleiten lassen und zugedeckt mitbraten, bis das Eiweiß stockt. Salzen, pfeffern, mit frisch geriebenem Parmesan bestreuen und mit Rucolablättern garniert servieren.

GARUNGSZEIT: ca. 15 Minuten kochen, ca. 10 Minuten braten

Spaghettiomelett

Neapel

ZUTATEN FÜR 2 PORTIONEN

4–6 Eier
150 g Spaghetti, bereits al dente gekocht
30 g Parmesan, frisch gerieben
ca. 30 g Butter
1 Prise Muskatnuss, gerieben
Meersalz aus der Mühle
Pfeffer aus der Mühle

ZUBEREITUNG

Eier in einer Schüssel aufschlagen. Parmesan einrühren und mit Salz, Pfeffer sowie einer Prise Muskatnuss würzen. Gekochte Spaghetti einmengen und gut durchrühren. Die Hälfte der Butter in einer Pfanne aufschäumen und die Nudelmasse darin ohne Umrühren bei mäßiger Hitze goldgelb braten. Restliche Butter auf der Oberseite des Omeletts zerfließen lassen.
Omelett wenden und die andere Seite knusprig braten. Portionieren und heiß servieren.

Wachtelspiegeleier auf Jägerart

Piperade (Provençalisches Frühstücksomelett)

ZUTATEN

8 Eier
300 g reife Tomaten (ersatzweise Pelati aus der Dose)
4 EL geröstete Speckwürfel oder 4 Scheiben gebratener Schinken
1 große oder 2 kleine grüne Paprikaschoten
2 Knoblauchzehen
3 Schalotten
Tabasco- oder Chilisauce
1 Prise Provencekräuter
2 EL Butter
2–3 EL Olivenöl
Meersalz aus der Mühle
Pfeffer aus der Mühle
gehacktes Basilikum zum Garnieren

ZUBEREITUNG

Tomaten kurz überbrühen, schälen, entkernen und in kleine Würfel schneiden. Paprikaschoten halbieren, Stiel und Kerne entfernen und in Streifen schneiden. Knoblauchzehen und Schalotten kleinwürfelig schneiden.

In einer Pfanne Öl erhitzen, Knoblauch und Schalotten darin hell anschwitzen. Paprikastreifen zugeben und einige Minuten mitbraten. Tomatenwürfel einmengen, durchrühren und kurz aufkochen lassen. Mit Tabasco- oder Chilisauce, Salz, Pfeffer und Provencekräutern würzen. Unter gelegentlichem Rühren das Gemüse so lange einkochen lassen, bis die Flüssigkeit nahezu verdampft ist. Inzwischen Eier verquirlen, mit Salz und Pfeffer würzen. In einer passenden Pfanne etwa 1/2 EL Butter erhitzen, ein Viertel der Eier eingießen und kurz anstocken lassen. Ein Viertel der inzwischen eingekochten Gemüsemasse darüber verteilen und etwas anziehen lassen. Vorsichtig herausheben, auf einem Teller anrichten und warm stellen.

Die restlichen 3 Omeletten ebenso backen. Vor dem Servieren mit gerösteten Speckwürfeln oder Schinkenscheiben und gehacktem Basilikum garniern.

Croque Monsieur

Frankreich

ZUTATEN

8 Scheiben Toastbrot
4 Scheiben Gruyère-Käse (ersatzweise Emmentaler)
4 Scheiben Schinken oder 8 Scheiben Frühstücksspeck
200 ml Milch
2 Eier
1 Messerspitze Paprikapulver
1 Prise Chilipfeffer oder Muskatnuss, gerieben
Öl zum Ausbacken

ZUBEREITUNG

Die Hälfte der Toastbrote jeweils mit einer Scheibe Käse und Schinken bzw. 2 Scheiben Frühstücksspeck belegen. Jeweils mit einer Scheibe Brot bedecken. In einem tiefen Teller die Eier mit Milch, Paprikapulver, Chili oder Muskatnuss verrühren. In eine Pfanne etwa fingerhoch Öl eingießen und erhitzen. Die gefüllten Toasts in der Eiermilch beidseitig kurz wenden und im heißen Öl auf beiden Seiten bei möglichst kleiner Hitze und geschlossenem Deckel so lange backen, bis der Käse geschmolzen ist und die Toasts schön goldgelb sind. Herausheben und vor dem Servieren gut abtupfen.

GARUNGSZEIT: 8–10 Minuten

TIPP: Lassen Sie die fertigen Toasts noch 1–2 Minuten auf Küchenkrepp rasten. So wird das Fett gut abgetupft, und der erste Bissen fällt nicht ganz so gefährlich heiß aus.

Croque Madame

Frankreich

ZUTATEN

8 Scheiben Toastbrot
100 ml trockener Weißwein
150 g Gruyère-Käse (ersatzweise Emmentaler)
200 ml Milch
2 Eier
1 Messerspitze Paprikapulver
1 Prise Chilipfeffer oder Muskatnuss, gerieben
Öl zum Ausbacken

ZUBEREITUNG

In einer Kasserolle den Weißwein bis knapp unter den Siedepunkt erhitzen. Währenddessen den Käse kleinwürfelig schneiden. Käsewürfel zugeben und unter ständigem Rühren bei mäßiger Hitze zu einer sämigen Masse köcheln. Die Hälfte der Toastbrotscheiben mit der Käsemasse bestreichen und jeweils mit einer Brotscheibe bedecken. In einem tiefen Teller die Eier mit Milch, Paprikapulver, Chili oder Muskatnuss verrühren. In eine Pfanne etwa fingerhoch Öl eingießen und erhitzen. Die gefüllten Toasts in der Eiermilch beidseitig kurz wenden und im heißen Öl auf beiden Seiten goldgelb backen. Herausheben und auf Küchenkrepp gut trocken tupfen.

GARUNGSZEIT: 5–6 Minuten

Schnecken in Blätterteig

Südfrankreich

ZUTATEN

24 Weinbergschnecken (aus Glas oder Dose)
ca. 300 g Blätterteig (auch tiefgekühlt möglich)
ca. 150 g Gänseleber
4 EL Kräuterbutter, geschmolzen
eventuell Schnittlauch zum Abbinden
Meersalz aus der Mühle
Mehl für die Arbeitsfläche
Eidotter zum Bestreichen

ZUBEREITUNG

Den Blätterteig auf einer bemehlten Arbeitsfläche ausrollen und in 12 Quadrate teilen. Die Gänseleber ebenfalls in 12 Stücke teilen. Nun auf jedes Teigstück 2 Weinbergschnecken und 1 Stück Gänseleber setzen. Mit frisch gemahlenem Salz zart würzen und etwas flüssige Kräuterbutter darüber träufeln. Teig zu Säckchen formen und gut abdrücken (eventuell mit Schnittlauch verschnüren). Vorsichtig mit verquirltem Eidotter bestreichen und im vorgeheizten Backrohr bei 180 °C ca. 15 Minuten goldgelb backen.

BACKROHRTEMPERATUR: 180 °C

BACKZEIT: ca. 15 Minuten

Gratinierte Austern mit Champagner

Cannes

ZUTATEN

12 frische Austern
3 EL Crème fraîche
300 ml Champagner
1 Schuss Pastis (Anisschnaps)
2 EL Butter, kalt
1 EL Mie de pain (Brösel von entrindetem Weißbrot)

ZUBEREITUNG

Austern mit einem Austernmesser an jener Stelle, an der ein schwarzer Punkt sichtbar ist, anheben und öffnen. Austern aus der Schale lösen, Austernwasser durch ein Sieb oder einen Kaffeefilter abgießen und beiseite stellen. Flache Schalenhälften wegwerfen und tiefe Hälften mit Wasser gründlich abspülen.

Austernwasser in einer Kasserolle mit etwa der Hälfte des Champagners vermischen und langsam zum Köcheln bringen. Die Austern darin ganz kurz ziehen lassen, bis sie sich fest, aber immer noch elastisch anfühlen. Herausnehmen und warm stellen. Crème fraîche einrühren und alles bei starker Hitze auf etwa ein Drittel einkochen. Pastis und restlichen Champagner hinzufügen, noch einmal kurz einreduzieren. Kasserolle vom Feuer nehmen, eiskalte Butter in kleineren Flocken einrühren und die Sauce damit binden. Währenddessen das Backrohr auf 220 °C vorheizen und die Austernschalen darin etwas anwärmen. Die Austern auf die vorgewärmten Austernschalen verteilen und gleichmäßig mit Sauce begießen. Auf ein Backblech setzen, mit Weißbrotbröseln bestreuen und im Backrohr bei maximaler Oberhitze goldbraun gratinieren.

BACKROHRTEMPERATUR: 220 °C, dann maximale Oberhitze

BACKZEIT: 10–12 Minuten

TIPP: Besonders hübsch macht es sich, die überbackenen Austern vor dem Servieren mit einem Kaviarhäubchen zu dekorieren und jenen Champagner dazu zu trinken, mit dem man auch gekocht hat.

Schnecken mit Schinken und Trüffeln

Languedoc

ZUTATEN

4 Dutzend Weinbergschnecken, aus Glas oder Dose
400 g Beinschinken
1 mittlere schwarze Trüffel
8 Artischockenböden, in Olivenöl oder Lake (nicht in Essig) eingelegt
250 ml trockener, frischer Weißwein
250 ml Kalbsfond
50 g Butter
60 g Mehl
2 Eidotter
4 EL Schlagobers
Meersalz aus der Mühle
Pfeffer aus der Mühle

ZUBEREITUNG

In einer Kasserolle Butter zerlassen und Mehl darin hell anschwitzen. Mit Kalbsfond und Weißwein aufgießen und unter ständigem Rühren ca. 10 Minuten kochen lassen, bis eine sämige Sauce entsteht. Währenddessen den Schinken kleinwürfelig und die Trüffel in dünne Scheiben schneiden.

Artischockenböden vorwärmen. Schnecken, Trüffelscheiben und Schinkenwürfel unter die Sauce rühren. Schlagobers mit Eidotter verquirlen, einrühren und die Sauce bei schwacher Hitze damit legieren (binden), aber nicht mehr kochen lassen. Mit Salz und Pfeffer abschmecken. Vorgewärmte Artischockenböden auf Teller verteilen und das fertige Ragout einfüllen.

GARUNGSZEIT: 10–15 Minuten

TIPP: Stehen keine Artischockenböden zur Verfügung, so kann das Schneckenragout auch auf getoastetem Weißbrot angerichtet werden.

Krabben-Brandteigkrapferl

Portugal

ZUBEREITUNG

Krabben kurz in etwas Salzwasser aufkochen, herausheben, überkühlen lassen und schälen. Etwa 200 ml Kochwasser durch ein Haarsieb seihen und in einer Kasserolle zum Kochen bringen. Butter und Mehl einrühren und so lange unter ständigem Rühren weiterköcheln lassen, bis sich der Teig vom Boden löst. Topf von der Herdplatte nehmen und den Teig so lange weiter schlagen, bis er sich etwas abgekühlt hat. Dann langsam ein Ei nach dem anderen unterziehen und dabei abermals kräftig schlagen. Krabben einmengen und Teig mindestens 15 Minuten lang rasten lassen. In einer großen Pfanne Öl erhitzen. Aus dem Teig kleine Krapferl stechen und diese im heißen Öl goldgelb ausbacken. Herausheben, auf Küchenkrepp abtropfen lassen und mit Petersilie bestreut servieren.

ZUTATEN

250 g kleine Krabben in der Schale
250 g Mehl
1 EL Butter
4 Eier
Salz
Pflanzenöl zum Ausbacken
Petersilie zum Bestreuen

SÄFTE, LIMONADEN UND DRINKS

Honiglimonade

Türkei

ZUTATEN

4 EL Honig
1 EL Honigwaben
500 ml kochendes Wasser
Saft von 1 Limone

ZUBEREITUNG

Honig und Waben in eine Schüssel oder einen Krug geben und mit kochendem Wasser übergießen. Den Limonensaft zugießen und alles gründlich verrühren. Abkühlen lassen und durch ein Tuch passieren. Eisgekühlt servieren.

TIPP: Die Honigwaben erzielen nicht nur eine interessante Geschmackskomponente, sondern sie verhindern auch das Verklumpen des abgekühlten Honigs.

Melonensaft

Sizilien

ZUTATEN

1 Wassermelone
etwas Zucker
Basilikumblätter

ZUBEREITUNG

Die Wassermelone schälen und entkernen. Das Fruchtfleisch grobwürfelig schneiden und gemeinsam mit Zucker nach Belieben, Basilikumblättern und einigen Eiswürfeln (je nach gewünschter Sämigkeit mehr oder weniger) mixen. Sofort in Gläser füllen und servieren.

Granatapfel-Nektar

Novelli-Spezialität

ZUTATEN

1 l frischer Granatapfelsaft
3–4 EL Honig
Saft von 1 Zitrone
3 Zweige frischer Waldmeister

ZUBEREITUNG

Den Granatapfelsaft mit Honig sowie Zitronensaft aufkochen und heiß über den Waldmeister gießen. Eine Nacht im Kühlschrank ziehen lassen. Passieren und in Gläser füllen.

TIPP: Steht kein Waldmeister zur Verfügung, so verleihen Sie dem Nektar mit frischer Minze oder Holunderblüten ein nicht minder delikates fruchtiges Aroma.

Orangen-Minze-Joghurt

Griechenland

ZUBEREITUNG

Einen Shaker halbvoll mit Joghurt füllen. Mit dem Orangensaft aufgießen. Eine Prise Salz sowie die fein geschnittene Minze zugeben und gut shaken. In Gläser füllen und auf Eis servieren.

ZUTATEN

Joghurt, möglichst dickflüssig, und frisch gepresster Orangensaft im Verhältnis 1:1
etwas Minze
Meersalz aus der Mühle
Eiswürfel zum Servieren

Griechisches Joghurt mit Wabenhonig

ZUBEREITUNG

Die Feigen schälen, in Spalten schneiden und unter das Joghurt mischen. Die Pinienkerne rösten, hacken und ebenfalls in das Joghurt einmengen. Joghurt jeweils in einer Schüssel anrichten und mit etwas Honig und Cassis-Sirup beträufeln.

ZUTATEN

500 g griechisches Joghurt
150 g Wabenhonig
4 frische Feigen
2 EL Pinienkerne
Cassis-Sirup (Sirup aus Schwarzen Johannisbeeren)

Bloody Mary „al diavolo"

Kampanien

ZUBEREITUNG

Einige Eiswürfel in ein Longdrinkglas geben. Grappa eingießen, mit Tomatensaft auffüllen und alles mit einem „Stirrer" oder langen Löffel gut durchrühren. Limettensaft, Kräutersalz und Chilischote einmengen, nochmals durchrühren und Basilikum darüber streuen. Rasch servieren.

ZUTATEN FÜR 2 GLÄSER

100 ml Grappa (am besten 50 Vol. % Alk.)
2 cl Limettensaft
240 ml Tomatensaft
4 g Kräutersalz
2 KL Basilikum, fein gehackt
2 KL Chilischote, fein gehackt

Bellini-Cocktail

Venedig

ZUBEREITUNG

Das sehr gut gekühlte Pfirsichpüree in gekühlte Gläser füllen und mit kaltem Prosecco auffüllen.

TIPP: Man kann das Fruchtpüree für diesen berühmtesten Drink, den Venedig jemals hervorgebracht hat (er wurde 1948 in Harry's Bar erfunden), auch selbst herstellen. Dafür werden die geschälten weißen Pfirsiche durch den Fleischwolf gedreht und anschließend durch ein Sieb passiert.
Eventuell mit wenig Zuckersirup nachsüßen.

ZUTATEN

120 ml Püree von weißen Pfirsichen (in gut sortierten Feinkostläden erhältlich)
360 ml Prosecco di Valdobbiadene (oder anderer Prosecco)

Kleine mediterrane Kaffeekunde

Methoden der Kaffeeverarbeitung gibt es ungefähr so viele wie Möglichkeiten, Wein zu keltern. Schlussendlich haben sich heute jedoch vor allem zwei Kaffeesorten am Markt durchgesetzt:

Die ursprünglich aus Äthiopien stammenden, heute aber vorwiegend im lateinamerikanischen Hochland wachsenden und milder gerösteten Arabica-Sorten machen etwa zwei Drittel der Weltnachfrage aus, sind jedoch gerade in den Mittelmeerländern niemals wirklich auf Gegenliebe gestoßen.

In Italien, Frankreich und anderen südlichen Ländern, wo man lieber starken Kaffee nippt als leichteren in größeren Mengen trinkt, wird die herbere und auch stärker geröstete Sorte Robusta geschätzt, die mehr Koffein enthält, ertragreicher und auch weniger anfällig für Frostschäden und Schädlinge ist. Der Koffeingehalt von Robusta ist bis zu doppelt so hoch wie jener von Arabica.

Aus dem Mutterland aller Kaffeekultur stammt der Türkische Mokka, der sich allerdings auch bei Nicht-Muselmanen zunehmender Beliebtheit erfreut. Der besonders feinpulverig gemahlene Kaffee wird direkt auf der Herdplatte in einem „Ibrik" oder „Cezve" genannten Stielkännchen aus Kupfer zusammen mit dem Wasser gekocht und mitsamt dem Kaffeesatz sowie kandierten Früchten, süßem Geleekonfekt (Rahat) oder mit Honig getränkten kleinen Kuchen aus Blätterteig und Nüssen serviert.

Auch der vor allem von Ägäis- und Peloponnes-Urlaubern geschätzte Café grecque ist im Grunde ein „Türkischer", da er im Zuge der osmanischen Besatzung nach Griechenland gelangte. Seine Heimat ist das so genannte „Kafenion", eine Art unkompliziertes Allzwecklokal, wo man Ouzo und kandierte Früchte, Octopus und frittierte Sardinen, vor allem aber Kaffee bekommt. Dafür muss man sich freilich Zeit nehmen. In manchen thrakischen oder makedonischen Kaffeehäusern wird der Kaffee erst unmittelbar vor der Zubereitung gebrannt und dann umständlich in der Kaffeemühle gemahlen, bevor er im langstieligen „Briki"-Kännchen gekocht wird, bis das so genannte „Kaimaki" entsteht, jene dicke, von aufgeworfenen Blasen bedeckte Schicht, die sich bildet, sobald der kochende Kaffee zu sprudeln beginnt. Jetzt wird er heiß in die „Kupaki" oder „Flitzanaki" genannten Tässchen gefüllt und bis auf den „Katakathi" genannten Satz ausgetrunken.

In seiner Konzentriertheit ist der italienische Espresso (span. Café solo) dem türkischen und griechischen Kaffee nicht unähnlich, wenngleich er völlig anders zubereitet wird. Damit er so richtig dick, konzentriert und gleichzeitig cremig wird, benötigt man eine Espressomaschine, wo der besonders zartpulverige Kaffee unter großem Druck – nichts anderes bedeutet „espresso" – extrahiert, aufgeschäumt und in kleinen Tassen mit oder ohne Zucker, jedenfalls aber ohne Milch serviert wird. Wird ein Espresso mit einem Schuss Anis, Sambuca,

Amaretto, Grappa oder Fernet „verstärkt", so verwandelt er sich flugs in einen Corretto (span. Carajillo).

Eng verwandt mit dem Espresso ist der extrem „kurz gehaltene" Ristretto, dessen Kaffeemenge jener eines doppelten Espressos entspricht, aber mit der Wassermenge eines einfachen Espressos zubereitet wird. Wesentlich verträglicher ist da schon der in Italien kurz Macchiato genannte, mit etwas geschäumter Milch bedeckte Espresso, der wiederum dem Spanischen Cortado und der französischen Noisette ähnelt.

Der etwas bekömmlichere und femininere Verwandte des ursprünglichen „Männergetränks" Espresso ist der Cappuccino, der seinen Namen den Kapuzinermönchen verdankt. Wie diese trägt er nämlich eine Kapuze, allerdings eine aus aufgeschäumter Milch, die mit einer Prise Schokopulver oder Zimt verziert ist. Er ist nicht zu verwechseln mit dem Caffè lungo, unserem „Verlängerten".

Als Ursprungsland des Milchkaffees gilt indessen Frankreich, wo diese vor allem zum Frühstück konsumierte Kaffeespezialität Café au lait oder auch Café crème genannt wird. In Spanien nennt man ihn Café con leche manchada, in Italien Caffè latte, und in allen Fällen besteht der herzhafte Frühstückstrunk zu gleichen Teilen aus starkem Filterkaffee und heißer Milch. Oft wird auch in ein Glas geschäumter Milch über einen verkehrt gehaltenen Kaffeelöffel ein Espresso getropft.

Was das Behältnis, aus dem man oft gewaltige Mengen trinkt, betrifft, so sind der Phantasie kaum Grenzen gesetzt. Die Gefäße, in die man Kaffee und Milch traditionell gleichzeitig eingießt, haben die Größe veritabler Suppenschalen, in die man dann auch das morgendliche Croissant oder Baguette tunkt.

DIE KULTUR DES KLEINEN HAPPENS

Antipasti, Tapas, Mezes
und andere südliche Vorspeisen

DIE KULTUR DES KLEINEN HAPPENS

Antipasti, Tapas, Mezes und andere südliche Vorspeisen

Sterben die Hauptgerichte aus? – Noch ist es, durchaus erfreulicherweise, nicht ganz soweit. Dennoch haben sich unsere Ernährungsgewohnheiten während der letzten Jahrzehnte stark verändert. Die kulinarische Reise geht immer mehr in Richtung „klein, fein und mediterran". Nach Italien zu den Antipasti, nach Spanien zu den Tapas. Und in die Levante zu den köstlichen Mezes aus 1001 Nacht. Viele Namen für ein in noch mehr Facetten schillerndes zeitgemäßes Essvergnügen: Es macht Lust auf viele appetitliche Kleinigkeiten, die das Herz erfreuen. Und es ist ein Genuss, der keine – oder zumindest fast keine – Reue kennt.

KALTE HAPPEN

Eingelegte Oliven

Korfu

ZUTATEN

250 g grüne Oliven
250 g schwarze Oliven
250 ml Olivenöl
1 Knoblauchknolle
Schale von 1 unbehandelten Orange
Schale von 1 unbehandelten Zitrone
4 Thymianzweige
4 Rosmarinzweige
10 Salbeiblätter
3 Lorbeerblätter

ZUBEREITUNG

Oliven gut waschen, die ungeschälte Knoblauchknolle halbieren. Oliven mit sämtlichen Zutaten in ein passendes, gut verschließbares Einmachglas geben und für mindestens 5 Tage einlegen.

Eingelegte Pilze

Veneto

ZUTATEN

250 g Pilze (Steinpilze, Champignons, Austernpilze etc.)
2 Knoblauchzehen
3 EL Weißweinessig
100 ml Weißwein
1–2 Thymianzweige, gehackt
1 Lorbeerblatt
Meersalz aus der Mühle
Pfeffer aus der Mühle
Olivenöl

ZUBEREITUNG

Die Pilze putzen, den Knoblauch in Scheiben schneiden und beides in Olivenöl anschwitzen. Thymian zugeben und kurz dünsten. Mit Weißwein ablöschen und Weißweinessig sowie das Lorbeerblatt zugeben. Etwa 3–4 Esslöffel Olivenöl einrühren und mit Salz und Pfeffer abschmecken. In ein passendes Gefäß füllen und mindestens 2 Stunden ziehen lassen.

Saure Perlzwiebeln

Kampanien

ZUTATEN
500 g kleine Zwiebeln
200 ml Weißwein
150 ml Weißweinessig
100 ml Rindsuppe
1 TL Senfkörner
20 Pfefferkörner
3 Thymianzweige
2 Lorbeerblätter
Meersalz

ZUBEREITUNG
In einem Topf einen Fond aus Weißwein, Essig, Senfkörnern, Suppe, Pfefferkörnern, Lorbeerblättern, Thymian und Meersalz ansetzen und aufkochen. Die Perlzwiebeln dazugeben und etwa 25 Minuten weich kochen. Im Sud auskühlen lassen.

GARUNGSZEIT: ca. 25 Minuten
TIPP: Eine besonders raffinierte Note erhalten diese Zwiebeln, wenn man den Weißweinessig durch Balsamicoessig ersetzt.

Eingelegte Calamari

Genua

ZUTATEN
300 g Calamari (Tintenfische), in Streifen geschnitten
je 1 rote, gelbe und grüne Paprikaschote
2 rote Zwiebeln
100 ml Weißweinessig
100 ml Weißwein
200 ml Olivenöl
Meersalz aus der Mühle
Pfeffer aus der Mühle
Zucker

ZUBEREITUNG
Für die Marinade den Weißweinessig mit Weißwein, Olivenöl, Salz, Pfeffer und einer Prise Zucker vermischen. Die Paprikaschoten entkernen und ebenso wie die Zwiebeln in Streifen schneiden. Die Marinade erhitzen und die Zwiebeln gemeinsam mit dem Paprika darin ca. 25 Minuten auf kleiner Flamme köcheln lassen. Die in Streifen geschnittenen Calamari zugeben, einmal kräftig aufkochen und dann langsam bei Zimmertemperatur abkühlen lassen. (Nicht sofort kalt stellen, da die Calamari sonst nicht weich werden!) Vor dem Servieren nochmals abschmecken.

GARUNGSZEIT: ca. 30 Minuten

Paprika mit Salbei

Istrien

ZUTATEN

je 1 rote, gelbe und grüne Paprikaschote
2 Knoblauchzehen
1 kl. Bund Salbei
100 ml Olivenöl
Meersalz aus der Mühle
Pfeffer aus der Mühle
Öl zum Frittieren

ZUBEREITUNG

Die Paprikaschoten im Ganzen (!) rundum in Öl frittieren. Herausnehmen, in eine Schüssel geben und mit Folie abgedeckt einige Zeit rasten lassen. Dann die Haut abziehen, die Schoten vierteln und entkernen. Mit gehacktem Knoblauch, Salbeiblättern, Olivenöl, Meersalz und Pfeffer vermengen und in einem verschließbaren Gefäß über Nacht stehen lassen.

Gefüllte Weinblätter (Dolma, Dolmades)

Türkei/Griechenland

ZUTATEN

150 g eingelegte Weinblätter
500 g Zwiebeln
2 Stangen Lauch
2 Bund Dille
3 Minzeblätter
125 g Reis
Saft von 1 Zitrone
Meersalz aus der Mühle
Pfeffer aus der Mühle
Zucker
Olivenöl

ZUBEREITUNG

Den Reis einige Stunden in Wasser einweichen, dann abtropfen lassen. Den Lauch in Scheiben schneiden, Dille- und Minzeblätter fein hacken, die Dillstängel beiseite legen. Die Weinblätter abspülen und trocken tupfen. Die Zwiebeln fein hacken und mit ca. 125 ml Wasser auf kleiner Flamme kochen, bis das Wasser verkocht ist. Nun Zwiebeln mit Lauch, Dille, Minze und Reis vermengen und mit Salz, Pfeffer sowie einer Prise Zucker abschmecken.
Die Weinblätter mit der Unterseite nach oben auflegen. Jeweils etwas von der Masse darauf geben, zu einem zigarrenartigen Röllchen einrollen und die Seiten einschlagen. Den Boden eines Topfes mit den Dillstängeln auslegen und darauf die Röllchen dicht nebeneinander schlichten. Zitronensaft, etwas Olivenöl und 125 ml Wasser darüber gießen und im gut geschlossenen Topf auf kleiner Flamme ca. 60 Minuten dünsten, bis die Flüssigkeit völlig aufgesogen worden ist. Die fertigen Weinblätter aus dem Topf heben und je nach Geschmack lauwarm oder kalt servieren.

GARUNGSZEIT: ca. 60 Minuten

Bitterbroccoli mit Chili

Apulien

ZUTATEN

250 g Broccoli (wenn verfügbar: apulischer Cime di rapa, auch: Bitterer, Wilder oder Sprossen-Broccoli)
3 Knoblauchzehen
2 Chilischoten, entkernt und klein gehackt
1 EL Balsamicoessig
Meersalz aus der Mühle
Pfeffer aus der Mühle
Olivenöl

ZUBEREITUNG

Broccoli putzen und die dicken Stiele entfernen. Die Knoblauchzehen halbieren, in etwas Olivenöl anschwitzen und Chili zugeben. Broccoli einmengen und kurz braten. Mit Balsamicoessig ablöschen und mit Salz sowie Pfeffer würzen. Abkühlen lassen. Mit Olivenöl marinieren und dekorativ, etwa mit Zahnstochern, anrichten.

TIPP: Dieses Rezept eignet sich für beinahe jedes Gemüse, u. a. für Zucchini, Melanzani, Fenchel, (wilden) Spargel oder Pilze.

Geschmorte Zwiebeln

Veneto

ZUTATEN

500 g kleine weiße Zwiebeln
4 EL Olivenöl
4 EL Weißweinessig
1 TL Zucker
Salz

ZUBEREITUNG

Die geschälten Zwiebeln im Ganzen in Olivenöl anbräunen. Dann Essig, Salz, Zucker und etwa 250 ml Wasser zugeben. Aufkochen lassen und auf kleiner Flamme ca. 15 Minuten köcheln lassen. Die Hitze erhöhen und etwa 10–15 Minuten kochen, bis die Flüssigkeit zu Sirup eingedickt ist. Abkühlen lassen.

GARUNGSZEIT: ca. 25–30 Minuten

Eingelegte Tomaten mit Melanzani und Paprika

Dalmatien

ZUTATEN

500 g Tomaten (reif, aber fest)
2 Paprikaschoten
1 Chilischote
2 Melanzani
ca. 3 Sellerieblätter
Meersalz

ZUBEREITUNG

Die Tomaten in Scheiben, den Paprika in Streifen schneiden und die Chilischote fein hacken. Die Melanzani in Würfel schneiden, einsalzen und ca. 30 Minuten rasten lassen. Das Gemüse in ein Einsiedeglas schlichten. Dabei jede Schicht salzen, jeweils etwas von dem Sellerieblatt dazwischen legen und mit diesem auch abschließen. In ein Wasserbad stellen und am besten im vorgeheizten Backrohr bei ca. 80 °C etwa 45 Minuten pochieren. Danach kühl lagern.

WASSERBADTEMPERATUR: 80 °C
GARUNGSZEIT: ca. 45 Minuten

Eingelegte Tomaten mit Weißkraut und Zwiebeln

Montenegro

ZUTATEN

2 Tassen grüne Tomaten
2 Tassen Weißkraut
2 Tassen Zwiebeln
2 Tassen Paprikaschoten, rot und gelb gemischt
1 l Wasser
500 ml Essig
100 ml Olivenöl
1 EL Zucker
Meersalz

ZUBEREITUNG

Tomaten, Weißkraut und Zwiebeln in Streifen schneiden. Paprikaschoten halbieren, entkernen und ebenfalls in Streifen schneiden. Das geschnittene Gemüse mit Wasser, Essig, Öl, Zucker sowie etwas Meersalz in einem Topf aufkochen und etwa 10 Minuten schmoren. In heiß ausgespülte Einmachgläser füllen, gut verschließen und auf den Kopf stellen. Kühl und dunkel lagern.

GARUNGSZEIT: ca. 10 Minuten

Ofengetrocknete Tomaten

Kampanien

ZUTATEN

4 Eiertomaten
(oder Fleischtomaten)
1 Thymianzweig
1 Rosmarinzweig
1 Knoblauchzehe
Meersalz aus der Mühle
Zucker
Olivenöl

ZUBEREITUNG

Die Tomaten halbieren und den Strunk entfernen. Mit der Schnittseite nach oben auf ein mit Pergamentpapier ausgelegtes Backblech setzen, leicht salzen und zuckern. Im vorgeheizten Backrohr bei 80 °C ca. 5 Stunden trocknen, bis die Tomaten etwa die Hälfte der Flüssigkeit verloren haben. Mit Olivenöl, Thymian, Rosmarin und blättrig geschnittenem Knoblauch über Nacht marinieren.

BACKROHRTEMPERATUR: 80 °C

BACKZEIT: ca. 5 Stunden

TIPP: Freunde mediterraner Küche werden – nicht zuletzt aus energiepolitischen Gründen – gleich etwas mehr Tomaten trocknen. Sobald sie mariniert sind, lassen sie sich – abgedeckt im Kühlschrank oder gut in Öl eingelegt – problemlos auch längere Zeit lagern.

Avocado „ordinaire"

Südfrankreich

ZUBEREITUNG

Die Avocados halbieren, die Steine entfernen und das Fruchtfleisch mit einem Löffel aus der Schale lösen. Dabei darauf achten, dass die Schalen unbeschädigt bleiben. Die Avocados in feine Würfel schneiden und die gehackten Schalotten sowie die zerkleinerten Sardellen dazugeben. Mit Limettensaft, Olivenöl, frisch gemahlenem Meersalz und Pfeffer marinieren. Die Avocadomasse wieder in die Schalen füllen und darin servieren.

ZUTATEN

4 Avocados
4 Schalotten
12 Sardellenfilets
Saft von 2 Limetten
Olivenöl
Meersalz aus der Mühle
Pfeffer aus der Mühle

Tapenade (Schwarze Olivenpaste)

Provence

ZUBEREITUNG

In einem Mörser (oder mit dem Mixstab) die entkernten Oliven mit Anchovis und Thunfisch zerstoßen. Die Masse mit Senf verrühren und die gehackten Kapern untermischen. Das Olivenöl in einem dünnen Strahl eintropfen lassen und unter ständigem Rühren mit dem Mixer zu einer homogenen Masse verarbeiten. Mit Pfeffer und Cognac abschmecken. Je nach Belieben auf frisches, knuspriges Baguette oder auf getoastetes Weißbrot streichen.

ZUTATEN

300 g schwarze Oliven, entkernt
100 g Anchovisfilets (Sardellenfilets) aus der Dose
100 g Thunfisch aus der Dose
200 g Kapern, fein gehackt
200 ml Olivenöl
4 cl Cognac
1 TL scharfer Senf
Pfeffer aus der Mühle

Stangensellerie mit „4 épices"

Südfrankreich

ZUBEREITUNG

Den Sellerie schälen (so werden die Fasern entfernt) und in feine Scheiben schneiden. Den Knoblauch in Scheiben schneiden und in reichlich Olivenöl anbraten. Sardellen zugeben und in der Pfanne zerdrücken. Das Öl auskühlen lassen. Den Sellerie einsalzen, das ausgekühlte Öl und den Zitronensaft darüber gießen und den Sellerie einige Zeit ziehen lassen. Vor dem Servieren mit Pfeffer und der Gewürzmischung abschmecken.

ZUTATEN

250 g Stangensellerie
2 Knoblauchzehen
2 Sardellenfilets
Saft von 1 Zitrone
80 ml Olivenöl
4-épices-Gewürzmischung (im Delikatessen- oder Gewürzladen erhältlich)
Meersalz aus der Mühle
Pfeffer aus der Mühle

Melanzanipüree

Türkei

ZUTATEN
3 Melanzani
3 Knoblauchzehen, gehackt
Saft von 1 Zitrone
100 ml Olivenöl
Thymian, gehackt
Meersalz aus der Mühle

ZUBEREITUNG
Die Melanzani halbieren und mit der Schnittseite nach oben auf ein mit Backpapier ausgelegtes Backblech setzen. Auf der Oberseite mit einem langen Schnitt einschneiden. Im vorgeheizten Backrohr bei 180 °C ca. 40 Minuten backen. Herausnehmen und etwas auskühlen lassen. Mit einem Löffel das Fruchtfleisch herauskratzen und – wenn nötig – noch zerkleinern. Mit gehacktem Knoblauch, Zitronensaft und Olivenöl verrühren. Mit Meersalz und gehacktem Thymian abschmecken. In dekorative Glas- oder Dipschälchen füllen und auftragen.

BACKROHRTEMPERATUR: 180 °C
BACKZEIT: 40 Minuten
GARNITUREMPFEHLUNG: frische Kräuter und kleines eingelegtes Gemüse

Taramasalata

Griechenland

ZUTATEN
250 g frischer oder geräucherter Dorschrogen
60 g Weißbrot
8 EL Olivenöl
ca. 125 ml Zitronensaft

ZUBEREITUNG
Die Haut vom Fischrogen abziehen und auch die letzten Häutchen entfernen. Brot in etwas Wasser einweichen, gut ausdrücken und zerkleinern. Mit dem Rogen cremig aufmixen oder im Mörser zerstampfen. Nach und nach das Öl einfließen lassen und erst zum Schluss mit Zitronensaft abschmecken. Mindestens 30 Minuten kalt stellen. In eine dekorative Schüssel füllen und mit knusprigem Fladenbrot servieren.

TIPP: Anstelle von eingeweichtem Brot lässt sich auch grob pürierter Kartoffelbrei verwenden.

Skordalia (Kartoffel-Knoblauch-Paste)

Griechenland

ZUTATEN
400 g halbfest kochende Kartoffeln
4–6 Knoblauchzehen, sehr fein gehackt
ca. 125 ml Hühnersuppe
50 g schwarze Oliven
5 EL Olivenöl
Saft von 1 Zitrone
Meersalz aus der Mühle
Pfeffer aus der Mühle

ZUBEREITUNG
Geschälte Kartoffeln weich kochen, überkühlen lassen und mit der Gabel in einer Schüssel grob zerdrücken. Knoblauch und Hühnersuppe sowie nach und nach das Olivenöl einrühren, bis eine sämige Masse entsteht. Mit Zitronensaft, Salz und Pfeffer abschmecken. Oliven entkernen, hacken und abschließend unterrühren. Lauwarm oder kalt servieren.

TIPP: Man kann die Zutaten auch im Blitzcutter oder mit dem Mixstab pürieren; das Skordalia wird in diesem Fall noch sämiger, hat allerdings weniger Biss.

Melanzani mit Minze

Emilia-Romagna

ZUTATEN

2 Melanzani
4 EL Olivenöl
2 Knoblauchzehen
10 Minzeblätter, grob gehackt
4 EL Semmelbrösel
Balsamicoessig
Meersalz
Öl zum Braten

ZUBEREITUNG

Die Melanzani waschen, der Länge nach in Scheiben und diese in 1 cm dicke Stifte schneiden. In reichlich heißem Öl braten, auf Küchenkrepp abtropfen lassen und salzen. Den Knoblauch in dünne Scheiben schneiden und mit Olivenöl und Minze vermischen. Dann die Melanzani dazugeben, mit etwas Balsamicoessig beträufeln und alles gut vermischen. Abschließend die Semmelbrösel einmengen und einige Stunden ziehen lassen.

Zucchini in Zitronenöl

Lombardei

ZUTATEN

400 g kleine Zucchini
2 Knoblauchzehen
150 ml Balsamicoessig
3 EL Zitronensaft
1 Bund Petersilie, fein gehackt
6 EL Olivenöl
Salz

ZUBEREITUNG

Die Zucchini in ca. 1 cm dicke Scheiben schneiden. Mit Salz bestreuen und 15 Minuten stehen lassen, dann kalt abspülen. Balsamicoessig mit etwas Wasser verdünnen und die Zucchini darin ca. 4 Minuten kochen lassen. Herausheben, auf Küchenkrepp abtropfen lassen und in eine Schüssel geben. Aus dem mit einem Messer zerdrückten Knoblauch, Zitronensaft, Olivenöl und fein gehackter Petersilie eine Marinade anrühren und über die noch warmen Zucchini gießen. Mindestens 2 Stunden ziehen lassen.

Tsatsiki

Griechenland

ZUTATEN

1 Salatgurke
250 g Schafjoghurt (ersatzweise Kuhmilchjoghurt)
4 Knoblauchzehen, sehr fein gehackt
1 KL Olivenöl
Meersalz aus der Mühle
Pfeffer aus der Mühle

ZUBEREITUNG

Die geschälte Gurke reiben oder fein hacken. Etwas salzen und mindestens 20 Minuten stehen lassen. Gurken gut ausdrücken. Joghurt in ein Küchentuch einschlagen, auspressen und unter die Gurkenmasse rühren. Mit Knoblauch und Olivenöl vermischen sowie mit Salz und Pfeffer abschmecken. Bis zum Servieren kalt stellen.

Scharfes Tomatenpüree

Türkei

ZUTATEN

500 g Tomaten
1 grüne Paprikaschote
1 rote Zwiebel
1 Knoblauchzehe
1/2 Salatgurke
Petersilie, gehackt
etwas Minze, grob gehackt
1 EL Tomatenmark, mit etwas Paprikapulver vermischt
Rotweinessig
Olivenöl
Cayennepfeffer
Meersalz aus der Mühle

ZUBEREITUNG

Die Tomaten blanchieren (kurz überbrühen), schälen und entkernen. Die Gurke ebenfalls schälen, der Länge nach halbieren und entkernen. Paprikaschote halbieren und entkernen. Tomaten, Gurke, Paprikaschote, Zwiebel und Knoblauch sehr fein hacken und miteinander vermischen, bis eine püreeartige Masse entsteht. Tomatenmark, Minze und Petersilie untermischen. Essig und Olivenöl zugeben und mit Cayennepfeffer sowie Meersalz abschmecken. In kleine dekorative Schüsseln oder Schälchen füllen und auftragen.

GARNITUREMPFEHLUNG: knuspriges Fladenbrot und kleine saure Gemüse

Humus (Kichererbsenpüree)

Türkei

ZUTATEN

300 g getrocknete Kichererbsen
Saft von 3 Zitronen
3 Knoblauchzehen, sehr fein gehackt
1 Bund Petersilie, fein gehackt
150 g Tahin (Sesampaste, in türkischen Läden erhältlich)
1 Prise Kreuzkümmel
6 EL Olivenöl
Meersalz aus der Mühle

ZUBEREITUNG

Kichererbsen mit kaltem Wasser bedecken und über Nacht einweichen. Danach gut abtropfen lassen. Frisches Wasser erhitzen, Kichererbsen zugeben und zum Kochen bringen. Etwa 45 Minuten weich garen, abgießen und abkühlen lassen. Kichererbsen zwischen Daumen und Zeigefinger enthäuten und gemeinsam mit Zitronensaft in der Küchenmaschine pürieren. Knoblauch, Tahin und Kreuzkümmel einrühren und mit etwas Wasser zu einem geschmeidigen Püree rühren. Mit Salz abschmecken, gehackte Petersilie unterrühren und Humus in einer Schüssel anrichten. Olivenöl darüber träufeln und servieren.

GARUNGSZEIT: ca. 45 Minuten

Mozzarella mit Feigen

Apulien

ZUBEREITUNG

In einem Topf das Wasser mit Weißwein, Weißweinessig, Zucker und je einem Zweiglein Rosmarin und Thymian sowie Lorbeerblatt aufkochen. Die Feigen mit einer dünnen Nadel einige Male einstechen und in die aufwallende Flüssigkeit geben. Nochmals aufkochen lassen, vom Feuer nehmen und etwa 5 Minuten in der Flüssigkeit ziehen lassen. Danach mitsamt der Flüssigkeit kalt stellen und die Feigen acht Stunden marinieren lassen. Ab und an wenden.

Das Olivenöl in einem Topf leicht erhitzen und die restlichen Kräuter zupfen. Kräuter dazugeben, den Topf vom Herd nehmen und das Öl abkühlen lassen. Die Mozzarellakugeln halbieren und das Kräuteröl samt Kräutern darüber gießen. Ebenfalls 8 Stunden im Kühlschrank marinieren lassen.

Zum Anrichten etwas alten Balsamicoessig auf die Teller träufeln und die Feigen halbieren. Nun je zwei Halbkugeln marinierten Mozzarella und zwei Feigenhälften darauf anrichten. Den Mozzarella mit frisch gemahlenem Meersalz und Pfeffer würzen und eventuell noch ein wenig Kräuteröl darüber träufeln.

ZUTATEN

4 Kugeln Mozzarella
4 frische Feigen
100 ml Weißwein
1 cl Weißweinessig, am besten weißer Balsamicoessig
10 g Zucker
je 2 Zweige Thymian und Rosmarin
1 Lorbeerblatt
100 ml Wasser
Meersalz aus der Mühle
Pfeffer aus der Mühle
50 ml Olivenöl
möglichst alter Balsamicoessig

Büffelmozzarella mit Bohnenpüree

Kampanien

ZUTATEN

2 Kugeln Büffelmozzarella
300 g dicke grüne Bohnen, ausgelöst
1/2 Zwiebel, gehackt
1–2 Knoblauchzehen, gehackt
2 EL Butter
Gemüsefond zum Aufgießen
ca. 100 ml Olivenöl, kalt gepresst, für das Bohnenpüree
ofengetrocknete Tomaten (s. S. 78)
Olivenöl, kalt gepresst, zum Beträufeln
Basilikumblätter zum Garnieren
Meersalz aus der Mühle
Pfeffer aus der Mühle
einige dicke Bohnen als Garnitur nach Belieben

ZUBEREITUNG

Zuerst die ofengetrockneten Tomaten nach Anleitung vorbereiten. Dann in einer Kasserolle Butter schmelzen und die Zwiebeln mit Knoblauch darin anschwitzen. Die Bohnen zugeben, kurz andünsten und mit etwas Gemüsefond aufgießen. Mindestens 10 Minuten weich kochen. Abgießen, in der Küchenmaschine mixen, salzen und pfeffern. Das Olivenöl langsam einfließen lassen, bis ein sämiges Püree entsteht. Das Bohnenpüree kalt stellen. Etwa eine halbe Stunde vor dem Servieren Zimmertemperatur annehmen lassen, damit das Püree seinen vollen Geschmack entfalten kann.
Den Mozzarella vierteln und auf Tellern anrichten. Mit einem Esslöffel von dem Bohnenpüree Nocken abstechen und mit je zwei halben getrockneten Tomaten dekorativ auf den Teller geben. Abschließend mit bestem Olivenöl beträufeln, mit Pfeffer nachwürzen und mit Basilikumblättern und nach Belieben einigen dicken Bohnen garnieren.

TIPP: Wenn Sie keine Zeit für die ofengetrockneten Tomaten finden, so ersetzen Sie diese einfach durch vollreife, frische Tomaten. Sonnengetrocknete und eingelegte Tomaten *(Pomodori secchi)* sind übrigens auch im einschlägigen Fachhandel erhältlich.

Variante

Büffelmozzarella mit Erbsenpüree

Bereiten Sie aus 150 g tiefgekühlten Erbsen, 100 ml kalt gepresstem Olivenöl, Salz, Pfeffer, Zucker und einem Spritzer Zitronensaft wie beschrieben ein Püree zu. Selbstverständlich müssen auch die Erbsen vor dem Pürieren etwa 3–4 Minuten gegart werden.

TIPP: Verwenden Sie für das Püree stets kalt gepresstes Olivenöl – so wird das Püree nach dem Auskühlen fester.

Einladung zum „Giro de ombre"

Als „Giro de ombre" bezeichnet man zwischen Chioggia und Muggia, also im nördlichen Teil der Adria, eine vergnügliche Zechtour, die durch mehrere, oft sogar ungezählte Schenken führt, in die man auf ein Gläschen Wein und einen kleinen Imbiss einkehrt.

Die Maßeinheit für den Wein ist die Ombra – was soviel wie Schatten bedeutet. Es handelt sich dabei für gewöhnlich um ein schlichtes, schmuckloses Deziliter-Gläschen, dessen Haupteigenschaft darin besteht, dass es nicht allzu viel kostet und ihm daher noch etliche folgen werden.

Das feste Gegenstück zur Ombra sind die Cicheti, kleine Häppchen, Würzbissen, Frutti di mare, Kutteln, Hühnerlebern, Calamari und Calamaretti, klassisch lauwarm oder modern aus der Mikrowelle, jede Menge Tramezzini, mit Mortadella oder Prosciutto umwickelte Grissini und und und ...

Ombre und Cicheti – damit ist das Grundvokabular für einen Spaziergang durchs Schlaraffenland der kleinen Genüsse schon definiert. Fehlt nur noch der Name jenes magischen Ortes, an dem sich, bei Tag und bei Nacht, die Schatten zu bündeln pflegen: die Osteria, auch Bàcaro genannt – der Ort des Gelages.

Und ein solches lässt sich, etwas Phantasie, verlässliche Rezepte und reichlich Wein vorausgesetzt, mit ein paar guten Freunden problemlos auch zu Hause veranstalten. Oder eben im „Novelli", wo dieses Kochbuch entstand.

Sarde in saor (Marinierte Sardinen)

Friaul

ZUTATEN

12 frische Sardinen (ca. 450 g), küchenfertig
60 ml Olivenöl
Meersalz aus der Mühle
Mehl

FÜR DIE MARINADE

60 ml Olivenöl
100 ml Weißwein
2 Zwiebeln
3 Lorbeerblätter
4 EL Weißweinessig
1 EL schwarze Pfefferkörner
Saft von 1/2 Zitrone

ZUBEREITUNG

Für die Marinade die Zwiebeln in dünne Ringe schneiden. Olivenöl erhitzen und die Zwiebelringe mit den Lorbeerblättern auf kleiner Flamme unter ständigem Rühren ca. 15 Minuten weich dünsten. Bevor die Zwiebeln Farbe annehmen, Essig, Zitronensaft sowie Weißwein einrühren, die Pfefferkörner zugeben und vom Herd nehmen.

Die küchenfertigen Sardinen (Köpfe und Innereien sorgfältig entfernen und bei Bedarf schuppen) gründlich abspülen und trocken tupfen. Salzen, in Mehl wenden und überschüssiges Mehl abschütteln. In heißem Olivenöl von jeder Seite 2 Minute braten, herausnehmen und auf Küchenpapier abtupfen. Den Boden einer Servierschüssel mit der Marinade bedecken, die Hälfte der Fische einlegen, mit Marinade übergießen und abermals die Fische einlegen. Die restliche Marinade darüber gießen.

Mindestens 2 Stunden bei Zimmertemperatur ziehen lassen.

1

2

3

4

5

6

7

GARUNGSZEIT: 4 Minuten

TIPP: Nicht ganz authentisch, aber nicht weniger schmackhaft, gerät dieses Rezept, wenn man statt Sardinen Heringe verwendet.

PHASE 1: Sardinen waschen und bei Bedarf entschuppen.

PHASE 2: Sardinen mit einem scharfen, kleinen Messer (Tourniermesser) aufschneiden, die Innereien entfernen und Kopf abtrennen.

PHASE 3: Zwiebelringe mit den Lorbeerblättern in Olivenöl weich dünsten. Mit Essig, Zitronensaft sowie Weißwein aufgießen, Pfefferkörner zugeben und vom Herd nehmen.

PHASE 4: Gesalzene, mit Mehl bestaubte Sardinen beidseitig in Olivenöl anbraten und wieder herausheben.

PHASE 5: Passende Form mit Zwiebelmarinade auslegen und einen Teil der Sardinen darauf legen.

PHASE 6: Restliche Marinade und Sardinen einschichten und mindestens zwei Stunden bei Zimmertemperatur ziehen lassen.

PHASE 7: Sarde in saor wie abgebildet anrichten.

Meeresfrüchtesalat

Venedig

ZUTATEN

100 g Garnelen, geschält und ohne Darm
300 g Miesmuscheln
200 g Vongole
100 g Shrimps
150 g Tintenfische, zugeputzt und in kleine Ringe geschnitten
1/2 Frisée-Salat, grob gezupft
200 ml Weißwein
10 Pfefferkörner
3 Knoblauchzehen
1 Bund Thymian
Saft von 1 Zitrone
1/2 Chilischote
Meersalz aus der Mühle
Pfeffer aus der Mühle
1 Prise Zucker nach Belieben

FÜR DIE MARINADE

4 Knoblauchzehen
1/2 gelbe Paprikaschote
1/2 Selleriestange
1/2 Bund Petersilie, gezupft und gehackt
1/2 Bund Estragon, gezupft und gehackt
Saft von 2 Zitronen
2 EL Balsamicoessig
4 EL Olivenöl

ZUBEREITUNG

In einem Topf etwa 1 Liter Wasser mit Weißwein, Thymian, Pfefferkörnern, Zitronensaft, angedrückten Knoblauchzehen und Chili aufkochen lassen. Muscheln und Tintenfische dazugeben und so lange kochen, bis sich die Muscheln öffnen (nach Bedarf noch 2–3 Minuten weiter kochen, bis auch die Tintenfische weich sind). Nun Garnelen und Shrimps zugeben und für weitere 3–4 Minuten köcheln lassen. Alles aus dem Fond heben und kurz unter kaltem Wasser abschrecken.
Für die Marinade den Knoblauch fein hacken, die Paprikaschote in kleine Würfel, den geschälten Sellerie in dünne Scheiben schneiden. Den Knoblauch gemeinsam mit den Paprikawürfeln, Sellerie, Petersilie, Estragon, Zitronensaft, Balsamicoessig und Olivenöl in einer Schüssel gut verrühren. Die abgetropften Meeresfrüchte zugeben und mit dem grob gezupften Frisée-Salat gut durchmischen. Mit frisch gemahlenem Salz und Pfeffer sowie nach Belieben mit einer Prise Zucker abschmecken.

GARUNGSZEIT: 7–10 Minuten
BEILAGENEMPFEHLUNG: knusprig getoastetes Ciabatta-Brot
TIPP: Im gut sortierten Lebensmittelhandel erhalten Sie auch einen bereits vorgekochten Frutti-di-mare-Mix, bei dem sich die gesamte Garungszeit auf etwa 4–5 Minuten reduziert.

Torte von Avocado und Hummer in Pinienvinaigrette

Torte von Avocado und Hummer in Pinienvinaigrette

Korsika

ZUTATEN

4 reife Avocados
1 Hummer
4 Tomaten
1 Estragonzweig
2 EL Pinienkerne, geröstet
100 ml Estragonessig
100 ml Olivenöl
100 ml Distelöl
Zitronensaft
Meersalz aus der Mühle

ZUBEREITUNG

Den Hummer in einem großen Topf in reichlich wallendem Wasser ca. 2–3 Minuten kochen. Die Scheren abbrechen und den Hummer weitere 2–3 Minuten kochen. Auskühlen lassen, bis er lauwarm ist. Den Hummer ausbrechen (s. Kochschule S. 26) und das Fleisch abgedeckt kühl stellen.

Die Avocados halbieren, die Kerne entfernen und das Fleisch auslösen. Mit einer groben Kartoffelreibe raspeln oder mit einer Gabel zerdrücken. Sofort mit Zitronensaft marinieren und mit Meersalz würzen. Die Tomaten kurz überbrühen, schälen, entkernen und in kleine Würfel schneiden. In die Avocadomasse einmengen. Die gerösteten Pinienkerne mit Estragonessig, Oliven- und Distelöl zu einer Vinaigrette verrühren.

Das Fleisch der Hummerscheren und Gelenke klein schneiden, mit fein geschnittenem Estragon vermengen und mit etwas Vinaigrette abschmecken. Nun in einen hohen Ausstecher mit ca. 5 cm Durchmesser (oder ein kleines Portionsförmchen) abwechselnd Avocadomasse und Hummertatar einfüllen. Etwa 1/2 Stunde kalt stellen. Den ausgebrochenen Hummerschwanz mit Vinaigrette marinieren und portionieren. Je ein Törtchen auf einen Teller setzen (Ringform abziehen) und je ein Stück Hummerschwanz darauf setzen. Bei Zimmertemperatur servieren.

GARUNGSZEIT: insgesamt 4–6 Minuten

TIPP: Lassen Sie den Hummer nicht ganz kalt werden, denn ein lauwarmer Hummer lässt sich leichter ausbrechen.

Roh marinierter Thunfisch

Balearen

ZUTATEN

8 Scheiben roher Thunfisch von bester „Sushi-Qualität“, ca. 0,5 cm dick geschnitten
125 ml Weißwein
2 cl Sherryessig
2 Thymianzweige, einer gehackt, der andere ganz
Saft von 1 Limette
2 Knoblauchzehen, gehackt
200 g Oliven, entkernt und gehackt
4 Lorbeerblätter
1 rote Zwiebel
2 EL Kapern, gehackt
125 ml Fischfond
100 ml Olivenöl
Meersalz aus der Mühle
Pfeffer aus der Mühle

ZUBEREITUNG

Aus Weißwein, Sherryessig, Limettensaft, dem ganzen Thymianzweig, Lorbeerblättern, Meersalz und Pfeffer eine Marinade anrühren. Den Thunfisch in ein flaches Geschirr legen, mit Marinade übergießen und etwa 1 Stunde marinieren. Aus der Marinade nehmen und kalt stellen.

Den Rückstand passieren und Marinade beiseite geben. Die Zwiebel in Streifen schneiden und mit dem Knoblauch in Olivenöl glasig dünsten. Mit der passierten Marinade ablöschen, Fischfond zugießen und auf die Hälfte einkochen lassen. Die gehackten Kapern und Oliven einrühren und auskühlen lassen. Den Thunfisch auf Tellern anrichten, mit der Marinade überziehen und den gehackten Thymian darüber streuen.

Carpaccio von rotem Thunfisch mit Melone

Novelli-Spezialität

ZUTATEN

600 g roher Thunfisch (vom Mittelstück und bester „Sushi-Qualität")
1/4 Wassermelone
1 Salatgurke
1 rote Zwiebel
Saft von 3 Limetten
3 Zweige Koriander
Korianderblätter zum Garnieren
2 getrocknete Chilischoten, gehackt
1 EL geröstete Sesamkörner
1 kleines Stück Ingwerknolle
etwas Fischfond
100 ml Sojasauce
Olivenöl
Meersalz aus der Mühle
Pfeffer, geschrotet und aus der Mühle

ZUBEREITUNG

Die Wassermelone schälen und entkernen. Die Salatgurke schälen, halbieren und ebenfalls entkernen. Melone, Gurke sowie Zwiebel in kleine Würfel schneiden. Mit der Hälfte des Limettensaftes und ca. 100 ml Olivenöl marinieren. Mit Meersalz, Pfeffer, Chili und dem grob gehackten Koriander abschmecken.
Aus dem restlichen Limettensaft, etwas Olivenöl, geröstetem Sesam, geriebenem Ingwer und etwas Fischfond eine Marinade anrühren. Den Thunfisch in Sojasauce wenden und mit Salz und geschrotetem Pfeffer würzen. In Olivenöl kurz, etwa 1 Minute auf jeder Seite, anbraten, wieder herausnehmen und in ca. 1 cm dicke Scheiben schneiden. Nun Thunfischscheiben und Melonensalat abwechselnd schichtweise zu einem „Turm" aufbauen. Dabei die Thunfischscheiben jeweils mit Meersalz und Pfeffer nachwürzen. Die Marinade auf die letzte Scheibe Fisch und rundum träufeln. Mit frischen Korianderblättern garnieren.

GARUNGSZEIT: ca. 2 Minuten
BEILAGENEMPFEHLUNG: Blätterteiggrissini (s. S. 120)
TIPP: Achten Sie darauf, dass der Thunfisch wirklich „Sushi-Qualität" besitzt und ganz frisch ist. Nur in diesem Zustand ist er für dieses Gericht geeignet!

Die Erfindung eines Welterfolgs

Kein Wunder, dass sich Arrigo Cipriani jun. mehr als einmal über seinen Vater ärgerte, der zwar ein großer Koch, aber im Gegensatz zum Filius nicht gerade ein PR-Genie war. „Hätte mein Vater das Gericht nicht Carpaccio, sondern ganz einfach Cipriani genannt", machte Cipriani jun. seinem Unmut Luft, „so wäre es nicht minder erfolgreich geworden. Und die Werbewirkung für den Namen unseres Hauses wäre enorm gewesen."

Dabei hatte Signore Cipriani gar keine Werbekampagne nötig, war sein „Werbetexter" doch kein Geringerer als Nobelpreisträger Ernest Hemingway, der die gesamte intellektuelle Elite seiner Zeit in Harry's Bar und damit auch zum Carpaccio brachte. Pate für dieses 1950 erfundene Gericht stand jedoch ein ganz anderer Künstler, nämlich der Renaissancemaler Vittorio Carpaccio, dessen Werke Cipriani anlässlich einer Retrospektive im Dogenpalast bewunderte. Besonders beeindruckt war er dabei vom leuchtenden „Carpaccio-Rot", das häufig in einem spannenden Gegensatz zu strahlendweißen Farben stand. Für Cipriani, einen großen Kunstkenner, aber noch leidenschaftlicheren Koch, war die Sache damit klar: Er wollte diese Kombination in Form von rohem roten Fleisch und weißer Sauce auf dem Teller nachempfinden.

Es dauerte auch nicht lange, bis Cipriani Gelegenheit bekam, diese Idee in die Tat umzusetzen. Zu seinen liebsten Stammgästen zählte damals eine gewisse Contessa Amalia Nani Mocenigo, die nach Verordnung des Arztes eine strenge Diät einhalten musste: wochenlang durfte sie keine gekochten Speisen zu sich nehmen. Der Aufforderung, sich zu diesem Thema etwas Wohlschmeckendes einfallen zu lassen, folgte Cipriani daher prompt, indem er ein Controfiletto hauchdünn aufschnitt und eine weiße Sauce aus Mayonnaise, Sardellenfilets, Worcestershiresauce, Tomatenmark, Zitronensaft, Tabasco, Brandy, Dijonsenf, Obers, Meersalz und Pfeffer aus der Mühle dazu reichte.

Mittlerweile ist das Carpaccio fast noch berühmter geworden als der inspirierende Maler und der inspirierte Koch es zusammen sind. Es gilt heute als Synonym für so gut wie alles, was hauchdünn aufgeschnitten ist und gut schmeckt. Weshalb es auch den Köchen des „Novelli" Anlass zu zahlreichen neuen und raffinierten Kreationen gab.

Carpaccio vom Weideochsen mit Rucolapesto und Senf-Parmesan-Sauce

Novelli-Spezialität

ZUTATEN

8 Scheiben Rinderfilet, gut abgehangen, ca. fingerdick geschnitten
2 Bund Rucola
100 ml Olivenöl
20 g Pinienkerne
10 g Parmesan, frisch gerieben, für das Pesto
1 EL Dijonsenf
3 EL Mayonnaise (am besten selbst gemacht)
1 EL Parmesan, frisch gerieben, für die Senfsauce
Saft von 1/2 Zitrone
Meersalz aus der Mühle
Pfeffer aus der Mühle
Rucola und Parmesansplitter zum Garnieren

ZUBEREITUNG

Rucola waschen, trocken tupfen und fein schneiden. Mit den Pinienkernen und dem frisch geriebenen Parmesan in einem Mörser zerstoßen (oder Mixstab verwenden), nach und nach das Olivenöl dazurühren und alles zu einer homogenen Masse verarbeiten. In einer anderen Schüssel die Mayonnaise mit dem Senf und dem Parmesan vermischen. Mit Zitronensaft, Salz und Pfeffer abschmecken.

Die Rinderfiletscheiben einzeln in einen Gefrierbeutel oder zwischen Folie geben und dünn klopfen. Auf einem Teller etwas Rucolapesto verteilen. Je zwei Scheiben Rinderfilet auflegen, mit frisch gemahlenem Meersalz und Pfeffer würzen. Die Senfsauce in ein Stanitzel aus Pergamentpapier füllen und dekorativ auf die Fleischscheiben auftragen. Nochmals mit etwas Pesto beträufeln und mit frischer, marinierter Rucola sowie Parmesansplittern garnieren.

TIPP: Im Gegensatz zu den meisten seiner Nachfolger wurde das Original-Carpaccio vor dem Aufschneiden nicht eingefroren, sondern lediglich unter einer Folie hauchdünn ausgeklopft!

Gänseleber-Carpaccio mit Traubenragout und Crostini

Novelli-Spezialität

ZUTATEN
400 g Gänseleber
100 g Trauben, kernlos
8 kleine Scheiben Ciabatta, sehr dünn geschnitten (oder anderes Weißbrot)
4 EL Walnussöl
4 EL Himbeeressig
50 g Zucker
100 ml Weißwein (am besten Süßwein)
1 Zweig Zitronenthymian (ersatzweise Thymian)
2 cl Zitronensaft
Meersalz aus der Mühle
Pfeffer aus der Mühle

ZUBEREITUNG
Die Gänseleber gut zuputzen, Häutchen und Adern entfernen und kalt stellen, damit sie sich später besser schneiden lässt. Für das Traubenragout Zucker, Weißwein sowie Zitronenthymian aufkochen und langsam einkochen lassen, bis etwa ein Drittel der Flüssigkeit verdampft ist. Trauben zugeben, kurz aufkochen und mit Zitronensaft abschmecken. Abkühlen lassen.
Die gekühlte Gänseleber (am besten mit der Brotschneidemaschine) in dünne Scheiben schneiden. Auf jede Ciabatta-Scheibe je eine Scheibe Gänseleber legen, ein wenig pfeffern und im vorgeheizten Backrohr bei 200 °C und starker Oberhitze kurz überbacken. Die restliche Gänseleber mit Himbeeressig, Walnussöl und Pfeffer marinieren. Auf den Tellern hübsch anordnen, das auf Zimmertemperatur abgekühlte Traubenragout dazugeben und die diagonal halbierten Crostini rundum legen.
Vor dem Servieren noch mit etwas grobem Meersalz bestreuen.

BACKROHRTEMPERATUR: 200 °C bei starker Oberhitze
BACKZEIT: einige Minuten
TIPP: Vollendete Geschmacksharmonie erzielen Sie durch die Garnierung mit selbst gemachtem Portweingelee. Dafür erwärmen Sie ca. 125 ml Port- oder Süßwein, lösen 2 eingeweichte Gelatineblätter darin auf, lassen das Gelee in einer Kastenform erkalten und schneiden es dann in kleine Würfel. Mit ein paar Tropfen Portwein marinieren und über die Gänseleber streuen.

Vitello tonnato „Novelli"

ZUTATEN
400 g Kalbsrücken
200 g Thunfisch aus der Dose (in Lake)
3 Eidotter
200 ml Distelöl
100 ml Olivenöl
1 TL Kapern
1–2 Sardellenfilets
Zitronensaft
etwas Gemüsefond
Öl zum Anbraten
Meersalz aus der Mühle
Pfeffer aus der Mühle
Kapernbeeren für die Garnitur
2 Schalen Kresse zum Garnieren

ZUBEREITUNG
Den Kalbsrücken sauber parieren (zuputzen) und in Form binden. Salzen und pfeffern und in heißem Öl rundum kurz anbraten. Ins vorgeheizte Backrohr schieben und bei 150 °C ca. 35 Minuten braten. Dann sofort in Frischhaltefolie wickeln und im Kühlschrank kalt werden lassen.
Den Thunfisch in einem Sieb abtropfen lassen und in der Küchenmaschine zu einem feinen Brei verarbeiten. Herausnehmen und in eine Schüssel geben. Nun Eidotter, Kapern und Sardellen in die Küchenmaschine geben und mixen. Nach und nach Oliven- und Distelöl einfließen lassen, bis eine feste Mayonnaise entsteht. Dann den Thunfisch wieder zugeben und alles nochmals zu einer homogenen Masse mixen. Mit frisch gemahlenem Meersalz, Pfeffer und etwas Zitronensaft würzen. Auf jedem Teller etwas Thunfischcreme verstreichen.

Einige dünn geschnittene Scheiben Kalbsrücken darauf anrichten. Das Fleisch mit Meersalz und Pfeffer aus der Mühle würzen. Die restliche Thunfischcreme mit etwas Fond oder Wasser verdünnen, in ein Stanitzel aus Pergamentpapier füllen und dekorativ aufspritzen. Mit den Kapernbeeren und Kresse garnieren.

BACKROHRTEMPERATUR: 150 °C
GARUNGSZEIT: ca. 35 Minuten
TIPP: Besonders delikat schmeckt diese Vitello-tonnato-Variante, wenn Sie das Kalbfleisch abschließend noch mit einigen Tropfen Kalbsjus beträufeln.

Vitello tonnato

Piemont

Foto vorherige Seite

ZUTATEN
400 g Kalbfleisch (von Rücken oder Fricandeau)
200 g Thunfisch aus der Dose
1 Zwiebel
1 Karotte
1 Sellerie
2 Tomaten
5 Petersilienzweige
5 Basilikumzweige
1 EL Senf
10 Pfefferkörner
2 Lorbeerblätter
3 EL Kapernbeeren
2 Sardellenfilets
500 ml trockener Weißwein
250 ml Kalbs- oder Geflügelfond
2 EL Sauerrahm
ca. 60 ml bestes Olivenöl
Olivenöl zum Braten
Meersalz aus der Mühle
Pfeffer aus der Mühle
Kapernbeeren zum Garnieren

ZUBEREITUNG
Zwiebel, Karotte und Sellerie in grobe Würfel schneiden. Tomaten kurz überbrühen, schälen und in Scheiben schneiden. Die Kräuter zupfen. Das Fleisch zuputzen, salzen, pfeffern und in einem großen Topf in heißem Öl anbraten. Wieder herausnehmen. Das geschnittene Gemüse dazugeben und kurz anbraten. Das Fleisch wieder in den Topf geben und nun mit Weißwein ablöschen. Die Kräuter sowie Pfefferkörner und Lorbeerblätter zugeben und alles unter mehrmaligem Wenden etwa 20 Minuten köcheln lassen. Das Fleisch herausnehmen, in Folie wickeln (damit kein Fleischsaft verloren geht) und abkühlen lassen.
Die Sauce mit Fond aufgießen und nochmals 30 Minuten köcheln lassen. Kapern und Sardellen einmengen, durch ein grobes Sieb passieren und abkühlen lassen. Abgetropften Thunfisch in der Küchenmaschine pürieren und mit Senf, dem feinen Olivenöl sowie Sauerrahm unter die Masse mischen. Nun alles aufmixen, damit die Creme die Konsistenz einer Mayonnaise erhält. Mit Salz und Pfeffer abschmecken. Das abgekühlte Fleisch in dünne Scheiben schneiden. Etwas Thunfischcreme auf die Teller geben, Fleischscheiben darauf legen und mit restlicher Creme bedecken. Mit einigen Kapernbeeren garnieren.

GARUNGSZEIT: Kalbfleisch 20 Minuten

Gerollte Frittata mit Thunfischcreme

Sizilien

ZUBEREITUNG

Den abgetropften Thunfisch mit der weichen Butter durch ein Sieb streichen. Die Hälfte der Petersilie, Basilikum, Salz, Pfeffer und einen Spritzer Zitronensaft einmengen und die Masse cremig rühren. In einer anderen Schüssel die Eier verquirlen, restliche Petersilie zugeben und mit Salz sowie Pfeffer würzen.

In einer flachen Pfanne 2 EL Butter erhitzen. Die Eiermasse hineingießen und bei starker Hitze mit einem Kochlöffel so lange schnell rühren, bis die Masse zu stocken beginnt. Dann die Hitze sofort stark reduzieren. Die Frittata mit dem Kochlöffel vom Rand lösen und die Pfanne leicht schütteln, damit sich die Frittata vom Pfannenboden lösen kann. Sobald die Unterseite der Frittata goldbraun wird, einen Deckel auf die Pfanne setzen und diese umdrehen, so dass die Frittata auf dem Deckel liegt. Die restliche Butter in die Pfanne geben, die Frittata wieder hineingleiten lassen und die andere Seite goldbraun backen. Auskühlen lassen. Mit der Thunfischcreme bestreichen, einrollen und in Alufolie verpackt kühl stellen. Vor dem Servieren in Scheiben schneiden und mit Petersilie und Zitronenspalten garnieren.

GARUNGSZEIT: 5 Minuten

ZUTATEN

150 g Thunfisch
aus der Dose
100 g Butter,
raumtemperiert
2 EL Petersilie, gehackt
1/2 EL Basilikum,
gehackt
6 Eier
3 EL Butter
Meersalz aus der Mühle
Pfeffer aus der Mühle
Zitronensaft
Petersilie und Zitrone
zum Garnieren

Pancetta

Emilia-Romagna

ZUTATEN

1 Schweinebauch ohne Knochen und Schwarte
10 g Pökelsalz
1 Prise Zucker
2 Lorbeerblätter
10 schwarze Pfefferkörner, zerstoßen
200 g Meersalz
1 EL Knoblauchpulver
2 Bund Thymian

ZUBEREITUNG

Sämtliche Gewürze und Aromaten, bis auf den Thymian, in einer Schüssel mischen und den Schweinebauch damit marinieren. Möglichst luftdicht verschlossen und lichtgeschützt ca. 8 Tage lang pökeln. Danach den Schweinebauch eine Nacht lang in abgekochtes Wasser legen. Gut abtrocknen und Zimmertemperatur annehmen lassen, damit er sich leichter rollen lässt. Den Schweinebauch auflegen, den Thymian hacken und das Fleisch damit bestreuen. Den Bauch nun kräftig zusammenrollen und in ein Tuch wickeln. Mit einer Schnur streng binden und für mindestens 4 Wochen an einem kühlen Ort abhängen lassen.

TIPPS:

- Noch einfacher lässt sich der Schweinebauch pökeln, wenn Sie über einen Vakuumapparat verfügen. Dabei wird der Schweinebauch mitsamt den Gewürzen vakuumiert und in ein Tuch eingeschlagen. Danach wie beschrieben weiterverarbeiten.
- Pancetta ist in der italienischen Antipasti-Küche nicht nur für sich genommen eine Spezialität zum „Rohessen", etwa mit Kapern, Oliven oder eingelegtem Gemüse. Der gerollte und luftgetrocknete Schweinebauch ist auch eine wichtige Grundzutat für zahlreiche Sughi und Saucen, eignet sich zum Aromatisieren, Einwickeln oder Füllen und spielt nicht zuletzt in der neapolitanischen Pizzaküche eine große Rolle.

WARME HAPPEN

Artischocken mit Pancetta

Toskana

ZUBEREITUNG

Von den Artischocken die Außenblätter entfernen, die Spitzen der verbliebenen Blätter abschneiden und das Heu entfernen. (Übrig bleiben zarte Blätter, die das Herz umschließen, und der Stiel; siehe auch S. 12 f.) Die Stiele schälen, die Artischocken waschen und 30 Minuten in mit Zitronensaft gesäuertes Wasser legen.

Die Artischocken abtropfen lassen und dicht aneinander gereiht aufrecht in einen Topf setzen. Mit Speck und Petersilie bestreuen und großzügig salzen sowie pfeffern. Olivenöl mit gleichviel Wasser vermengen und eingießen (der Topf sollte zu einem Viertel mit Flüssigkeit gefüllt sein, die Artischocken dürfen aber nicht eintauchen).

Nun zugedeckt etwa 25 Minuten köcheln lassen. Währenddessen die Artischocken regelmäßig mit dem Fond beträufeln und gegebenenfalls etwas Wasser nachgießen. Artischocken auf Tellern anrichten und mit etwas Fond übergießen.

GARUNGSZEIT: ca. 25 Minuten

ZUTATEN

8 mittelgroße Artischocken
Saft von 1/2 Zitrone
100 g Pancetta, gehackt (ersatzweise Frühstücksspeck)
1 EL Petersilie, gehackt
ca. 100 ml Olivenöl
Meersalz aus der Mühle
Pfeffer aus der Mühle

Frittata mit Artischocken

Veneto

ZUBEREITUNG

Die harten Außenblätter der Artischocken entfernen und von den restlichen Blättern die Spitzen abschneiden. Es verbleiben die Stiele, das Herz und zarte Blätter. Das Heu entfernen (siehe auch S. 12 f.). Die Stiele schälen und die Artischocken längs in Scheiben schneiden. Dann für 30 Minuten in mit Zitronensaft gesäuertes Wasser legen.

Den Knoblauch in heißem Olivenöl anschwitzen, herausnehmen und die Artischockenscheiben darin 10–15 Minuten gar braten. In eine gefettete feuerfeste Form legen und mit gehackter Petersilie bestreuen. Die verquirlten Eier darüber gießen, salzen und pfeffern. Im vorgeheizten Backrohr bei 200 °C etwa 15 Minuten backen, bis die Eier gestockt sind, die Masse aber noch nicht ausgetrocknet ist. Herausnehmen und beliebig portionieren.

BACKROHRTEMPERATUR: 200 °C
GARUNGSZEIT: Artischocken 10–15 Minuten, Frittata ca. 15 Minuten
TIPP: Übrig gebliebene Frittata-Stücke müssen nicht immer nochmals erwärmt werden, denn Frittata schmeckt auch kalt ganz ausgezeichnet.

ZUTATEN

8 Artischocken
4 Knoblauchzehen, zerdrückt
2 EL Petersilie, gehackt
5 Eier, verquirlt
Meersalz aus der Mühle
Pfeffer aus der Mühle
Zitronensaft
Olivenöl

Frittata mit Tomaten und Basilikum

Toskana

ZUTATEN

500 g reife Tomaten
4 EL Olivenöl
5 Eier
2 EL Parmesan, frisch gerieben
1 Bund Basilikum
Meersalz aus der Mühle
Pfeffer aus der Mühle

ZUBEREITUNG

Die Tomaten kurz überbrühen, Haut abziehen, entkernen und in größere Würfel schneiden. In einer Pfanne 3 EL Olivenöl erhitzen, die Tomaten zugeben, salzen und ca. 10 Minuten leicht köcheln. Die Tomaten aus der Pfanne heben und etwas abkühlen lassen. Die Eier in einer Schüssel verschlagen. Dann Tomaten, frisch geriebenen Parmesan, Salz und die klein gezupften Basilikumblätter zufügen, pfeffern und gut vermischen.
Das in der Pfanne verbliebene Öl wieder erhitzen. Die Eiermasse hineingießen und bei starker Hitze mit einem Kochlöffel so lange schnell rühren, bis die Masse zu stocken beginnt. Dann die Hitze sofort stark reduzieren. Die Frittata mit dem Kochlöffel vom Pfannenrand lösen und die Pfanne leicht schütteln, damit sich die Frittata auch vom Boden lösen kann. Sobald die Unterseite der Frittata goldbraun wird, einen Deckel auf die Pfanne setzen und diese umdrehen, so dass die Frittata auf dem Deckel liegt. Das restliche Öl in die Pfanne geben, die Frittata wieder hineingleiten lassen und die andere Seite goldbraun backen. In beliebig große Tortenstücke portionieren und rasch servieren.

GARUNGSZEIT: Frittata 5 Minuten, Tomatenmasse ca. 10 Minuten

Frittata mit Lauch und Pilzen

Veneto

ZUTATEN

2 EL getrocknete oder
100 g frische Pilze
1 Zwiebel
2 kleine Stangen Lauch
2 EL Butter
1 Bund Petersilie
6 Eier
Meersalz aus der Mühle
weißer Pfeffer
3 EL Olivenöl

ZUBEREITUNG

Die getrockneten Pilze in lauwarmem Wasser einweichen. Die Zwiebel in dünne Ringe schneiden. Den Lauch putzen und in dünne Scheibchen schneiden. Die Butter in einer flachen Pfanne zerlassen, Zwiebeln und Lauch dazugeben und bei schwacher Hitze dünsten, bis das Gemüse weich, aber nicht gebräunt ist. Die Petersilie zupfen und mit den ausgedrückten (oder frischen) Pilzen fein hacken. Zugeben und kurz mitbraten. Alles abkühlen lassen.

Die Eier in einer Schüssel leicht verquirlen. Das Gemüse zu den Eiern geben. Dabei den Bratrückstand lösen und ebenfalls zugeben. Mit Salz und weißem Pfeffer würzen. In einer Pfanne 2 EL Öl erhitzen. Die Eiermasse hineingießen und bei starker Hitze mit einem Kochlöffel so lange schnell rühren, bis die Masse zu stocken beginnt. Dann die Hitze sofort stark reduzieren. Die Frittata mit dem Kochlöffel vom Pfannenrand lösen und das Ganze leicht schütteln, damit sich die Frittata vom Pfannenboden lösen kann. Sobald die Unterseite der Frittata goldbraun wird, einen Deckel auf die Pfanne setzen und diese umdrehen, so dass die Frittata auf dem Deckel liegt. Das restliche Öl in die Pfanne geben, die Frittata wieder hineingleiten lassen und die andere Seite goldbraun backen. In beliebig große Tortenstücke portionieren und rasch servieren.

GARUNGSZEIT: Frittata 5 Minuten, Lauchgemüse ca. 8–10 Minuten
TIPP: Während der Pilzsaison werden wahre Gourmets die getrockneten Pilze freilich durch frische Steinpilze ersetzen.

Frittata mit Gorgonzola

Lombardei

ZUTATEN

8 Eier
100 g Gorgonzola
1 EL Butter
1 EL Öl
Meersalz aus der Mühle

ZUBEREITUNG

Die Eier in einer Schüssel leicht verquirlen und wenig salzen. Butter und Öl in einer Pfanne erhitzen, die Eier zugießen und stocken lassen. Sobald die Masse anfängt fest zu werden, den zerbröckelten Gorgonzola in die Mitte geben und die Frittata mit Hilfe eines Bratenwenders halbmondförmig zusammenschlagen. Herausheben, portionieren und auftragen.

GARUNGSZEIT: 3–5 Minuten

Frittata mit Schinken und Basilikum

Emilia-Romagna

ZUTATEN

100 g gekochter Schinken
5 Basilikumzweige
2 Knoblauchzehen, sehr fein gehackt
2 Tomaten
5 EL Olivenöl
6 Eier
3 EL Parmesan, frisch gerieben
Meersalz aus der Mühle
Pfeffer aus der Mühle

ZUBEREITUNG

Die Tomaten kurz überbrühen, enthäuten, entkernen und grob hacken. Den Schinken in kleine Würfel, Basilikum grob schneiden. In einer kleinen Kasserolle 2 EL Öl erhitzen und den Knoblauch darin hell anbraten. Tomaten sowie Schinken hinzufügen und alles 15 Minuten sanft köcheln lassen. Abkühlen lassen. Die Eier in einer Schüssel leicht verquirlen. Geriebenen Parmesan, Schinkenmasse sowie Basilikum untermischen. Mit frisch gemahlenem Salz und Pfeffer würzen.

In einer flachen Pfanne 2 EL Olivenöl erhitzen. Die Eiermasse hineingießen und bei starker Hitze mit einem Kochlöffel so lange schnell rühren, bis die Masse zu stocken beginnt. Dann die Hitze sofort stark reduzieren. Die Frittata mit dem Kochlöffel vom Rand lösen und die Pfanne leicht schütteln, damit sich die Frittata vom Pfannenboden lösen kann. Sobald die Unterseite der Frittata goldbraun wird, einen Deckel auf die Pfanne setzen und diese umdrehen, so dass die Frittata auf dem Deckel liegt. Das restliche Öl in die Pfanne geben, die Frittata wieder hineingleiten lassen und die andere Seite goldbraun backen. In beliebig große Tortenstücke portionieren und rasch servieren.

GARUNGSZEIT: Frittata 5 Minuten, Schinkenmasse 15 Minuten

Die siebenfältige Eierspeis

Die Frittata ist ein Gericht aus den Bergen des Veneto und der Lombardei, dessen Ursprung vermutlich auf Bauern und Holzfäller zurückgeht, die darunter eine einfache Eierspeise verstanden. Gerade im mondänen Venedig hat dieses Gericht jedoch bis heute unauslöschliche Spuren hinterlassen und wurde, wie der ebenfalls gerne gebrauchte Name Settemplice (die Siebenfältige) verrät, zunehmend verfeinert. Ob sich diese Siebenfältigkeit auf die Zahl der Zutaten oder jene der verwendeten Eier bezieht, ist nicht bekannt. Fest steht nur, dass die Frittata heute in allen italienischen Provinzen zu den beliebtesten Antipasti zählt – jeweils mit typischen lokalen Zutaten variiert.

Das älteste bekannte Frittatarezept stammt dennoch aus Venedig und ist im 1474 erstmals in Venedig erschienenen Kochbuch des gebürtigen Cremonensers und vatikanischen Bibliothekars Bartolomeo Sacchi da Platina nachzulesen, der damals eine Kräuterfrittata beschrieb.

Die Frittata zählt übrigens auch zu jenen klassischen Gerichten aus den Kronländern der alten Donaumonarchie, die auch in der Wiener Küche eine – wenngleich etwas veränderte – Entsprechung fanden: die Frittatensuppe.

Grüne Frittata

Friaul

ZUTATEN

500 g frischer Blattspinat
2 kleine, feste Zucchini
2 kleine Stangen Lauch
1 Zwiebel
6 EL Olivenöl
1 Bund Petersilie
5 Basilikumzweige
3 frische Salbeiblätter
6 Eier
Meersalz aus der Mühle
Pfeffer aus der Mühle

ZUBEREITUNG

Den Spinat verlesen, in reichlich kaltem Wasser waschen und nicht abgetropft zugedeckt 5 Minuten dünsten lassen. Die gut gewaschenen Zucchini in dünne Scheibchen schneiden. Den geputzten Lauch längs halbieren, unter fließendem Wasser waschen und in Scheiben schneiden. Die Zwiebel in Ringe schneiden. In einer Kasserolle 2 EL Öl erhitzen und Zucchini, Lauch und Zwiebeln darin zugedeckt etwa 15 Minuten dünsten, dann abkühlen lassen. Den Spinat gut ausdrücken und grob, die Kräuter fein hacken. In einer großen Schüssel die Eier leicht verquirlen und mit all dem Gemüse sowie den Kräutern mischen, mit Salz und frisch gemahlenem Pfeffer abschmecken.

In einer flachen Pfanne 3 EL Öl erhitzen. Die Eier-Gemüse-Masse hineingießen und bei starker Hitze mit einem Kochlöffel so lange schnell rühren, bis die Masse zu stocken beginnt. Dann die Hitze sofort stark reduzieren. Die Frittata mit dem Kochlöffel vom Rand lösen und die Pfanne leicht schütteln, damit sich die Frittata vom Boden lösen kann. Sobald die Unterseite der Frittata goldbraun wird, einen Deckel auf die Pfanne setzen und diese umdrehen, so dass die Frittata auf dem Deckel liegt. Das restliche Öl in die Pfanne geben, die Frittata wieder hineingleiten lassen und die andere Seite goldbraun backen. In beliebig große Tortenstücke portionieren und rasch servieren.

GARUNGSZEIT: Frittata 5 Minuten, Gemüsemasse ca. 15 Minuten

Tortilla mit Garnelen und Artischocken

Spanien

ZUTATEN

200 g Garnelen, geschält und gegart
4 eingelegte Artischocken (aus Dose oder Glas)
5 Eier
2 EL Zitronensaft
Meersalz aus der Mühle
Pfeffer aus der Mühle
Olivenöl

ZUBEREITUNG

Die Garnelen mit Zitronensaft beträufeln und die Artischocken achteln. In einer Pfanne etwas Olivenöl erhitzen und die Garnelen darin kurz anbraten. In einer Schüssel die Eier mit Salz und Pfeffer verquirlen, über die Garnelen gießen und kurz stocken lassen. Die Artischocken darüber verteilen und nochmals kurz weiter braten. Sobald die Unterseite goldbraun wird, einen Deckel auf die Pfanne setzen und diese umdrehen, so dass die Tortilla auf dem Deckel liegt. Die Tortilla wieder in die Pfanne gleiten lassen und die andere Seite goldbraun backen. In beliebig große Tortenstücke teilen und nach Belieben heiß oder kalt servieren.

GARUNGSZEIT: 6–9 Minuten

TIPP: Diese Tortilla eignet sich, wie übrigens alle anderen Tortillas auch, nicht nur als schmackhafter kleiner Happen vorweg, sondern gibt – in größeren Mengen zubereitet – auch durchaus eine veritable Hauptspeise ab. Dazu harmonieren etwa mit Knoblauch eingeriebenes, knusprig getoastetes Weißbrot und ein erfrischender Salat ganz hervorragend.

Das transatlantische Tortilla-Missverständnis

Wie so vieles fing es mit Christoph Columbus an. In seinem Gefolge gelangten jede Menge Seeleute von der iberischen Halbinsel nach Übersee und brachten auch die Essgewohnheiten Spaniens und Portugals mit: jener beiden Länder also, die sich damals die Welt am liebsten in zwei Hälften aufgeteilt hätten und mit dem Selbstbewusstsein aller Kolonisatoren auch ihren Lebensstil verbreiteten.
Auf diese Weise kam auch die Bezeichnung Tortilla von Spanien nach Mexiko, bürgerte sich dort jedoch für ein Gericht ein, das die spanischen Konquistadoren erst nach ihrer Landung in Mexiko kennen lernten. Die Spanier meinen, wenn sie von Tortillas schwärmen, nämlich nichts anderes als einen dünnen Omelettenteig, der ähnlich wie die italienische Pizza mit allerlei Köstlichkeiten wie Garnelen, Muscheln, Schnecken, Sardinen, Pilzen oder Hühnerfleisch belegt oder auch – als beliebtes Dessert namens Tortilla al ron – mit Rum flambiert werden kann. In Mexiko verwendeten die Konquistadoren das Wort Tortilla, das ursprünglich schlicht „Törtchen" bedeutete, indessen auch für jene ähnlich aussehenden indianischen Brote, die von der mexikanischen Urbevölkerung aus Maismehl geknetet und mit Hilfe eines Steines („Metate") zu kreisförmigen Fladen geschnitten wurden.
So wenig wie die mexikanischen Indianer das Wörtchen Tortilla kannten die spanischen Konquistadoren allerdings den Mais, der in Mittelamerika schon seit etwa 3500 v. Chr. kultiviert wurde.

Tortilla mit Kartoffeln

Spanien

ZUTATEN
600 g Kartoffeln
2 TL Salz
6 Eier
150 ml Olivenöl

ZUBEREITUNG
Die Kartoffeln schälen, waschen und in dünne Scheiben schneiden. In einer Pfanne 100 (!) ml Olivenöl erhitzen. Die Kartoffeln salzen und auf kleiner Flamme unter regelmäßigem Wenden etwa 15 Minuten braten. Dabei sollten die Kartoffeln nicht zu dunkel werden. Kartoffeln herausheben und mit Küchenkrepp etwas trocken tupfen. In einer Schüssel die verquirlten Eier salzen, die gebratenen Kartoffeln unterheben und etwas rasten lassen. Das restliche Öl in einer Pfanne mit hohem Rand erhitzen (die Tortilla soll 3–4 cm hoch werden). Masse eingießen und bei kleiner Hitze stocken lassen.
Die Tortilla mit dem Kochlöffel vom Pfannenrand lösen und das Ganze leicht schütteln, damit sich die Tortilla vom Pfannenboden lösen kann. Sobald die Unterseite goldbraun wird, einen Deckel auf die Pfanne setzen und diese umdrehen, so dass die Tortilla auf dem Deckel liegt. Die Tortilla wieder hineingleiten lassen und die andere Seite goldbraun backen. In beliebig große Tortenstücke portionieren und nach Belieben heiß oder kalt servieren.

GARUNGSZEIT: Kartoffeln ca. 15 Minuten, Tortilla 5–7 Minuten
TIPP: Wenn Sie die Tortilla an der Oberseite mit etwas Olivenöl einstreichen, so hält sie sich länger frisch.

Tortilla mit Spinat und Melanzani

Spanien

ZUTATEN

100 g frischer Blattspinat
2 Melanzani
6 Eier
30 g Butter
Meersalz aus der Mühle
Pfeffer aus der Mühle
Olivenöl

ZUBEREITUNG

Den Spinat putzen, die Blätter in Streifen schneiden und kurz in heißes Wasser geben, bis sie zusammenfallen. Herausheben und abtropfen lassen. Die Melanzani schälen, vierteln und in feine Scheiben schneiden.
Etwas Olivenöl gemeinsam mit der Butter erhitzen. Melanzani zugeben, anbraten und kurz bevor sie gar sind, den Spinat untermischen. Überkühlen lassen. Die Eier mit Salz sowie Pfeffer leicht verquirlen und Melanzani gemeinsam mit dem Spinat unterziehen.
Etwas Öl in einer Pfanne mit hohem Rand erhitzen (die Tortilla soll 3–4 cm hoch werden). Masse eingießen und bei kleiner Hitze stocken lassen. Die Tortilla mit dem Kochlöffel vom Pfannenrand lösen und die Pfanne leicht schütteln, damit sich die Tortilla vom Boden lösen kann. Sobald die Unterseite goldbraun wird, einen Deckel auf die Pfanne setzen und diese umdrehen, so dass die Tortilla auf dem Deckel liegt. Die Tortilla wieder hineingleiten lassen und die andere Seite goldbraun backen. In beliebig große Tortenstücke portionieren und nach Belieben heiß oder kalt servieren.

GARUNGSZEIT: Melanzani einige Minuten, Tortilla 5–7 Minuten

Gefüllte Oliven nach Ascolaner Art

Marken

ZUTATEN

100 g Speck
250 g Faschiertes (Kalb- und Rindfleisch gemischt)
50 g Hühnerleber
50 g Parmesan, frisch gerieben
50 grüne Oliven, möglichst groß
150 ml Rindsuppe
2 EL Olivenöl
3 Eier
2 KL Tomatenmark
Zimtpulver
Muskatnuss, gemahlen
Meersalz aus der Mühle
Pfeffer aus der Mühle
Weizenmehl
Semmelbrösel
Pflanzen- oder Olivenöl zum Herausbacken

ZUBEREITUNG

Zuerst 3 EL Semmelbrösel in etwas Suppe einweichen. Den Speck fein hacken und in Olivenöl anbraten, Faschiertes zugeben und ebenfalls anbraten. Tomatenmark mit der restlichen Suppe verdünnen, einrühren und weiter garen. Sobald das Fleisch durchgebraten ist, die fein geschnittene Hühnerleber dazugeben und weitere 5 Minuten braten. Die eingeweichten Semmelbrösel mit 1 (!) Ei und Parmesan vermischen und mit dem Fleisch gut vermengen. Die Masse mit Zimt, Muskatnuss, Salz und Pfeffer abschmecken. Die Oliven entkernen und mit Hilfe eines Moccalöffels oder Dressiersacks die Farce einfüllen. Die gefüllten Oliven in Mehl, den restlichen verquirlten Eiern und Semmelbröseln panieren und in heißem Öl knusprig frittieren. Auf Küchenkrepp abtropfen lassen und servieren.

Tapas: Obdach für Stamperln

Das Geheimnis der spanischen Tapas liegt darin, dass diese nicht nur eine Speise, sondern ein kleines Glück sind. Oder, noch präziser formuliert: Tapas sind eine Anhäufung vieler kleiner Glückseligkeiten, die sich wie aus einem Füllhorn über den Tapas-Esser ergießen.

Das Wort Tapas bedeutet soviel wie Deckel und führt zu den Ursprüngen der spanischen Snacklust zurück: Man legte – so will es zumindest die Legende wissen – die winzigen Bissen, Brötchen, Gemüsescheiben oder Wursträder nämlich ursprünglich auf die Weingläser, um zu verhindern, dass Fliegen und andere Insekten mit deren wertvollem Inhalt in Berührung kamen.

Tapas waren in Spanien schon zur Zeit der Konquistadoren im 15. Jahrhundert bekannt, doch ihre große Zeit brach erst lange nach Columbus und Cortés an, als die Tapas im 19. Jahrhundert von ihrer andalusischen Heimat aus allmählich auch die verstecktesten Winkel der Hauptstadt Madrid eroberten. Auch die Sitte, Tapas mit aufgestütztem Ellbogen direkt am Tresen zu verzehren, geht auf andalusische Einwanderer in Madrid zurück. Die Andalusier haben das tapeo ihrerseits, wie es scheint, von den arabischen Beduinen übernommen, und in der Tat hat eine opulente Auswahl spanischer Tapas oft eine verblüffende Ähnlichkeit mit einem arabischen Mezes (= Vorspeisen)tablett.

Es gibt einfachere und kompliziertere Tapas. Einfach sind beispielsweise Salamischeiben, schwarze und grüne Oliven, Schaf- und Ziegenkäsestückchen, in Salzwasser gekochte Muscheln, in Essig eingelegte Kapernblätter, Erdnüsse, Sardinen und Sardellen, geviertelte Tomaten, grob vom ganzen Stück gebrochene Parmesanstückchen oder geraffelte rohe Champignons mit ein paar Tropfen Olivenöl und ein paar Parmesanbröseln darauf. Auch der berühmte Pata-Negra – Rohschinken aus dem Fleisch von Schwarzfußschweinen ist eine so einfache wie köstliche Tapas-Variante. Um die meist etwas schwierig zwischen die Finger zu bugsierenden Bissen mundgerecht zu machen und ihnen somit ihren Charakter als klassisches Fingerfood zu erhalten, serviert man sie übrigens meist mit Zahnstochern oder kleinen Spießchen in irdenen Gefäßen.

Gerade in den letzten Jahren haben sich im Zuge der Tapas-Welle auch immer elaboriertere Tapas-Gerichte durchgesetzt, die oft schon den Charakter kleiner Hauptspeisen haben – was das Tapas-Angebot letztlich jedoch nur bereichert hat. Der Phantasie sind dabei jedenfalls keine Grenzen gesetzt.

Datteln im Speckmantel

Valencia

ZUTATEN
12 Scheiben geräucherter Schinkenspeck
24 getrocknete Datteln
2 Knoblauchzehen
Meersalz aus der Mühle
Pfeffer aus der Mühle
Olivenöl

ZUBEREITUNG
Die entkernten Datteln jeweils in eine halbierte Scheibe Speck einrollen und mit einem Zahnstocher fixieren. In einer Pfanne ausreichend viel Olivenöl mit dem dünn geschnittenen Knoblauch erhitzen. Die Datteln einlegen und ausbacken, bis der Speck goldbraun ist. Herausheben, auf Küchenkrepp abtropfen lassen und vor dem Servieren mit Salz und Pfeffer würzen.

Basilikumhappen

Toskana

ZUTATEN
ca. 4 Scheiben Mozzarella
2 Eier
24 Basilikumblätter
Meersalz aus der Mühle
Pfeffer aus der Mühle
Frittieröl

ZUBEREITUNG
Den Mozzarella in 12 mundgerechte Stücke schneiden. Die Eier mit frisch gemahlenem Salz sowie Pfeffer verquirlen und die Basilikumblätter durch die Eiermasse ziehen. Nun je ein Stück Käse auf ein Basilikumblatt legen, ein zweites darauf legen und leicht zusammendrücken. Mit einem Zahnstocher fixieren und kurz in heißem Öl frittieren, bis die Blätter knusprig sind. Auf Küchenkrepp gut abtropfen lassen und rasch servieren.

Gegrillte Chilischoten

Spanien

ZUTATEN
100 g milde grüne Chilischoten, möglichst groß
100 g milde rote Chilischoten, möglichst groß
Meersalz aus der Mühle
frische Basilikumblätter zum Garnieren

ZUBEREITUNG
Die Chilischoten waschen, das Backrohr auf 200 °C vorheizen. Die Chilischoten auf ein Grillblech legen und ca. 20 Minuten grillen. Herausnehmen, mit frisch gemahlenem Meersalz würzen und mit Basilikumblättern garnieren.

BACKROHRTEMPERATUR: 200 °C
BACKZEIT: ca. 20 Minuten

Salbeihappen

Toskana

ZUTATEN
2 Eier
24 Salbeiblätter
6 Sardellenfilets
Meersalz aus der Mühle
Pfeffer aus der Mühle
Frittieröl

ZUBEREITUNG
Die Eier mit Salz und Pfeffer verquirlen, die Sardellenfilets halbieren. Die Salbeiblätter durch die Eiermasse ziehen. Nun jeweils zwischen zwei Blätter ein Stück Sardellenfilet legen und mit einem Zahnstocher fixieren. Kurz in heißem Öl frittieren. Herausheben, auf Küchenpapier abtropfen lassen und rasch servieren.

Frittierte Sardellen

Andalusien

ZUTATEN

500 g kleine fangfrische Sardellen
2 EL Zitronensaft
1 unbehandelte Zitrone
Olivenöl
Salz
Mehl

ZUBEREITUNG

Die Sardellen waschen, aber nicht ausnehmen. Mit Zitronensaft beträufeln, leicht salzen und in Mehl wenden. Ausreichend viel Öl in einem Topf erhitzen. Überschüssiges Mehl abklopfen und die Sardellen im heißen Öl schwimmend herausbacken. Herausheben, auf Küchenkrepp abtropfen lassen und mit der in Spalten geschnittenen Zitrone servieren.

Krevetten mit Knoblauch

(Gambas al ajillo) *Andalusien*

ZUTATEN

500 g kleine Gambas (Krevetten)
1 rote Chilischote
5 Knoblauchzehen
2 EL Petersilie, fein gehackt
1 Lorbeerblatt
Olivenöl
Meersalz aus der Mühle
Pfeffer aus der Mühle

ZUBEREITUNG

Gambas aus der Schale lösen und den Darm entfernen. Die Chilischote entkernen und in dünne Halbringe, den Knoblauch fein schneiden. Olivenöl in einer Pfanne erhitzen und Gambas mit Chili, Knoblauch und Lorbeerblatt unter ständigem Rühren bei relativ großer Hitze 2 Minuten garen. Vor dem Servieren mit Salz sowie Pfeffer würzen und mit gehackter Petersilie bestreuen.

GARUNGSZEIT: 2 Minuten

TIPP: Besonders dekorativ sehen die Gambas aus, wenn sie in hübschen feuerfesten Portionsförmchen bei größter Oberhitze im Backrohr gegart und in der Form serviert werden.

ZUTATEN

1 Stockfisch von ca. 500 g
ca. 125 ml Olivenöl
Muskatnuss, gerieben
3 Knoblauchzehen
1 Bund Petersilie
Meersalz aus der Mühle
Pfeffer aus der Mühle
Polenta auf Novelli-Art (s. S. 224)

Stockfischpüree

Spanien

ZUBEREITUNG

Den Stockfisch mindestens 24 Stunden (am besten aber noch länger) wässern und dabei zwei- oder dreimal das Wasser wechseln. Dann herausheben und trocken tupfen. Von Gräten sorgfältig befreien, in Stücke schneiden und zusammen mit dem Olivenöl in einen Mixer geben. Mit Salz, Pfeffer sowie Muskatnuss würzen und cremig pürieren. Knoblauch und Petersilie fein schneiden und in das Fischpüree einrühren. Nun in einem Topf unter ständigem Rühren auf kleiner Flamme langsam lau erwärmen, aber keinesfalls kochen oder zu stark erhitzen – das Püree würde sonst gerinnen. Mit der nach Anleitung vorbereiteten Polenta lauwarm servieren.

Ein Gastarbeiter im Mittelmeer

Ob Portugal, Spanien, Côte d'Azur oder Veneto: Ohne Baccalà ist eine Küche des Mittelmeers und vor allem seines Hinterlands kaum denkbar. Dabei ist der Kabeljau kein Kind der warmen mediterranen See, sondern eines des kalten Nordatlantiks und gelangte im Mittelalter über venezianische Seefahrer in die Lagunenstadt, von wo er – in getrockneter Form – seinen Weg ins Binnenland antrat. Baccalà oder Bacalao (Klippfisch) ist, im Gegensatz zu seinem gedörrten Vetter, dem Stockfisch (ital. auch stoccafisso), immer gesalzen, hat mit diesem aber gemeinsam, dass er relativ mühsam – oft tagelang – gewässert werden und quellen muss, um seine geschmacklichen Vorzüge wieder zu entfalten.

Das vielleicht berühmteste Klippfisch-Rezept ist Baccalà mantecato, dessen richtige Zubereitung ziemlich kompliziert ist. Gilt es doch, den Kabeljau nach dem Abbrühen in kochend heißem Wasser zunächst zu häuten und zu entgräten, bevor er in kleine Stückchen geschabt wird, die man mit einem hölzernen Kochlöffel unter allmählichem Zufügen von Olivenöl verrührt. Zuletzt wird der Fisch, ähnlich wie eine Zabaione, zu einem lockeren Schaum „geschlagen" und am Herd, oft unter Beigabe von Milch, noch einmal homogenisiert. Am besten dazu passt – darüber ist man sich in nahezu allen Mittelmeerländern einig – Polenta.

Stockfischbällchen

Spanien

ZUTATEN
500 g Stockfisch
400 g Kartoffeln
2 Eier
1 Zwiebel
1 Bund Petersilie
Pfeffer aus der Mühle
Muskatnuss, gemahlen
Olivenöl

ZUBEREITUNG
Den Stockfisch mindestens 24 Stunden (am besten aber noch länger) wässern und dabei zwei- oder dreimal das Wasser wechseln. Dann herausheben und trocken tupfen. Sorgfältig entgräten und in kleine Stücke schneiden.
Die Kartoffeln kochen, schälen und in eine Schüssel reiben. Zwiebel und Petersilie fein hacken. Den Stockfisch, Zwiebeln und Petersilie zur Kartoffelmasse geben und gründlich vermischen. Mit Pfeffer und Muskatnuss würzen. Die Eier nacheinander in den Teig einarbeiten, bis dieser weich wird. Aus dem Teig mit angefeuchteten Händen kleine Bällchen formen. In einem Topf ausreichend viel Olivenöl erhitzen und die Bällchen darin ca. 8 Minuten goldbraun backen. Herausheben, auf Küchenkrepp abtropfen und etwas abkühlen lassen. Lauwarm servieren.

GARUNGSZEIT: ca. 8 Minuten

Hühnersticks

Novelli-Spezialität

ZUTATEN
2 Hühnerbrüste, ohne Haut
12 Scheiben Parmaschinken
100 g Maismehl
1 Rosmarinzweig, abgezupft
Maisstärke zum Wenden
Pflanzenöl zum Frittieren
Meersalz aus der Mühle
Pfeffer aus der Mühle

ZUBEREITUNG
Die Hühnerbrüste in jeweils 6 Streifen schneiden. Jeweils einen Hühnerstreifen in Schinken einrollen. Das Maismehl mit etwas Wasser und gezupftem Rosmarin zu einem Brei vermischen. Mit Salz und Pfeffer würzen. Die Sticks zuerst in Maisstärke wenden, dann durch den Teig ziehen und in heißem Öl goldbraun backen. Herausheben und auf Küchenkrepp abtupfen.

Gebratene Fleischbällchen

Andalusien

ZUTATEN
350 g Rindfleisch, faschiert
150 g Schweinefleisch, faschiert
1 trockene Semmel (ersatzweise Weißbrot)
1 Zwiebel
6 Knoblauchzehen
4 cl trockener Sherry
2 Eier
1 Lorbeerblatt
1/2 Bund Petersilie
Olivenöl
Meersalz aus der Mühle
Pfeffer aus der Mühle
Mehl

ZUBEREITUNG
Die Semmel in warmem Wasser einweichen. Die Zwiebel und 2 (!) Knoblauchzehen fein hacken. In einer Pfanne etwas Olivenöl erhitzen und Zwiebeln sowie Knoblauch darin glasig dünsten. Mit Sherry ablöschen und zur Seite stellen.
Das Faschierte mit den Eiern und der ausgedrückten, zerkleinerten Semmel durchkneten. Die Zwiebel-Knoblauch-Masse sowie die fein gehackte Petersilie untermischen, mit Salz und Pfeffer abschmecken. Aus der Masse mit nassen Händen kleine Bällchen formen und leicht in Mehl wälzen. Die restlichen Knoblauchzehen fein schneiden und in Olivenöl erhitzen. Das Lorbeerblatt zugeben und die Fleischbällchen darin rundum goldbraun braten. Herausheben, mit Küchenkrepp trocken tupfen und servieren.

Venusmuscheln in Sherry

Andalusien

ZUTATEN

500 g Venusmuscheln
1 große Tomate
1 Messerspitze Safran
1 große weiße Zwiebel, gehackt
3 Knoblauchzehen, geschnitten
2 EL Petersilie, fein gehackt
2 cl trockener Sherry
Meersalz aus der Mühle
Pfeffer aus der Mühle
Olivenöl

ZUBEREITUNG

Venusmuscheln gründlich waschen. Die Tomate kurz heiß überbrühen, enthäuten, Stielansatz entfernen und durch ein Sieb drücken. Safran einrühren. Den Boden einer Pfanne mit Olivenöl bedecken und den klein geschnittenen Knoblauch darin anschwitzen. Die gehackte Zwiebel zugeben und mitdünsten. Dann die Venusmuscheln einmengen und 2–3 Minuten unter ständigem Rühren dünsten. Tomatenmasse zugeben und nach 1 Minute mit Sherry ablöschen. Je nach Größe der Muscheln etwa 5–7 Minuten köcheln lassen. Vor dem Servieren mit Salz sowie Pfeffer abschmecken und mit gehackter Petersilie bestreuen.

GARUNGSZEIT: 10–13 Minuten
BEILAGENEMPFEHLUNG: frisches, knuspriges Weißbrot

Gegrillte Frühlingszwiebeln mit scharfer Mandelsauce (Calçotada)

Katalonien

ZUTATEN

4 Bund Frühlingszwiebeln
2 EL Mandeln, geschält und geröstet
2 Chilischoten, möglichst scharf
5 Knoblauchzehen
2 Tomaten
1 EL Petersilie, gehackt
125 ml Olivenöl
1 EL Rotweinessig
Meersalz aus der Mühle
Pfeffer aus der Mühle

ZUBEREITUNG

Die gerösteten Mandeln in einem Mörser (oder Küchenmaschine) grob zerkleinern. Die Tomaten kurz überbrühen, schälen, entkernen und in Würfel schneiden. Die Chilischoten halbieren, die Kerne entfernen und mit den Knoblauchzehen grob hacken. Gemeinsam mit den Mandeln im Mörser zu einer dicken Paste verarbeiten. In eine Schüssel geben und mit gehackter Petersilie und den Tomatenwürfeln vermengen. Den Essig dazugeben und das Olivenöl langsam einrühren. Mit Meersalz und Pfeffer aus der Mühle abschmecken.

Die Frühlingszwiebeln waschen und die Wurzeln entfernen. Über einem Grillfeuer (wenn möglich aus Buchenholz) oder in der Pfanne mit wenig Öl so lange grillen, bis die äußerste Schicht ziemlich dunkel ist. Die heißen Zwiebeln auftragen und die Mandelsauce in einem extra Schälchen servieren. Bei Tisch die verbrannte Haut abziehen und jede Zwiebel vor dem Essen mit den Fingern in die Mandelsauce tauchen.

TIPP: Wenn Sie dieses Rezept ganz authentisch nach katalonischer Sitte zubereiten wollen, so servieren Sie die heißen Zwiebeln auf einem Dachziegel.

Gratinierte Zucchini

Provence

ZUTATEN

4 Zucchini
8–12 Scheiben gekochter Schinken
8–12 Scheiben Fontina-Käse
2 EL Olivenöl
1 Knoblauchzehe
Salz
Öl für die Form

ZUBEREITUNG

Die Zucchini längs halbieren und etwas schälen, einsalzen und auf einem Tuch auswässern lassen. Den Knoblauch in Scheiben schneiden und in Olivenöl anschwitzen. Zucchini zugeben, von beiden Seiten anbraten und wieder herausnehmen. Fontina-Käse und Schinken auf die Größe der Zucchini schneiden und zuerst den Schinken, dann den Käse auf die Zucchini legen. In eine gefettete Auflaufform schichten oder auf ein mit Backpapier belegtes Blech legen und im auf 160 °C vorgeheizten Backrohr (Oberhitze) kurz überbacken.

BACKROHRTEMPERATUR: 160 °C bei Oberhitze
BACKZEIT: einige Minuten

Gefüllte Paprika

Türkei

ZUTATEN

4 grüne Paprikaschoten, möglichst groß
400 g Lammfleisch, faschiert
1 Zwiebel
2 Knoblauchzehen
4 EL gekochter Reis
2 EL Semmelbrösel
1 Ei
1/2 TL Zimtpulver
1 TL edelsüßes Paprikapulver
Meersalz aus der Mühle
Pfeffer aus der Mühle
Olivenöl

ZUBEREITUNG

Zwiebel und Knoblauch fein hacken und beides in Olivenöl glasig dünsten. Das Faschierte zufügen und braten, bis es bröselig wird.
Mit Salz, Pfeffer, Paprikapulver sowie Zimt würzen und etwas auskühlen lassen. Dann mit dem Ei und dem gekochten Reis vermengen.
Die Paprikaschoten waschen, den Stiel ausschneiden, entkernen, auswaschen und mit der Masse füllen. Eine feuerfeste Form mit Olivenöl ausstreichen, die Paprika hineinsetzen, mit Olivenöl bestreichen und mit Semmelbröseln bestreuen. Im vorgeheizten Backrohr bei 200 °C ca. 30 Minuten garen.

BACKROHRTEMPERATUR: 200 °C
BACKZEIT: ca. 30 Minuten
TIPP: Eine mit Oregano oder Thymian verfeinerte Tomatensauce (s. S. 51) würde eine harmonische Ergänzung bilden.

Gratinierte Jakobsmuscheln auf griechische Art

Kreta

ZUTATEN

8 Jakobsmuscheln
in der Schale
250 g Blattspinat
2 Knoblauchzehen
1 Zweiglein Petersilie
1 kleines Stück Fenchel
mit Fenchelgrün
60 g Butter, zimmerwarm
60 g Weißbrotbrösel
Olivenöl
Butter zum Andünsten
Meersalz aus der Mühle
Pfeffer aus der Mühle

ZUBEREITUNG

Die Jakobsmuscheln aus der Schale lösen, Darm und Corail (Rogensäckchen) entfernen. Die Muscheln kurz, aber sorgfältig unter kaltem Wasser spülen und auf einem Tuch trocken tupfen. Den bauchigen Teil der Schale ebenfalls säubern und im Backrohr vorwärmen. Den Knoblauch fein hacken, Fenchel in feine Streifen schneiden und beides in etwas Olivenöl dünsten. Die zimmerwarme Butter mit einem Schneebesen oder Rührgerät etwas aufschlagen. Die Knoblauch-Fenchel-Mischung einrühren, die gehackte Petersilie sowie gehacktes Fenchelgrün und Weißbrotbrösel untermengen. Mit frisch gemahlenem Meersalz und Pfeffer abschmecken.

Den Spinat putzen und waschen. In etwas Olivenöl und Butter andünsten, mit Salz und Pfeffer abschmecken und auf einem Sieb abtropfen lassen. Grob geschnittenen Spinat in den Muschelschalen anrichten.

Jakobsmuscheln mit Salz und Pfeffer würzen, in einer Pfanne in etwas Butter oder Öl ca. 1 Minute auf jeder Seite anbraten und auf den Spinat setzen.

Mit der Buttermischung bedecken und im auf 200 °C vorgeheizten Backrohr bei großer Oberhitze ca. 10 Minuten goldgelb überbacken.

GARUNGSZEIT: in der Pfanne ca. 2–3 Minuten, im Backrohr ca. 10 Minuten
BACKROHRTEMPERATUR: 200 °C bei starker Oberhitze
TIPPS:
- Stehen Ihnen nur Jakobsmuscheln ohne Schale zur Verfügung, so lassen sich die Muschelschalen problemlos durch kleine Gratinier- oder Portionsförmchen ersetzen.
- Achten Sie darauf, die Jakobsmuscheln keinesfalls zu lange in der Pfanne zu braten, da sie sonst trocken und zäh schmecken. Einige, wenige Minuten sind je nach Größe der Muscheln ausreichend.
- Die orangefarbenen Eiersäcke – auch Corail genannt – werden nicht immer mitserviert, obwohl sie unter Feinschmeckern als die eigentliche Delikatesse zwischen den zwei Schalen der Jakobsmuscheln gelten.

Weinbergschnecken mit Kartoffeln und Pernod

Provence

ZUTATEN

24 Weinbergschnecken
24 kleine Kartoffeln
3 Schalotten
1/2 Karotte
1/2 Stange Sellerie
2 cl Pernod (frz. Anislikör)
2 cl Noilly-Prat (frz. Wermut)
100 ml Weißwein
60 g Butter, kalt
125 g Crème fraîche
20 g Parmesan, frisch gerieben
etwas Petersilie
Meersalz aus der Mühle
Pfeffer aus der Mühle
Olivenöl

ZUBEREITUNG

Die geschälten Kartoffeln in Salzwasser weich kochen und etwas auskühlen lassen. Mit einem kleinen Messer auf zwei Seiten gerade abschneiden und die Kartoffel oval zuschneiden. Mit einem Parisienne- oder Rundausstecher in jede Kartoffel für je eine Schnecke eine kleine Mulde ausschneiden. Mit Folie abdecken und warm stellen.
Die geschälten Schalotten, die Karotte und den Stangensellerie feinwürfelig schneiden. In etwas Olivenöl anschwitzen und mit Pernod, Noilly-Prat und Weißwein ablöschen. Bei kleiner Hitze weich dünsten. Crème fraîche einmengen, kalte Butter einrühren, aber nicht mehr kochen und mit frisch gemahlenem Salz und Pfeffer abschmecken. Die Schnecken in diesem Sud erhitzen und je eine davon in eine Kartoffel setzen. Die Kartoffeln mit etwas Gemüsesauce überziehen (den Rest warm stellen) und mit frisch geriebenem Parmesan bestreuen. In eine Backform setzen und im auf 220 °C vorgeheizten Backrohr bei starker Oberhitze kurz überbacken. Je sechs Kartoffeln auf einem Teller anrichten und mit der restlichen Sauce sowie frisch geschnittener Petersilie garnieren.

BACKROHRTEMPERATUR: 220 °C bei starker Oberhitze
GARUNGSZEIT: Kartoffeln 15–18 Minuten, einige Minuten überbacken
BEILAGENEMPFEHLUNG: getoastetes Weißbrot oder frische Foccacia

Huhn mit Knoblauch

Spanien

ZUTATEN

500 g Hühnerbrustfleisch, ohne Haut und Knochen
8 Knoblauchzehen
2 cl trockener Sherry
1 unbehandelte Zitrone
Olivenöl
Mehl
Meersalz aus der Mühle
Pfeffer aus der Mühle

ZUBEREITUNG

Das Fleisch in mundgerechte Stücke schneiden und in Mehl wenden. Den Knoblauch in dünne Scheiben schneiden. In einer Pfanne Olivenöl erhitzen und beides unter ständigem Rühren auf allen Seiten goldbraun anbraten. Mit Sherry ablöschen und bei kleiner Hitze ca. 10 Minuten köcheln lassen. Vom Herd nehmen und weitere 15 Minuten ziehen lassen. Vor dem Servieren mit Salz sowie Pfeffer abschmecken und nochmals kurz erhitzen. Mit der in Spalten geschnittenen Zitrone garnieren.

GARUNGSZEIT: ca. 13 Minuten

Provençalische Gänseleber

Südfrankreich

ZUTATEN

4 Scheiben Gänseleber zu je ca. 120 g
3 Äpfel, am besten Golden Delicious
50 g Zucker
100 g Butter
50 ml Apfelsaft
100 ml Weißwein
100 ml Kalbsjus
Saft von 1 Zitrone
Pfeffer aus der Mühle
grobes Meersalz
Mehl zum Wenden
Olivenöl zum Braten

ZUBEREITUNG

Die Äpfel in je 8 Stücke teilen, Kerngehäuse entfernen und tournieren (rund zuschneiden). Sofort mit Zitronensaft beträufeln, damit sich die Äpfel nicht verfärben. Den Zucker mit Apfelsaft, Weißwein und Butter sämig einkochen lassen. Äpfel zugeben und für 2–3 Minuten köcheln lassen.

Währenddessen die Gänseleber mit Pfeffer würzen und in Mehl wenden. In ganz wenig heißem Olivenöl von beiden Seiten etwa 2 Minuten anbraten. Die Äpfel (ohne Sauce) auf vorgewärmten Tellern anrichten, die Gänseleber dekorativ darauf legen und mit etwas grobem Meersalz bestreuen. Mit der verbliebenen Apfelsauce und dem erwärmten Kalbsjus überziehen.

GARUNGSZEIT: Äpfel 6–8 Minuten, Gänseleber ca. 4 Minuten

BEILAGENEMPFEHLUNG: Kartoffelpüree oder Focaccia

TIPPS:

- Lassen Sie sich für dieses Gericht keinesfalls (teurere) Gänseleber erster Qualität empfehlen, sie würde beim Braten zu rasch schmelzen und in der Sauce „verschwinden“. Verlangen Sie vielmehr eine festere Leber, die auch zum Braten geeignet ist.
- Sollten Sie dennoch hochwertige Gänseleber verwenden, so ist es ratsam, diese vor dem Braten kurz tiefzukühlen, da so die Konsistenz erhalten bleibt.

Gebratene Kaninchenleber mit Wirsing

Sizilien

ZUTATEN

12 Kaninchenlebern
1 Schalotte
200 ml Kalbsjus
2 Majoranzweige
8 Scheiben Pancetta (ital. Bauchspeck)
1/2 Kopf Wirsing
100 ml Schlagobers
Schuss Marsala (oder anderer Süßwein)
Meersalz aus der Mühle
Muskatnuss, gerieben
Butter zum Braten

ZUBEREITUNG

Den Wirsing von den dunkelgrünen Blättern befreien und in feine Streifen schneiden. In etwas Butter andünsten und im eigenen Saft 8–10 Minuten weich dünsten. Den Speck in einer Pfanne ohne Fett kross braten, bis die Scheiben knusprig wie Chips sind. Herausheben und auf einem Küchenkrepp abtropfen lassen. Die gut geputzte Kaninchenleber in braun aufgeschäumter Butter bei geringer Hitze so lange braten, bis sie innen noch zartrosa und saftig ist (5–8 Minuten). Warm stellen.

Die Schalotte fein schneiden und in derselben Pfanne andünsten. Mit einem Schuss Marsala ablöschen und mit Kalbsjus aufgießen. Sauce kurz durchkochen, den Majoran grob zupfen und kurz vor dem Anrichten in die Sauce einstreuen. Das kurz aufgeschlagene Schlagobers unter den Wirsing mengen und einmal kurz aufkochen lassen. Mit Meersalz und etwas Muskatnuss abschmecken. Den Wirsing in der Mitte des Tellers anrichten. Die gebratene Leber rundum drapieren und mit der fertigen Sauce überziehen. Die knusprigen Pancetta-Chips dekorativ auf den Wirsing legen.

GARUNGSZEIT: Kaninchenleber 5–8 Minuten, Wirsing 8–10 Minuten

Geflügelleber mit Sherry

Andalusien

ZUTATEN

400 g Geflügelleber
100 g Champignons
2 Zwiebeln
50 ml Hühnerfond
5 cl Sherry medium dry
1/2 Bund Petersilie
1 Ei
Meersalz aus der Mühle
Pfeffer aus der Mühle
Olivenöl

ZUBEREITUNG

Die gut geputzte Geflügelleber sowie die Champignons waschen, abtrocknen und in mundgerechte Bissen schneiden. In einer Pfanne Olivenöl erhitzen, die Leber mit den Champignons auf allen Seiten scharf anbraten und wieder herausnehmen. Die Zwiebeln fein hacken und im Öl anschwitzen. Leber und Champignons wieder zugeben, mit Hühnerfond ablöschen und köcheln lassen, bis die Flüssigkeit verdampft ist. Nun mit Sherry ablöschen und nochmals ca. 5 Minuten halb zugedeckt köcheln lassen. Mit Salz und Pfeffer abschmecken. Das Ei hart kochen, schälen, gemeinsam mit der Petersilie fein hacken und unterziehen.

GARUNGSZEIT: ca. 10 Minuten

Lammleber mit Zitrone

Türkei

ZUTATEN

500 g Lammleber
1 Prise Chiliflocken
1 große Zwiebel
Petersilie, gehackt
2 Zitronen
Pfeffer, geschrotet
Meersalz aus der Mühle
Mehl zum Stauben
Olivenöl zum Braten

ZUBEREITUNG

Die Leber enthäuten, gut putzen (Röhrchen entfernen) und in mundgerechte Stücke schneiden. Mit Folie abdecken und kalt stellen.
Die Zwiebel halbieren, in feine Scheiben schneiden, einsalzen und ca. 10 Minuten ziehen lassen. Mit kaltem Wasser gut abspülen und ausdrücken. Mit grob geschnittener Petersilie und Chiliflocken vermischen.
Die Leber mit Salz und geschrotetem Pfeffer würzen, mit etwas Mehl stauben und in heißem Olivenöl auf beiden Seiten kurz braten, so dass sie innen noch zartrosa und saftig bleibt. Die Leber auf heißen Tellern anrichten und mit den marinierten Zwiebeln umgeben. Die Zitronen halbieren und je eine Hälfte dazugeben. Nun mit der Gabel stets etwas von den Zwiebeln sowie Leber nehmen und vor dem Verzehr mit Zitronensaft beträufeln.

GARUNGSZEIT: ca. 5–6 Minuten

Lammhirn mit Paprika und Tomaten

Türkei

ZUTATEN

250 g Lammhirn
250 g grüne Paprikaschoten
250 g Tomaten
3 Knoblauchzehen, sehr fein gehackt
1 KL Kreuzkümmel
5 EL Olivenöl
1 TL Harissa (Chilisauce)
2 KL edelsüßes Paprikapulver
250 ml Wasser
4 Eier
Meersalz aus der Mühle

ZUBEREITUNG

Das Lammhirn in Salzwasser blanchieren (kurz überbrühen), von Häutchen und Knöchelchen befreien, gut waschen und würfelig schneiden. Tomaten ebenfalls kurz überbrühen, schälen, entkernen und kleinwürfelig schneiden. Paprikaschoten entstielen, entkernen und in kleine Würfel schneiden.
Olivenöl erhitzen und Tomaten, Harissa, Paprikapulver, Kreuzkümmel und Knoblauch hinzufügen. Sofort mit Wasser ablöschen, alles 5 Minuten lang schmoren lassen und mit Salz würzen. Paprika- sowie Hirnwürfel zugeben und alles zum Kochen bringen. Eier aufschlagen, nacheinander vorsichtig hinein gleiten lassen (sie sollen dabei ganz bleiben), Deckel auflegen und bei sehr schwacher Hitze so lange köcheln lassen, bis die Eier gestockt sind. In der Pfanne sofort servieren.

GARUNGSZEIT: ca. 20–25 Minuten

TIPP: Das Gericht lässt sich auch mit Kalbshirn sehr gut zubereiten.

Mezes – Was schon Imperatoren und Sultane schnabulierten

Die Mezes-Küche der Levante hat ihre wahren Wurzeln in den Essgewohnheiten der Antike. Ihre beiden wichtigsten Grundlagen sind orientalische Gewürze und Kochtraditionen sowie altrömische Koch- und Essgewohnheiten. Letztere sind im Italien von heute so gut wie ausgestorben, haben aber etwa in der Küche der islamischen Länder bis heute überlebt, weil sich – vor allem in der Türkei, aber auch im benachbarten Griechenland – die Einflüsse des oströmischen Reiches wesentlich länger erhalten haben.

Mezes, Mezzé, Mazé, Mezeler oder – arabisch – Muqabilat einfach mit „Vorspeisen“ zu übersetzen, wäre indessen ein Fehler. Tatsächlich handelt es sich dabei nämlich um ein ganzes Vorspeisenballett, eine kaum endenwollende Aufeinanderfolge vieler winziger Gänge aus der kalten und warmen Küche, die sich gemeinsam durchaus zu einem vielgängigen Menü zusammenfügen können. Eine Mezes-Mahlzeit beginnt oft schon am Nachmittag und währt bis in die späten Nachtstunden, ohne dass jemals so etwas wie ein Hauptgericht auf den Tisch kommt.

Die einzelnen Gänge einer Mezes-Folge werden üblicherweise, nebeneinander oder hintereinander, in kleinen Porzellanschüsselchen aufgetragen. Manche beinhalten nur ein paar mit Knoblauch und Öl gewürzte Oliven, kleine Würzbissen oder geröstete Mandeln, andere jedoch gefüllte Gemüse und Teigtäschchen, kleine Fisch- oder Fleischgerichte und jede Menge Salate sowie pikante Aufstriche und würzige Pasten.

Eine klassische Mezes-Platte umfasst mindestens ein Dutzend, in besonderen Fällen sogar bis zu dreißig verschiedene Speisen von schier unüberschaubarer Vielfalt: Kichererbsenbrei oder Melanzanipüree sind dabei ebenso Fixstarter wie pochiertes Lammhirn mit Gemüse, alle Arten von Meeresfrüchten, ausgelöste Seeschnecken oder luftgetrocknete Makrelen.

Wer niemals davon gekostet hat, weiß nicht, was Genuss „á l'orientale“ wirklich ist.

DIE BROTE DES SÜDENS

Ciabatta, Pizza, Tramezzini & Co.

DIE BROTE DES SÜDENS

Ciabatta, Pizza, Tramezzini & Co.

Brot ist im Süden immer dabei. Ob zum Tunken in Olivenöl, zum Bestreichen mit appetitlichen Würzpasten, zum Füllen oder zum Überbacken: Die mediterrane Küche bietet eine schier unüberschaubare Auswahl von Broten an, die oft genug nicht nur die Funktion von Beilagen haben, sondern auch zu feinen Vorspeisen und Zwischengerichten oder – man denke nur an die Pizza – zu veritablen Hauptspeisen werden.

Blätterteiggrissini

Norditalien

ZUTATEN

250 g Blätterteig
2 Eidotter
Parmesan, frisch gerieben
Meersalz aus der Mühle
Pfeffer aus der Mühle
Mehl für die Arbeitsfläche

ZUBEREITUNG

Den Blätterteig auf einer bemehlten Arbeitsfläche ca. 3 mm dick ausrollen. Mit verschlagenem Eidotter bestreichen. Etwas salzen, pfeffern und mit frisch geriebenem Parmesan bestreuen. Mit einem Nudelholz ohne viel Druck darüber rollen. Den Teig anschließend in fingerbreite Streifen mit beliebiger Länge schneiden. Die Enden spiralenförmig gegen einander drehen und auf einem mit Backpapier belegten Blech im vorgeheizten Backrohr bei 180 °C ca. 8 Minuten backen. Abkühlen lassen und vorsichtig vom Papier ablösen.

BACKROHRTEMPERATUR: 180 °C

BACKZEIT: ca. 8 Minuten

TIPPS:

- Diese knusprigen Knabberstangen lassen sich ganz nach persönlichem Geschmack noch zusätzlich durch die Zugabe von unterschiedlichsten Gewürzen, wie etwa Oregano, Rosmarin, Kümmel oder Thymian, geschmacklich variieren.
- Zur kongenialen Begleitung zum einleitenden Aperitif wird dieses Blätterteiggebäck, wenn Sie hauchdünne Rohschinkenscheiben auf die Teigstangen legen, diese dann spiralenförmig eindrehen und backen.

Blätterteigschnitten mit San-Daniele-Schinken und Feigenmus

Veneto

ZUTATEN

250 g Blätterteig
2 Eidotter
250 g San-Daniele-Schinken (oder Parmaschinken), in Scheiben geschnitten
Parmesan, frisch gerieben
Parmesan, in dünne Scheiben gehobelt
8 frische, reife Feigen
etwas Rucola
Olivenöl
Balsamicoessig
Meersalz aus der Mühle
Pfeffer aus der Mühle
Mehl für die Arbeitsfläche

ZUBEREITUNG

Den Blätterteig auf einer bemehlten Arbeitsfläche ca. 0,5 cm dick ausrollen. Mit verschlagenem Eidotter bestreichen und mit frisch geriebenem Parmesan bestreuen. Das Backrohr auf 220 °C vorheizen.
Den Teig in ca. 7 x 10 cm große Stücke schneiden und diese auf ein mit Backpapier ausgelegtes Backblech legen. Nochmals kalt 20 Minuten rasten lassen. In das Backrohr schieben, die Hitze auf 180 °C zurückschalten und die Schnitten ca. 10 Minuten backen. Herausnehmen und auskühlen lassen. Währenddessen Feigen schälen und mit einer Gabel fein zerdrücken. Olivenöl sowie einige Tropfen Balsamicoessig zugeben und mit Salz und Pfeffer würzen. Die ausgekühlten Schnitten quer aufschneiden und eine Seite mit dem Feigenmus bestreichen. Mit etwas Rucola sowie Schinken belegen und den dünn gehobelten Parmesan darüber legen. Die zweite Hälfte darauf legen und servieren.

BACKROHRTEMPERATUR: 220 °C auf 180 °C fallend
BACKZEIT: ca. 10 Minuten

Brioche (Grundrezept)

Frankreich

ZUTATEN FÜR 1 GROSSE ODER MEHRERE KLEINE FORMEN

600 g glattes Mehl
275 g Butter
6 Eier
25 g Hefe
25 g Staubzucker
Prise Salz
100 ml Wasser
Butter für das Papier
Eidotter zum Bestreichen

ZUBEREITUNG

Hefe in lauwarmem Wasser auflösen und mit etwas gesiebtem Mehl vermischen. (Die Mischung muss ziemlich flüssig bleiben.) An einem warmen Ort zugedeckt gehen lassen. Währenddessen 3 Eier mit restlichem Mehl vermengen. Die restlichen 3 Eier hinzufügen und die nicht zu kalte Butter einarbeiten. Unter den Vorteig mischen und etwas Salz sowie Zucker dazugeben. Nun alles kräftig und gut durchkneten. Masse in ein feuchtes Tuch einschlagen und 6 Stunden lang rasten lassen.
Dann aus dem Teig eine große Kugel (oder mehrere kleine) formen und in eine runde, hohe, mit gebuttertem Backpapier ausgelegte Briocheform (oder Kastenform) legen. Dabei die Form nur zur Hälfte füllen, damit der Teig während des Backens aufgehen kann. Mit Eidotter bestreichen, mit einem Messer ringsum einstechen und im vorgeheizten Backrohr bei 180 °C etwa 20 Minuten backen. Herausnehmen, kurz überkühlen lassen und aus der Form nehmen.

BACKROHRTEMPERATUR: 180 °C
BACKZEIT: ca. 20 Minuten
TIPP: Brioche wird vor allem in der feineren französischen Küche als Beilage gereicht. Besonders gut passen leicht angetoastete Briochescheiben zu Gänseleberspezialitäten.

Baguette (Grundrezept)

Frankreich

ZUTATEN FÜR 1 BAGUETTE

400 g Mehl, Typ 550
1/2 EL Salz
1 Päckchen Trockenhefe
ca. 250 ml Wasser, lauwarm

ZUBEREITUNG

Mehl in eine Schüssel geben und mit Salz sowie Trockenhefe gut vermischen. Nach und nach lauwarmes Wasser zugießen und den Teig geschmeidig kneten, bis er sich vom Schüsselrand löst. Den Teig schräg auf ein mit Backpapier ausgelegtes Backblech legen und zu einem langen, schmalen Baguette formen. Mit einem sauberen Küchentuch locker abdecken und an einem warmen Ort ca. 1 Stunde gehen lassen, bis sich das Volumen verdoppelt hat. Baguette mit einem Messer der Länge nach leicht einritzen. Mit Wasser bestreichen und auf der mittleren Schiene in das kalte Backrohr schieben. Einen großen Bräter zur Hälfte mit kochendem Wasser füllen und unten in das Backrohr stellen. Backrohr auf 200 °C erhitzen und das Baguette ca. 40 Minuten backen, bis es leicht goldbraun wird.
Herausnehmen und auf einem Gitterrost abkühlen lassen.

BACKROHRTEMPERATUR: 200 °C

BACKZEIT: ca. 40 Minuten

TIPPS:
- Wenn Sie mit dem Finger auf den Boden des Baguettes klopfen und das dabei hohl klingt, ist es fertig durchgebacken.
- Ideal zum Brotbacken ist auch das Intervall-Dampfgaren mit Hilfe eines Multidampfgarers (z. B. von AEG) geeignet: Durch den steten Wechsel von Heißluft und Dampf werden beim Backen Ergebnisse wie in der Profi-Backstube erzielt.

Ciabatta

Toskana

ZUTATEN FÜR 2 WECKEN

450 g glattes Mehl
15 g Hefe
ca. 250 ml Wasser, lauwarm
1 TL Zucker
1 EL Olivenöl
1 TL Salz
Mehl für die Arbeitsfläche

ZUBEREITUNG

Hefe mit lauwarmem Wasser verrühren, Zucker einmengen und 10 Minuten gehen lassen. Mehl mit Olivenöl sowie Salz vermischen und das Hefe-Wasser nach und nach einarbeiten. Kneten, bis ein glatter Teig entsteht, der sich leicht von der Schüssel löst. Schüssel mit Klarsichtfolie abdecken und Teig an einem warmen Ort 1 Stunde gehen lassen. Teig auf einer bemehlten Fläche kurz durchkneten, in 2 Teile teilen und zu je einem Rechteck von ca. 30 x 15 cm ausrollen. Die kurzen Seiten einmal einschlagen, und den Teig längs zur typischen Ciabatta-Form zusammenklappen. Die Nahtstellen fest zusammendrücken. Auf ein mit Backpapier ausgelegtes Backblech legen und nochmals 20 Minuten gehen lassen. Im auf 210 °C vorgeheizten Backrohr auf der zweiten Schiene von unten ca. 35 Minuten backen. Auf einem Gitterrost auskühlen lassen.

BACKROHRTEMPERATUR: 210 °C
BACKZEIT: ca. 35 Minuten
TIPPS:
- Eine pikante Geschmacksnote erhält die Ciabatta, wenn Sie klein geschnittene Kräuter, Artischocken oder getrocknete Tomaten unter den Teig mischen.
- Am besten schmeckt Ciabatta, wenn man sie etwa 20 Minuten auskühlen lässt und dann lauwarm serviert.

Pestobrot

Genua

ZUTATEN FÜR 1 BROT

250 g glattes Mehl
250 g Weizenvollkornmehl
1 TL Salz
1 EL Zucker
1/2 Päckchen Trockenhefe
80 g Basilikumpesto (s. S. 37)
ca. 250 ml Wasser
Butter und Mehl für die Form

ZUBEREITUNG

Das Mehl mit dem Vollkornmehl vermischen. Salz, Zucker und Trockenhefe darunter mischen. Pesto einrühren und so viel Wasser in den Teig einarbeiten, bis er sich beim Kneten locker vom Schüsselrand löst. Abdecken und an einem warmen Ort ca. 20 Minuten gehen lassen. Teig nochmals mit der Hand durchkneten und in eine mit Butter ausgestrichene, bemehlte Kastenform legen. Leicht mit Mehl bestauben und in der Form 40 Minuten gehen lassen.

Dann mit einem scharfen Messer längs einritzen. Auf der mittleren Schiene im auf 220 °C vorgeheizten Backrohr etwa 10 Minuten backen. Temperatur auf 180 °C reduzieren und weitere 50 Minuten backen. Den Rand mit einem Messer lösen, das Brot stürzen und auf einem Gitterrost auskühlen lassen.

BACKROHRTEMPERATUR: 220 °C auf 180 °C fallend
BACKZEIT: ca. 60 Minuten
TIPP: Statt des klassischen Basilikumpestos können Sie – ganz nach Lust und Laune – auch jedes andere Pesto, etwa Walnuss-, Tomaten- oder Olivenpesto, verwenden.

Thymianbrot

Provence

ZUTATEN FÜR 1 SPRINGFORM (CA. 27 CM DURCHMESSER)

ca. 300–350 g glattes Mehl
1 Päckchen Trockenhefe
ca. 150 ml Wasser, lauwarm
3 EL Olivenöl
3 EL Sauerrahm
2 EL Pinienkerne
1 Bund Thymian
1 Prise Zucker
1 kräftige Prise Salz
Butter oder Öl für die Form

ZUBEREITUNG

In einer kleinen Schüssel etwa 100 g Mehl, Trockenhefe, Wasser und eine Prise Zucker miteinander vermengen und 10 Minuten gehen lassen. Dann diesen Vorteig mit Salz, restlichem Mehl, Olivenöl und Sauerrahm in der Küchenmaschine oder mit dem Knethaken so lange schlagen, bis der Teig Blasen wirft. Teig mit etwas Mehl bestreuen und zugedeckt an einem warmen Ort nochmals gehen lassen, bis sich sein Volumen verdoppelt hat. Backrohr auf 200 °C vorheizen, Pinienkerne grob hacken, Thymian zupfen und ebenfalls klein hacken. Teig wieder zusammenschlagen, Thymian und Pinienkerne einarbeiten und nochmals kräftig durchkneten. Eine passende Form mit Butter oder Öl ausstreichen, Teig hineingeben und im vorgeheizten Backrohr bei 180 °C etwa 30–40 Minuten goldgelb backen.

BACKROHRTEMPERATUR: 180 °C

BACKZEIT: 30–40 Minuten

TIPPS:
- Dank des zarten Aromas harmoniert dieses Brot mit nahezu fast allen provenzalischen Gerichten; wozu auch immer Sie Thymianbrot servieren, am besten schmeckt es auf jeden Fall, wenn es frisch aus dem Ofen kommt und noch warm ist.
- Das Brot lässt sich auch noch durch zusätzlich in den Teig eingearbeitete entkernte und halbierte schwarze Oliven verfeinern, wodurch es flugs zum Olivenbrot wird.

Wo kommen die Tramezzini her?

Das italienische Wort tramezzino stammt von tramezzare (lat. transmittere) ab, was soviel wie „dazwischen schieben“ bedeutet. Ein tramezzino ist daher zunächst einmal eine kleine Zwischenwand. In übertragener Bedeutung bezeichnet das Wort jedoch vor allem das berühmte, in jedem italienischen Café und jeder Osteria gereichte Sandwich aus meist rindenlosen, vor allem aber saftigen Weißbrotscheiben. Letztere werden mit Avocados, Shrimps, Lachs, Käse, Prosciutto oder ähnlich saftigen Zutaten gefüllt, zusammengeklappt und diagonal zu einem Dreieck geschnitten serviert.

Das tramezzino ist auf diese Weise die italienische Antwort auf das aus Großbritannien stammende Sandwich, dessen „Erfindung“ auf eine historische Persönlichkeit, nämlich Sir John Montagu (1718–1792), seines Zeichens vierter Earl von Sandwich und erster Lord der britischen Admiralität, zurückgeht und mit allerlei frivolen Legenden verknüpft ist. Neben vielen anderen Lastern frönte Seine Lordschaft nämlich dem Kartenspielen, und das oft vierundzwanzig aufeinander folgende Stunden lang. Um dabei nicht zu verhungern, ließ er sich daher zwischen zwei Weißbrotdeckeln eine „tragbare Mahlzeit“ servieren – und pokerte satt und zufrieden weiter.

Tramezzini mit Ei und Sardellen

Italien

ZUBEREITUNG

Die Brotscheiben großzügig mit Mayonnaise bestreichen. Die Hälfte der Brote mit der Hälfte der Eierscheiben belegen. Darüber die abgetropften Sardellenfilets legen und wiederum mit den restlichen Eierscheiben belegen. Die restlichen Brotscheiben darauf geben und diagonal in jeweils zwei Dreiecke schneiden.

ZUTATEN

12 Scheiben Tramezzinibrot (weiches, saftiges Weißbrot ohne Rinde)
6 Eier, hart gekocht und in dünne Scheiben geschnitten
12 eingelegte Sardellenfilets
ca. 200 g Mayonnaise (wenn möglich selbstgemacht)

Tramezzini mit Thunfisch

Italien

ZUBEREITUNG

Das Thunfischfleisch mit dem Zitronensaft pürieren. Mit der Mayonnaise verrühren, mit Salz, Pfeffer und Cognac abschmecken. Die Hälfte der Brote damit dick bestreichen und mit der zweiten Hälfte bedecken. Jedes Brot diagonal in zwei Dreiecke schneiden.

ZUTATEN

12 Scheiben Tramezzinibrot (weiches, saftiges Weißbrot ohne Rinde)
ca. 200 g weißfleischiger Thunfisch, in Öl eingelegt
1 EL Zitronensaft
4 EL Mayonnaise
1 EL Cognac
Meersalz aus der Mühle
Pfeffer aus der Mühle

Tramezzini mit Garnelen

Italien

ZUBEREITUNG

Die Zwiebel fein hacken und in Olivenöl hell anschwitzen. Die Garnelen zugeben und 2–3 Minuten braten, bis sie eine schöne rosa Farbe bekommen. Mit Prosecco ablöschen, abkühlen lassen und alles grob pürieren. Die Mayonnaise und den Schnittlauch unterheben, mit Salz sowie Pfeffer abschmecken. Die Hälfte der Brote damit dick bestreichen und mit der zweiten Hälfte bedecken. Jedes Brot diagonal in zwei Dreiecke schneiden.

ZUTATEN

12 Scheiben Tramezzinibrot (weiches, saftiges Weißbrot ohne Rinde)
500 g kleine Garnelen, ohne Schale und gekocht
100 g Mayonnaise
4 EL Prosecco (ersatzweise Sekt)
1 kleine Zwiebel
3 EL Schnittlauch, fein geschnitten
Meersalz aus der Mühle
Pfeffer aus der Mühle
Olivenöl

Balearenbrot

Mallorca

ZUTATEN FÜR 1 LAIB

500 g Weizenvollkorn- oder Dinkelvollkornmehl
20 g Hefe
1 Prise Zucker
ca. 400 ml lauwarmes Wasser
Schweineschmalz oder Öl für das Backblech

ZUBEREITUNG

In eine Schüssel rund ein Drittel des Mehls geben, eine kleine Mulde hineindrücken und Hefe zwischen den Fingern hineinkrümeln. Eine Prise Zucker darüber streuen und mit 2–3 Esslöffeln lauwarmem Wasser übergießen. Etwas Mehl darüber streuen, Schüssel mit einem Küchentuch abdecken und an einem warmen Ort 20–30 Minuten rasten lassen. Nun restliches Mehl mit dem Vorteig vermengen und so viel lauwarmes Wasser einarbeiten, dass ein glatter, geschmeidiger Teig entsteht. Dafür Teig über längere Zeit kräftig mit den Handballen durchkneten. Teig wiederum abdecken und nochmals mindesten 45 Minuten gehen lassen, bis sich sein Volumen ungefähr verdoppelt hat. Backrohr auf 200 °C vorheizen, Backblech mit Schmalz gut bestreichen. Teig nochmals kräftig durchkneten und daraus einen Laib formen. Auf das vorbereitete Backblech setzen und im heißen Backrohr etwa 1 Stunde lang backen.

BACKROHRTEMPERATUR: 200 °C
BACKZEIT: ca. 1 Stunde
TIPP: Da es beim Kneten relativ wenig Unterschied macht, wie groß die Teigmenge ist, ist es ratsam, gleich die doppelte oder dreifache Menge der angegebenen Zutaten zu verarbeiten. Das abgekühlte Brot sollte dann in ein Tuch gewickelt und eher kühl gelagert werden.

Mallorquinisches Tomatenbrot

ZUTATEN

8 kräftige Scheiben mallorquinisches Bauernbrot (Balearenbrot s. oben), ersatzweise anderes ungesalzenes Bauernbrot
6–8 Knoblauchzehen
3–4 feste, nicht zu wässrige Tomaten
8 Scheiben Serrano-Schinken oder anderer luftgetrockneter Rohschinken
Oliven oder Kapern als Garnitur
kalt gepresstes Olivenöl
Meersalz aus der Mühle

ZUBEREITUNG

Die Brotscheiben ohne Fett auf beiden Seiten toasten. Die Knoblauchzehen halbieren und jedes Brot damit gut einreiben. Mit frisch gemahlenem Salz würzen, mit Olivenöl beträufeln. Tomaten halbieren und mit einer Küchenreibe direkt auf die Brote reiben. Schinkenscheiben auf die Brote legen, mit Oliven oder Kapern garnieren.

TIPP: Dieses „Grundnahrungsmittel" der Mallorquiner kann selbstverständlich nach Belieben und aktueller Marktlage abgewandelt werden. Köstlich schmeckt *Pa amb oli* – so der Originalname – auch, wenn es etwa mit würzigen Käsescheiben, sauer eingelegtem Gemüse oder Rohwurst belegt wird.

Anchovis-Baguette

Provence

ZUTATEN

12 Scheiben frisches Baguette
ca. 20 eingelegte Anchovisfilets (Sardellenfilets)
3 Knoblauchzehen
2 TL Tomatenmark
1–2 TL Kapern nach Belieben
1–2 EL kalt gepresstes Olivenöl
kräftiger Schuss Zitronensaft
Pfeffer aus der Mühle
1 EL gehackte Petersilie (oder Basilikum) zum Garnieren
1 Zitrone, in Spalten geschnitten

ZUBEREITUNG

Anchovisfilets gut abtropfen lassen. Knoblauchzehen grob hacken und in einem Mörser (oder Küchenmaschine) zusammen mit den Anchovis, Kapern und Tomatenmark zu einem feinen Brei zerstoßen bzw. pürieren. Olivenöl tropfenweise zugießen und dabei ständig rühren, bis die Creme schön sämig wird. Mit Zitronensaft und Pfeffer aromatisieren. Backrohr auf 220–250 °C vorheizen, Backblech mit Backpapier auslegen, Baguettescheiben darauf legen und (eventuell unter der Grillschlange) auf einer Seite toasten. Baguettes umdrehen, die noch nicht getoastete Seite mit Paste bestreichen und im Backrohr nochmals einige Minuten überbacken. Die knusprigen Baguettes herausnehmen, mit gehackter Petersilie oder Basilikum bestreuen und mit Zitronenspalten garniert servieren.

BACKROHRTEMPERATUR: 220–250 °C bei Oberhitze (Grillschlange)
BACKZEIT: 5–8 Minuten
TIPP: Wer die Anchovis-Paste weniger intensiv bevorzugt, kann vor dem Aufstreichen noch etwas Crème fraîche einrühren.

Bottarga auf geröstetem Fladenbrot

Genua

ZUTATEN

1 Stange Bottarga (getrockneter, gesalzener Fischrogen; erhältlich im Novelli-Shop unter www.novelli.at)
1/2 Laib Fladenbrot oder 1 Ciabatta-Wecken (s. S. 123)
4 EL kalt gepresstes Olivenöl

ZUBEREITUNG

Die Haut von der Bottarga abziehen. Das Fladenbrot in Scheiben der gewünschten Größe schneiden und auf ein mit Backpapier ausgelegtes Backblech nebeneinander auflegen. Die Bottarga in hauchdünne Scheiben schneiden oder hobeln und auf die Brotscheiben legen. Im vorgeheizten Backrohr bei 180 °C und Oberhitze kurz erwärmen. Herausnehmen und mit feinem Olivenöl beträufeln.

BACKROHRTEMPERATUR: 180 °C
BACKZEIT: einige Minuten

Bruschetta mit Tomaten

Italien

ZUTATEN

12 Scheiben Ciabatta (s. S. 123 oder ähnliches Weißbrot), fingerdick geschnitten
4 Knoblauchzehen, fein gehackt
1 Bund Basilikum, gehackt
4 Tomaten
Meersalz aus der Mühle
Pfeffer aus der Mühle
Olivenöl
Balsamicoessig

ZUBEREITUNG

Die Tomaten kurz überbrühen, schälen, entkernen und in kleine Würfel schneiden. Mit dem gehackten Knoblauch, dem geschnittenen Basilikum, Balsamicoessig und Olivenöl marinieren. Mit Meersalz und Pfeffer aus der Mühle abschmecken. Alles ca. 1 Stunde ziehen und dann in einem Sieb abtropfen lassen. Die Brotscheiben mit etwas Olivenöl beträufeln und bei 200 °C (Oberhitze) im vorgeheizten Backrohr toasten. Die Tomatenmasse auf die warmen Brotscheiben verteilen und sofort servieren.

BACKROHRTEMPERATUR: ca. 200 °C bei starker Oberhitze
BACKZEIT: einige Minuten
TIPP: Probieren Sie zur Abwechslung einmal Bruschetta aus herzhaftem dunklem Brot.

Bruschetta mit Steinpilzen

Veneto

ZUTATEN

12 Scheiben Ciabatta (s. S. 123 oder ähnliches Weißbrot)
200 g frische Steinpilze
2 Schalotten
1 EL Petersilie, fein gehackt
1 Tomate
1–2 Knoblauchzehen, zerdrückt
Olivenöl
Butter
Pfeffer aus der Mühle
Meersalz aus der Mühle

ZUBEREITUNG

Die Steinpilze sauber putzen und schneiden. Die Tomate überbrühen, schälen, entkernen und in feine Würfel schneiden. Die Schalotten fein schneiden und in Butter anschwitzen. Die Pilze dazugeben und braten. Mit frisch gemahlenem Salz und Pfeffer abschmecken. Abschließend die Petersilie und die Tomatenwürfel darunter mengen.
Die Brotscheiben mit Olivenöl beträufeln und im vorgeheizten Backrohr bei 200 °C (Oberhitze) knusprig toasten. Die getoasteten Scheiben mit zerdrücktem Knoblauch einreiben. Die Steinpilzmasse auf das warme Brot geben und sofort servieren, damit die Bruschetta knusprig bleibt.

BACKROHRTEMPERATUR: ca. 200 °C bei starker Oberhitze
BACKZEIT: einige Minuten
TIPP: Das Brot kann statt im Backrohr auch in einer beschichteten Pfanne ohne Fett geröstet werden.

Bruschetta mit Kräutern

Friaul

ZUTATEN

4 Scheiben Focaccia (s. S. 138 oder anderes helles Landbrot)
je 1/2 TL getrockneter Oregano, Thymian und Majoran
1 Prise Chilipulver
Olivenöl

ZUBEREITUNG

Die Kräuter und das Chilipulver miteinander vermischen. Die Brotscheiben kurz im vorgeheizten Backrohr bei 200 °C (Oberhitze) oder in der Pfanne knusprig rösten. Die Kräutermischung darauf verteilen und großzügig mit Olivenöl beträufeln.

BACKROHRTEMPERATUR: ca. 200 °C bei starker Oberhitze
BACKZEIT: einige Minuten

Bruschetta oder Crostino – das ist hier die Frage

In der italienischen Antipasti-Küche sind sie die Zwillinge des feinen Bisses: In jedem Fall handelt es sich um geröstete Brotschnitten, die phantasievoll bestrichen, beträufelt, eingetunkt oder anderweitig verfeinert werden. Der Unterschied zwischen beiden bezieht sich vor allem auf die Größe des Brotes. Die Crostini haben ihren Namen von crostare (knusprig überbacken) und waren schon im 19. Jahrhundert die erklärten Lieblinge des berühmten italienischen Kochbuchautors Pellegrino Artusi. Die Brotscheiben können ruhig vom Vortag stammen, sollten dafür aber eher klein und dichtteigig sein.

Als Bruschette bezeichnet man hingegen größere Scheiben von knusprigem Weiß-, Kasten- oder Vollkornbrot, das noch vor dem Überbacken mit Knoblauch eingerieben und mit Olivenöl getränkt wird. Über die Herkunft des Wortes sind sich die Gastro-Linguisten nicht ganz einig, da die Bezeichnung sowohl von bruscare (rösten) oder bruschinare (striegeln) herrühren kann. In Wahrheit sind Bruschette sowohl gestriegelt (sprich: bestrichen) als auch geröstet. Letzteres übrigens idealerweise am Holzkohlengrill. Ersatzweise ist das Backrohr ein wesentlich verlässlicherer Ort als eine Pfanne oder gar ein unromantischer Toaster.

Crostini mit Olivenpaste

Ligurien

ZUTATEN

12 Scheiben helles Landbrot
200 g schwarze Oliven, in Salz eingelegt
3 eingelegte Sardellenfilets
2 EL Kapern, klein gehackt
3 Knoblauchzehen, klein gehackt
1 TL Zitronensaft
Meersalz aus der Mühle
Pfeffer aus der Mühle
Olivenöl

ZUBEREITUNG

Die Sardellenfilets trocken tupfen und klein schneiden. Die Oliven entkernen, klein schneiden und mit den Sardellen, Kapern und Knoblauch im Mörser (oder mit dem Mixstab) zu einem Brei zerstampfen. Etwas Olivenöl darunter mischen, bis eine sämige Paste entsteht. Mit Zitronensaft, Salz sowie Pfeffer abschmecken. Das Brot im vorgeheizten Backrohr bei 200 °C (Oberhitze) rösten, die Olivenpaste darauf verteilen und nochmals leicht rösten. Rasch servieren, damit die Crostini knusprig bleiben.

BACKROHRTEMPERATUR: ca. 200 °C bei starker Oberhitze
BACKZEIT: einige Minuten

Crostini mit Hühnerleber und Milz

Toskana

ZUTATEN

12 Scheiben Ciabatta (s. S. 123) oder Weißbrot
2 Zwiebeln, fein gehackt
250 g Hühnerleber
250 g Kalbsmilz (ersatzweise Hühnerbrust)
4 EL Olivenöl
125 ml Weißwein
2 eingelegte Sardellenfilets
1 EL Kapern
125 ml Hühnersuppe
Meersalz aus der Mühle
Pfeffer aus der Mühle

ZUBEREITUNG

Die Hühnerleber grob hacken, Milz häuten und ausstreichen (oder die Hühnerbrust klein schneiden). Die gehackten Zwiebeln in Olivenöl anschwitzen. Milz und Leber kurz anbraten und mit Wein ablöschen. Sobald die Flüssigkeit verdunstet ist, die grob zerteilten Sardellen und Kapern zugeben. Mit Salz sowie Pfeffer würzen und gut durchrühren. Die Hühnersuppe zugießen und 15–20 Minuten bei geschlossenem Deckel köcheln lassen. Wenn die Masse gut eingedickt ist, vom Herd nehmen und durch ein Sieb streichen. Die Brotscheiben im vorgeheizten Backrohr bei 200 °C oder in der Pfanne rösten, mit der lauwarmen Creme bestreichen und rasch servieren.

BACKROHRTEMPERATUR: ca. 200 °C bei starker Oberhitze
BACKZEIT: einige Minuten
TIPP: Diese pikante Crostini-Creme hält sich im Kühlschrank einige Tage, weshalb sie problemlos auf Vorrat gemacht werden kann.

Crostini mit Wacholderbeeren

Toskana

ZUTATEN

8 Scheiben dunkles Brot
50 g Butter
3 EL Olivenöl
100 g Wacholderbeeren
Meersalz aus der Mühle
Pfeffer aus der Mühle

ZUBEREITUNG

Die Butter mit Olivenöl, Wacholderbeeren, Salz und Pfeffer mit einem Mixer oder Pürierstab zu einer dicken Masse verarbeiten. Das Brot im vorgeheizten Backrohr bei 200 °C oder in der Pfanne ohne Fett kurz anrösten. Die Masse darauf verteilen und rasch servieren, damit die Crostini knusprig bleiben.

BACKROHRTEMPERATUR: ca. 200 °C bei starker Oberhitze
BACKZEIT: einige Minuten

Lauchkuchen

Toskana

ZUBEREITUNG

Für den Teig Hefe in lauwarmem Wasser auflösen. Mehl auf eine Arbeitsfläche sieben und eine Mulde hineindrücken. Hefe, Ei, Öl sowie etwas Salz hineingeben und alles zu einem elastischen Teig kneten. Zu einer Kugel formen und mit einem Tuch bedeckt ca. 1 Stunde an einem warmen Ort gehen lassen.

Währenddessen den hellen Teil der geputzten Lauchstangen in dünne Ringe schneiden und diese in heißem Olivenöl etwa 10 Minuten zugedeckt weich dünsten. Lauch abkühlen lassen. Eier mit Salz, Pfeffer sowie Paprikapulver verquirlen und unter den Lauch mischen. Den Teig auf einer bemehlten Arbeitsfläche nicht zu dünn ausrollen und eine mit Butter ausgestrichene Kuchenform damit auskleiden. Den Teigboden mit den Speckscheiben belegen. Die Lauch-Eier-Mischung darüber verteilen und im vorgeheizten Backrohr bei 180 °C ca. 30 Minuten backen. Herausnehmen, portionieren und heiß servieren.

BACKROHRTEMPERATUR: 180 °C
BACKZEIT: ca. 30 Minuten

ZUTATEN

800 g Lauch
80 g durchwachsener Speck, in Scheiben geschnitten
4 EL Olivenöl
3 Eier
1 Messerspitze edelsüßes Paprikapulver
Meersalz aus der Mühle
Pfeffer aus der Mühle
Butter für die Form

FÜR DEN TEIG

20 g Hefe
6 EL Wasser, lauwarm
300 g Mehl
1 Ei
4 EL Olivenöl
Salz
Mehl für die Arbeitsfläche

Coca (Spanischer Blechkuchen)

ZUBEREITUNG

Hefe mit einer Prise Zucker in wenig lauwarmem Wasser anrühren. Mehl und Salz auf die Arbeitsfläche sieben, eine Mulde hineindrücken und die Hefe hineingeben. Nach etwa 15 Minuten Olivenöl, Bier und Wasser zugeben und alles zu einem elastischen Teig kneten. Zudecken und an einem warmen Ort aufgehen lassen, bis sich das Volumen verdoppelt hat. Den Teig ausrollen und ein mit Öl bestrichenes Backblech damit auslegen. Nach Belieben (s. Variationen) belegen und im vorgeheizten Backrohr bei 200 °C etwa 25–30 Minuten backen.

BACKROHRTEMPERATUR: 200 °C
BACKZEIT: ca. 25–30 Minuten

VARIATIONEN

Spanischer Blechkuchen kann unter vielen anderen Kombinationen wie folgt belegt werden.

- Mit Paprikaschoten, Tomaten, Zwiebeln, Oliven und Knoblauch
- Mit frischem, in Olivenöl angedünsteten Blattspinat und Pinienkernen, Tomatenwürfeln sowie Rosinen
- Mit frischen, entgräteten Sardinen, Knoblauch, Schalotten und Paprikapulver

ZUTATEN

500 g Mehl
20 g Hefe
1 Prise Zucker
1 TL Salz
2 EL Olivenöl
2 EL Bier
ca. 250 ml Wasser, lauwarm
Mehl für die Arbeitsfläche
Öl für das Backblech
Belag nach Belieben (s. Variationen)

Von Manna bis Margherita: Die Geschichte der Pizza

Der erste Vorläufer unserer Pizza war vermutlich ein bereits im alten Babylon zubereitetes und heute noch im Nahen Osten verbreitetes gefülltes Brot namens Pita, das römische Besatzungssoldaten bei der Besetzung Judäas kennen lernten.

Es gibt sogar Anzeichen dafür, dass die Urpizza eine unmittelbare Nachfolgerin des biblischen Manna gewesen sein könnte. Immerhin wird Manna in der ältesten italienischen Bibelübersetzung als Focaccia wiedergegeben, und genauso heißt auch jenes in Rom noch heute gerne servierte, knusprige Teigblasen werfende Fladenbrot, das mit Öl, Kräutern, Zwiebeln und Oliven gewürzt wird und mit der Pizza mehr als nur entfernte Ähnlichkeit hat. Da die Unterseite solcher Fladen mitunter ziemlich schwarz gerät, sind manche Pizza-Forscher auch der Ansicht, dass Pizza nichts mit Pita, sondern eher etwas mit dem lateinischen Wörtchen „picea" zu tun hat, das nichts anderes bedeutet als: pechschwarz.

Trotz dieser römischen Verwandtschaft ist Neapel als Weltpizzahauptstadt nach wie vor unbestritten. Hier entstand auch die (gar nicht so unwahrscheinliche) Legende, die Bevölkerung sei einst dermaßen arm gewesen, dass sie sich nicht einmal Teller leisten konnte und statt dessen alte, trockene Brotfladen als Unterlage für ein höchst kärgliches Gericht aus Oliven, Käse und Kräutern ver-

Pizza mit Thunfisch und Mozzarella

wendete. Nach der Rückkehr des Weltumseglers Christoph Columbus aus Amerika gesellten sich auch noch die zunächst als gesundheitsschädlich empfundenen und daher von den feineren Leuten gemiedenen Tomaten hinzu – und die so genannte „Pizza al pomodoro" war entstanden.

Das vielleicht bedeutendste Eckdatum in der Pizzageschichte ist das Jahr 1889, als Raffaele Esposito, ein bekannter neapolitanischer Pizzaiolo (Pizzakoch), von Königin Margherita eingeladen wurde, eine von ihm entwickelte Pizzavariante auch bei Hof zu kochen, aus der sich die heute noch populäre Pizza Margherita entwickelte. Esposito kreierte damals eine Pizza – rot die Tomaten, grün das Basilikum und weiß der Mozzarella. Und weil das zufällig auch die italienischen Nationalfarben sind, ist die „Margherita" bis heute, zumindest in Italien, wohl auch die populärste aller Pizzas geblieben.

Pizzateig (Grundrezept)

Neapel

ZUTATEN

500 g Mehl
1 Würfel Hefe (40 g)
250 ml Wasser, lauwarm
1 EL Salz
1 EL Honig
2 EL hochwertiges Olivenöl

ZUBEREITUNG

Hefe und Honig in etwa 70 ml lauwarmem Wasser auflösen. In einer Schüssel Salz und Mehl mit einem Knethaken vermischen. Öl, Hefe-Mischung und das restliche Wasser dazugeben und langsam alles gut verkneten. So lange kneten, bis sich der Teig vom Rand der Schüssel löst (rund 5 Minuten). Aus der Schüssel nehmen und mit der Hand weitere 2–3 Minuten kneten, bis ein schön geschmeidiger, seidiger Teig entsteht. In eine Schüssel geben, mit einem feuchten Tuch bedecken und rund 30 Minuten an einem warmen Platz rasten lassen.

Den Teig in 4 Teile teilen und abermals mit der Hand jeweils noch 3 Minuten kneten. Dann noch ca. 1 Minute unter dem Handballen rollen, bis der Teig schön weich wird. Teigkugeln nun weitere 15–20 Minuten rasten lassen. Teig auf die gewünschte Größe hin dünn ausrollen und auf ein mit Backpapier ausgelegtes Backblech legen. Nach Belieben belegen und im vorgeheizten Backrohr bei 220 °C etwa 12–15 Minuten backen.

BACKROHRTEMPERATUR: 220 °C

BACKZEIT: ca. 12–15 Minuten

TIPPS:

- Da dieses Pizzateig-Grundrezept aus einer Zeit stammt, in der Zuckerrohr zu den teuersten Zutaten der Welt zählte und den armen Bevölkerungsschichten nicht zur Verfügung stand, wird hier originalerweise Honig verwendet. Seit dem Siegeszug des billigen Rübenzuckers im 19. Jhdt. wird Honig jedoch meist durch Zucker ersetzt.
- In Klarsichtfolie gewickelt, lässt sich Pizzateig problemlos im Kühlschrank bis zu zwei Tagen aufbewahren.

Pizza Margherita

Neapel

ZUTATEN
Pizzateig laut
Grundrezept (s. S. 133)

FÜR DEN BELAG
400 ml Pizza-Grundsauce
(s. S. 52)
4 Kugeln Mozzarella
2–3 Tomaten
Salz
Oregano zum Bestreuen
Olivenöl

ZUBEREITUNG
Den Pizzateig laut Grundrezept zubereiten. Teigkugeln auf die gewünschte Größe hin dünn ausrollen und auf ein mit Backpapier ausgelegtes Backblech legen. Teigrand zwischen Daumen und Zeigefinger wulstartig etwas hochdrücken. Die Tomaten nach Bedarf kurz überbrühen und schälen. In Scheiben, Mozzarella in kleine Würfel schneiden. Pizza mit Tomatensauce bestreichen, mit Tomatenscheiben belegen und leicht salzen. Mozzarella darüber streuen, mit etwas Olivenöl beträufeln und mit Oregano würzen. Den Teigrand nach Belieben mit Olivenöl bestreichen und die Pizza im vorgeheizten Backrohr bei 220 °C etwa 12–15 Minuten backen.

BACKROHRTEMPERATUR: 220 °C

BACKZEIT: ca. 12–15 Minuten

TIPPS:
- Eine erfrischende Geschmacksnote erhält dieser Pizza-Klassiker, wenn Sie gemeinsam mit den Tomaten etwas Rucola auflegen, die aber beide gut mit Mozzarella oder Öl bedeckt sein sollten, damit sie beim Backen nicht austrocknen.
- Manche Firmen, wie z. B. AEG, bieten Multidampfgarer an, die mit einer speziellen Pizzastufe ausgerüstet sind. Auf diese Weise werden ähnliche Back-Bedingungen wie in einem typischen Pizza-, Stein- oder Lehmofen erzeugt.
- Ideal für das Backen von Pizza im eigenen Ofen ist auch ein so genannter Pizzastein, wie er zum Beispiel von Juno-Electrolux angeboten wird. Die Fläche des Steins wärmt sich im Backrohr überdurchschnittlich stark auf, sodass die Pizza besonders knusprig wird.

Pizza Cardinale

Latium

ZUTATEN
Pizzateig laut
Grundrezept (s. S. 133)

FÜR DEN BELAG
150 g Schinken,
aufgeschnitten
2 Kugeln Mozzarella,
klein geschnitten
400 ml Pizza-Grundsauce
(s. S. 52)
Oregano zum Bestreuen
Olivenöl

ZUBEREITUNG
Den Pizzateig laut Grundrezept zubereiten. Teigkugeln auf die gewünschte Größe hin dünn ausrollen und auf ein mit Backpapier ausgelegtes Backblech legen. Teigrand zwischen Daumen und Zeigefinger wulstartig etwas hochdrücken. Pizza mit Tomatensauce großzügig bestreichen, den Schinken darauf verteilen und mit Mozzarella bedecken. Mit etwas Olivenöl beträufeln, mit Oregano bestreuen und den Teigrand nach Belieben mit Olivenöl bestreichen. Ins vorgeheizte Backrohr schieben und bei 220 °C etwa 12–15 Minuten backen, bis der Mozzarella schön geschmolzen ist.

BACKROHRTEMPERATUR: 220 °C

BACKZEIT: ca. 12–15 Minuten

TIPP: Für Salami-Pizza verwenden Sie einfach statt Schinken die gleiche Menge Salami, die allerdings nicht zu dick geschnitten sein sollte.

Pizza mit Salsicce

Kampanien

ZUTATEN

Pizzateig laut Grundrezept (s. S. 133)

FÜR DEN BELAG

150 g Salsicce (ital. Bratwürstchen)
80 g Erbsen, gekocht
400 ml Pizza-Grundsauce (s. S. 52)
2 Chilischoten
2 Kugeln Mozzarella
2 Tomaten
Oregano zum Bestreuen
Olivenöl

ZUBEREITUNG

Den Pizzateig laut Grundrezept zubereiten. Teigkugeln auf die gewünschte Größe hin dünn ausrollen und auf ein mit Backpapier ausgelegtes Backblech legen. Teigrand zwischen Daumen und Zeigefinger wulstartig etwas hochdrücken.
Die Chilischoten klein hacken, mit der Tomatensauce vermengen und die Teigfladen damit bestreichen. Die Tomaten nach Belieben kurz überbrühen und enthäuten. In Scheiben schneiden und gemeinsam mit den enthäuteten, in Scheiben geschnittenen Salsicce sowie den Erbsen auf die Pizza legen. Mozzarella in Würfel oder dünne Scheiben schneiden und auflegen. Mit etwas Olivenöl beträufeln und mit Oregano bestreuen. Den Teigrand nach Belieben mit Olivenöl bestreichen. Ins vorgeheizte Backrohr schieben und bei 220 °C etwa 12–15 Minuten backen.

BACKROHRTEMPERATUR: 220 °C
BACKZEIT: ca. 12–15 Minuten

Pizza mit Prosciutto und dreierlei Käse

Lombardei

ZUTATEN

Pizzateig laut Grundrezept (s. S. 133)

FÜR DEN BELAG

100 g Prosciutto, dünn geschnitten (wahlweise Roh- oder gekochter Schinken)
1 Kugel Mozzarella
150 g Ziegenkäse
3 EL Parmesan, frisch gerieben
ca. 50 g Basilikumpesto (s. S. 37)
1 TL frischer Oregano, gehackt
1 TL frischer Thymian, gehackt
2 Tomaten
Olivenöl

ZUBEREITUNG

Den Pizzateig laut Grundrezept zubereiten. Teigkugeln auf die gewünschte Größe hin dünn ausrollen und auf ein mit Backpapier ausgelegtes Backblech legen. Teigrand zwischen Daumen und Zeigefinger wulstartig etwas hochdrücken.
Den Mozzarella kleinwürfelig schneiden, den Ziegenkäse in kleine Stücke brechen und die (nach Bedarf geschälten) Tomaten in dünne Scheiben schneiden. Den Pizzateig mit Pesto bestreichen und dann mit Tomatenscheiben sowie Prosciutto belegen. Mozzarella und Ziegenkäse darauf verteilen. Frisch geriebenen Parmesan darüber streuen, die gehackten Kräuter darauf verteilen und mit etwas Olivenöl beträufeln. Den Teigrand nach Belieben mit Olivenöl bestreichen. Ins vorgeheizte Backrohr schieben und bei 220 °C etwa 12–15 Minuten backen.

BACKROHRTEMPERATUR: 220 °C
BACKZEIT: ca. 12–15 Minuten

Pizza mit Sardellen und Oliven

Apulien

ZUTATEN

Pizzateig laut
Grundrezept (s. S. 133)

FÜR DEN BELAG

150 g Sardellenfilets
100 g Oliven
80 g Kapernbeeren,
ohne Stiele
2 Kugeln Mozzarella
400 ml Pizza-Grundsauce
(s. S. 52)
Olivenöl

ZUBEREITUNG

Den Pizzateig laut Grundrezept zubereiten. Teigkugeln auf die gewünschte Größe hin dünn ausrollen und auf ein mit Backpapier ausgelegtes Backblech legen. Teigrand zwischen Daumen und Zeigefinger wulstartig etwas hochdrücken.

Die Oliven entkernen und halbieren, den Mozzarella in dünne Scheiben schneiden. Die Teigfladen mit Tomatensauce bestreichen und mit Mozzarella, Sardellenfilets, Oliven und Kapern belegen. Mit wenig Olivenöl beträufeln, den Pizzarand nach Belieben mit Öl bestreichen und die Pizza im vorgeheizten Backrohr bei 220 °C etwa 12–15 Minuten backen.

BACKROHRTEMPERATUR: 220 °C
BACKZEIT: ca. 12–15 Minuten

Pizza mit Mascarpone und Salsicce

Emilia-Romagna

ZUTATEN

Pizzateig laut
Grundrezept (s. S. 133)

FÜR DEN BELAG

150 g Salsicce (ital.
Bratwürstchen)
150 g Mascarpone
400 ml Pizza-Grundsauce
(s. S. 52)
ca. 8 Basilikumblätter,
gehackt
1 Kugel Mozzarella
Olivenöl

ZUBEREITUNG

Den Pizzateig laut Grundrezept zubereiten. Teigkugeln auf die gewünschte Größe hin dünn ausrollen und auf ein mit Backpapier ausgelegtes Backblech legen. Teigrand zwischen Daumen und Zeigefinger wulstartig etwas hochdrücken.

Die geschälten Salsicce zerkrümeln oder sehr fein schneiden und mit den gehackten Basilikumblättern sowie dem Mascarpone vermischen.

Die Teigfladen mit Tomatensauce bestreichen. Den Mozzarella sehr klein schneiden und darüber streuen. Dann die Mascarpone-Salsicce-Masse darauf verteilen und mit wenig Olivenöl beträufeln. Den Rand nach Belieben mit Olivenöl bestreichen und die Pizza im vorgeheizten Backrohr bei 220 °C etwa 12–15 Minuten backen.

BACKROHRTEMPERATUR: 220 °C
BACKZEIT: ca. 12–15 Minuten

Calzone (Gefüllte Pizza)

Neapel

ZUTATEN

Pizzateig laut Grundrezept (s. S. 133)

FÜR DIE FÜLLE

300 g Mozzarella
250 g Ricotta
200 g Schinken
1 KL Oregano
2 EL Tomatenmark
2 EL Olivenöl
Salz
Pfeffer aus der Mühle

ZUBEREITUNG

Den Pizzateig laut Grundrezept zubereiten und die Teigkugeln auf die gewünschte Größe hin dünn ausrollen. Mozzarella kleinwürfelig und Schinken in Streifen schneiden. Dann jeweils eine Pizzahälfte mit Mozzarellawürfeln, zerbröseltem Ricotta und Schinkenstreifen belegen sowie mit Oregano, Salz und Pfeffer würzen. Pizza zusammenlegen, die Ränder mit etwas Wasser befeuchten und fest zusammendrücken. Die Calzonefladen mit Tomatenmark bestreichen, auf ein mit Backpapier ausgelegtes Backblech legen und im vorgeheizten Backrohr bei 200 °C ca. 20 Minuten backen. Vor dem Servieren mit Olivenöl beträufeln.

BACKROHRTEMPERATUR: 200 °C
BACKZEIT: ca. 20 Minuten
TIPP: Die Fülle kann nach Belieben variiert werden. Statt Schinken kann man Salami verwenden oder auch Tomatenwürfel und Basilikumblätter hinzufügen. Wichtig ist lediglich, reichlich Käse zu verwenden, damit die Calzone saftig bleibt.

Focaccia

Rom

ZUTATEN
600 g Weizenmehl
400 ml Wasser, lauwarm
1 Würfel (ca. 40 g) Hefe
2 TL Zucker
1 TL Salz
4 EL Olivenöl
grobes Meersalz zum Bestreuen
Butter oder Öl für Form und Belag
Mehl für die Arbeitsfläche

Foto rechte Seite

ZUBEREITUNG
Lauwarmes Wasser mit Hefe, Zucker und der halben Menge Mehl verrühren und ca. 20 Minuten gehen lassen. Restliches Mehl mit Salz und Olivenöl in den Vorteig einarbeiten und den Teig geschmeidig kneten. Zudecken und an einem warmen Ort 20–30 Minuten gehen lassen, bis sich das Volumen merklich vergrößert hat. Auf einer bemehlten Arbeitsfläche nochmals durchkneten und auf Backblechgröße ausrollen. Backblech mit Butter oder Öl bestreichen und den Teig auflegen. Abermals etwas gehen lassen. Mit den Fingern kleine Vertiefungen in den Teig drücken und in diese Olivenöl oder Butter streichen. Mit grobem Salz bestreuen. Den Teig mit einer Gabel mehrmals einstechen und im vorgeheizten Backrohr bei 210 °C ca. 25 Minuten backen.

BACKROHRTEMPERATUR: 210 °C

BACKZEIT: ca. 25 Minuten

TIPPS:
- Verfeinern Sie diese Focaccia, indem Sie nach der halben Backzeit frische Kräuter, Mozzarella, Ziegenkäse, Artischocken oder Tomaten auflegen und mitbacken.
- Ähnlich wie bei der Ciabatta kann auch der Focaccia-Teig durch die Zugabe von klein gehackten getrockneten Tomaten, Artischocken oder beliebigen Kräutern geschmacklich verändert werden.

Focaccia mit Steinpilzen

Latium

ZUTATEN FÜR 2 BACKBLECHE
100 g frische Steinpilze
1 Würfel Hefe (40 g)
400 ml Wasser, lauwarm
600 g Weizenmehl
2 EL Olivenöl
10 g grobes Meersalz
Meersalz aus der Mühle
Pfeffer aus der Mühle
Butter zum Andünsten
Olivenöl für die Backbleche

ZUBEREITUNG
Die Steinpilze putzen und in Scheiben schneiden. In einer Kasserolle etwas Butter schmelzen und die Steinpilze darin kurz andünsten. Mit Salz sowie Pfeffer würzen und auskühlen lassen. Hefe in lauwarmem Wasser auflösen. Das Mehl auf eine Arbeitsfläche sieben und mit Hefe, Öl und einer kräftigen Prise Salz zu einem elastischen Teig kneten. Zu einer Kugel formen und mit einem Tuch bedeckt 1–1 1/2 Stunden an einem warmen Ort gehen lassen. Jedes Backblech mit Olivenöl ausstreichen, den Teig teilen, ausrollen und auf das Backblech legen. Mit Olivenöl beträufeln. Mit den Fingerspitzen in den Teig Mulden drücken. Die Steinpilze darüber verteilen und kräftig mit grobem Meersalz bestreuen. Nochmals für etwa 30 Minuten gehen lassen. Währenddessen das Backrohr auf 220 °C vorheizen. Backblech in den Ofen schieben, 1/2 Tasse Wasser in das Backrohr stellen oder auf den Boden des Ofens gießen. Nach 5 Minuten Hitze auf 180 °C reduzieren und das Brot weitere 15 Minuten backen. Herausnehmen und beliebig portionieren.

BACKROHRTEMPERATUR: 220 °C auf 180 °C fallend

BACKZEIT: ca. 20 Minuten

Pissaladière (Provençalische Pizza)

ZUBEREITUNG

In einer Schüssel lauwarmes Wasser mit Hefe, etwa der Hälfte des Mehls und Zucker vermengen und zugedeckt an einem warmen Ort 10–15 Minuten gehen lassen. Prise Salz, restliches Mehl und Olivenöl einarbeiten und den Teig zu einer geschmeidigen Kugel kneten. Teig mit einem Küchentuch abdecken und um das Doppelte seines Volumens (etwa 1 Stunde) aufgehen lassen. Danach wieder zusammenschlagen und nochmals gut kneten. Ein Backblech mit Öl ausstreichen, Teig auf diese Größe ausrollen und auflegen. An den Rändern Teig etwas hochziehen. Teigboden mit einer Gabel mehrmals einstechen und nochmals gehen lassen. Inzwischen für den Belag Zwiebeln in feine Streifen, Knoblauch in feine Scheibchen schneiden. Oliven halbieren und entkernen. Sardellenfilets abtropfen lassen und nach Bedarf Gräten auslösen. In einer Pfanne Olivenöl erhitzen, Zwiebeln langsam glasig anschwitzen, dann Knoblauch zugeben. Gezupften Thymian beimengen, kurz mitrösten und dann vom Feuer nehmen. Zwiebelmasse gleichmäßig auf den Teig auftragen und mit Oliven sowie Sardellen belegen. Alles nochmals 10–15 Minuten rasten lassen. Im vorgeheizten Backrohr bei 220 °C ca. 20 Minuten knusprig backen. In Portionsstücke schneiden und auftragen.

BACKROHRTEMPERATUR: 220 °C
BACKZEIT: ca. 20 Minuten

ZUTATEN FÜR 6–8 PORTIONEN

330 g Mehl
200–250 ml Wasser, lauwarm
1 Päckchen Trockenhefe
1 Messerspitze Zucker
1 Prise Salz
2 EL Olivenöl
Mehl für die Arbeitsfläche
Öl für das Backblech

FÜR DEN BELAG

500–600 g Zwiebeln
3–4 Knoblauchzehen
100–150 g schwarze Oliven
8–10 eingelegte Sardellenfilets
2 Thymianzweige, gezupft
2–3 EL Olivenöl

Pissalat und Pissaladière

Der provençalische Zwiebelkuchen, die Pissaladière, hat auch ein streichfähiges Alter ego, das Pissalat. Diese berühmte Paste aus Sardellen und Olivenöl, Nelken, Thymian, Lorbeer und Pfeffer zählt zu den archaischsten Gerichten der Region. Früher bestrich man damit einfach frische, gekochte oder gebratene Zwiebeln. Dass jemand auf die Idee kam, dass man aus Zwiebeln und Pissalat auch ein veritables Hauptgericht namens Pissaladière machen konnte, war dann im Grunde nur noch eine Frage der Zeit.

INSALATA MISTA

Ein Streifzug durch die mediterrane Salatküche

INSALATA MISTA

Ein Streifzug durch die mediterrane Salatküche

Das aus dem Italienischen stammende Wörtchen Salat bedeutet nichts anderes als „Eingesalzenes". Mittlerweile ist aus der Salatzubereitung „á la méditerranée" jedoch fast schon ein Teil moderner Lebenskultur geworden. Das Salz spielt nur noch eine Nebenrolle. Viel wichtiger sind Essig, Öl – und vor allem die richtigen Salatkräuter. Welche, erfahren Sie im folgenden Kapitel.

Insalata mista

Italien

ZUTATEN

250 g verschiedene Blattsalate (Frisée-, Vogerl- bzw. Feldsalat, Rucola, Salatherzen etc.)
1 rote Zwiebel
1 Karotte
1 Fenchelknolle
1 Selleriestange
1 kleine Paprikaschote (rot oder gelb)
1/2 Salatgurke
2 große Fleischtomaten
200 g weiße oder braune Bohnen, gekocht

FÜR DIE MARINADE

1 EL Rotwein- oder Estragonessig
1/2 KL Meersalz aus der Mühle
3 EL Olivenöl (extra vergine)

ZUBEREITUNG

Blattsalate waschen, trocken schleudern und größere Blätter in mundgerechte Stücke zupfen. Zwiebel in Ringe schneiden, einige Minuten kalt wässern und dann trocken schütteln. Karotte putzen, schälen und grob raspeln. Fenchel vom Grün und den äußeren Teilen befreien und das untere Knollenende zweifingerbreit stutzen. Den Rest der Knolle in dünne Scheiben schneiden. Stangensellerie vom Grün befreien, waschen, zuputzen und in dünne Streifen schneiden. Selleriestreifen mehrmals wässern und trocken schleudern. Paprika nach Bedarf häuten, entkernen, weiße Stellen wegschneiden und in dünne Streifen schneiden. Gurke schälen und in nicht zu dünne Scheiben hobeln. Tomaten waschen, nach Bedarf enthäuten (dazu kurz überbrühen) und in Spalten schneiden. Gekochte Bohnen gut abtropfen lassen.

Nun alle Zutaten in einer Salatschüssel mischen und den Salat möglichst erst bei Tisch marinieren. Für die Marinade zuerst den Essig mit dem Salz so lange verrühren, bis sich dieses aufgelöst hat, und über den Salat gießen. Zuletzt das Öl über den Salat träufeln und alles gut durchmischen.

TIPPS:

- Knoblauchfreunde spießen vor der Salatzubereitung eine Knoblauchzehe auf eine Gabel und reiben damit die Salatschüssel aus. Wer den Salat etwas pikanter möchte, kann auch klein gehacktes Sardellenfilet darunter mischen.
- Grundsätzlich wird Insalata mista nur mit Salz angemacht, aber ebenso grundsätzlich spricht auch nichts dagegen, ihn auch noch mit etwas Pfeffer aus der Mühle zu verfeinern.

Tomatensalat

Italien

ZUBEREITUNG

Die Tomaten ganz kurz überbrühen, schälen und in dünne Scheiben schneiden. Die Frühlingszwiebeln ebenfalls in dünne Scheiben schneiden.
Für die Marinade den Balsamicoessig mit Olivenöl vermischen und mit Salz, Pfeffer und einer Prise Zucker abschmecken. Die geschnittenen Basilikumblätter zugeben. Die Tomatenscheiben auf je einem Teller fächerförmig auflegen, mit Frühlingszwiebeln bestreuen und die Marinade darüber gießen.

ZUTATEN

8 Tomaten
2 Frühlingszwiebeln
4 EL Balsamicoessig
8 EL Olivenöl
4 Basilikumblätter, geschnitten
Salz aus der Mühle
Pfeffer aus der Mühle
1 Prise Zucker

Kräutersalat

Frankreich

ZUBEREITUNG

Sämtliche Kräuter fein zupfen und möglichst kurz in Wasser waschen. In ein Tuch legen und mit der Hand oder in einer Salatschleuder trocken schleudern.
Für die Marinade Senf, Essig und Geflügelfond in einer Schüssel vermengen. Unter ständigem Rühren langsam beide Öle einfließen lassen. Sollte das Dressing zu dick geraten, noch etwas Fond hinzufügen, da sonst die Kräuter an Aroma verlieren. Mit frisch gemahlenem Meersalz, Pfeffer und gegebenenfalls Zitronensaft abschmecken. Die Kräuter durch das Dressing ziehen und auf Tellern anrichten. Mit den Kapuzinerblüten garnieren.

TIPP: Schmecken die Kräuter zu intensiv, so wirkt etwas beigemengter grüner oder Friséesalat durchaus lindernd.

ZUTATEN

Kräuter nach Belieben und Saison (etwa Brunnenkresse, Minze, Basilikum, Petersilie, Kerbel, Löwenzahnspitzen, Fenchelgrün, Estragon oder Dillspitzen)
1 EL Senf
100 ml Estragonessig
100 ml Olivenöl
100 ml Walnussöl
ca. 200 ml Geflügelfond
Zitronensaft nach Belieben
Meersalz aus der Mühle
Pfeffer aus der Mühle
Kapuzinerblüten zum Garnieren

ZUTATEN

2 Kugeln Mozzarella
4 Tomaten
Basilikumblätter
Salz aus der Mühle
Pfeffer aus der Mühle
Olivenöl

Caprese

Golf von Neapel

ZUBEREITUNG

Mozzarella und Tomaten jeweils in Scheiben schneiden. Dann direkt auf den Tellern schuppenartig abwechselnd je eine Scheibe Mozzarella und Tomate sowie Basilikumblätter übereinander legen. Jeweils mit Pfeffer würzen und mit Olivenöl beträufeln. Abschließend noch mit frisch gemahlenem Meersalz bestreuen und mit etwas Olivenöl beträufeln.

TIPP: Dieser Salat kann auch als kalte Vorspeise oder kleines Hauptgericht gereicht werden und sieht besonders dekorativ aus, wenn man ihn turmförmig anrichtet. Ein Grissino (kleine Weizenbrotstange) verleiht in diesem Fall den erwünschten Halt.

Vom Mozzarella zum Caprese

Mozzarella wird ob seiner vielseitigen Verwendbarkeit häufig als „Käse, der alles kann“ bezeichnet. Das vielleicht berühmteste Gericht ist jedoch der Caprese-Salat, dessen Name viel jüngeren Datums ist, als man gemeinhin denkt. Er geht auf den entthronten Ägypterkönig Faruk zurück, der gerade von Abd-el-Nasser aus seinem Land verbannt worden war und unbehaust auf seiner Luxusyacht durchs Mittelmeer kreuzte. Besonders gerne ging er damals in Capri vor Anker, um in seinem Lieblingslokal „La canzone del mare“ an der Marina Piccola abzusteigen. Dessen Oberkellner setzte dem abwechslungssüchtigen Monarchen eines Tages – man schrieb das Jahr 1952 – ein uraltes Inselgericht als neue Kreation vor, das aus saftigem, frisch aus der Molke gehobenen Büffelmozzarella, süßen roten Fleischtomaten, frischem Basilikum und etwas Olivenöl bestand. König Faruk kam das Gericht jedoch ziemlich bekannt vor, weil aus der Milch der Wasserbüffelkühe auch im Niltal ein sehr ähnlicher Frischkäse, der Gibneh, erzeugt wurde. Er erklärte das Gericht daher kurzerhand zu seiner neuen Lieblingsspeise und nannte es Insalata Caprese. Ein Name, unter dem es heute im ganzen Mittelmeerraum bekannt ist. Auf Capri, wo längst kein Mozzarella mehr erzeugt wird und auch die Tomatenkulturen den lukrativeren Hotelanlagen gewichen sind, gilt es mittlerweile sogar als „Nationalspeise“.

Radicchio-Trevisano mit Schafkäse

Veneto

ZUTATEN

2 Radicchio-Trevisano
60 g Pinienkerne
100 g Schafkäse
100 ml Gemüsefond
100 ml Rotweinessig
1 EL Honig
Meersalz aus der Mühle
Pfeffer
2 Scheiben Toastbrot

ZUBEREITUNG

Den Radicchio zuerst in lauwarmem, dann in kaltem Wasser waschen, damit er an Bitterstoffen verliert. Aus dem Gemüsefond mit Essig und Honig eine Marinade anrühren. Mit Meersalz und Pfeffer würzen. Die Pinienkerne mit einem kleinen Teil der Marinade marinieren. Den Schafkäse in Würfel schneiden. Toastbrot ebenfalls würfelig schneiden und zu knusprigen Croûtons rösten. Den gut abgetropften Radicchio durch die restliche Marinade ziehen und auf Tellern anrichten. Den Schafkäse darauf geben und mit Pinienkernen und Croûtons bestreuen.

Hirtensalat

Türkei

ZUTATEN

2 große Fleischtomaten
1/2 Salatgurke
je 1 rote und grüne Paprikaschote
1 rote Zwiebel
2 Frühlingszwiebeln
2 kleine frische Chilischoten
Petersilie
Saft von 1 Zitrone
Olivenöl
Meersalz

ZUBEREITUNG

Die Tomaten, die Gurke, die entkernten Paprikaschoten und die Zwiebel in Würfel, die Frühlingszwiebeln in feine Ringe schneiden. Die Chilischoten halbieren, entkernen und fein schneiden. Alle Zutaten vermischen und mit Zitronensaft, Olivenöl, Meersalz und der grob gehackten Petersilie abschmecken. Gut durchziehen lassen und kalt servieren.

Griechischer Bauernsalat

(Horiatiki salata)

ZUTATEN

2 Fleischtomaten
1 Salatgurke
1 grüne Paprikaschote
1 rote Zwiebel
150 g Feta-Käse
100 ml Olivenöl
2 EL Rotweinessig
2 Frühlingszwiebeln
15 schwarze Kalamata-Oliven, entkernt
1 Oreganozweig
1 Thymianzweig
Meersalz aus der Mühle
Pfeffer aus der Mühle

ZUBEREITUNG

Die Tomaten in kleine Spalten schneiden und nochmals halbieren. Die Gurke schälen, halbieren, entkernen und in Würfel oder Scheiben schneiden. Die Paprikaschote entstielen, entkernen und in Streifen schneiden. Die Zwiebel ebenso in Streifen schneiden.

Das Gemüse mit dem würfelig geschnittenen Feta-Käse und den entkernten Oliven vermengen und mit Rotweinessig und Olivenöl marinieren. Mit Salz und Pfeffer aus der Mühle würzen. Die geschälten Frühlingszwiebeln schräg in Scheiben schneiden und über den Salat streuen. Mit gezupftem Oregano und Thymian garnieren.

TIPPS:
- Sollten Sie das Glück haben, eine unbehandelte Gurke verwenden zu können, so erübrigt sich das Schälen.
- Dieser kräftige Salat wird auch gerne als erfrischende kalte Vorspeise serviert, wozu dann knusprig-frisches Fladenbrot besonders gut passt.

Copski-Salat

Balkan

ZUBEREITUNG

Paprika- und Pfefferonischoten nach Belieben anrösten und schälen (oder ungeschält verarbeiten). Schoten entkernen und in gleichmäßige Streifen oder Stücke schneiden. Tomaten kurz in heißem Wasser überbrühen, schälen, von den Kernen befreien und das Fruchtfleisch durch ein grobes Reibeisen drücken. Knoblauchzehen zerdrücken und mit den Tomaten sowie etwas Salz vermischen. Schafsfrischkäse grob reiben. Alle Zutaten vermengen, mit Essig und Öl vermischen sowie mit frisch gehackter Petersilie oder frischer Minze bestreuen.

ZUTATEN

500 g verschiedenfarbige Paprika- und Pfefferonischoten
3 Tomaten
2 Knoblauchzehen
150 g Schafsfrischkäse
1 Bund Petersilie oder frische Minze, gehackt
2 EL Essig
6 EL Öl
Salz

Mazedonischer Salat

ZUBEREITUNG

Das Gemüse in feine Würfel schneiden, den Knoblauch sowie die Chilischote sehr fein hacken. Aus Fond, Essig und Öl eine Marinade anrühren und mit frisch gemahlenem Meersalz, Zucker und gehackter Petersilie abschmecken. Das Gemüse außer der Chilischote in eine Schüssel geben, mit der Marinade übergießen und mindestens 1 Stunde ziehen lassen. Vor dem Servieren nach Belieben mehr oder weniger Chili einmengen.

ZUTATEN

2 große Fleischtomaten
1 Stück Stangensellerie
2 Paprikaschoten, rot
2 Knoblauchzehen
1 Chilischote
100 ml Gemüsefond
100 ml Rotweinessig
ca. 100 ml Sonnenblumenöl
Meersalz aus der Mühle
Zucker
Petersilie, gehackt

Bulgursalat

Türkei

ZUBEREITUNG

Den Bulgur mit so viel kochendem Wasser übergießen, dass er bedeckt ist, und ca. 30 Minuten ziehen lassen. Währenddessen die Frühlingszwiebeln fein schneiden. Die Tomaten blanchieren (kurz überbrühen), die Haut abziehen, entkernen und in kleine Würfel schneiden. Den gewaschenen Salat in feine Streifen schneiden. Den Bulgur abgießen, sofern er nicht die ganze Flüssigkeit aufgenommen hat, und das vorbereitete Gemüse sowie die gehackten Kräuter darunter mischen. Für das Dressing Tomatenmark, Paprikapulver, Chili, Granatapfelsirup und Zitronensaft miteinander vermengen. Das Olivenöl langsam mit einem Schneebesen unterrühren. Mit dem Bulgur vermengen und ca. 2 Stunden ziehen lassen.

ZUTATEN

200 g feiner Bulgur (Weizenschrot)
2 Frühlingszwiebeln
1 EL Petersilie, fein gehackt
3 Minzeblätter, grob gehackt
2 Fleischtomaten
Römischer Salat (Romana- oder Kochsalat)

FÜR DAS DRESSING

2 EL Tomatenmark
3 TL Paprikapulver
1 TL Chili-Flocken
3 TL Granatapfelsirup
Saft von 1 Zitrone
100 ml Olivenöl

Rucola mit Parmesan

Novelli-Spezialität

ZUTATEN

400 g Rucola
4 EL Balsamicoessig
8 EL Olivenöl
8 große Parmesanscheiben oder
100 g Parmesan, dünn geschnitten und gebrochen
Saft von 1/2 Zitrone
Salz aus der Mühle
Pfeffer aus der Mühle
1 Prise Zucker

ZUBEREITUNG

Rucola zuputzen, waschen und trocken schleudern. Den Balsamicoessig mit Olivenöl vermischen und mit Zitronensaft, Salz, Zucker sowie Pfeffer abschmecken. Rucola durch die Marinade ziehen und auf je einem Teller hügelartig aufhäufen. Die Parmesanscheiben rundum dekorativ anrichten und servieren.

Pikanter Salat von Pfirsich und Birne

Novelli-Spezialität

ZUTATEN

3 Weinbergpfirsiche
3 Williamsbirnen
Saft von 1 Zitrone
1 Basilikumzweig
1 kleine rote Chilischote
Sojasauce
Balsamicoessig, möglichst hochwertig
Olivenöl
Meersalz aus der Mühle
Pfeffer aus der Mühle
Basilikumblätter zum Garnieren

ZUBEREITUNG

Die entkernten und nach Belieben geschälten (oder ungeschälten) Pfirsiche und Birnen in Spalten schneiden und sofort mit Zitronensaft marinieren. Einen Spritzer Sojasauce und Balsamicoessig dazugeben. Basilikum in feine Streifen schneiden und mit der gehackten Chilischote untermischen. Mit frisch gemahlenem Meersalz und Pfeffer abschmecken und abschließend etwas Olivenöl einmengen. Mit ganzen Basilikumblättern garnieren.

Bittersalate in Grapefruitmarinade

Balearen

ZUTATEN

1/2 Friséesalat
1/2 weißer Chicorée
1 roter Chicorée
2 Bund Löwenzahn
1 Radicchio

FÜR DAS DRESSING

1 EL süßer Senf
2 Grapefruits
100 ml Walnussöl
5 cl Weißweinessig
1 Prise Zucker
Meersalz aus der Mühle
Pfeffer aus der Mühle

ZUBEREITUNG

Alle Salate putzen, waschen und trocken schleudern. Den Radicchio zuerst in lauwarmem, dann in kaltem Wasser waschen, damit er an Bitterstoffen verliert. Eine Grapefruit auspressen, die andere schälen und filetieren. Für das Dressing den Grapefruitsaft mit Senf und Essig mischen, das Walnussöl langsam einrühren und mit Salz, Pfeffer sowie einer Prise Zucker abschmecken. Die Salate in mundgerechte Stücke reißen, mit dem Dressing marinieren und die Grapefruitfilets dekorativ darauf drapieren.

Bohnensalat mit Tomaten

Spanien

ZUTATEN

500 g dicke Bohnen
6 Tomaten, am besten frisch von der Rispe
1 Bund Frühlingszwiebeln
4 eingelegte Sardinenfilets
Olivenöl
Zitronensaft
Meersalz aus der Mühle

ZUBEREITUNG

Die Bohnen aus der Schote lösen und in Salzwasser kurz blanchieren (überbrühen). In Eiswasser abschrecken und schälen. Die Tomaten ebenfalls blanchieren, Haut abziehen, entkernen und achteln. Die Frühlingszwiebeln fein schneiden und die Sardinen in mundgerechte Stücke schneiden. Dabei eventuell vorhandene Gräten entfernen.

Alles in eine Schüssel geben, vorsichtig durchmengen und mit Olivenöl, Zitronensaft und frisch gemahlenem Meersalz marinieren. Auf großen Tellern dekorativ anrichten.

Radicchiosalat mit Bohnen und Kartoffeln

Kroatien

ZUTATEN

1 Radicchio
4 festkochende Kartoffeln
100 g getrocknete weiße Bohnen
1 Knoblauchzehe
1/2 TL scharfer Senf
2 EL Balsamicoessig
4 EL Olivenöl
1 EL Petersilie, fein gehackt
Salz aus der Mühle
Pfeffer aus der Mühle

ZUBEREITUNG

Die Bohnen über Nacht in Wasser einweichen. Am nächsten Tag ca. 1 1/2 Stunden weich kochen. Die Kartoffeln kochen, schälen und noch lauwarm in Scheiben schneiden.

Für die Marinade den Knoblauch fein schneiden und mit Pfeffer, Salz, Senf und Essig vermischen. Dann das Olivenöl langsam einrühren.

Den Radicchio zuerst lauwarm, dann kalt waschen (so verliert er die Bitterstoffe). Abtropfen lassen und in mundgerechte Stücke reißen. Mit den Bohnen und Kartoffelscheiben vermischen. Alles mit der Marinade sowie der fein gehackten Petersilie vermengen und einige Minuten ziehen lassen.

GARUNGSZEIT: Bohnen 1 1/2 Stunden, Kartoffeln 15–20 Minuten

Rucolasalat mit Steinpilzen

Kroatien

ZUTATEN

300 g Rucola
250 g Steinpilze
1/2 Bund Frühlingszwiebeln
Zitronensaft
4 EL Olivenöl
2 EL Balsamicoessig
1 Knoblauchzehe
1 EL Petersilie, fein gehackt
Salz aus der Mühle
Pfeffer aus der Mühle
50 g harter, gereifter Schafkäse, gehobelt
Olivenöl zum Anbraten

ZUBEREITUNG

Rucola zuputzen, waschen und trocken schleudern. Die Frühlingszwiebeln fein schneiden. Die Steinpilze putzen und in etwas dickere Scheiben schneiden. Etwas Olivenöl erhitzen, die Frühlingszwiebeln darin kurz anschwitzen, Steinpilze dazugeben und kurz anbraten. Mit etwas Salz und einem Spritzer Zitronensaft abschmecken.

Für die Marinade den Knoblauch fein schneiden. Mit Pfeffer, Salz sowie Essig vermischen und das Olivenöl langsam einrühren. Rucola mit der Marinade vermengen und auf Tellern anrichten. Die gebratenen Steinpilze darauf drapieren, mit gehackter Petersilie bestreuen und mit gehobeltem Käse bedecken.

Salade niçoise á la Novelli

Provence

ZUBEREITUNG

Die Salate waschen und trocken schleudern. Die Gurke schälen, halbieren, entkernen, in Scheiben schneiden und leicht einsalzen. Die Zwiebel vierteln und in feine Scheiben schneiden. Die Tomaten blanchieren (kurz überbrühen), Haut abziehen, entkernen und vierteln. Die Wachteleier 4–5 Minuten kochen, kalt abschrecken und schälen. Die Keniabohnen in Salzwasser einige Minuten weich kochen, abschrecken und auseinander ziehen. Den frischen Thunfisch in 4 gleich große Scheiben schneiden, mit Salz und frisch geschrotetem Pfeffer würzen und in Olivenöl beidseitig kurz anbraten. Für das Dressing Gemüsefond, Senf und Rotweinessig vermischen. Das Olivenöl langsam einrühren, den fein gehackten Knoblauch dazugeben und die geschnittenen Basilikumblätter untermengen. Mit Salz und Pfeffer abschmecken.

Zunächst die Blattsalate mit etwas Dressing marinieren und auf je einen Teller geben. Nach und nach alle anderen Gemüse und Zutaten einzeln marinieren, gegebenenfalls nachwürzen und anrichten. Die Wachteleier und Oliven darüber verteilen. Den rosa gebratenen Thunfisch aufschneiden, auflegen und mit wenig Dressing beträufeln. Wird Thunfisch aus der Dose verwendet, diesen gut abtropfen und ebenfalls mit etwas Dressing marinieren.

Nizza, der Stoff aus dem die Gemüseträume sind

Nizza hat nicht nur wegen seines milden Klimas als „Winterhauptstadt Europas" historische Bedeutung erlangt, sondern gilt wegen seines überbordenden Marktlebens auch als eine Metropole der Blumen und des Gemüses. So verdankt etwa die berühmte Ratatouille niçoise (das Rezept finden Sie auf Seite 370) dem hier schier unerschöpflichen Vorrat an Köstlichkeiten ihren Weltruhm. Aber auch der Salade niçoise hat von hier aus Karriere gemacht. Es ist, wie die Franzosen so musikalisch sagen, ein „Salade composée". Also keineswegs nur eine Beilage, sondern ein „komponiertes" Gericht, das aus vielerlei Zutaten wie etwa Paprikaschoten, Zwiebeln, Tomaten, Knoblauch und Olivenöl sowie knackigen grünen Bohnen, Sardellenfilets, Thunfisch, schwarzen Oliven oder hart gekochten Eiern bestehen kann. Das Originalrezept kommt wegen des starken Eigengeschmacks dieser vielen Zutaten sogar ohne Essig aus.

Die dritte im Bunde der Nizza-Spezialitäten ist die Pissaladière niçoise, ein Zwiebelkuchen mit Sardellenpaste und schwarzen Oliven, der mit Recht als einer der schönsten einfachen Genüsse aus der provençalischen Sonnenküche gepriesen wird. Das Rezept dazu finden Sie auf Seite 139.

ZUTATEN FÜR 6–8 PORTIONEN

1 Kopfsalat (Häuptelsalat)
1 Römischer Salat (Romana- oder Kochsalat)
1 Friséesalat, nur die Herzen
1 Salatgurke
1 rote Zwiebel
4 Tomaten, am besten frisch von der Rispe
12 schwarze Oliven
12 rohe Wachteleier
250 g frischer Thunfisch
2 Bund feine Keniabohnen (junge, grüne Bohnen)
Meersalz aus der Mühle
Pfeffer aus der Mühle
Olivenöl zum Anbraten

FÜR DAS DRESSING

200 ml Gemüsefond
100 ml Rotweinessig
100 ml Olivenöl
1 TL Senf
1 Knoblauchzehe
1 Basilikumzweig
Meersalz aus der Mühle
Pfeffer aus der Mühle

Foto linke Seite

Panzanella-Salat

Toskana

ZUTATEN

1 Focaccia mit
300–400 g vom Vortag
(oder anderes
entrindetes Weißbrot)
2 Zwiebeln oder mehrere
Frühlingszwiebeln
5 Tomaten, am besten
frisch von der Rispe
1 Gurke
Oliven, Kapern und
Sardellen nach Wunsch
100 ml Rotweinessig
200 ml Gemüsefond
1 Bund Basilikum,
frisch gehackt
Olivenöl
Meersalz, frisch gemahlen
Pfeffer, frisch gemahlen

ZUBEREITUNG

Das altbackene Brot in grobe Würfel schneiden und auf einem Blech über Nacht trocknen. Die Gurke schälen, halbieren, entkernen, in Scheiben schneiden und leicht einsalzen. Die Tomaten vierteln und nochmals halbieren. Die geschälten Zwiebeln in feine Streifen schneiden. Rotweinessig und Gemüsefond miteinander vermengen. Die Brotwürfel in eine Schüssel geben und mit etwas Essigmischung beträufeln. Überschüssiges Wasser von den Gurken abgießen. Gurken mit den Zwiebeln und Tomaten vermischen. Restliche Essigmischung und das eingeweichte Brot zugeben. Mit Meersalz und Pfeffer aus der Mühle würzen. Nach Belieben Kapern, Oliven und gehackte Sardellen untermengen. Abschließend das Olivenöl unterrühren und Basilikum darüber streuen.

TIPP: Das Öl darf erst ganz zum Schluss zugegeben werden, da das Brot, sobald es einmal von Öl umgeben ist, keine Flüssigkeit mehr aufnehmen kann.

Der Geschmack der Toskana

Panzanella – das Wort stammt vermutlich von pane (Brot) und zanella (tiefer Teller) – umreißt das toskanische Lebensgefühl schlechthin. Dieses ebenso alte wie einfache Gericht aus der Armenküche ist mittlerweile auch auf den luxuriösesten Tafeln gern gesehen und harmoniert exzellent mit regionalen Weinen vom einfachen Sangiovese bis zur großen Cuvée. Wie bei allen wirklich großen Gerichten gibt es auch für die Panzanella unzählige Rezepte, die oft von Dorf zu Dorf variieren. Unser Rezept, in dem Gurken eine geschmacksbildende Rolle spielen, würde beispielsweise in der Gegend um Siena mit Sicherheit ohne Gurken auskommen.

Ein Vorläufer der Panzanella war – so vermutet zumindest der Dichter Boccaccio – das Pan bagnat (Rezept siehe Seite 59), ein trockenes Stück Brot, das von den Fischern auf hoher See einfach mit Meerwasser befeuchtet und mit Essig und Öl ins „Rutschen" gebracht wurde. Aus dieser Zeit stammt wohl auch der in einigen Orten heute noch übliche Brauch, zur Panzanella ein paar Sardellen oder Meeresfrüchte zu servieren.

Salat von sauer eingelegtem Frühlingsgemüse und Shrimps

Novelli-Spezialität

ZUBEREITUNG

Das Gemüse putzen und in die gewünschte Form schneiden. Die in Streifen geschnittenen Schalotten in etwas Olivenöl anschwitzen und mit Weißwein, Gemüsefond sowie Zitronensaft ablöschen. Lorbeerblatt, Senfkörner und den fein gestoßenen Koriander einmengen und einmal kräftig aufkochen. Mit frisch gemahlenem Meersalz und Pfeffer würzen. Nun je nach Garzeit in entsprechender Reihenfolge die Gemüse dazugeben und langsam gar ziehen lassen. Die Tomate kurz überbrühen, Haut abziehen, in Streifen schneiden und zugeben. Mit Salz und Pfeffer abschmecken. In ein flaches Geschirr umstechen, damit das Gemüse schnell auskühlen kann.

Währenddessen etwas Olivenöl erhitzen, die Chilischote darin kurz anbraten, wieder herausnehmen und die Shrimps darin kurz anbraten.

Das ausgekühlte Gemüse in tiefen Tellern anrichten, mit bestem Olivenöl beträufeln und die Shrimps darauf anrichten.

ZUTATEN

ca. 800 g Frühlingsgemüse je nach Wunsch
100 ml Weißwein
100 ml Zitronensaft
100 ml Gemüsefond
2 Schalotten
1 Lorbeerblatt
1 Tomate
1 EL Korianderkörner, gestoßen
1 TL Senfkörner
160 g eingelegte Shrimps
1 Chilischote, entkernt und halbiert
Meersalz aus der Mühle
Pfeffer aus der Mühle
Olivenöl

Kalbszüngerlsalat mit Bohnen

Toskana

ZUTATEN

1 Kalbszunge
2 Tomaten
1 Bund Frühlingszwiebeln
1 EL Petersilie, grob gehackt
etwas Olivenöl

FÜR DEN SUD

1 Zwiebel
1 Karotte
1 kleiner Sellerie
2 Lorbeerblätter
2 Wacholderbeeren
1 Thymianzweig
Salz

FÜR DEN BOHNENSALAT

250 g getrocknete Bohnen (vorzugsweise zweierlei Sorten)
1 Zwiebel
4 Knoblauchzehen zum Aufkochen
2 Thymianzweiglein
Meersalz
3 Schalotten
2 Knoblauchzehen für die Marinade
1 EL Senf
2 EL Balsamicoessig
4 EL Olivenöl

ZUBEREITUNG

Für den Sud das Gemüse grobwürfelig schneiden und gemeinsam mit den Aromaten in Salzwasser aufkochen. Die Zunge einlegen und ca. 90 Minuten kochen, bis bei einem Druck mit Daumen und Zeigefinger an der Spitze der Zunge die Finger gegenseitig zu spüren sind. Aus dem Fond nehmen, etwas, aber nicht völlig auskühlen lassen und die Haut abziehen. Den Fond durch ein Sieb passieren und aufbewahren.

Für den Bohnensalat die Bohnen in einem Topf über Nacht in Wasser einweichen. Am nächsten Tag mit der Zwiebel, Knoblauch und Thymian aufstellen und aufkochen lassen. Nun erst mit Meersalz würzen und die Bohnen 1 1/2–2 Stunden weich kochen. Im Sud auskühlen lassen.

Für die Marinade Schalotten und Knoblauch in feine Würfel schneiden. Mit etwa 1 Tasse von dem bereitgehaltenen Zungenfond, Balsamicoessig und Senf vermischen. Das Olivenöl in dünnem Strahl langsam einrühren und die Bohnen in dieser Marinade für mindestens einen halben Tag marinieren.

Die geschälte Zunge in dünne Scheiben schneiden, in etwas Fond kurz erwärmen, aber nicht mehr aufkochen. Die Frühlingszwiebeln fein schneiden. Die Tomaten kurz überbrühen, schälen, entkernen und kleinwürfelig schneiden. Tomaten und Frühlingszwiebeln zur Zunge geben.

Die marinierten Bohnen auf Tellern anrichten, die warme Zunge herausheben und dekorativ auflegen. Etwas Olivenöl und grob geschnittene Petersilie in den Fond geben und kurz aufkochen lassen. Reichlich Fond mitsamt den Tomaten und Frühlingszwiebeln über die Zunge träufeln und sofort servieren.

GARUNGSZEIT: Zunge ca. 90 Minuten, Bohnen 1 1/2–2 Stunden
TIPP: Achten Sie beim Schälen der Zunge stets darauf, dass die Zunge nicht zu sehr abkühlt. Kalte Zungen lassen sich nämlich viel schlechter abziehen als lauwarme.

Salat als Schlafmittel?

Ob der römische Feinschmecker Apicius, der Autor des ältesten Kochbuchs der Welt, ein großer Salatfreund war, verrät er uns nicht. Wir wissen nur, dass er „intuba et lactucae" – Endivien- und Kopfsalat – mit Honig und Essig abschmeckte und Feldsalat als probates Mittel gegen Verdauungsbeschwerden und Blähungen empfahl. Ganz so unumstritten, wie es die Apicius-Lektüre nahelegen mag, war die Bekömmlichkeit des Salats indessen nicht. Der antike Arzt Aemilius Macer empfahl ihn wohl Gallenkranken, schränkte jedoch ein, dass Kopfsalat Menschen mit schwachen Mägen nur Schaden bringen könne. Sein noch berühmter gewordener Kollege Galenus wiederum konstatierte, dass die „Lactuca" schweren Schlaf verursache. Der Epigrammatiker Martial machte aus dieser Not eine Tugend und empfahl, den Salat als Abschluss einer Mahlzeit, gleichsam als Dessert zu verspeisen, weil man danach schneller und angenehmer einschlafe.

ALLES ÜBER PASTA

Spaghetti, Ravioli, Gnocchi & Co.

ALLES ÜBER PASTA

Spaghetti, Ravioli, Gnocchi & Co.

Alle Mahnungen moderner Diätetik konnten ihnen nichts anhaben: Nudeln und andere mediterrane Teigwaren sind, obwohl klammheimliche Kalorienbomber, populärer denn je zuvor. Ihre Vielfalt ist unbeschreiblich, ihre Kombinationsfähigkeit mit Pesto und Sugo schier unendlich. Außerdem passen Nudelgerichte zur mediterranen Welle ebenso wie zum euroasiatischen Trend. Und irgendwo zwischen China und Italien hat die Pasta ja wohl auch tatsächlich das Licht der kulinarischen Welt erblickt.

PASTAVARIATIONEN

Pastateig (Grundrezept) s. S. 34

Spaghetti aglio e olio

Neapel

ZUTATEN

320–400 g Spaghetti
4 Knoblauchzehen
2 Chilischoten, getrocknet
125 ml Weißwein
3 EL Petersilie, gehackt
6 EL Olivenöl
Meersalz aus der Mühle
Pfeffer aus der Mühle
50 g Parmesan, frisch gerieben

ZUBEREITUNG

Den Knoblauch in dünne Scheiben schneiden und in Olivenöl gerade so lange anschwitzen, dass er etwas Farbe bekommt. Mit Weißwein ablöschen. Die Chilischoten zwischen den Fingern zermahlen, dazugeben und kurz einkochen lassen. Mit frisch gemahlenem Salz und Pfeffer würzen. Die in Salzwasser al dente gekochten Spaghetti abgießen, abtropfen lassen und dazugeben. Kurz durchrühren. Vor dem Servieren die fein gehackte Petersilie sowie den frisch geriebenen Parmesan einrühren.

GARUNGSZEIT: Spaghetti je nach Stärke und Art ca. 7–12 Minuten (Anleitung beachten!)

TIPP: Achten Sie darauf, Ihre Hände nach der Chilizugabe gründlich zu waschen, denn Chili hinterlässt beispielsweise auch in den Augen einen teuflisch scharfen Eindruck!

Das Zauberwort Sciuliarelli

Die Spaghetti aglio e olio sind heute viel zu populär, als dass sie von einer einzigen Region für sich beansprucht werden könnten. Ihr Ursprung liegt dennoch im Süden der Apenninischen Halbinsel, dessen Bewohnern böse Zungen gerne nachsagen, sie seien zu faul, um ihren Nudelteig selber zu machen und bevorzugten deshalb Hartweizengrießnudeln in einfachster Zubereitung. Tatsächlich ist die Qualität der gekauften Pasta bis heute kaum anderswo so gut wie rund um den Golf von Neapel. Und die Spaghetti aglio e olio (die in dieser Gegend sehr häufig Linguine sind) dürfen auch wirklich das Prädikat „schnellstes Pastagericht der Welt" für sich beanspruchen. Wichtig ist vor allem zweierlei: Die Nudeln müssen al dente, also bissfest sein. Fast noch wichtiger ist jedoch, dass sie auch sciuliarelli sind. Will heißen: Sie müssen flutschen. Was wiederum bedeutet, dass am Öl nicht gespart werden sollte.

Spaghetti mit Zitronensauce

Golf von Neapel

ZUTATEN

320–400 g Spaghetti
150 g Mascarpone
100 g Crème fraîche
1 kl. Bund Zitronenmelisse
50 g Pinienkerne
Saft und Schale von 1 unbehandelten Zitrone
Salz aus der Mühle
Pfeffer aus der Mühle
etwas Tabascosauce

ZUBEREITUNG

Die Pinienkerne in einer Pfanne ohne Fett anrösten. Den Mascarpone mit Crème fraîche, Zitronensaft und -schale aufkochen und mit Salz, Pfeffer und Tabascosauce würzig abschmecken. Die in Salzwasser al dente gekochten Spaghetti abgießen, abtropfen lassen und unter die Sauce ziehen. Abschließend die gehackte Melisse und die Pinienkerne unterrühren.

GARUNGSZEIT: Spaghetti je nach Stärke und Art ca. 7–12 Minuten (Anleitung beachten!)

Spaghetti alla salsa cruda

Kampanien

ZUTATEN

320–400 g Spaghetti
5 vollreife Tomaten
2 Kugeln Büffelmozzarella
1 Bund Basilikum
5 getrocknete Tomaten
8 EL Olivenöl extra vergine
Meersalz aus der Mühle
Pfeffer aus der Mühle
1 Prise Zucker nach Belieben

ZUBEREITUNG

Die Tomaten blanchieren (kurz überbrühen), schälen, entkernen und in etwa 1cm große Würfel schneiden. Den Mozzarella ebenfalls in gleich große Würfel schneiden. Basilikumblätter von den Stielen zupfen und in kleine Stücke reißen. Die getrockneten Tomaten nach Belieben einweichen, dann hacken. Nun alle Zutaten in einer großen vorgewärmten Schüssel vermengen und mit dem Olivenöl vermischen. Mit Salz, Pfeffer und nach Belieben mit einer Prise Zucker würzen. Die in Salzwasser al dente gekochten Spaghetti sofort nach dem Abgießen in die Schüssel geben und rasch unter die Sauce ziehen.

GARUNGSZEIT: Spaghetti je nach Stärke und Art ca. 7–12 Minuten (Anleitung beachten!)

TIPP: Vollreife Kirschtomaten verleihen dieser unkonventionellen Spaghettisauce noch mehr Süße.

Spaghetti alla carbonara

Latium

ZUTATEN

320–400 g Spaghetti
100 g durchwachsener Speck
100 g Parmesan, frisch gerieben
3 EL Schlagobers
3 Eier
2 EL Olivenöl
2 Knoblauchzehen, klein geschnitten
Meersalz aus der Mühle
Pfeffer aus der Mühle

ZUBEREITUNG

Den Speck in kleine Würfel schneiden und in einer großen Pfanne in heißem Olivenöl langsam ausbraten. Eier, Schlagobers, Salz und Pfeffer mit einem Schneebesen zu einer cremigen Masse rühren und 50 g (!) Parmesan unterrühren. Die Speckwürfel aus der Pfanne heben, warm halten und im verbliebenen Fett den geschnittenen Knoblauch andünsten. Die in Salzwasser al dente gekochten Spaghetti abgießen, abtropfen lassen und dazugeben. Gut durchschwenken. Die Pfanne vom Herd nehmen und die Eiermasse mit den Nudeln vermengen. Mit den Speckwürfeln und dem restlichen Parmesan bestreuen.

GARUNGSZEIT: Spaghetti je nach Stärke und Art ca. 7–12 Minuten (Anleitung beachten!)

TIPP: Noch feiner und sämiger gerät die Carbonara-Sauce, wenn Sie statt der Eier lediglich Eidotter verwenden.

Köhler oder Amerikaner?

Auch wenn die Spaghetti alla carbonara als traditionelles italienisches Gericht gelten, will das Gerücht nicht verstummen, es handle sich dabei im Grunde um einen amerikanischen Beitrag zur italienischen Küche. Eine der meisterzählten Legenden handelt von jenem römischen Padrone, der den zahlreichen amerikanischen Gästen seiner Osteria in der Besatzungszeit nach dem Zweiten Weltkrieg eine kleine Freude machen wollte. Weil diese ständig Bacon and Eggs bei ihm bestellten, riet er ihnen, es doch einmal mit seiner neuen Kreation zu versuchen, die nichts anderes war als eine Portion Spaghetti, die mit Speck und Eiern serviert wurde.

Weniger vornehm ist schon die Geschichte von den GIs, die für ihre Angebeteten bereitwillig Speck und Eier aus der Army-Kantine abzweigten und dafür gewisse Liebesdienste einforderten.

Vielleicht geht das Gericht aber letztlich doch auf die Carbonari, die Köhler des Apennin-Gebirges zurück, die sich von einfachen Nudelgerichten mit viel Speck und Käse ernährten. Die vielen Eier und vor allem das Schlagobers wären den armen Köhlern aber wohl mit Sicherheit zu kostspielig gewesen.

Spaghetti mit Meeresfrüchten

Grado

ZUTATEN

320–400 g Spaghetti
2 Knoblauchzehen, gehackt
1 Chilischote, getrocknet
50 g Butter, kalt
Petersilie, gehackt
Meersalz aus der Mühle
Olivenöl

FÜR DIE MUSCHELN

200 g Venusmuscheln
400 g Miesmuscheln
200 g Meeresschnecken
300 ml Weißwein
1 Zwiebel
2 Knoblauchzehen
1 Thymianzweig
1 Anisstern
Olivenöl zum Andünsten

ZUBEREITUNG

Die Muscheln gut putzen, den Bart entfernen und unter fließendem kalten Wasser etwa 30 Minuten gut ausspülen. Für die Muscheleinlage die Zwiebel in Scheiben schneiden, Knoblauch fein hacken und beides in Olivenöl anschwitzen. Mit Weißwein ablöschen und die Muscheln zugeben. Dabei je nach Garzeit die Venusmuscheln, die Miesmuscheln und abschließend die Meeresschnecken einlegen. Mit gehacktem Thymian und Anis würzen und zugedeckt einige Minuten kochen lassen, bis die Muscheln offen sind. Die Muscheln herausheben, einen Teil der Muscheln auslösen, die anderen in der Schale lassen. Den Muschelfond aufbewahren.

Für die Spaghettisauce den gehackten Knoblauch in Olivenöl anschwitzen, die zerriebene Chilischote zugeben und mit dem Muschelfond ablöschen. Butter einrühren und die Sauce damit binden. Die in Salzwasser al dente gekochten Spaghetti abgießen, abtropfen lassen und in die Sauce einmengen. Die Muscheln zugeben, mit gehackter Petersilie und gegebenenfalls noch mit etwas Meersalz abschmecken.

GARUNGSZEIT: Spaghetti je nach Stärke und Art ca. 7–12 Minuten (Anleitung beachten!), Muscheln einige Minuten

Woher die Nudeln wirklich kommen

Die Pasta kommt – jedes Kind weiß es – aus dem Land, wo auch die Zitronen blüh'n, also aus Italien. Von dort aus traten Spaghetti, Linguine, Maccheroni, Tagliatelle, Pappardelle und wie sie alle heißen, ihren Siegeszug um die Welt an.

Soweit die Klugen, doch es gibt auch noch Klügere. Diese wissen nämlich ganz genau, dass die Nudeln nicht in Italien ihren Ursprung hatten, sondern in China, wo sie Marco Polo erstmals mit größter Freude verspeiste und sie gemeinsam mit Gewürzen und Spezereien ins heimatliche Venedig brachte.

Allein: Die Klügeren sind nicht immer klüger als die Klugen, und in diesem Fall haben sie mit ziemlicher Sicherheit daneben geraten. Dass Marco Polo die Nudeln nämlich tatsächlich gegen Ende des 13. Jahrhunderts nach Europa brachte, ist unwahrscheinlich. Marco Polo schreibt in seinen Reiseberichten in Wahrheit über alles Mögliche, das er in China kennen gelernt hat und widmet sogar den Riesenbohnen breiten Raum. Nur über Nudeln schreibt er nichts.

Wer sich mit der Geschichte der Pasta – das Wort wird erstmals Mitte des 15. Jahrhunderts im weltberühmten Kochbuch des Martino da Como erwähnt und beschrieb damals ein ausgesprochenes Luxusgericht – beschäftigt, der muss sich zunächst einmal damit abfinden, dass Nudeln nicht gleich Nudeln sind.

Der frisch abgemachte Nudelteig aus Mehl, Wasser und Eiern ist tatsächlich fast so etwas wie kulinarischer Urstoff, der in vielen Ländern mannigfaltige Erscheinungsformen hatte. In China etwa wurden die Nudeln bereits im 1. Jahrhundert v. Chr. erstmals nachgewiesen, wobei das chinesische Wort für Nudeln nichts anderes als „Mehl" bedeutet.

Ganz anders verhält es sich hingegen mit den getrockneten und nicht für die sofortige Weiterverwendung bestimmten Nudeln. Was diese betrifft, so legen manche Kulturhistoriker eine Spur nach Arabien, wo vermutlich die Technik des Teigtrocknens zuerst entwickelt wurde. Dem ist freilich entgegenzuhalten, dass Nudeln in der gesamten arabischen Küche bis heute nicht die geringste Rolle spielen.

Der bedeutende italienische Historiker Massimo Montanari nennt daher Sizilien als das wahre Mutterland der Pasta. Hier wusste man die arabischen Trockenmethoden gezielt zu nutzen, und so etablierten sich in der Nähe von Palermo bereits im 12. Jahrhundert regelrechte Trockennudel-Manufakturen. Von hier breitete sich die Nudelerzeugung bis nach Ligurien und – wohl über den Seeweg – auch weiter nach Westen aus. So ist zum Beispiel kaum bekannt, dass England neben Italien das einzige europäische Land ist, in dessen Kochbüchern man schon im 14. Jahrhundert Nudelrezepte findet. (Wer's nicht glaubt, kann sich davon jederzeit im sehenswerten Museo degli spaghetti in Pontedassio bei Impera in Ligurien überzeugen.)

Die italienische Pasta ist mittlerweile europäisches Allgemeingut geworden, und Spaghetti zählen, da sie leicht zubereitet werden können und Kindern zwischen Hammerfest und Gibraltar offensichtlich gleichermaßen munden, zum Standard-Inventar jedes Grundkochbuchs, gleichgültig welcher nationaler Provenienz.

Spaghetti mit Sardellen und getrockneten Tomaten

Kampanien

ZUTATEN

320–400 g Spaghetti
12 getrocknete Tomaten
12 Sardellenfilets, in Öl eingelegt
je 12 schwarze und grüne Oliven
100 ml Weißwein
100 ml Gemüsefond
80 g Butter, kalt
Meersalz aus der Mühle
Pfeffer aus der Mühle
Petersilie, gehackt

ZUBEREITUNG

Die getrockneten Tomaten nach Bedarf einweichen und dann in Streifen schneiden, die Oliven ebenfalls in schmale Streifen schneiden und die Kerne entfernen. Die Sardellen aus dem Öl nehmen, abtropfen lassen und das zurückgebliebene Öl in einer großen Pfanne erhitzen. Die Sardellenfilets darin kurz anschwitzen und dann mit einem Kochlöffel in kleine Stücke reißen. Die Tomatenstreifen gemeinsam mit den Oliven dazugeben und ebenfalls kurz anschwitzen. Mit Gemüsefond und Weißwein aufgießen und die Butter einrühren. Die Sauce sämig einkochen lassen. Die in Salzwasser al dente gekochten Spaghetti direkt aus dem Nudelwasser in die vorbereitete Sauce heben. Nochmals gut durchschwenken und mit gehackter Petersilie, Salz und Pfeffer würzen.

GARUNGSZEIT: Spaghetti je nach Stärke und Art ca. 7–12 Minuten (Anleitung beachten!)

Spaghetti vongole

Venetien

ZUTATEN

320–400 g Spaghetti
1 kg Vongole (Venusmuscheln)
2 Knoblauchzehen
250 g Kirschtomaten
125 ml Weißwein
ca. 200 ml Wasser
1 Chilischote, getrocknet
4 EL Olivenöl
Petersilie, gehackt
Meersalz aus der Mühle
Pfeffer aus der Mühle

ZUBEREITUNG

Die Venusmuscheln vor der Verwendung etwa 30 Minuten in einem Sieb mit kaltem Wasser ausspülen, damit der Sand aus den Muscheln entfernt wird. Den Knoblauch in dünne Scheiben schneiden und in etwas Olivenöl leicht anschwitzen. Die gewässerten Muscheln dazugeben und kurz durchrühren. Sobald sich die Muscheln geöffnet haben, mit Salz und Pfeffer würzen. Mit Weißwein ablöschen und mit Wasser aufgießen. Die Chilischote zwischen den Fingern zermahlen und gemeinsam mit den halbierten Tomaten dazugeben. Kurz durchkochen. Die in Salzwasser al dente gekochten Spaghetti abgießen, abtropfen lassen und unterrühren. Die gehackte Petersilie untermischen und restliches Olivenöl einrühren. Nochmals mit Salz und Pfeffer so abschmecken, dass die Spaghetti eine leichte Schärfe haben.

GARUNGSZEIT: Spaghetti je nach Stärke und Art ca. 7–12 Minuten (Anleitung beachten!)

Spaghetti mit Octopus und Kapern

Marken

ZUBEREITUNG

Den Octopus in einem Topf mit kaltem Wasser, einem Schuss Weißwein und der Zwiebel zum Kochen bringen. Sobald das Wasser aufkocht, mit Meersalz würzen und den Octopus je nach Qualität 30–90 Minuten weich kochen. Im Fond abkühlen lassen. Octopus herausheben, Saugnäpfe und Haut entfernen und gut putzen. Die Tentakel in Scheiben schneiden, den Körper in Streifen schneiden. Etwas Kochsud aufbewahren.

Nun den Fenchel in ca. 1/2 cm große Würfel schneiden, in Salzwasser blanchieren (kurz kochen) und abgießen. Den Knoblauch in Scheiben schneiden und in etwas Olivenöl hell anschwitzen. Octopusstücke, Fenchelwürfel und die Kapern dazugeben. Kurz durchrühren, mit Salz und Pfeffer würzen und mit Weißwein ablöschen. Mit wenig Octopusfond aufgießen und mit der Butter kurz einkochen lassen. Die inzwischen al dente gekochten Spaghetti direkt aus dem Nudelwasser in die vorbereitete Sauce heben. Nochmals mit Salz und Pfeffer abschmecken und die gehackte Petersilie unterrühren.

GARUNGSZEIT: Spaghetti je nach Stärke und Art ca. 7–12 Minuten (Anleitung beachten!), Octopus je nach Qualität 30–90 Minuten

ZUTATEN

320–400 g Spaghetti
1 Octopus mit ca. 1 kg
2 Fenchelknollen
100 g Kapern
2 Knoblauchzehen
100 ml Weißwein
Schuss Weißwein für den Sud
1 Zwiebel
80 g Butter, kalt
2 EL Petersilie, gehackt
Olivenöl
Meersalz aus der Mühle
Pfeffer aus der Mühle

Spaghetti mit Seeigeln und Bottarga

Sizilien

ZUBEREITUNG

Den Knoblauch fein hacken und in Olivenöl anschwitzen. Die fein geschnittene Chilischote zugeben und mit Weißwein ablöschen. Die Spaghetti in Salzwasser al dente kochen. Etwas Nudelwasser in die Pfanne gießen und mit der Butter einkochen lassen. Die Pasta direkt aus dem Nudelwasser in die Pfanne heben und mit Meersalz sowie Pfeffer abschmecken. Die Seeigel mit Hilfe eines Küchentuchs in die Hand nehmen, den Mund mit einem spitzen Messer öffnen und auf der flachen Seite mit einer Schere aufschneiden. Dann den Rogen mit einem Löffel herauslösen und über die Nudeln verteilen. Die Bottarga darüber reiben und in der Pfanne servieren.

GARUNGSZEIT: Spaghetti je nach Stärke und Art ca. 7–10 Minuten (Anleitung beachten!)

ZUTATEN

320–400 g dünne Spaghetti
8 Seeigel
1 kleines Stück Bottarga (getrockneter, gesalzener Fischrogen; erhältlich im Novelli-Shop unter www.novelli.at)
4 Knoblauchzehen
1 kleine rote Chilischote
100 ml Weißwein
20 g Butter, kalt
Olivenöl zum Anschwitzen
Meersalz aus der Mühle
Pfeffer aus der Mühle

Bucatini mit Sardinen und Fenchel

Kalabrien

ZUTATEN

320–400 g Bucatini (längere Röhrennudeln; erhältlich im Novelli-Shop unter www.novelli.at)
500 g frische Sardinen
4 eingelegte Sardellenfilets
1 Fenchelknolle
Saft von 1 Zitrone
1 Bund Petersilie, fein gehackt
50 g Rosinen
2 EL Pinienkerne
1 Zwiebel
3 Knoblauchzehen, fein gehackt
1 TL Fenchelsamen
Meersalz aus der Mühle
Pfeffer aus der Mühle
Olivenöl

ZUBEREITUNG

Die Sardinen ausnehmen, entgräten, Köpfe abschneiden, waschen und abtrocknen (wenn nötig, auch schuppen). Leicht salzen und mit Zitronensaft beträufeln. Die Rosinen in etwa 125 ml Wasser einweichen. Den Fenchel putzen (das Grün aufbewahren) und ca. 10 Minuten in etwa 1 Liter kochendem Salzwasser garen. Fenchel herausnehmen, in kleine Würfel schneiden und das Kochwasser aufbewahren. Die eingelegten Sardellenfilets trocken tupfen und klein schneiden. Die Hälfte der Petersilie und den Knoblauch zugeben und gemeinsam mit 4 EL Olivenöl und den Fenchelsamen in einem Mörser (oder mit einem umgedrehten Esslöffel) zu einer Paste verarbeiten. Die fein gehackte Zwiebel in einer Pfanne in etwas Olivenöl glasig dünsten. Den Fenchel darin kurz anbraten. Rosinen samt Sud, die Sardellenpaste, etwas Fenchelwasser und die Pinienkerne zugeben und alles auf kleiner Flamme köcheln lassen. Das verbliebene Fenchelwasser mit Salzwasser auffüllen, aufkochen lassen und die Bucatini darin al dente kochen. In einer zweiten Pfanne die Sardinen in etwas Olivenöl von jeder Seite 2 Minuten braten, mit Salz und Pfeffer würzen. Die gekochten Nudeln abseihen und eine Schicht in eine vorgewärmte Form geben. Mit Sardellensauce begießen, einige Sardinen darauf verteilen, mit Petersilie und gehacktem Fenchelgrün bestreuen und mit etwas Olivenöl beträufeln. Diesen Vorgang so lange wiederholen, bis alle Zutaten verbraucht sind. Heiß servieren.

GARUNGSZEIT: Bucatini je nach Stärke und Art ca. 9–12 Minuten (Anleitung beachten!)

Bucatini mit Taleggio

Lombardei

ZUTATEN

320–400 g Bucatini (längere Röhrennudeln; erhältlich im Novelli-Shop unter www.novelli.at)
150 g Taleggio (oder anderer leicht säuerlicher Weichkäse)
100 ml Milch
100 g Rucola
Meersalz aus der Mühle
Pfeffer aus der Mühle

ZUBEREITUNG

Vom Taleggio die Rinde entfernen und den Käse in der Milch langsam schmelzen. Bucatini in Salzwasser al dente kochen, abtropfen lassen und in die Käsesauce einmengen. Die Rucola schneiden und abschließend einrühren. Mit frisch geriebenem Meersalz und Pfeffer abschmecken.

GARUNGSZEIT: Bucatini je nach Stärke und Art ca. 9–12 Minuten (Anleitung beachten!)

Casanova und der Taleggio

Der viereckige Käse mit der rosafarbenen Rinde, dem mollig-weichen Teig und dem zarten Trüffelaroma soll angeblich schon Plinius dem Älteren bekannt gewesen sein, faszinierte aber neben zahlreichen anderen prominenten Feinschmeckern vor allem Giacomo Casanova. Der literarische Schwerenöter beschloss sogar, nachdem er 1763 als Gast bei einer adeligen Familie in Sant'Angelo Lodigiano zum ersten Mal einen Taleggio probiert hatte, seine amourösen Aufzeichnungen für eine Weile hintanzustellen und stattdessen seine Zeit der Arbeit an einer Käse-Enzyklopädie zu widmen.

Letztlich schien den weitgereisten Charmeur aber doch mehr zu interessieren, was die Reifröcke seiner Epoche verbargen, als das, was unter den Käserinden zu erforschen war. Denn in Casanovas beachtlichem Werkverzeichnis findet man zwar viel Frivoles, ein Käselexikon wird man aber leider vergeblich suchen.

Bucatini mit Frischlingssugo und Pecorino

Umbrien

ZUTATEN

320–400 g Bucatini (längere Röhrennudeln; erhältlich im Novelli-Shop unter www.novelli.at)
500 g Frischlingsschulter (junges Wildschwein)
2 Knoblauchzehen
1 Zwiebel
1 Karotte
1 Stück Stangensellerie
1 Lorbeerblatt
4 Wacholderbeeren, zerdrückt
2 EL Tomatenmark
Geflügelfond zum Aufgießen
Pecorino, frisch gerieben
Olivenöl
Meersalz aus der Mühle
Pfeffer aus der Mühle

ZUBEREITUNG

Das Fleisch mit der mittleren Scheibe des Fleischwolfs faschieren (oder am besten gleich beim Fleischhauer faschieren lassen). Knoblauch, Zwiebel, Karotte und Sellerie in feine Streifen schneiden und gemeinsam mit dem Faschierten in einem flachen Topf in Olivenöl anbraten. Das Tomatenmark einrühren. Mit etwas Geflügelfond aufgießen und das Lorbeerblatt sowie die zerdrückten Wacholderbeeren zugeben. Mit etwas Meersalz und Pfeffer würzen und zugedeckt mindestens 2 Stunden köcheln lassen. Währenddessen wiederholt umrühren und gegebenenfalls etwas Fond zugießen. Dann die Wacholderbeeren – soweit möglich – und das Lorbeerblatt wieder herausnehmen. Die Pasta in Salzwasser al dente kochen, abgießen und in die Sauce geben. Kurz durchrühren und vor dem Servieren mit frisch geriebenem Pecorino bestreuen.

GARUNGSZEIT: Bucatini je nach Stärke und Art ca. 9–12 Minuten (Anleitung beachten!), Sugo ca. 2 Stunden

Maccheroni mit Morcheln

Neapel

ZUTATEN

320–400 g Maccheroni (lange Röhrennudeln)
20 g Fontina, gerieben (ersatzweise Pecorino)
150 g frische Morcheln
100 ml Schlagobers
10 g Butter, kalt
100 ml Kalbsfond
100 ml Kalbsjus (auch im Delikatessenhandel erhältlich)
Petersilie, gehackt
Meersalz aus der Mühle
Pfeffer aus der Mühle
Butter zum Andünsten
Olivenöl

ZUBEREITUNG

Die Maccheroni in Salzwasser al dente kochen, abgießen und in einer Pfanne in Olivenöl schwenken. Die Morcheln gut waschen. Die Stiele abschneiden und diese in Kalbsfond aufkochen. Schlagobers zugießen und auf die Hälfte einkochen lassen. Die kalte Butter mit dem Mixstab einmixen und mit Salz und Pfeffer würzen. Die Morchelkappen in etwas Butter ganz langsam andünsten. Die Maccheroni spiralförmig auf feuerfesten Tellern anrichten, mit Meersalz und Pfeffer würzen und mit dem Käse bestreuen. Im vorgeheizten Backrohr bei starker Oberhitze gratinieren. Gehackte Petersilie zu den Morchelkappen geben, mit Salz und Pfeffer würzen und jeweils in der Mitte der Maccheroni anrichten. Mit erwärmtem Kalbsjus und Morchelschaum überziehen.

BACKROHRTEMPERATUR: starke Oberhitze oder Grillschlange
BACKZEIT: einige Minuten
GARUNGSZEIT: Maccheroni je nach Stärke und Art ca. 10–15 Minuten (Anleitung beachten!)
TIPP: Stehen keine frischen Morcheln zur Verfügung, so lassen sich auch andere Pilze, etwa Steinpilze, problemlos verwenden.

Maccheroni auf Rossini-Art

Auf seinen Streifzügen durch die Delikatessenhandlungen des Pariser Marais-Viertels besuchte der Komponist und Feinschmecker Gioacchino Rossini, in Begleitung seines späteren Biographen Edmond Michotte, eines Tages einen italienischen Pasta-Laden, der dem Italiener Canaveri gehörte. „Signore Canaveri", sagte Rossini, „ich habe gehört, dass Ihr Laden neapolitanische Maccheroni führt." Canaveri bejahte und breitete ein ganzes Bündel davon vor Rossini aus. Die Miene des Komponisten, der jahrelang als Operndirektor in Neapel gearbeitet hatte, verfinsterte sich augenblicklich, und er erwiderte knapp: „Das sind Maccheroni aus Genua. Die können Sie sich behalten." Worauf Rossini sich umdrehte und ging. Canaveri jedoch hielt Michotte noch einen Augenblick zurück und fragte ihn, wer denn dieser Herr gewesen sei. „Rossini, der große Komponist", erwiderte dieser. „Kenne ich nicht", schüttelte Canaveri den Kopf, „aber wenn er von Musik soviel wie von Maccheroni versteht, dann muss er ziemlich gute Sachen schreiben."

Pappardelle mit Spargel und Salsicce

Norditalien

ZUBEREITUNG

Den Spargel an den Enden schälen und allfällige holzige Stücke entfernen. Spargel in etwa 3 cm große Stücke schneiden und in Gemüsefond 5–8 Minuten weich dünsten. Mit einem Schaumlöffel herausheben und den Fond aufbewahren. Die Spargelspitzen zur Seite legen, die restlichen Spargelstücke pürieren. Den Lauch klein schneiden und in der gebräunten Butter andünsten. Die Salsicce enthäuten, in kleinere Stücken geschnitten zum Lauch geben und ebenfalls leicht anbraten. Nach einigen Minuten das Spargelpüree zugeben, mit dem Spargelfond aufgießen, salzen und noch rund 10 Minuten bei kleiner Hitze köcheln lassen.
In der Zwischenzeit die Pappardelle in Salzwasser bissfest kochen.
Abseihen, mit den beiseite gelegten Spargelspitzen zur Spargelsauce geben und alles gut vermengen.

GARUNGSZEIT: Pappardelle je nach Stärke und Art ca. 8–13 Minuten (Anleitung beachten!), Spargel je nach Stärke 5–8 Minuten

ZUTATEN

320–400 g Pappardelle (breite Bandnudeln)
500 g grüner Spargel
1 Stück Lauch
300 g Salsicce (ital. Bratwürstchen)
500 ml Gemüsefond
4 EL Butter, in der Pfanne gebräunt
Salz

Pappardelle mit Hühnerkeulen, Artischocken und Limone

Verona

ZUTATEN

320–400 g Pappardelle (breite Bandnudeln)
4 Hühnerkeulen, knusprig gebraten
3 Artischockenböden
Saft und Schale von 1 unbehandelten Limone
1 Thymianzweig
2 Knoblauchzehen
20 g Butter, kalt
Olivenöl
Meersalz aus der Mühle
Pfeffer aus der Mühle

ZUBEREITUNG

Die Haut von den knusprig gebratenen Hühnerkeulen abziehen und in Streifen schneiden. Das Fleisch auslösen und ebenfalls in Streifen schneiden. Die Keulenknochen mit etwa 200 ml kaltem Wasser aufkochen lassen und den Fond passieren. Die geputzten Artischockenböden (s. auch S. 12 f.) in kleine Stücke schneiden und mit dem geschnittenen Knoblauch in etwas Olivenöl anbraten. Mit Limonensaft ablöschen und mit dem abgeseihten Geflügelfond aufgießen. Etwa 8–10 Minuten kochen, bis die Artischocken weich sind. Kalte Butter einrühren und den Fond damit binden. Das Geflügelfleisch, den geschnittenen Thymian und die fein gehackte Limonenschale dazumischen. Die inzwischen al dente gekochten Pappardelle abseihen und in die Sauce geben. Gut durchrühren und mit Olivenöl, Meersalz und Pfeffer abschmecken. Mit den knusprigen Hautstreifen garnieren.

GARUNGSZEIT: Pappardelle je nach Stärke und Art ca. 8–13 Minuten (Anleitung beachten!), Artischockenböden 8–10 Minuten

Pappardelle mit Hühnerleber und Salbei

Novelli-Spezialität

ZUTATEN

320–400 g Pappardelle (breite Bandnudeln)
320 g Hühnerleber
5 cl Calvados (oder ersatzweise Cognac)
200 ml Geflügelfond
80 g Parmesan, frisch gerieben
Salz aus der Mühle
Pfeffer aus der Mühle
1 Bund Salbei
150 g Butter

ZUBEREITUNG

Wenig Butter erhitzen und leicht bräunen lassen. Die gut geputzte Hühnerleber darin kurz anbraten. Durch ein Sieb gießen und abtropfen lassen, dann erst leicht pfeffern und salzen.

Nochmals etwas Butter schmelzen lassen und die Leber abermals kurz anbraten. Mit Calvados ablöschen und mit Geflügelfond aufgießen. Die restliche Butter und den geschnittenen Salbei (etwas für die Garnitur beiseite legen) einmengen und alles kurz durchköcheln lassen. Währenddessen die Pappardelle al dente kochen, abgießen und dazugeben. Mit Salz, Pfeffer und frisch geriebenem Parmesan abschmecken. Mit frischem Salbei garnieren.

GARUNGSZEIT: Pappardelle je nach Stärke und Art ca. 8–13 Minuten (Anleitung beachten!)

TIPP: Wenn die Hühnerleber – wie in diesem Rezept beschrieben – zweimal kurz angebraten wird, schmeckt sie erheblich zarter und feiner als „normal" gebratene Hühnerleber.

Pappardelle mit Kaninchenragout

Toskana

ZUTATEN

320–400 g Pappardelle (breite Bandnudeln)
ca. 700 g Kaninchenkeulen
1 Karotte
1 Zwiebel
1 Selleriestange
Thymian, Rosmarin und Petersilie zum Marinieren
1 EL Wacholderbeeren und schwarze Pfefferkörner, gemischt
500 ml Rotwein
2 EL Olivenöl
100 g Parmesan, frisch gerieben
15 g Butter, kalt
Salz aus der Mühle
Pfeffer aus der Mühle

ZUBEREITUNG

Karotte, Sellerie und Zwiebel grob zerteilen. Die Kaninchenkeulen mit dem Gemüse, den Kräutern, Wacholderbeeren und Pfefferkörnern in eine Schüssel geben und mit Rotwein übergießen. Im Kühlschrank für mindestens 4 Stunden zugedeckt marinieren.

Dann das Fleisch aus der Marinade heben und trocken tupfen. Die Marinade langsam aufkochen und durch ein Tuch seihen. Die Keulen in heißem Olivenöl von allen Seiten anbraten, mit etwas Marinade aufgießen und ca. 30 Minuten lang weich dünsten. Dabei wiederholt etwas Marinade untergießen, damit das Fleisch schön saftig bleibt.

Das Fleisch herausnehmen, auslösen und in kleine Würfel hacken.

Die zurückgebliebene Sauce durch ein feines Sieb gießen und nochmals erhitzen. Das Kaninchenfleisch zugeben und abermals 10 Minuten einkochen lassen. Mit Salz und Pfeffer abschmecken. Kalte Butter einrühren und die Sauce damit binden. Die währenddessen al dente gekochten Pappardelle abseihen und unter die Sauce ziehen. Abschließend abschmecken und den frisch geriebenen Parmesan unterrühren.

GARUNGSZEIT: Pappardelle je nach Stärke und Art ca. 8–13 Minuten (Anleitung beachten!), Kaninchenragout ca. 40–45 Minuten

Fettuccine mit Steinpilzen

Veneto

ZUTATEN

320–400 g Fettuccine (Bandnudeln)
150 g frische Steinpilze
1 Tomate
200 ml Geflügelfond
80 g Butter, kalt
Petersilie
Olivenöl
Meersalz aus der Mühle
Pfeffer aus der Mühle
Butter zum Braten

ZUBEREITUNG

Die Pilze putzen und in mittelstarke Scheiben schneiden. Einen Teil für die Garnitur zur Seite legen. Den Rest in etwas Olivenöl anschwitzen und mit frisch gemahlenem Salz und Pfeffer würzen. Mit Geflügelfond ablöschen und die eiskalte Butter einkochen lassen, bis die Sauce bindet und sämig wird. Die Pasta in Salzwasser al dente kochen, abgießen und in die Sauce geben. Die Tomate kleinwürfelig schneiden, die Petersilie grob schneiden und beides dazugeben. Mit Salz und Pfeffer abschmecken und gut durchschwenken. Die beiseite gelegten Steinpilze in Butter braten und die Pasta damit garnieren.

GARUNGSZEIT: Fettuccine je nach Stärke und Art ca. 8–13 Minuten (Anleitung beachten!)

Fettuccine mit Entensugo

Toskana

ZUTATEN

320–400 g Fettuccine (Bandnudeln)
1 Ente (ca. 1,2 kg) mit Leber
100 g Prosciutto crudo (Rohschinken)
1 Zwiebel, gehackt
1 Selleriestange, gehackt
2 Karotten, grob gehackt
2 Salbeiblätter
100 ml trockener Weißwein
200 ml Geflügelfond
500 g Tomaten, geschält, entkernt und geschnitten (oder Pelati)
20 g Butter, kalt
je 1 Zweig Thymian und Rosmarin
Parmesan, frisch gerieben
Olivenöl
Salz aus der Mühle
Pfeffer schwarz aus der Mühle

ZUBEREITUNG

Die Entenleber waschen und in Würfel schneiden. Die Ente innen sowie außen waschen, trocken tupfen, gut mit Salz und Pfeffer würzen und die Gewürzzweige ins Innere geben. An den fetten Bruststellen mit einer Gabel mehrmals stupfen (einstechen). Im vorgeheizten Backrohr bei 180 °C unter einmaligem Wenden etwa 50 Minuten braten.

Nach dem Braten überkühlen lassen, das Fleisch auslösen und in kleine Würfel schneiden. Die Knochen grob hacken und in einem schweren Topf in Olivenöl anbraten. Zwiebeln, Karotten und Sellerie dazugeben und mitbraten. Mit Weißwein ablöschen und mit Geflügelfond aufgießen. Den Salbei zugeben und alles nun etwa 30 Minuten leicht köcheln lassen. Danach durch ein Sieb abseihen.

Den Schinken würfelig schneiden, in etwas Olivenöl anbraten, das Fleisch sowie die Entenleber einmengen und kurz mitanschwitzen. Die Tomaten zugeben und mit dem abgeseihten Fond aufgießen. Die kalte Butter einrühren und weitere 10 Minuten einkochen lassen. Mit Salz und Pfeffer abschmecken. Die inzwischen in Salzwasser al dente gekochten Fettuccine abseihen, darunter ziehen und gut durchrühren. Vor dem Servieren frisch geriebenen Parmesan einrühren.

BACKROHRTEMPERATUR: 180 °C

GARUNGSZEIT: Ente ca. 50 Minuten; Fettuccine je nach Stärke und Art ca. 8–13 Minuten (Anleitung beachten!), Entensauce ca. 45 Minuten

TIPP: Noch rascher lässt sich dieses Pastarezept zubereiten, wenn Sie bereits vorhandene Enten- bzw. Geflügelfleischreste verarbeiten. In diesem Fall benötigen Sie allerdings einen recht kräftigen Geflügelfond für die Sauce.

Tagliatelle mit gebackenen Zucchiniblüten

Ligurien

ZUBEREITUNG

Die gut gewaschene Zucchini halbieren und schräg in Scheiben schneiden. Die getrockneten Tomaten nach Bedarf in lauwarmem Wasser einweichen und dann in Streifen schneiden. Die Stempel aus den Zucchiniblüten entfernen. Die Paprikaschoten schälen, entkernen und in feine Würfel schneiden. Die Tomate blanchieren (kurz überbrühen), schälen, entkernen und ebenfalls in Würfel schneiden. Nun 1 (!) Knoblauchzehe fein hacken und in Olivenöl anschwitzen. Paprika- und Tomatenwürfel sowie den gezupften

Thymian dazugeben und kurz andünsten. Mit Salz und Pfeffer abschmecken und auskühlen lassen.
Für den Backteig das Ei mit dem Weißwein verrühren. Das gesiebte Mehl untermischen und dann das Öl einrühren. Mit Salz und Pfeffer würzen. Die abgekühlte Masse in die Zucchiniblüten füllen und die Blätter gut anpressen. Die Blüten durch den vorbereiteten Backteig ziehen und in ausreichend heißem Öl herausbacken. Auf einem Küchenpapier abtropfen lassen.
Den restlichen Knoblauch in Scheiben schneiden und in Olivenöl anrösten. Zucchini dazugeben und mit Kalbsfond und Schlagobers aufgießen. Kurz einkochen lassen. Währenddessen die Tagliatelle in Salzwasser al dente kochen, abseihen und unter die Zucchinisauce mengen. Die getrockneten Tomaten einmengen, den frisch geriebenen Parmesan einrühren und mit Meersalz sowie Pfeffer abschmecken. Die Pasta auf je einem Teller anrichten, die gebackenen Zucchiniblüten halbieren und je zwei Hälften darauf legen.

GARUNGSZEIT: Tagliatelle je nach Stärke und Art ca. 8–13 Minuten (Anleitung beachten!)
TIPP: Im Unterschied zu so manch anderen Backteigrezepten wird hier nicht auf Öl verzichtet, denn nur so werden die Zucchiniblüten so richtig „crispy".

ZUTATEN
320–400 g Tagliatelle (Bandnudeln)
1 Zucchini
4 Zucchiniblüten
2 Knoblauchzehen
1 Thymianzweig
je 1 rote und gelbe Paprikaschote
1 Tomate, am besten von der Rispe
50 g getrocknete Tomaten
80 g Parmesan, frisch gerieben
100 ml Kalbsfond
100 ml Schlagobers
Meersalz aus der Mühle
Pfeffer aus der Mühle
Olivenöl
Öl zum Herausbacken

FÜR DEN BACKTEIG
1 Ei
100 ml Weißwein
4 EL Mehl
2 EL Öl
Salz aus der Mühle
Pfeffer aus der Mühle

Tagliatelle alla primavera

Ligurien

ZUTATEN

320–400 g Tagliatelle (Bandnudeln)
200 g kleine Champignons
4 kleine Artischocken
1 kleine Zwiebel
2 kleine Zucchini
8 Stangen grüner Spargel
1/2 rote Paprikaschote
1 Lauchstange, nur das Weiße
1 Knoblauchzehe
Basilikumblätter
125 ml Tomatensauce (s. S. 51)
2 EL Butter
2 EL Parmesan, frisch gerieben
Salz aus der Mühle
Pfeffer aus der Mühle
Olivenöl

ZUBEREITUNG

Zuerst das Gemüse vorbereiten. Dafür die geputzten Champignons und den Lauch in Scheiben schneiden. Die holzigen Blätter der Artischocken entfernen, die obere Spitze mit den fleischlosen Blättern abschneiden und den Boden glatt schneiden (s. auch S. 12 f.). Artischocken in Streifen schneiden. Den Spargel gegebenenfalls am unteren Ende schälen, holzige Teile entfernen und die Stangen in ca. 1,5 cm große Stücke teilen. Die Zwiebel fein hacken, die Zucchini sowie die Paprikaschote in feine Würfel schneiden. Den Knoblauch andrücken, in Olivenöl anschwitzen und wieder herausnehmen. Die Champignons zugeben und etwa 5 Minuten dünsten, bis die Flüssigkeit verkocht ist. Dann die Artischocken einrühren und ca. 10 Minuten dünsten. Zwiebeln einstreuen und ebenfalls andünsten.
Anschließend das restliche Gemüse einmengen und bei großer Hitze weitere 10 Minuten unter ständigem Rühren garen. Mit Tomatensauce aufgießen, die fein geschnittenen Basilikumblätter einrühren und mit Salz und Pfeffer abschmecken. Inzwischen die Tagliatelle in Salzwasser al dente kochen. Abseihen und gemeinsam mit Butter und Parmesan unter das Gemüse mischen. Vor dem Servieren nochmals mit Salz und Pfeffer abschmecken.

GARUNGSZEIT: Tagliatelle je nach Stärke und Art ca. 8–13 Minuten (Anleitung beachten!), Gemüsesugo ca. 25–30 Minuten

Paglia e fieno (Stroh und Heu)

Toskana

ZUTATEN

200 g Tagliatelle (gelbe Bandnudeln)
200 g Tagliatelle verdi (grüne Bandnudeln)
200 g Prosciutto crudo (Rohschinken), im Ganzen
400 g Pelati (geschälte Tomaten aus der Dose)
150 g junge Erbsen, ausgelöst (auch tiefgekühlt)
1 Zwiebel
1–2 EL Olivenöl
150 ml trockener Weißwein
1 EL frischer Oregano oder Basilikum, gehackt
4 EL Parmesan, frisch gerieben
Meersalz aus der Mühle
Pfeffer aus der Mühle

ZUBEREITUNG

Die Zwiebel fein hacken und in heißem Olivenöl glasig anlaufen lassen. Mit Weißwein aufgießen und kräftig aufkochen, bis sich der Wein fast verkocht hat. Tomaten abtropfen lassen, klein hacken und unterrühren. Bei nicht zu großer Hitze etwa 15 Minuten einkochen. Währenddessen in einem großen Nudeltopf ausreichend Salzwasser zum Kochen bringen. Beide Nudelsorten entweder gemeinsam oder nacheinander – je nach eventuell unterschiedlicher Garungszeit – al dente kochen. Erbsen in etwas Salzwasser weich kochen und abseihen. Schinken in kleine Würfel schneiden und beides in die Tomatensauce einrühren. Mit Oregano oder Basilikum, frisch gemahlenem Salz und Pfeffer abschmecken. Fertig gekochte, abgetropfte Bandnudeln auf je einem Teller oder in einer großen Schüssel anrichten und mit der Sauce übergießen. Mit frisch geriebenem Parmesan bestreuen.

GARUNGSZEIT: Tagliatelle je nach Stärke und Art ca. 8–13 Minuten (Anleitung beachten!), Tomatensauce ca. 20 Minuten

Linguine mit Kalbszüngerl und Salbei

Toskana

ZUBEREITUNG

Für den Sud das grobwürfelig geschnittene Gemüse und die Aromaten in Salzwasser aufkochen. Die Zunge einlegen und ca. 90 Minuten kochen, bis bei einem Druck mit Daumen und Zeigefinger an der Spitze der Zunge die Finger gegenseitig zu spüren sind. Aus dem Fond nehmen, etwas, aber nicht völlig auskühlen lassen und die Haut abziehen. Den Fond durch ein Sieb passieren und etwa 100 ml aufbewahren.

Die Schalotten sowie den Knoblauch hacken und in Olivenöl anschwitzen. Die gekochte, geschälte Kalbszunge in Streifen schneiden und kurz mitandünsten. Mit Vin Santo ablöschen und mit Kalbsjus sowie Zungenfond aufgießen. Kurz einkochen lassen und etwas kalte Butter einrühren. Inzwischen die Linguine in Salzwasser al dente kochen, abgießen und in die Sauce einmengen. Die Salbeiblätter in Streifen schneiden und gemeinsam mit dem Parmesan einrühren. Mit frisch gemahlenem Meersalz und Pfeffer abschmecken.

GARUNGSZEIT: Linguine je nach Stärke und Art ca. 6–10 Minuten (Anleitung beachten!), Kalbszunge ca. 90 Minuten

ZUTATEN

320–400 g Linguine (schmale Bandnudeln)
1 Kalbszunge
1 Knoblauchzehe
3 Schalotten
2 cl Vin Santo (ersatzweise anderer Süßwein)
ca. 1 EL Butter, kalt
200 ml Kalbsjus (auch im Delikatessenhandel erhältlich)
100 ml Zungenfond
4 Salbeiblätter
80 g Parmesan, frisch gerieben
Meersalz aus der Mühle
Pfeffer aus der Mühle
Olivenöl

FÜR DEN SUD

1 Zwiebel
1 Karotte
1 kleines Stück Sellerie
2 Lorbeerblätter
2 Wacholderbeeren
1 Thymianzweig
Salz

Linguine mit Gänselebersauce

Piemont

ZUTATEN

320–400 g Linguine
(schmale Bandnudeln)
ca. 320 g Gänseleber
200 ml Kalbsfond
100 ml Weißwein
100 ml Schlagobers
Butter
Meersalz aus der Mühle
Pfeffer aus der Mühle
Parmesan, frisch gerieben
Mehl zum Wenden
Petersilie, gehackt

ZUBEREITUNG

In einer Kasserolle den Kalbsfond gemeinsam mit Weißwein etwa auf die Hälfte einkochen lassen. Mit Schlagobers aufgießen und nochmals einkochen lassen. Mit Salz und Pfeffer abschmecken. Von der sauber geputzten Gänseleber 4 dünne Scheiben mit jeweils ca. 60 g schneiden und diese kühl stellen. Die restliche Leber klein schneiden und in die heiße Sauce einrühren. Mit einem Stabmixer ordentlich aufmixen. Dabei eventuell noch ein wenig kalte Butter dazugeben, damit die Sauce schön sämig wird. Danach durch ein Sieb gießen, nochmals abschmecken, aber nicht mehr aufkochen. Währenddessen die Linguine in Salzwasser al dente kochen und abgießen. Mit der Gänselebersauce aufgießen und den frisch geriebenen Parmesan unterrühren. Parallel dazu die Leberscheiben in Mehl wenden und in einer heißen Pfanne ohne Fett von beiden Seiten goldgelb braten. Die Pasta auf Tellern anrichten, jeweils eine Scheibe Gänseleber darauf legen und mit gehackter Petersilie bestreuen.

GARUNGSZEIT: Linguine je nach Stärke und Art ca. 6–10 Minuten (Anleitung beachten!)

TIPP: Wie alle bereits mit kalter Butter montierten Saucen darf auch diese Gänselebersauce nach dem Binden mit Butter keinesfalls nochmals aufgekocht werden, da sonst ihre Bindung verloren ginge.

Linguine mit Morcheln und Spargel

Novelli-Spezialität

ZUTATEN

320–400 g Linguine
(schmale Bandnudeln)
100 g frische Morcheln
6 Stangen grüner Spargel
100 ml Kalbsjus
(auch im Delikatessenhandel erhältlich)
300 ml Schlagobers
1 cl Madeira
Petersilie, gehackt
Butter
Meersalz aus der Mühle
Pfeffer aus der Mühle

ZUBEREITUNG

Die Morcheln putzen, halbieren und kurz in Wasser waschen. Den Spargel an den unteren Enden schälen, holzige Teile wegschneiden und die Stangen in feine Scheiben schneiden. Spargel in etwas Butter anschwitzen, die Morcheln dazugeben und mit dem Madeira ablöschen. Mit Kalbsjus und Schlagobers aufgießen und alles einkochen lassen. Währenddessen die Linguine in Salzwasser al dente kochen, abgießen und in die Sauce einmengen. Mit Meersalz und Pfeffer abschmecken und die geschnittene Petersilie einrühren.

GARUNGSZEIT: Linguine je nach Stärke und Art ca. 6–10 Minuten (Anleitung beachten!)

Penne mit Salsicce und Thymian

Novelli-Spezialität

ZUTATEN

320–400 g Penne
400 g Salsicce
(ital. Bratwürstchen)
1–2 Knoblauchzehen
3 Thymianzweige,
gezupft
100 ml Weißwein
100 ml Geflügelfond
Parmesan, frisch gerieben
1–2 EL Butter, kalt
Olivenöl
Meersalz aus der Mühle
Pfeffer aus der Mühle

ZUBEREITUNG

Die Knoblauchzehen dünnblättrig schneiden und in etwas Olivenöl hell anschwitzen. Die Salsicce enthäuten, grob zerkleinern, dazugeben und kurz mitdünsten. Mit Weißwein ablöschen, den Geflügelfond zugießen und die kalte Butter zum Binden der Sauce einrühren. Den gezupften Thymian zugeben und alles sämig einkochen lassen. Die in reichlich Salzwasser al dente gekochten Penne mit einem Schaumlöffel direkt vom Nudelwasser in die vorbereitete Sauce heben. Gut durchschwenken, mit frisch gemahlenem Salz und Pfeffer abschmecken und abschließend den frisch geriebenen Parmesan unterrühren.

GARUNGSZEIT: Penne je nach Stärke und Art ca. 9–12 Minuten (Anleitung beachten!)

„Zerrissene Nudelblätter" mit Lammragout

Novelli-Spezialität

ZUTATEN

300 g Lammfleisch
(am besten vom Nacken
oder Schulter)
1 Zwiebel
1 Stück Stangensellerie
1 Lorbeerblatt
1 EL Tomatenmark
200 ml Rotwein
500 ml Lamm- oder
Geflügelfond
4 Knoblauchzehen
je 1 Zweig Rosmarin,
Thymian, Petersilie,
Oregano und Estragon
16 Nudelblätter (frisch
gemacht oder fertig
gekauft; ersatzweise
Lasagneblätter)
Parmesan, frisch gerieben
Meersalz aus der Mühle
Pfeffer aus der Mühle
Olivenöl

ZUBEREITUNG

Lammfleisch in kleine Würfel schneiden, den Knoblauch hacken und beides in Olivenöl anbraten. Tomatenmark einrühren und mit Rotwein ablöschen. Das Lorbeerblatt zugeben und das Lammfleisch weich dünsten. Dabei nach und nach den Fond zugießen und dazwischen immer wieder einkochen lassen. Zwiebel und Sellerie in feine Würfel schneiden und gesondert in Olivenöl anbraten. Die fein gehackten Kräuter zugeben. Die Kräutermischung in das fertige Ragout rühren und mit Meersalz und Pfeffer abschmecken. Die Nudelblätter in Stücke brechen bzw. frisch gemachte Blätter auseinander reißen und in reichlich Salzwasser al dente kochen. Abseihen und unter das Lammragout mengen. Vor dem Servieren frisch geriebenen Parmesan einrühren und gut durchschwenken.

GARUNGSZEIT: frisch gemachte Nudelblätter 2–3 Minuten, sonst je nach Anleitung; Lammragout ca. 60 Minuten

Penne all'arrabbiata

Süditalien

ZUTATEN

320–400 g Penne
100 g durchwachsener Speck, in feine Streifen geschnitten
600 ml Tomatensauce (s. S. 51)
2 Tomaten
2 Knoblauchzehen
2 getrocknete Chilischoten
1 Prise Cayennepfeffer
Petersilie, gehackt
Meersalz aus der Mühle
Pfeffer aus der Mühle
Olivenöl
Parmesan, frisch gerieben

ZUBEREITUNG

Die Knoblauchzehen fein hacken und in etwas Olivenöl gemeinsam mit dem Speck anrösten. Die zerdrückten Chilischoten zugeben, rasch mit Tomatensauce aufgießen und alles gut durchkochen lassen. Die in Salzwasser al dente gekochten Penne mit einem Schaumlöffel direkt vom Nudelwasser in die Tomatensauce heben und nochmals durchkochen lassen. Mit Cayennepfeffer, frisch gemahlenem Meersalz, Pfeffer und der gehackten Petersilie abschmecken. Tomaten in sehr feine Würfel schneiden und gemeinsam mit einem Schuss bestem Olivenöl einmengen. Mit frisch geriebenem Parmesan nach Belieben bestreuen.

GARUNGSZEIT: Penne je nach Stärke und Art ca. 9–12 Minuten (Anleitung beachten!)

TIPP: Sollte sich die Sauce zu stark einkochen, so gießen Sie einfach mit etwas Nudelwasser auf.

Pasta für Wütende

Mit den Arabern hat die Zubereitung all'arrabbiata nichts zu tun, obwohl so manches heute als typisch italienisch geltende Gericht dereinst über die Karawanenstraßen und das Mittelmeer auf den italienischen Stiefel kam. Arrabbiare hingegen ist ein unverwechselbar italienisches Wort, das soviel wie „toll werden", „zornig werden", oft auch „vor Schmerz wütend werden" bedeutet. Für diesen letztlich nicht unangenehmen „Schmerz" auf der Zunge sind die in diesem Gericht verwendeten Chilischoten zuständig, die es, je nach Geschmack und Zornigkeitsgrad, gottlob in verschiedenen Kalibern gibt.

Penne „Novelli"

ZUTATEN
320–400 g Penne
240 g Salsicce (ital. Bratwürstchen)
2 Knoblauchzehen
1 Chilischote
200 g junge Erbsenschoten
500 ml Tomatensauce (s. S. 51)
250 ml Schlagobers
80 g Butter
50 g Parmesan, frisch gerieben
Olivenöl zum Anschwitzen
Meersalz aus der Mühle
Pfeffer aus der Mühle
Petersilie

ZUBEREITUNG
Den Knoblauch in dünne Scheiben schneiden und in etwas Olivenöl hell anschwitzen. Mit Tomatensauce aufgießen, Schlagobers einrühren und die Butter zugeben. Die Sauce gut einkochen. Die klein gehackte Chilischote, die enthäutete, in 1–1,5 cm große Stücke geteilte Salsicce sowie die Erbsenschoten dazugeben und kurz durchkochen. Mit frisch gemahlenem Meersalz und Pfeffer abschmecken. Die in wallendem Salzwasser al dente gekochten Penne mit einem Schaumlöffel direkt vom Nudelwasser in die vorbereitete Sauce heben. Die Petersilie fein hacken und gemeinsam mit dem frisch geriebenen Parmesan unter die Penne rühren

GARUNGSZEIT: Nudeln je nach Stärke und Art ca. 9–12 Minuten (Anleitung beachten!)

Penne mit Nusssauce

Veneto

ZUTATEN
320–400 g Penne
40 g Mandeln
50 g Walnüsse
40 g Haselnüsse
40 g Pistazien
40 g Pinienkerne
2 Knoblauchzehen
1 Bund Basilikum
1/2 Bund Petersilie
80 g Parmesan, frisch gerieben
Meersalz aus der Mühle
Pfeffer aus der Mühle
ca. 250 ml Olivenöl
1–2 EL Butter

ZUBEREITUNG
Für die Nusssauce alle Zutaten bis auf die Butter in den Mixer geben. Mixen und dabei so viel Öl zugießen, bis eine cremige Masse entsteht. Diese in eine vorgewärmte Pastaschüssel geben und mit etwas heißem Nudelwasser verdünnen. Die in reichlich wallendem Salzwasser al dente gekochten Penne abgießen und gut abtropfen lassen. Rasch mit der Butter und Nusssauce vermengen und sofort servieren.

GARUNGSZEIT: Penne je nach Stärke und Art ca. 9–12 Minuten (Anleitung beachten!)

Rigatoni all'amatriciana

Latium

ZUTATEN

320–400 g Rigatoni (kurze, dicke Röhrennudeln)
400 g Pancetta (ital. Bauchspeck) oder magerer Räucherspeck
3 Zwiebeln
100 g Schinken, in Streifen geschnitten
125 ml trockener Weißwein
1 Messerspitze Cayennepfeffer
1 Prise getrockneter Oregano
125 ml Tomatensauce (s. S. 51)
ca. 125 ml Geflügelfond
1 kleine, rote Pfefferschote
1 EL Butter
1 Lorbeerblatt
60 g Parmesan, frisch gerieben
Meersalz aus der Mühle
Pfeffer aus der Mühle
Olivenöl

ZUBEREITUNG

Die Zwiebeln fein hacken und in Olivenöl glasig dünsten. Den Speck würfelig schneiden, mit dem Lorbeerblatt zugeben und anbräunen. Das Fett abgießen, die Schinkenstreifen einstreuen und 2–3 Minuten weiter braten. Mit Wein ablöschen, dann die Hitze reduzieren. Oregano, die fein gehackte Pfefferschote, Cayennepfeffer sowie die Tomatensauce einrühren und mit Salz und Pfeffer abschmecken. Das Lorbeerblatt wieder entfernen und alles weitere 10 Minuten köcheln lassen. Je nach Konsistenz der Sauce noch mehr oder weniger Geflügelfond zugießen. Währenddessen die Rigatoni in Salzwasser al dente kochen, abgießen und gemeinsam mit der Butter und dem geriebenen Parmesan mit der Sauce vermischen. Nochmals abschmecken.

GARUNGSZEIT: Rigatoni je nach Stärke und Art ca. 9–14 Minuten (Anleitung beachten!), Sauce 15–20 Minuten

Die Nudeln der Sabinerinnen

Die Zubereitungsart all'amatriciana hat ihren Namen nach der kleinen Abruzzenstadt Amatrice in Sabinien erhalten, jener Gegend, die einst durch den Raub der Sabinerinnen zu historischer Berühmtheit gelangte. Die Pasta all'amatriciana ist freilich nicht weniger berühmt und bezieht ihre Popularität aus der Verbindung von Tomaten, Weißwein, pikanter Chili-Schärfe und Pancetta. Über die Art des Specks lassen sich übrigens lange gastrosophische Gespräche führen: Die Einheimischen schwören jedenfalls, dass es sich unbedingt um Räucherspeck vom Schweinekinn handeln muss, der vor der Verwendung in Streifen geschnitten und pochiert wird.

Überbackene Fricelli

Griechenland/Zypern

ZUTATEN

320–400 g Fricelli (spiralenförmig gerollte Röhrennudeln)
100 g Walnüsse, ohne Haut
100 g Haloumi (zypriotischer Schafkäse)
50 g Feta (griech. Schafkäse)
40 g Butterflocken
1 Prise Chiliflocken
Petersilie, grob gehackt
Meersalz aus der Mühle
Pfeffer aus der Mühle
Olivenöl für die Form

ZUBEREITUNG

Den Haloumi reiben, den Feta zwischen den Fingern zerkrümeln. Die Walnüsse grob hacken. Die beiden Käse mit den Walnüssen, Chiliflocken und der grob gehackten Petersilie vermischen. Die Fricelli in ausreichend Salzwasser al dente kochen, abseihen und in eine mit Öl ausgestrichene feuerfeste Schüssel geben. Die Butter sowie die Käsemischung dazugeben, alles gut vermengen und mit Meersalz und Pfeffer abschmecken. Im vorgeheizten Backrohr bei 180 °C 8–10 Minuten überbacken.

BACKROHRTEMPERATUR: 180 °C
GARUNGSZEIT: Fricelli je nach Stärke und Art ca. 9–14 Minuten (Anleitung beachten!), 8–10 Minuten überbacken

Cavatelli mit Pancetta und Rucola

Apulien

ZUTATEN

320–400 g Cavatelli (Muschelnudeln; erhältlich im Novelli-Shop unter www.novelli.at)
100 g Pancetta (ital. Bauchspeck; ersatzweise auch Prosciutto crudo)
70–100 ml Balsamicoessig
100 g Rucola
2 Knoblauchzehen
100 ml Gemüse- oder Geflügelfond
30 g Butter, kalt
2 Tomaten
50 g Parmesan, gerieben
Meersalz aus der Mühle
Pfeffer aus der Mühle
Olivenöl

ZUBEREITUNG

Die Tomaten blanchieren (kurz überbrühen), schälen, entkernen und in kleine Würfel schneiden. Pancetta ebenfalls klein schneiden. Rucola von den Stielen zupfen und waschen.
Den fein gehackten Knoblauch in Olivenöl anschwitzen, mit Gemüse- oder Geflügelfond ablöschen und Balsamicoessig zugießen. Kurz einkochen lassen. Die kalte Butter einrühren, die Sauce damit binden und bis zur gewünschten Konsistenz einkochen lassen. Mit etwas frisch gemahlenem Meersalz würzen. Währenddessen die Cavatelli in ausreichend Salzwasser al dente kochen, abgießen und gemeinsam mit Tomaten, Pancetta und Rucola in die Sauce geben. Einmal kurz aufkochen, frisch geriebenen Parmesan sowie Pfeffer einrühren und nochmals gut durchschwenken.

GARUNGSZEIT: Cavatelli je nach Stärke und Art ca. 9–14 Minuten (Anleitung beachten!)

TIPP: Achtung: Unter Cavatelli werden in Italien sowohl Muschelnudeln als auch, vor allem in Sizilien, kleine Klößchen (Gnocchi) verstanden.

Fusilli alla puttanesca

Neapel

ZUTATEN

320–400 g Fusilli (kurze Spiralennudeln)
einige Sardellenfilets, in Öl eingelegt
1 Dose Pelati (geschälte Tomaten)
2 EL Kapern
15 schwarze Oliven, entkernt
1 getrocknete Chilischote
2 Knoblauchzehen
Meersalz aus der Mühle
Pfeffer aus der Mühle
Olivenöl

ZUBEREITUNG

Den Knoblauch in Scheiben schneiden, einen Teil fein hacken und alles in Olivenöl goldgelb anrösten. Sardellenfilets in die Pfanne geben und mit einem Löffel zerdrücken. Die Tomaten auf ein Sieb schütten, abtropfen lassen und in grobe Stücke schneiden. Zu den Sardellen geben und langsam dahinköcheln lassen. Die Fusilli in Salzwasser al dente kochen. Währenddessen die Kapern, die entkernten, halbierten Oliven sowie die zerdrückte Chilischote in die Sauce mengen. Mit Salz und Pfeffer würzen und weiter köcheln lassen. Sollte die Sauce zu dick geraten, etwas Nudelwasser dazu gießen. Die gekochten Fusilli abgießen und in die Sauce geben. Gut durchschwenken und sofort servieren.

GARUNGSZEIT: Fusilli je nach Stärke und Art ca. 7–12 Minuten (Anleitung beachten!)

TIPP: Wenn Sie die Sardellenfilets direkt in der Pfanne zerkleinern, so bleibt das pikante Aroma voll erhalten und nicht am Schneidbrett „liegen“.

Haben Sie Appetit auf leichte Mädchen?

Oder sollte es nicht eher umgekehrt lauten: Worauf haben die leichten Mädchen Appetit?

Wie immer man es auch dreht und wendet: Die Nudeln alla puttanesca werden ihren leicht frivolen Beigeschmack wohl niemals ganz los werden. Ein Blick in den großen Samsone beseitigt jeden sprachlichen Zweifel: puttana bedeutet, je nachdem, welchen Ausdruck man bevorzugt, nun einmal Dirne, Hure, Nutte oder Schnepfe. Es handelt sich daher bei diesem Gericht ganz eindeutig um Dirnen-, Huren-, Nutten- oder Schnepfennudeln.

Entstanden ist diese Speise der Überlieferung nach im Hafenviertel von Neapel. Die Damen, die dort dem ältesten Gewerbe der Welt nachgingen, sollen die Zubereitung dieser Sugo-Variante deshalb so geschätzt haben, weil sie so schnell fertig ist und sich gewissermaßen zwischen zwei Freiern leicht einschieben lässt.

Eine andere Legende will hingegen wissen, dass die bewussten Damen, gewissermaßen als Dienst am Kunden, stets einen Topf mit Puttanesca-Sugo auf der Herdplatte stehen hatten, weil dieses angeblich die Manneskraft stärkte ...

Bleibt die Tatsache, dass Nudeln alla puttanesca ein Gericht sind, dem, allein schon aufgrund der darin enthaltenen Chilischoten und Sardellen, stets eine gewisse Schärfe zueigen ist.

Wer da nun aber scharf auf wen ist, das möge bitte jede(r) selbst entscheiden.

Orecchiette mit Wildem Broccoli

Bari

ZUTATEN

320–400 g Orecchiette (kleine ohrförmige Nudeln)
400 g Cime di rapa (Sprossen-Broccoli oder Rübensprossen, s. Tipp)
6 EL Olivenöl
2 Chilischoten, fein gehackt
8 Sardellenstreifen, grob zerkleinert
2 EL zerkrümeltes Weißbrot
Meersalz aus der Mühle
Pfeffer aus der Mühle

ZUBEREITUNG

Orecchiette gemeinsam mit den zugeputzten Cime di rapa in Salzwasser al dente kochen. Dabei die Cime di rapa erst 5–6 Minuten vor Ende der Kochzeit einlegen. Inzwischen in einer großen Kasserolle das Olivenöl erhitzen, Sardellen, Chilischoten und Brotkrümel hinzufügen. Nudeln und Gemüse gut abtropfen, in die Kasserolle geben und alles gut durchrühren. Auf kleiner Flamme noch einige Minuten unter ständigem Rühren weiter garen. Wenn manche Orecchiette dabei leicht knusprig werden, so ist das ein durchaus erwünschter Effekt. Mit frisch gemahlenem Salz und Pfeffer abschmecken.

GARUNGSZEIT: Orecchiette je nach Stärke und Art ca. 8–12 Minuten (Anleitung beachten!)

TIPP: Cime di rapa, auch oft Wilder oder Bitterer Broccoli genannt, ist ein broccoliähnliches Gemüse mit unverwechselbarem, zart-bitteren Geschmack, das vor allem in den Küchen Süditaliens eine bedeutende Rolle spielt.

Pasta calabrese

Kalabrien – wegen seiner hohen Berge direkt über dem Meer auch „Schottland des Südens“ genannt – hat eine unverwechselbare Pasta-Kultur entwickelt, in der die festen Orecchiette (Öhrchennudeln) ebenso eine bevorzugte Rolle spielen wie Filatieddri – handgemachte und innen hohle Spaghetti – oder die Rascatieddri genannten „kalabrischen Gnocchi“. Bei den Sughi spart man durchwegs nicht an würzigen bis scharfen Zutaten wie Peperoncini (wahrhaft teuflisch: der Diavolillo), Sardellen und Oliven, aber auch Knoblauch, frische Minze, wilder Fenchel, Rosinen, Pinienkerne, Scamorza-Käse und rote Zwiebeln spielen eine äußerst geschmacksträchtige Rolle.

Strozzapreti mit Käferbohnen und Salsicce

Emilia-Romagna/Marken

ZUTATEN

320–400 g Strozzapreti (kleine, länglich eingerollte Nudeln; erhältlich im Novelli-Shop www.novelli.at)
150 g Käferbohnen
1 Zwiebel
300 ml Tomatensauce (s. S. 51)
2 Knoblauchzehen
50 g Salsicce (ital. Bratwurst)
80 g Parmesan, frisch gerieben
Petersilie, gehackt
Olivenöl
Meersalz aus der Mühle
Pfeffer aus der Mühle

ZUBEREITUNG

Die Käferbohnen über Nacht einweichen. Am nächsten Tag in einem Topf frisches Salzwasser aufsetzen, die Zwiebel zugeben und die abgeseihten Bohnen darin ca. 40 Minuten weich kochen. Die Bohnen im Fond auskühlen lassen und dann abgießen. Die Knoblauchzehen in Scheiben schneiden und in Olivenöl anschwitzen. Mit Tomatensauce aufgießen, die gekochten Bohnen dazugeben und alles aufkochen lassen. Währenddessen die Nudeln in Salzwasser al dente kochen, abseihen und gleich in die Sauce geben. Die geschälten Salsicce in Streifen schneiden und unter die Nudeln mengen. Mit Salz und Pfeffer abschmecken. Abschließend mit Parmesan und gehackter Petersilie bestreuen und nochmals kräftig durchmischen.

GARUNGSZEIT: Strozzapreti je nach Stärke und Art ca. 8–13 Minuten (Anleitung beachten!), Käferbohnen ca. 40 Minuten

Gewürgte Priester

Bei der Machtfülle, die der Klerus in Italien hatte und zum Teil noch immer besitzt, konnten hin und wieder schon Aggressionen frei werden. Diesen verdanken die Strozzapreti-Nudeln ihren Namen, ein Armeleutegericht aus der Emilia und den angrenzenden Marken, das nichts anderes bedeutet als „gewürgter Priester". Manchmal findet man für die meist unregelmäßig mit der Hand geschnittenen und im „Würgegriff" abgedrehten Teigröllchen auch noch die Bezeichnung „Würgepriester". Es könnten also durchaus auch die Armen gewesen sein, die sich von den Priestern da „gewürgt" fühlten.

RAVIOLI UND TEIGTASCHEN

Ravioli(-Grundrezept) s. S. 34f.

Ricotta-Spinat-Ravioli

Lombardei

ZUTATEN

Ravioli
(Grundrezept s. S. 34f.)
150 g Blattspinat, blanchiert (ersatzweise Tiefkühlprodukt)
300 g Ricotta
2 Eidotter
Cayennepfeffer
1 TL Salz
Pfeffer aus der Mühle

ZUBEREITUNG

Den gut ausgedrückten blanchierten (überbrühten) Spinat am besten in der Küchenmaschine mit Ricotta und den Eidottern gut vermischen. Mit Salz, Pfeffer und wenig Cayennepfeffer abschmecken. Wie im Grundrezept (s. S. 34f.) beschrieben weiterverarbeiten oder mit Frischhaltefolie abgedeckt im Kühlschrank bis zur weiteren Verwendung aufbewahren.

GARUNGSZEIT: Ravioli 3–5 Minuten
GARNITUREMPFEHLUNG: gebräunte Butter und Parmesansplitter

Ricotta-Tomaten-Ravioli mit Rucolabutter

Friaul

ZUTATEN

Ravioli
(Grundrezept s. S. 34f.)
300 g Ricotta
2 Eier
1 Bund Basilikum, gehackt
2 EL Olivenöl
2 Dosen Pelati (geschälte Tomaten)
2 Knoblauchzehen
Meersalz aus der Mühle
Pfeffer aus der Mühle
50 g Parmesan, gerieben

FÜR DIE RUCOLABUTTER

100 g Rucola, geschnitten
100 g Butter
50 g Parmesan, frisch gerieben
100 ml Gemüsefond
Meersalz aus der Mühle
Pfeffer aus der Mühle

ZUBEREITUNG

Die Tomaten abseihen und in kleine Würfel schneiden. Den Knoblauch fein hacken und in heißem Olivenöl hell anschwitzen. Tomatenwürfel zugeben, mitanschwitzen, dann mit Salz und Pfeffer würzen. In einen Schneekessel gießen und etwas abkühlen lassen. Ricotta, Basilikum, Parmesan und Eier dazugeben und mit einem Schneebesen gut durchrühren. Mit Salz und Pfeffer abschmecken. Wie im Grundrezept (s. S. 34f.) zu Ravioli verarbeiten.
Für die Rucolabutter den Fond mit der Butter sämig einkochen. Mit Salz und Pfeffer würzen. Die gekochten, abgetropften Ravioli gemeinsam mit der Rucola und dem geriebenen Parmesan dazugeben und nochmals kurz durchrühren.

GARUNGSZEIT: Ravioli 3–5 Minuten

Garnelenravioli mit Garnelensauce

Venedig

ZUTATEN

Ravioli
(Grundrezept s. S. 34f.)
400 g Garnelen, geschält
(Schale aufheben)
1 Mozzarella
2 EL Olivenöl
1 Zwiebel, gehackt
3 EL Weinbrand
125 ml Schlagobers
2 EL Estragon, frisch
gehackt
2 Eidotter
20 g Parmesan, gerieben
Saft von 1/2 Zitrone
Meersalz aus der Mühle
Pfeffer aus der Mühle

FÜR DIE GARNELENSAUCE

Garnelenschalen
100 g Butter, eiskalt
100 ml Weißwein
5 cl Noilly-Prat
(oder anderer trockener
Wermut)
5 cl Weinbrand
1 Lorbeerblatt
1 Thymianzweig
ca. 500 ml Wasser
1 Fenchel
1 Sellerie
1 Zwiebel
250 ml Schlagobers
1 TL Tomatenmark
Olivenöl
Salz aus der Mühle
Pfeffer aus der Mühle

ZUBEREITUNG

Die Zwiebel in heißem Olivenöl anschwitzen, die geputzten Garnelen (ohne Darm) dazugeben und kurz mitbraten. Mit Weinbrand ablöschen, mit Obers aufgießen und etwa 10 Minuten einkochen. In eine Schüssel gießen und abkühlen lassen. Dann die Garnelen mit Mozzarella, Estragon, Dottern und Parmesan in der Küchenmaschine zu einem glatten Püree verarbeiten. Mit Zitronensaft, Salz und Pfeffer abschmecken. Wie im Grundrezept (s. S. 34f.) beschrieben verarbeiten und mit der vorbereiteten Garnelensauce servieren.

Für die Garnelensauce die Zwiebel und das Gemüse in mittelgroße Würfel schneiden und in wenig Öl sehr heiß anbraten. Garnelenschalen, Gewürze und Tomatenmark dazugeben und kräftig mitrösten. Mit Weißwein, Noilly-Prat und Weinbrand ablöschen und mit Wasser aufgießen. Ordentlich durchkochen, bis die Sauce etwa um die Hälfte reduziert ist. Obers zugießen und nochmals etwas einkochen.

Durch ein Sieb gießen, mit der kalten Butter aufmixen und mit Salz sowie Pfeffer abschmecken.

GARUNGSZEIT: Ravioli 3–5 Minuten

Ravioloni mit Kaisergranat

Südfrankreich

ZUTATEN FÜR 8 GRÖSSERE TASCHEN

Ravioli (Grundrezept s. S. 34f.)
250 g Kabeljaufilet
500 ml Fischfond (s. S. 19) oder Courtbouillon
150 g Kartoffeln
200 ml Olivenöl
4 Kaisergranate (Kaiserhummer)
100 g Butter, kalt
1 TL Safranfäden
1 Korianderzweig
Meersalz aus der Mühle
Pfeffer aus der Mühle

ZUBEREITUNG

Den Kabeljau in Fischfond oder Courtbouillon glasig pochieren, herausnehmen und mit den Fingern „zerblättern". Die Kartoffeln in Salzwasser weich kochen und durch eine Kartoffelpresse drücken. Kabeljau und Olivenöl unter die Kartoffeln mengen und mit Salz sowie Pfeffer abschmecken. Die Kaisergranatschwänze ausbrechen, in etwa 1 EL Butter langsam braten und dann halbieren.

Den Teig nach dem Grundrezept (s. S. 34f.) zubereiten und zu acht dünnen Platten ausrollen. Die Nudelteigblätter mit Eidotter bestreichen, jeweils etwas Fischmasse darauf setzen und einen halbierten Kaisergranatschwanz darauf legen. Das Nudelblatt zusammenklappen, mit einer Gabel die drei offenen Seiten gut andrücken und die Ravioloni auf ein bemehltes Blech legen. Etwa 300 ml Fischfond aufkochen und die Safranfäden zugeben. Etwas einkochen lassen und die restliche kalte Butter einmixen. Währenddessen die Ravioloni in Salzwasser kochen, abtropfen lassen und in den Safranfond geben. Gehackten Koriander einrühren, nochmals kurz aufkochen und in tiefen Tellern anrichten.

GARUNGSZEIT: Ravioloni 3–5 Minuten, Kabeljau und Kaisergranate einige Minuten, Kartoffeln 18–20 Minuten

TIPPS:
- Stehen keine Kaisergranate zur Verfügung, so lassen sich diese Ravioloni selbstverständlich auch mit kurz angebratenen Scampi o. ä. füllen.
- In Südfrankreich, woher dieses Rezept stammt, wird statt der hier angegebenen Kabeljau-Kartoffelfarce meist dieselbe Menge *Brandade de morue* (Stockfischpüree) verwendet. Das Rezept dafür finden Sie auf Seite 108.

Kalbskopfravioli auf Blattspinat mit weißen Trüffeln

Novelli-Spezialität

ZUTATEN FÜR 8 PORTIONEN

Ravioli (Grundrezept s. S. 34f.), doppelte Menge
1 Kalbskopf
250 g Wurzelgemüse
800 g Blattspinat
Pfefferkörner
Lorbeerblatt
200 ml Kalbsjus (auch im Delikatessenhandel erhältlich)
100 ml Madeira
100 ml Kalbskopffond
50 g Butter, eiskalt
Petersilie
Butter zum Andünsten
Weiße Trüffeln nach Belieben
Meersalz aus der Mühle
Pfeffer aus der Mühle

ZUBEREITUNG

Den gut gewässerten Kalbskopf mit Wasser bedecken und mit Wurzelgemüse, Pfefferkörnern, Lorbeerblatt sowie Meersalz etwa 2 Stunden weich kochen. Auskühlen lassen und etwa 100 ml von dem Fond aufbewahren. Das Fleisch sowie die Zunge auslösen. Alles in kleine Würfel schneiden und mit Madeira und Kalbsjus gut einkochen lassen. Gekochtes Wurzelgemüse und die Petersilie ebenfalls hacken, unter die Masse mengen und abschmecken. Die Ravioli wie im Grundrezept (s. S. 34f.) beschrieben damit füllen und auf ein bemehltes Blech setzen. Dann den zur Seite gegebenen Kalbskopffond aufkochen, kalte Butter einrühren und den Fond damit binden. Den gewaschenen Blattspinat in einer anderen Pfanne mit etwas Butter „zerfallen lassen" (anschwitzen) und mit Salz sowie Pfeffer würzen. Die währenddessen gekochten, abgetropften Ravioli in die Sauce geben und kurz durchschwenken. Den Spinat ausdrücken, auf vorgewärmten Tellern anrichten, die Ravioli darauf setzen und die Sauce darüber gießen. Nach Belieben weiße Trüffeln darüber hobeln.

GARUNGSZEIT: Kalbskopf 2 Stunden, Ravioli 3–5 Minuten

TIPPS:
- Im Piemont bereitet man dieses Gericht lieber in Agnolotti- als in Ravioliform zu. Der Grundteig dafür ist derselbe, nur werden die Teigtaschen halbrund statt viereckig geformt.
- Kalbskopf können Sie nach rechtzeitiger Vorbestellung in jeder gut geführten Fleischhauerei erstehen.

Panzotti mit Ossobuco-Fülle und Gremolata

Lombardei

ZUTATEN FÜR 12 GRÖSSERE TASCHEN

Ravioli (Grundrezept s. S. 34f.), doppelte Menge
4 Scheiben geschmorter Ossobuco (Kalbshaxe, s. S. 306)
etwas Sauce vom geschmorten Ossobuco
1 Zwiebel, 1 Karotte
1 Selleriestange
4 Scheiben Fontina-Käse
Olivenöl

FÜR DIE GREMOLATA

etwas Orangen- und Zitronenschale, abgerieben
2 Knoblauchzehen
je 1 Zweig Rosmarin, Thymian, Petersilie und Estragon

ZUBEREITUNG

Das geschmorte Kalbfleisch vom Knochen lösen, in kleine Würfel schneiden und mit etwas Ossobuco-Sauce so weit einkochen lassen, dass das Fleisch bindet. Zwiebel, Karotte und Sellerie feinwürfelig schneiden, in etwas Olivenöl anschwitzen und untermischen. Den Käse in Würfel schneiden und unter die ausgekühlte Masse mengen. Den nach Anleitung (s. S. 34f.) zubereiteten Teig in 12 Quadrate teilen. Die Ossobuco-Masse auf die mit Ei bestrichenen Teigblätter verteilen und jedes Blatt diagonal zusammenklappen, dass dabei ein Dreieck entsteht. Die Ränder gut festdrücken. Für die Gremolata den Knoblauch, Orangen- sowie Zitronenschale und die Kräuter fein hacken und miteinander vermengen. Die Panzotti in Salzwasser kochen, herausheben und auf vorgewärmte Teller legen. Jeweils mit etwas erwärmter Ossobuco-Sauce beträufeln und mit der Gremolata bestreuen.

GARUNGSZEIT: Panzotti 3–5 Minuten

Kalbsbriesravioli mit Steinpilzsauce

Lombardei

ZUBEREITUNG

Die getrockneten Steinpilze in warmem Wasser 15 Minuten einweichen. Abtropfen lassen und klein hacken. Das Einweichwasser aufbewahren. Das Bries in kaltem Wasser ordentlich wässern, bis es weiß ist. Mit Wasser bedecken und mit Weißweinessig sowie Salz etwa 15 Minuten kochen. Bries abgießen, die feine Haut vorsichtig abziehen und allfällige Äderchen entfernen. In etwa 2 cm große Rosen teilen.
Das Öl erhitzen und das würfelig geschnittene Kalbfleisch darin von allen Seiten ca. 10 Minuten anbraten. Die fein gehackte Zwiebel, die kleinwürfelig geschnittene Karotte sowie den würfelig geschnittenen Sellerie und das Lorbeerblatt dazugeben und bei reduzierter Hitze weitere 5 Minuten braten. Dann das Bries, Pilze, Thymian und Rosmarin hinzufügen. Salzen, pfeffern und mit Mehl stauben. Kurz durchrühren, mit Wein ablöschen und mit etwas Pilzwasser aufgießen. Zugedeckt ca. 40 Minuten köcheln lassen, bis das Fleisch sehr weich ist. Gewürze entfernen und alles abkühlen lassen. In der Küchenmaschine gemeinsam mit Dottern und Parmesan fein pürieren. Mit Salz und Pfeffer nochmals abschmecken. Sollte die Masse zu fest sein, mit Geflügelfond oder Obers auflockern. Wie im Grundrezept (s. S. 34f.) beschrieben verarbeiten und mit der vorbereiteten Pilzsauce servieren.
Für die Steinpilzsauce die fein geschnittene Zwiebel in der Hälfte der Butter anschwitzen, fein gehackten Knoblauch und Pilze dazugeben und kurz durchrühren. Mit Weißwein ablöschen und mit Pilzwasser aufgießen. Nun die Sauce um ein Drittel einkochen lassen. Obers zugießen, nochmals kurz durchkochen und anschließend mit der restlichen eiskalten Butter (in Flockenform) aufmixen. Mit Salz und Pfeffer abschmecken.

GARUNGSZEIT: Fülle ca. 70 Minuten, Ravioli 3–5 Minuten

ZUTATEN

Ravioli
(Grundrezept s. S. 34f.)
25 g getrocknete Steinpilze
ca. 170 g Kalbsbries, geputzt
2 EL Weißweinessig
3 EL Olivenöl
250 g mageres Kalbfleisch
1 Karotte
2 Selleriestangen
1 Zwiebel
1 Lorbeerblatt
je 1 Zweig Thymian und Rosmarin
2 EL Mehl
125 ml Weißwein
2 Eidotter
30 g Parmesan, gerieben
Geflügelfond oder Schlagobers nach Bedarf
Meersalz aus der Mühle
Pfeffer aus der Mühle

FÜR DIE STEINPILZSAUCE

1 Zwiebel
1 Knoblauchzehe
40 g getrocknete Steinpilze
100 ml Weißwein
300 ml Kalbs- oder Geflügelfond
200 ml Schlagobers
100 g Butter, kalt
Meersalz aus der Mühle
Pfeffer aus der Mühle

PASTAAUFLÄUFE UND ÜBERBACKENE NUDELN

Lasagne al forno

Neapel

ZUTATEN

ca. 15 Lasagneblätter
80 g Parmesan, frisch gerieben
Butter für die Form

FÜR DIE RAGOUTSAUCE

80 g Zwiebeln, fein gewürfelt
80 g Karotten, fein gewürfelt
80 g Knollensellerie, fein gewürfelt
600 g Faschiertes
1 große Dose Pelati (geschälte Tomaten)
100 ml Rotwein
4 EL Olivenöl
1 TL Oregano
2 Lorbeerblätter
3 Thymianzweige, gehackt
2 Knoblauchzehen, fein gehackt
2 EL Tomatenmark
Meersalz aus der Mühle
Pfeffer aus der Mühle

FÜR DIE BÉCHAMELSAUCE

1 l Milch
60 g Mehl
60 g Butter
etwas Muskatnuss
Salz

ZUBEREITUNG

In einem breiten Topf das Olivenöl erhitzen und das fein geschnittene Gemüse darin anschwitzen. Dann das Faschierte dazugeben und mit einem Kochlöffel gut zerteilen. (Dabei darauf achten, dass das Faschierte kein Wasser zieht, damit es nicht zäh wird.) Mit Rotwein ablöschen und gut umrühren, damit sich der Bodensatz löst.

Das Tomatenmark einrühren. Die Tomaten ohne Saft dazugeben (den Saft für später bereithalten) und die Tomaten mit dem Kochlöffel zerdrücken. Die Gewürze und den Knoblauch untermischen. Kurz durchkochen und bei mäßiger Hitze etwa 1 Stunde dahin köcheln lassen. Währenddessen wiederholt umrühren und gegebenenfalls noch etwas Tomatensaft zugießen. Abschließend mit Salz und Pfeffer abschmecken.

Für die Béchamelsauce die Butter in einem Topf zerlassen. Das Mehl einrühren und kurz anschwitzen. Dann unter ständigem Rühren nach und nach die Milch zugießen. Mit Muskatnuss und Salz abschmecken und gut durchkochen lassen.

Eine Auflaufform mit Butter ausstreichen. Dann abwechselnd Ragout und Béchamelsauce einfüllen und jeweils mit Lasagneblättern belegen. So lange wiederholen, bis alle Zutaten verbraucht sind. Die oberste Schicht soll Ragout mit Béchamelsauce sein. Gleichmäßig mit frisch geriebenem Parmesan bestreuen und im vorgeheizten Backrohr bei 220–240 °C etwa 20–25 Minuten backen (Packungsanleitung beachten!). Vor dem Servieren noch einige Minuten im abgeschalteten Backrohr rasten lassen.

BACKROHRTEMPERATUR: 220–240 °C
GARUNGSZEIT: Ragout ca. 1 Stunde, Lasagne 20–25 Minuten

Gemüselasagne

Novelli-Spezialität

ZUTATEN

ca. 15 Lasagneblätter
Béchamelsauce (s. Lasagne S. 190), halbe Menge
je 1 rote und gelbe Paprikaschote
1 Zucchini
1/2 Stange Lauch
1 Karotte
1 Selleriestange
250 g Champignons
2 Knoblauchzehen
1 Zwiebel
200 ml Tomatensaft
3 Rosmarinzweige, gehackt
2 Thymianzweige, gehackt
1 Lorbeerblatt
Olivenöl
Meersalz aus der Mühle
Pfeffer aus der Mühle
80 g Parmesan, frisch gerieben
Butterflocken

ZUBEREITUNG

Die Paprikaschoten entstielen, entkernen und in schmale Streifen, den Lauch in Scheiben schneiden. Zucchini in 5mm dicke Scheiben schneiden. Champignons vierteln, Karotte und Sellerie in Würfel, Zwiebel und Knoblauch feinwürfelig schneiden. In einer Pfanne das Öl erhitzen und die Zwiebeln darin anschwitzen. Knoblauch und das vorbereitete Gemüse dazugeben und kurz mitdünsten. Mit Salz sowie Pfeffer würzen und mit Tomatensaft aufgießen. Die fein gehackten Kräuter und das Lorbeerblatt dazugeben und alles ordentlich durchkochen lassen, bis die Masse schön cremig ist. Nochmals mit Salz und Pfeffer abschmecken.

Eine Auflaufform mit Butter ausstreichen, abwechselnd etwas von der Gemüsemasse und Béchamelsauce einfüllen, jeweils mit Lasagneblättern bedecken und so lange wiederholen, bis alles verbraucht ist. Den Abschluss bilden Gemüse- und Béchamelsauce. Gleichmäßig mit frisch geriebenem Parmesan und einigen Butterflocken bestreuen und im vorgeheizten Backrohr bei 220–240 °C etwa 20–25 Minuten backen (Packungsanleitung beachten!). Vor dem Servieren noch einige Minuten im abgeschalteten Backrohr rasten lassen.

BACKROHRTEMPERATUR: 220–240 °C
BACKZEIT: 20–25 Minuten

Ein Lasagne-Krieg ...

... tobt, von der Öffentlichkeit kaum bemerkt, seit einigen Jahren zwischen italienischen und britischen Food-Historikern. Der Startschuss fiel im „Daily Mirror", in dem der Ernährungswissenschaftler Maurice Bacon behauptete, ein Rezept für «Loseyns» aus Käse, Fleisch und Pasta gefunden und damit das Originalrezept für die angeblich italienische Lasagne entdeckt zu haben. Die Quelle hört sich in der Tat respektabel an und ist nicht mehr und nicht weniger als ein 1390 für König Richard II. zusammengestelltes Kochbuch. Zwar fehlen dem Rezept die Tomaten, doch die konnte es damals, da sie erst im Zuge der Entdeckung Amerikas den Atlantik überquerten und erst viel später die Küchen Europas eroberten, wohl auch noch nicht gut geben.

Es war jedenfalls nur eine Frage der Zeit, bis die Italiener zurückschlugen. Sie verweisen auf eine etwas makabre Schilderung, die bereits 1370, also zwanzig Jahre vor dem Kochbuch König Richards datiert. Der Text stammt von einem gewissen Marchione di Coppo Stefani, der die Toten der Pest in Florenz zählen musste und bildhaft meinte: „Die Toten werden wie Lasagne in den Gräbern geschichtet."

Auch abgesehen davon scheint Bella Italia in diesem Urheberrechtsstreit die Nase doch letztlich vorne zu haben. Immerhin berichteten schon die beiden römischen Schriftsteller Horaz und Cicero von so genannten Lagoni, dünnen, aus Mehl und Wasser bereiteten Teigstreifen. Und auch der gute alte Apicius, seines Zeichens Autor des ersten Kochbuchs der Welt, garte schon Teig in der Brühe. Und wer weiß, vielleicht hat er dabei auch schon bereits geträumt, dass daraus dereinst eine Lasagne werden könnte.

Pilzlasagne

Novelli-Spezialität

ZUTATEN

ca. 15 Lasagneblätter
500 g frische Pilze nach Wahl
250 g Karotten
300 g Fenchel
2 Zwiebeln
2–3 EL Mehl
400 ml Schlagobers
1 Knoblauchzehe
300 g Mozzarella
1/2 TL Kräutersalz
weißer Pfeffer
Butter zum Andünsten

ZUBEREITUNG

Den geputzten Fenchel vierteln und in feine Scheibchen schneiden. Die Karotten dünn hobeln, die Zwiebeln fein hacken. Etwas Butter schmelzen und die Zwiebeln darin kurz anschwitzen. Karotten und Fenchel zugeben und unter häufigem Wenden ca. 5–7 Minuten dünsten. Mit Mehl stauben, Schlagobers zugießen und gut durchkochen lassen. Mit Kräutersalz und weißem Pfeffer würzen.

Die Pilze putzen. Die Stiele in dünne Scheiben schneiden, die Kappen je nach Größe teilen. In etwas heißer Butter wenige Minuten andünsten, würzen und abschließend den frisch gehackten Knoblauch einrühren.

Mozzarella in dünne Scheiben schneiden. Eine Auflaufform mit Butter ausstreichen. Nun Gemüse und Pilze abwechselnd einfüllen und jeweils mit Nudelblättern belegen. Solange wiederholen, bis alles verbraucht ist. Den Abschluss bilden Gemüse und Pilze. Mozzarellascheiben darauf verteilen und die Lasagne im vorgeheizten Backrohr bei 180–200 °C etwa 20–30 Minuten goldbraun backen.

BACKROHRTEMPERATUR: 180–200 °C
BACKZEIT: 20–30 Minuten

Pastitsio (Griechischer Maccheroniauflauf)

ZUTATEN

400 g Maccheroni (lange Röhrennudeln)
400 g faschiertes Rindfleisch
4 Eier
2 Zwiebeln
1 Knoblauchzehe
1 Dose Pelati (geschälte Tomaten)
125 ml Milch
1/2 Bund Thymian, gehackt
1/2 Bund Petersilie, gehackt
1 Prise Muskatnuss
1 Prise Zimt
2 EL Olivenöl
3 EL Butter
3 EL Mehl
4 EL Parmesan, frisch gerieben
Butter für die Form
Meersalz aus der Mühle
Pfeffer aus der Mühle

ZUBEREITUNG

Maccheroni ein- oder zweimal brechen, in reichlich kochendem Salzwasser 5 Minuten vorkochen und abgießen. Eier mit Parmesan verquirlen, mit Pfeffer und Muskatnuss würzen und mit den Nudeln vermengen. Zwiebeln sowie Knoblauch fein hacken und in heißem Öl andünsten. Faschiertes hinzufügen und rundum kräftig anbraten. Tomaten grob zerteilen, einmengen und alles mit Salz, Pfeffer und Zimt würzen. Nun 20 Minuten köcheln lassen. Währenddessen Butter schmelzen, Mehl einrühren und hell anschwitzen lassen. Milch langsam zugießen und zu einer sämigen Béchamelsauce einkochen lassen. Mit Salz, Pfeffer und Muskatnuss abschmecken. Eine Form mit Butter ausstreichen und Nudelmasse, gehackte Kräuter und Fleischsauce abwechselnd übereinander einfüllen. Mit Nudeln abschließen und diese mit der Béchamelsauce begießen. Im vorgeheizten Backrohr bei 200 °C etwa 40 Minuten backen. Vor dem Servieren im halb geöffneten Rohr noch etwas rasten lassen.

BACKROHRTEMPERATUR: 200 °C

GARUNGSZEIT: Maccheroni ca. 5 Minuten, Ragout ca. 20 Minuten, Pastitsio ca. 40 Minuten

TIPP: Besonders fein wird das Pastitsio, wenn man die Béchamelsauce vor dem Überbacken mit etwas geriebenem Hartkäse vermischt, mit Weißbrotbröseln bestreut und ein paar Butterflocken daraufsetzt.

Cannelloni

Italien

ZUTATEN

16 Cannelloni (große Röhrennudeln zum Füllen)
Ragoutsauce (s. Lasagne S. 190)
Tomatensauce (s. S. 51), halbe Menge
80 g Parmesan, frisch gerieben
3 EL Ricotta
1 Eidotter nach Bedarf
Butterflocken

FÜR DIE BÉCHAMELSAUCE

500 ml Milch
30 g Mehl
30 g Butter
etwas Muskatnuss
Salz

ZUBEREITUNG

Für die Béchamelsauce die Butter in einem Topf zerlassen. Das Mehl einrühren und kurz anschwitzen. Dann unter ständigem Rühren nach und nach die Milch zugießen. Mit Muskatnuss und Salz abschmecken und gut durchkochen lassen. Die Ragoutsauce wie im Lasagne-Rezept beschrieben zubereiten. Von der Ragoutsauce den überschüssigen Saft abgießen, damit nur noch die reine Fleischmasse übrig bleibt. Ricotta einmengen und – falls die Bindung noch zu wenig ist – eventuell ein Eidotter einarbeiten. Die Cannelloni je nach Packungsanleitung vorkochen oder gleich mit dem Faschierten füllen. Die Hälfte der Tomatensauce in eine feuerfeste Auflaufform füllen, die gefüllten Cannelloni einlegen und mit Béchamelsauce überziehen. Zuletzt die restliche Tomatensauce darüber verteilen. Mit frisch geriebenem Parmesan bestreuen und einige Butterflöckchen darauf setzen. Im vorgeheizten Backrohr bei 200–220 °C 20–30 Minuten goldbraun backen (Packungsanleitung beachten!).

BACKROHRTEMPERATUR: 200–220 °C

GARUNGSZEIT: Ragout ca. 1 Stunde, Cannelloni 20–30 Minuten

Ricotta-Basilikum-Cannelloni

Norditalien

ZUBEREITUNG

Die Zwiebel und den Knoblauch fein hacken, Basilikum in feine Streifen, den Mozzarella in dünne Scheiben schneiden. Die Tomaten in kleine Würfel schneiden. Öl in einer Pfanne erhitzen und die Zwiebeln darin andünsten. Tomatenwürfel und Knoblauch unterrühren und ca. 5 Minuten bei mittlerer Hitze köcheln lassen. Dann etwa ein Drittel des Basilikums zufügen und alles mit Salz, Pfeffer sowie einer Prise Zucker würzen.

Ricotta mit dem Ei, 100 g (!) Parmesan und dem restlichen Basilikum gründlich vermengen. Sparsam salzen, reichlich pfeffern. Die Cannelloni-Röhren je nach Packungsanleitung vorkochen oder gleich mit der Ricottamasse füllen. Eine Auflaufform mit Butter ausstreichen, etwas Tomatensauce darin verteilen und die Cannelloni nebeneinander darauf setzen. Restliche Tomatensauce über die Cannelloni gießen. Mit den Mozzarellascheiben belegen und den restlichen Parmesan darüber streuen. Im vorgeheizten Backrohr bei 220 °C etwa 25–30 Minuten backen, bis der Käse goldbraun ist.

BACKROHRTEMPERATUR: ca. 220 °C
BACKZEIT: 25–30 Minuten

ZUTATEN

16 Cannelloni (große Röhrennudeln zum Füllen)
400 g Ricotta
200 g Mozzarella
1 Zwiebel
2 Knoblauchzehen
2 EL Olivenöl
500 g Tomaten
1 Ei
1 Bund Basilikum
150 g Parmesan, frisch gerieben
Meersalz aus der Mühle
Pfeffer aus der Mühle
1 Prise Zucker
Butter für die Form

Ricotta-Nuss-Cannelloni

Toskana

ZUBEREITUNG

Die Petersilie zupfen und gemeinsam mit Mandeln, beiden Nüssen und Knoblauch fein hacken oder im Mixer zerkleinern. Den Parmesan mit Ricotta zu einer glatten Creme verrühren. Nuss-Mischung, Eidotter, etwas Salz und eine Prise Muskatnuss unterrühren. Die Cannelloni je nach Packungsanleitung vorkochen oder gleich mit der Ricottamasse füllen.

Eine Auflaufform mit Butter ausstreichen. Den Boden der Auflaufform mit einer Schicht Béchamelsauce bedecken, die Cannelloni nebeneinander darauf setzen und mit der restlichen Sauce übergießen. Mit Parmesan bestreuen und im vorgeheizten Backrohr bei 220 °C etwa 25 Minuten backen.

BACKROHRTEMPERATUR: ca. 220 °C
BACKZEIT: 25 Minuten

ZUTATEN

16 Cannelloni (große Röhrennudeln zum Füllen)
Béchamelsauce (s. Lasagne S. 190), halbe Menge
500 g Ricotta
100 g Parmesan, frisch gerieben
2 Knoblauchzehen
1 Bund Petersilie
50 g Walnüsse
50 g Mandeln, geschält
50 g Haselnüsse, geschält
1 Eidotter
Parmesan zum Bestreuen
Salz aus der Mühle
Muskatnuss
Butter für die Form

Lachscannelloni

Genua

ZUTATEN

16 Cannelloni
(große Röhrennudeln
zum Füllen)
600 g Lachsfilet,
ohne Haut und Gräten
Saft von 1 kleinen
Zitrone
1/2 Stange Lauch
1 Knoblauchzehe
250 ml Schlagobers
1/2 EL Stärkemehl
Meersalz aus der Mühle
weißer Pfeffer
2 EL Ricotta
3 EL Basilikum, gehackt
Butter

FÜR DIE ZITRONEN-BÉCHAMELSAUCE

10 g Butter
40 g Mehl
ca. 500 ml Milch
1 Prise Safran
Meersalz aus der Mühle
Pfeffer aus der Mühle
Schale von 1/2 unbehandelten Zitrone,
abgerieben

ZUBEREITUNG

Für die Zitronen-Béchamelsauce die Butter schmelzen, Mehl dazugeben und glattrühren. Kalte Milch unter beständigem Schlagen mit einem Schneebesen langsam einrühren. Mit Salz, Pfeffer sowie Safran würzen und die Sauce auf kleiner Stufe ca. 15 Minuten köcheln lassen. Ist die Masse cremig, vom Herd nehmen und die abgeriebene Zitronenschale unterziehen.
Für die Lachsfülle das sorgsam entgrätete Lachsfilet in feine Streifen schneiden und mit Zitronensaft beträufeln. Den Lauch in dünne Scheiben schneiden, den Knoblauch fein hacken und gemeinsam in etwas heißer Butter glasig dünsten. Vom Herd nehmen. Das Schlagobers mit Stärkemehl glattrühren, zugießen und mit Salz sowie Pfeffer würzen. Lachsstreifen gemeinsam mit zerbröseltem Ricotta unterziehen und kurz durchmischen. Die Masse abkühlen lassen und dann fein gehacktes Basilikum unterheben. Die Cannelloni je nach Packungsanleitung vorkochen oder gleich mit der Lachsmasse füllen.
Eine Auflaufform mit Butter ausstreichen. Den Boden der Auflaufform mit etwas Zitronen-Béchamelsauce bestreichen, die Cannelloni nebeneinander darauf setzen und mit der restlichen Sauce übergießen. Im vorgeheizten Backrohr bei 200–220 °C etwa 25–35 Minuten backen.

BACKROHRTEMPERATUR: ca. 200–220 °C
BACKZEIT: 25–35 Minuten

Kalbsbriescannelloni mit Trüffelcreme

Languedoc

ZUBEREITUNG

Zunächst das Kalbsbries blanchieren. Dafür etwa 2 Liter Wasser mit Weißwein, in Stücke geschnittener Zwiebel, halbiertem Knoblauch und Gewürzen aufkochen. Kalbsbries einlegen, etwa 5 Minuten ziehen lassen und im Fond abkühlen lassen. Das Kalbsbries sauber putzen, von den Häutchen befreien und in kleine Röschen teilen. Den Fond aufheben.

Für die Sauce die Trüffel in dünne Scheiben hobeln und in der Hälfte der Butter anschwitzen. Mit Weinbrand ablöschen, mit Kalbsfond aufgießen und auf etwa die Hälfte einkochen lassen. Mit der Hälfte des Schlagobers aufgießen und nochmals kurz einkochen lassen. Mit dem Stabmixer fein aufmixen und mit Salz und Pfeffer abschmecken.

Den Lauch in Streifen schneiden und mit dem gehackten Knoblauch in der restlichen Butter anschwitzen. Kalbsbries dazugeben und mit Salz sowie Pfeffer würzen. Wenig Briesfond zugießen und mit dem restlichen Obers zu einem sämigen Ragout einkochen. Währenddessen die Cannelloni al dente kochen. Herausheben, abtropfen lassen und direkt auf den Tellern mit dem Briesragout füllen und mit der aufgeschäumten Sauce überziehen.

GARUNGSZEIT: Cannelloni nach Packungsanleitung etwa 8–12 Minuten

TIPPS:
- Noch delikater, wenngleich nicht billiger, wird dieses edle Gericht, wenn Sie abschließend noch Trüffeln über die Cannelloni hobeln.
- Wer sich das nicht ganz einfache Füllen der Cannelloni sparen möchte, der verwende stattdessen gekochte Lasagneblätter, die dann mit dem Ragout bestrichen und eingerollt werden.

ZUTATEN

8 Cannelloni
(große Röhrennudeln
zum Füllen)
800 g Kalbsbries
1 Stange Lauch
1 Knoblauchzehe
250 ml Kalbsfond
250 ml Schlagobers
1 kleine, schwarze,
frische Trüffel (oder 1
Glas eingelegte Trüffeln)
4 cl Weinbrand
50 g Butter
Meersalz aus der Mühle
Pfeffer aus der Mühle

FÜR DEN SUD

1 Zwiebel
100 ml Weißwein
2 Lorbeerblätter
5 Pfefferkörner
1 Thymianzweig
2 Knoblauchzehen

Juvetsi (Lammtopf mit Reisnudeln)

Griechenland

ZUTATEN FÜR 4–6 PORTIONEN

750 g Lammfleisch aus der Keule
250 g Zwiebeln
3 Knoblauchzehen
500 g Pelati (geschälte Tomaten aus der Dose)
1 EL Tomatenmark
125 ml trockener Weißwein
1 TL nicht zu scharfes Paprikapulver
1 TL getrockneter Thymian
200 g Kritharaki (griechische Teigware in Reisform)
Butter oder Olivenöl
Käse zum Bestreuen
Meersalz aus der Mühle
Pfeffer aus der Mühle

ZUBEREITUNG

Zugeputztes Fleisch in mundgerechte Würfel schneiden, Zwiebeln und Knoblauch fein hacken. Fett in einer Pfanne erhitzen, das Fleisch darin anbraten, Zwiebeln sowie Knoblauch hinzufügen und glasig anlaufen lassen. Tomaten durch ein Sieb passieren, einrühren und etwa 5 Minuten mitschmoren. Tomatenmark und Weißwein unterrühren und mit Salz, Pfeffer, Paprikapulver sowie Thymian abschmecken.

Alles in eine große, gefettete Auflaufform geben und zugedeckt im vorgeheizten Backrohr etwa 75 Minuten bei 180 °C garen. Dann Reisnudeln und ca. 500 ml leicht gesalzenes Wasser einmengen. Unter gelegentlichem Umrühren noch ca. 30 Minuten fertig garen, bis die Nudeln weich sind und die Sauce schön sämig ist. Bei Bedarf noch etwas Wasser nachgießen. Etwa 15 Minuten vor Ende der Garzeit den Käse darüber streuen.

BACKROHRTEMPERATUR: 180 °C
GARUNGSZEIT: ca. 2 Stunden
TIPP: Wenn man das Juvetsi, das man übrigens auch mit Rind- oder Schweinefleisch zubereiten kann, 5 Minuten vor Ende der Garzeit mit Schafkäsewürfeln bestreut, wird es besonders würzig.

GNOCCHI

Gnocchi (Grundrezept) s. S. 36f.

Malfatti (Spinatnocken)

Lombardei

ZUTATEN

500 g frischer Blattspinatt
125 g Ricotta
80 g Parmesan, frisch gerieben
2 Eier
1 Eidotter
100 g Butter
150 g Mehl
1 kleine Zwiebel
Meersalz aus der Mühle
Pfeffer aus der Mühle
Muskatnuss, gerieben

ZUBEREITUNG

Den Spinat waschen und mit dem anhaftenden Wasser dünsten, bis er in sich zusammenfällt. Leicht abkühlen lassen, kräftig ausdrücken und fein schneiden. Die Zwiebel grob hacken und in 30 g (!) Butter glasig dünsten. Spinat untermengen und vom Herd nehmen. Ricotta cremig rühren, den abgekühlten Spinat und die Hälfte des Parmesans zugeben. Eier und Eidotter einrühren, mit Salz, Pfeffer und Muskatnuss kräftig würzen. Nun nach und nach das Mehl einmengen und zu einem Teig verarbeiten. Nochmals abschmecken und Nocken davon abstechen. In reichlich kochendes Salzwasser einlegen und auf kleiner Flamme ziehen lassen, bis sie aufsteigen. Noch 2–3 Minuten ziehen lassen. Aus dem Wasser heben und in eine feuerfeste Form geben. Restliche Butter zerlassen und darüber träufeln. Im vorgeheizten Backrohr bei 175 °C 5 Minuten überbacken. Vor dem Servieren noch mit dem restlichen Parmesan bestreuen.

BACKROHRTEMPERATUR: 175 °C
GARUNGSZEIT: ca. 2–3 Minuten nach dem Aufsteigen, 5 Minuten überbacken

So übel sind sie gar nicht

Wie die Gnocchi verdi zu ihrem Spitznamen Malfatti – die „Missratenen" – kamen, weiß niemand so genau. Wie immer gibt es freilich auch dazu eine Legende. In diesem Fall handelt sie von einer Köchin aus der Gnocchi-Metropole Verona, der der Gnocchiteig missraten war. Sie wollte ihn schon wegwerfen und einen neuen machen, als sie auf die Idee kam, den Gnocchiteig mit etwas Spinat zu strecken, der gerade am Herd vor sich hin köchelte. Tatsächlich wurden die missratenen Gnocchi dann doch noch ein großer Erfolg, und seither kochen die Veroneser mit großer Freude Malfatti.

Überbackene Spinatgnocchi

Toskana

ZUTATEN

500 g frischer Blattspinat
500 ml Milch
200 g Weizengrieß
1 EL Butter
2 Eier, verquirlt
50 g Parmesan, frisch gerieben
Meersalz aus der Mühle
Butter für die Form

FÜR DIE SAUCE MORNAY

40 g Butter
2 EL Mehl
500 ml Milch
50 g Parmesan, frisch gerieben
Meersalz aus der Mühle
Muskatnuss

ZUBEREITUNG

Spinat waschen und in dem anhaftenden Wasser dünsten, bis er in sich zusammenfällt. Leicht abkühlen lassen, kräftig ausdrücken und fein hacken. Die Milch aufkochen, Butter darin schmelzen und den Grieß unter ständigem Rühren einstreuen. Bei geringer Hitze ca. 10 Minuten eindicken lassen, bis sich die Masse vom Topfrand löst. Den Topf vom Herd nehmen und den gehackten Spinat, Eier, Parmesan und eine Prise Salz untermischen.
Für die Sauce Mornay die Butter schmelzen und das Mehl unter ständigem Rühren hell anschwitzen. Die Milch zugießen und ca. 15 Minuten köcheln lassen – stetig weiterrühren. Mit Muskatnuss würzen, Parmesan einrühren und zuletzt mit Salz abschmecken. Aus der Spinatmasse Gnocchi formen und etwas flach drücken. Eine Auflaufform mit Butter ausstreichen und die Gnocchi nebeneinander einschlichten. Die Sauce Mornay darüber gießen und im vorgeheizten Backrohr bei 200 °C 20–25 Minuten backen.

BACKROHRTEMPERATUR: 200 °C

GARUNGSZEIT: Grießmasse 10 Minuten, 20–25 Minuten überbacken

TIPP: Besonders aromatisch schmecken diese Gnocchi, wenn man die Hälfte des Blattspinats durch Brennnesseln ersetzt.

Salbeignocchi

Veneto

ZUTATEN

Gnocchi (Grundrezept, s. S. 36f.)
50 g Butter
4 Salbeiblätter
schwarzer Pfeffer aus der Mühle
Parmesan, frisch gerieben

ZUBEREITUNG

Den Gnocchiteig wie im Grundrezept beschrieben zubereiten, zu Gnocchi formen und diese 2–3 Minuten in kochendem Wasser ziehen lassen. Herausnehmen, abtropfen lassen, auf vorgewärmten Tellern anrichten und mit schwarzem Pfeffer bestreuen. In der Zwischenzeit in einer Pfanne die Butter zum Schmelzen bringen, die Salbeiblätter einlegen und kurz erhitzen. Die Gnocchi mit frisch geriebenem Parmesan bestreuen und die heiße Salbeibutter darüber gießen.

GARUNGSZEIT: 2–3 Minuten

Melanzanignocchi

Ligurien

ZUBEREITUNG

Die Melanzani der Länge nach halbieren, mit der Schnittseite nach oben auf ein Backblech legen und mit etwas Meersalz bestreuen. Im vorgeheizten Backrohr bei 220 °C ca. 20 Minuten backen. Das Fruchtfleisch mit einem Löffel auslösen und auf ein Sieb geben. Gut ausdrücken und fein hacken. Die Kartoffeln in der Schale kochen, schälen, ausdämpfen lassen und durch eine Kartoffelpresse drücken.

Mit dem Melanzanipüree, Eidotter, Balsamicoessig und Olivenöl vermischen. Mit Meersalz und Pfeffer würzen. Dann den Grieß und das Mehl untermengen. Auf einer Arbeitsfläche aus der Masse daumendicke Rollen formen und davon wiederum ca. 3 cm lange Stücke schneiden. Nach Belieben mit einer Gabel rillenartige Muster eindrücken. In kochendes Salzwasser einlegen, einmal kurz aufkochen und ca. 3 Minuten ziehen lassen. Vorsichtig herausheben und abtropfen lassen. Auf vorgewärmten Tellern anrichten, mit braun aufgeschäumter Butter übergießen und mit frisch geriebenem Parmesan bestreuen.

BACKROHRTEMPERATUR: 220 °C

GARUNGSZEIT: Melanzani 20 Minuten, Gnocchi 3 Minuten

ZUTATEN

500 g Melanzani
500 g mehlige Kartoffeln
1 TL Balsamicoessig
1 EL Olivenöl
1 Eidotter
35 g Weizengrieß
75 g Mehl
Meersalz aus der Mühle
Pfeffer aus der Mühle
braune Butter und
geriebener Parmesan

Olivengnocchi

Marken

ZUBEREITUNG

Die Kartoffeln in der Schale kochen, abkühlen lassen und schälen. Durch eine Kartoffelpresse drücken, Grieß und Mehl zugeben. Eidotter sowie gehackte Oliven einarbeiten und mit Salz, Pfeffer und Muskatnuss abschmecken.

Auf einer Arbeitsfläche aus der Masse daumendicke Rollen formen und davon wiederum ca. 3 cm lange Stücke schneiden. Nach Belieben mit einer Gabel rillenartige Muster eindrücken. In kochendes Salzwasser einlegen, einmal kurz aufkochen und ca. 3 Minuten ziehen lassen. Vorsichtig herausheben und abtropfen lassen.

GARUNGSZEIT: ca. 3 Minuten

ZUTATEN

500 g mehlige Kartoffeln
80 g Weizengrieß
40 g Mehl
2 Eidotter
je 10 schwarze und
grüne Oliven, gehackt
Meersalz aus der Mühle
Pfeffer aus der Mühle
Muskatnuss, gerieben

Melanzanignocchi mit Kirschtomaten und Büffelmozzarella

Kampanien

ZUTATEN

Melanzanignocchi (s. S. 201)
1 Büffelmozzarella
ca. 15 Kirschtomaten, enthäutet
1 Knoblauchzehe
1 Basilikumzweig, gehackt
400 ml Tomatensauce (s. S. 51)
Meersalz aus der Mühle
Pfeffer aus der Mühle
Olivenöl

ZUBEREITUNG

Den Teig für die Melanzanignocchi nach Anleitung zubereiten. Den Knoblauch schneiden, in Olivenöl anbraten und mit der Tomatensauce aufgießen. Kirschtomaten und Basilikum in die Sauce geben und durchkochen lassen.

Die Gnocchi in Salzwasser etwa 3 Minuten kochen und direkt aus dem Kochwasser in die Sauce geben. Einmal gut durchkochen lassen und mit Meersalz und Pfeffer abschmecken. Auf Tellern anrichten und den kleinwürfelig geschnittenen Mozzarella darüber streuen.

GARUNGSZEIT: Gnocchi ca. 3 Minuten

TIPP: Vermeiden Sie es, den Mozzarella bereits in der Pfanne über die Gnocchi zu streuen, da Käse und Gnocchi rasch zusammenkleben und kaum mehr aus der Pfanne herauszubekommen sind.

Ricottagnocchi mit Huhn und Linsen

Verona

ZUBEREITUNG

Karotten, Sellerie und Zwiebel in kleine Würfel schneiden. Das Gemüse mit den abgetropften Linsen, Lorbeerblättern und Hühnerfleisch in ca. 350 ml Salzwasser zum Kochen bringen. Hitze reduzieren und rund 40 Minuten zugedeckt köcheln lassen. Nach 10 Minuten das Hühnerfleisch herausnehmen und sehr klein schneiden. Hühnerfleisch, Ricotta, Eidotter und Mehl gut vermengen, mit Salz und Pfeffer würzen.

Mit zwei Teelöffeln aus der Masse Gnocchi formen, in wallendes Salzwasser legen, emporsteigen lassen und 2–3 Minuten ziehen lassen. Die Linsen mit Olivenöl, Salz, Pfeffer, Petersilie und einem Schuss Balsamicoessig abschmecken. Die Gnocchi herausheben, abtropfen lassen und auf den Linsen anrichten.

GARUNGSZEIT: Linsen 40 Minuten, Hühnerfleisch 10 Minuten, Gnocchi 2–3 Minuten

TIPP: Wenn Sie einen Teil der Linsen mit dem Mixstab pürieren, so wird das Linsengemüse noch cremiger.

ZUTATEN

200 g Linsen, über Nacht eingeweicht
2 Karotten
1 Stück Stangensellerie
2 Lorbeerblätter
1 Zwiebel
300 g Hühnerfleisch
300 g Ricotta
2 Eidotter
150 g Mehl
1 EL Olivenöl
3 EL Petersilie, gehackt
Schuss Balsamicoessig
Salz aus der Mühle
Pfeffer aus der Mühle

Gnocchi mit Lamm und Artischocken

Ligurien

ZUBEREITUNG

Den Gnocchiteig wie im Grundrezept beschrieben zubereiten und 60 Minuten rasten lassen. Währenddessen die Hälfte der Petersilie und den gehackten Knoblauch in Olivenöl hell andünsten. Das sehr klein geschnittene Lammfleisch dazugeben und leicht anbräunen. Mit Weißwein ablöschen und die geviertelten Artischocken hinzufügen. Mit Salz würzen und bei geringer Hitze rund 30 Minuten köcheln lassen.

Aus dem Teig wie beschrieben Gnocchi formen. Wasser für die Gnocchi zum Kochen bringen und salzen. Die Gnocchi einlegen und, sobald sie alle an die Wasseroberfläche gestiegen sind, den Topf vom Herd nehmen. Gnocchi noch 2 bis 3 Minuten ziehen lassen. Herausheben, in die Lammsauce geben, gut vermengen und mit restlicher Petersilie bestreut servieren.

GARUNGSZEIT: Lammsauce ca. 30 Minuten, Gnocchi 2–3 Minuten

ZUTATEN

Gnocchi (Grundrezept, s. S. 36f.)
300 g Lammfleisch (Schulter)
1 Glas trockener Weißwein
4 Artischocken, in Öl eingelegt
2 EL Olivenöl
2 EL Petersilie, gehackt
1 Knoblauchzehe
Meersalz aus der Mühle

Gnocchi mit Mozzarella und Sardellen

Neapel

ZUTATEN

Gnocchi
(Grundrezept, s. S. 36f.)
2 EL Olivenöl
2 Tomaten
1 Knoblauchzehe
40 g Sardellen in Öl
60 g Mozzarella
Meersalz aus der Mühle
weißer Pfeffer

ZUBEREITUNG

Den Gnocchiteig wie im Grundrezept beschrieben zubereiten, rasten lassen und Gnocchi daraus formen. Dann Tomaten kurz überbrühen, enthäuten, entkernen und in kleine Würfel schneiden. In einer Pfanne das Öl nicht zu stark erhitzen, den klein gehackten Knoblauch und die zerteilten Sardellen zugeben. Kurz andünsten und Tomatenwürfel einmengen. Mit Salz und Pfeffer abschmecken.

Währenddessen in einem großen Topf Salzwasser aufkochen, Gnocchi einlegen, emporsteigen und 2–3 Minuten ziehen lassen, dann mit dem Schaumlöffel herausheben und zu den Tomaten geben. Auf vorgewärmten Tellern anrichten. Mozzarella würfelig schneiden, darüber streuen und servieren.

GARUNGSZEIT: ca. 2–3 Minuten

Gnocchi alla romana

Latium

ZUTATEN

500 ml Wasser
180 g Polenta
(Maisgrieß)
80 g Butter
1 EL Petersilie, gehackt
2 Salbeiblätter
etwas Rosmarin, Oregano
und Zitronenmelisse
Salz
Fontina zum Bestreuen
(ersatzweise Pecorino)
Butter für die Form

ZUBEREITUNG

In einem großen Topf das Wasser mit Salz aufkochen und die Polenta unter ständigem Rühren mit dem Schneebesen langsam einrieseln lassen. Bei niedriger Hitze mit einem Kochlöffel weiterrühren, bis ein fester Brei entsteht. Dann den Maisbrei auf eine nasse Arbeitsplatte ca. 1 cm dick aufstreichen und abkühlen lassen. Währenddessen sämtliche Kräuter fein hacken und mit der geschmolzenen Butter vermischen.

Die Polentamasse nach Belieben in Taler, Streifen etc. schneiden oder Formen ausstechen. In eine mit Butter ausgestrichene Auflaufform einlegen, mit der Kräuterbutter übergießen und mit geriebenem Fontina bestreuen. Im auf 220 °C vorgeheizten Backrohr überbacken, bis der Käse schmilzt.

BACKROHRTEMPERATUR: 220 °C
BACKZEIT: ca. 5–8 Minuten

Höllische Erregungen

Die feinen „Knödelchen" – genau das bedeutet das italienische Wort Gnocchi – stehen im Gegensatz zu den nördlichen Knödeln ganz und gar nicht im Ruf, derb und deftig zu sein. Ganz im Gegenteil: Sie wurden in ihrer langen Geschichte immer wieder als ein geradezu aphrodisisches Gericht gepriesen und von manchen sogar als Inbegriff des Lasters beschrieben.

Giacomo Casanova etwa pflegte für seine eingestandenen 120 Affären durch den Genuss von Spinatgnocchi in Gorgonzolasauce, die er in seinen Memoiren auch ausdrücklich erwähnte, Manneskräfte zu tanken. Die Kirche gab dem berüchtigten Lüstling dabei, allerdings auf ihre Weise, völlig Recht: Sie untersagte Jahrhunderte lang den Genuss der Botanikern damals bereits bestens bekannten Kartoffel. Somit waren auch die aus Kartoffelteig hergestellten Gnocchi verpönt, weil sie einem mit dem Hexenkraut eng verwandten Nachtschattengewächs entstammten, dessen Genuss beim Geschlechtsakt zu „höllischen Erregungen" führen konnten.

REIS UND ANDERE FEINE KÖRNER

Von Risotto bis Polenta

REIS UND ANDERE FEINE KÖRNER

Von Risotto bis Polenta

Die Italiener mögen ihn am liebsten all'onda *– flüssig wie eine Welle. Die Spanier lieben ihn körnig und glänzend. Die Bewohner der Balearen mögen ihn gerne „schmutzig", aber dennoch wohlschmeckend. Und für die Türken ist er ohne die gewisse knusprige Kruste am Pfannenboden nur das halbe Vergnügen. Keine Frage: Dem Reis kann in den Mittelmeerländern kaum eine andere Getreidesorte Konkurrenz machen. Außer der Polenta und dem Couscous vielleicht, um die es in diesem Kapitel daher auch geht.*

Risotto (Grundrezept) s. S. 42f.

Risotto giallo

Risotto rosso (Rotweinrisotto)

Toskana

ZUBEREITUNG

Die Zwiebeln fein hacken, die Karotten fein raspeln und die rohen Roten Rüben in feine Streifen schneiden oder raspeln. Butter und Olivenöl in einem Topf erhitzen. Zwiebeln, Rote Rüben und Karotten darin hell anschwitzen. Den Reis dazugeben und kurz mitdünsten. Mit Rotwein ablöschen und unter langsamer Zugabe des Fonds cremig einkochen. Dabei ständig umrühren. Abschließend mit Salz, Pfeffer und etwas Kümmel abschmecken. Vor dem Servieren den Sauerrahm einrühren.

GARUNGSZEIT: 18–20 Minuten

ZUTATEN

ca. 1 l Gemüsefond, heiß
320–400 g Risottoreis
80 g Butter
1 EL Olivenöl
2 rote Zwiebeln
4 Rote Rüben
2 Karotten
150 ml Rotwein
1 EL Sauerrahm
Kümmel, gemahlen
Meersalz aus der Mühle
Pfeffer aus der Mühle

Risotto giallo (Kürbisrisotto)

Veneto/Friaul

ZUBEREITUNG

Die Zwiebel feinwürfelig, das Kürbisfleisch kleinwürfelig schneiden. Die Paprikaschote entstielen, entkernen und in Würfel schneiden. Das Olivenöl in einem Topf erhitzen. Zwiebel, Paprika und Kürbis darin, ohne Farbe nehmen zu lassen, anschwitzen. Dann den Reis dazugeben und kurz mitdünsten. Mit etwas heißem Fond aufgießen und unter ständigem Rühren den restlichen Fond nach und nach zugießen, bis der Risotto schön cremig ist. Nach etwa 10 Minuten den Safran einrühren. Abschließend mit Salz und Pfeffer abschmecken und die kalte Butter sowie den Parmesan einrühren.

GARUNGSZEIT: 18–20 Minuten

ZUTATEN

ca. 1 l Gemüsefond, heiß
320–400 g Risottoreis
80 g Butter, kalt
3 EL Olivenöl
1 große Zwiebel
1 gelbe Paprikaschote
200 g Kürbisfleisch
1/2 TL Safran
50 g Parmesan,
frisch gerieben
Meersalz aus der Mühle
Pfeffer aus der Mühle

Wie der Reis nach Italien kam

Während man über die Frage, ob die Nudeln aus China oder doch aus Italien stammen, bis heute trefflich streiten kann, so ist die Faktenlage beim Reis ganz klar: Er kommt ganz eindeutig aus Südchina, wo er bereits seit rund 7000 Jahren kultiviert wird. Auch die Griechen und Römer kannten den Reis, aßen ihn aber nicht. Das älteste italienische Reisgericht wird erst in einer venezianischen Handschrift des 14. Jahrhunderts erwähnt und ist eine Art von süßem Risotto mit Mandelmilch.

Nach Venedig ist der Reis jedoch keineswegs in der Direttissima über Konstantinopel, Griechenland und die Adria gelangt, sondern hat vielmehr einen Umweg über Spanien genommen. Erst Aragonesen, die das Reisessen von den Mauren lernten, brachten den Reis als Kochzutat nach Italien, wo er seit 1475 auch angebaut wurde.

Risotto nero (Tintenfischrisotto)

Venedig

ZUTATEN
750 g Tintenfische mit Tintenbeuteln
320–400 g Risottoreis
ca. 750 ml Fischfond
2 Knoblauchzehen
8 EL Olivenöl
1 Zwiebel
Saft von 1 Zitrone
250 ml Weißwein (am besten Pinot grigio)
1 Bund Petersilie, gehackt
Salz aus der Mühle
Pfeffer aus der Mühle

ZUBEREITUNG
Die Tintenfische säubern, die Tintenbeutel entfernen und die Tinte aufheben. Tintenfische in Streifen schneiden. Den Knoblauch in feine Scheiben schneiden und mit 3 EL Olivenöl und Zitronensaft vermischen. Die Tintenfische damit marinieren und mindestens 20 Minuten ziehen lassen.
Die Zwiebel fein hacken und in dem restlichen Olivenöl hell andünsten. Die Tintenfische abtropfen lassen, zugeben und anbraten. Marinade, Weißwein sowie Tinte zugießen und 20 Minuten köcheln lassen. Den Reis zugeben und kurz durchmischen. Mit etwas heißem Fond aufgießen und unter ständigem Rühren den restlichen Fond nach und nach zugießen, bis der Risotto schön cremig ist. Mit Salz und Pfeffer abschmecken und abschließend mit Petersilie bestreuen.

GARUNGSZEIT: 38–40 Minuten

TIPPS:
- Noch einfacher ist es, bereits geputzte Tintenfische zu kaufen und statt der Tintenbeutel die im Fachhandel erhältlichen Briefchen mit Tintenfischtinte zu verwenden.
- Wenn Sie für dieses Rezept statt Reis Rollgerste *(orzo)* verwenden, so ergibt das einen *Orzotto*, der etwas deftiger, aber aus ernährungsphysiologischer Sicht auch gesünder als jeder Risotto ist.

Risotto verde (Erbsen-Paprika-Risotto)

Veneto

ZUBEREITUNG

Die Zwiebel fein schneiden. Die Paprikaschoten entstielen, entkernen und ebenfalls fein schneiden. In einem Topf das Olivenöl erhitzen. Zwiebeln und Paprika hell anschwitzen, den Reis dazugeben und kurz durchrühren. Mit Weißwein ablöschen und unter langsamer Zugabe des heißen Fonds cremig einkochen. Dabei ständig umrühren. Nach etwa 12 Minuten die Erbsen und den gemahlenen sowie den gehackten Koriander einrühren. Mit Salz und Pfeffer würzen. Abschließend die kalte Butter sowie den Parmesan einrühren und eventuell nochmals mit Salz und Pfeffer abschmecken.

GARUNGSZEIT: 18–20 Minuten

ZUTATEN

ca. 1 l Geflügelfond, heiß
320–400 g Risottoreis
2 EL Olivenöl
1 große Zwiebel
2 grüne Paprikaschoten
150 ml trockener Weißwein
200 g Erbsen, ausgelöst
2 TL Koriander, gemahlen
2 EL Koriander, frisch gehackt
80 g Butter, kalt
50 g Parmesan, frisch gerieben
Salz aus der Mühle
Pfeffer aus der Mühle

Spargelrisotto

Emilia-Romagna

ZUTATEN
320–400 g Risottoreis
je 1/2 Bund grüner
und weißer Spargel
ca. 750 ml Gemüsefond
4 Schalotten
80 g Butter, kalt
100 ml Weißwein
50 g Parmesan,
frisch gerieben
Olivenöl
Meersalz aus der Mühle
Pfeffer aus der Mühle

ZUBEREITUNG
Den Spargel schälen, holzige Teile entfernen und die Stangen in feine Scheiben schneiden. Die Spitzen dabei ganz lassen und extra in etwas Salzwasser bissfest kochen. In Eiswasser abschrecken und beiseite legen.
Die Schalotten in Würfel schneiden und in etwas Olivenöl anschwitzen. Den geschnittenen Spargel sowie den Reis dazugeben und mit Weißwein ablöschen. Nun nach und nach unter ständigem Rühren mit dem Fond aufgießen, bis der Risotto cremig und al dente gedünstet ist. Die Hälfte der Butter und den frisch geriebenen Parmesan einrühren. Mit Meersalz und etwas Pfeffer abschmecken. Die gekochten Spargelspitzen in der restlichen Butter schwenken und den Risotto damit garnieren.

GARUNGSZEIT: 18–20 Minuten

Birnen-Gorgonzola-Risotto

Novelli-Spezialität

ZUTATEN
320–400 g Risottoreis
2 Schalotten
2 Birnen
700 ml Geflügelfond
(oder 500 ml
Geflügelfond und 200 ml
Birnensaft), heiß
100 ml Prosecco
80 g Butter, kalt
20 g Parmesan, frisch
gerieben
150 g Gorgonzola
Olivenöl
Meersalz aus der Mühle
Pfeffer aus der Mühle

ZUBEREITUNG
Die Schalotten feinwürfelig schneiden und in Olivenöl anschwitzen. Den Risottoreis zugeben, glasig andünsten und mit Prosecco ablöschen. Dann unter ständigem Rühren nach und nach den heißen Fond zugießen, bis der Risotto schön cremig gegart ist. Die Birnen schälen, entkernen und in feine Würfel schneiden. Nach etwa 12 Minuten die Birnenwürfel zugeben. Abschließend die Butter, den frisch geriebenen Parmesan sowie den zerbröckelten Gorgonzola einrühren. Mit Meersalz und Pfeffer abschmecken.

GARUNGSZEIT: 18–20 Minuten
TIPP: Sollten Sie dickflüssigen Birnennektar verwenden, so reduzieren Sie die Menge um 100 ml und mischen dafür 600 ml Geflügelfond dazu, da der Risotto sonst zu süß schmeckt.

Farrotto (Dinkelrisotto)

Toskana

ZUTATEN

320–400 g Farro (Dinkel)
2 Schalotten
100 g Eierschwammerl
2 kleine Tomaten
200 ml Tomatensauce (s. S. 51)
100 ml Weißwein
300 ml Gemüsefond, heiß
Butter
Parmesan, frisch gerieben
Petersilie
Olivenöl
Meersalz aus der Mühle
Pfeffer aus der Mühle

ZUBEREITUNG

Den Farro über Nacht in Wasser einweichen, am nächsten Tag abgießen. Dann die Schalotten feinwürfelig schneiden und in etwas Olivenöl glasig anschwitzen. Farro dazugeben und mit Weißwein aufgießen. Unter kräftigem Rühren nach und nach den Gemüsefond sowie die Tomatensauce zugießen und den Farro etwa 7–10 Minuten al dente dünsten. Abschließend etwa 1 Esslöffel Butter, etwas Olivenöl und frisch geriebenen Parmesan einrühren.
Währenddessen die Eierschwammerl putzen, in Scheiben schneiden und in etwas Butter anbraten. Die Tomaten überbrühen, Haut abziehen, entkernen und in Würfel schneiden. Die gebratenen Eierschwammerl gemeinsam mit der grob geschnittenen Petersilie und den Tomatenwürfeln dazugeben und mit Meersalz und Pfeffer abschmecken.

GARUNGSZEIT: ca. 7–10 Minuten

TIPP: Statt der Eierschwammerl kann freilich auch jedes andere Gemüse, etwa Zucchini oder Paprikaschoten, verwendet werden.

Apfelrisotto mit gebratener Gänseleber

Novelli-Spezialität

ZUTATEN

320–400 g Risottoreis
4 Scheiben Gänseleber
2 Schalotten
1 Apfel
100 ml Apfelsaft, ungesüßt
ca. 500 ml Geflügelfond, heiß
100 ml Prosecco
100 ml Kalbsjus (auch im Delikatessenhandel erhältlich)
80 g Butter
50 g Parmesan, frisch gerieben
Olivenöl
Butter zum Anbraten
Meersalz aus der Mühle
Pfeffer aus der Mühle
Muskatnuss

ZUBEREITUNG

Die Schalotten feinwürfelig schneiden und in Olivenöl anschwitzen. Den Reis zugeben, glasig andünsten und mit Apfelsaft sowie Prosecco ablöschen. Unter ständigem Rühren nun den heißen Fond nach und nach zugießen und den Risotto schön cremig und al dente dünsten. Den Apfel schälen, entkernen und in feine Würfel schneiden. Nach etwa 12 Minuten die Apfelwürfel zugeben. Abschließend die Butter und den Parmesan einrühren. Mit Meersalz und etwas Muskatnuss abschmecken. Währenddessen die Gänseleber mit Salz und Pfeffer würzen und in wenig Butter auf beiden Seiten kurz braten. Den Risotto auf 4 Teller verteilen, die Gänseleber darauf anrichten und mit erwärmtem Kalbsjus überziehen.

GARUNGSZEIT: Risotto 18–20 Minuten, Gänseleber wenige Minuten

TIPP: Steht Ihnen nur dickflüssigerer Apfelnektar zur Verfügung, so sollten Sie die Menge auf 50 ml reduzieren, da der Risotto sonst zu süß gerät.

Rucolarisotto mit Parmaschinken

Lombardei

ZUTATEN

320–400 g Risottoreis
2 Bund Rucola
150 g Parmaschinken
3 Knoblauchzehen
1 Stange Lauch
80 g Butter
2 Tomaten
ca. 750 ml Gemüsesuppe, heiß
Salz aus der Mühle
Pfeffer aus der Mühle
etwas Muskatnuss
50 g Parmesan, frisch gerieben

ZUBEREITUNG

Den Knoblauch feinwürfelig, den Lauch in feine Streifen schneiden und die gewaschene Rucola grob hacken. Die Tomaten überbrühen, enthäuten, entkernen und würfelig schneiden. Den Schinken in Streifen schneiden.
In einem großen Topf die Hälfte der Butter erhitzen und Knoblauch sowie Lauch darin andünsten. Den Reis und 3/4 der Rucola zugeben und unter ständigem Rühren ebenfalls andünsten. Etwa 2 Tassen Gemüsesuppe zugießen, weiterrühren und einköcheln lassen. Dann nach und nach die restliche heiße Suppe zugießen und den Reis bei schwacher Hitze al dente garen. Dabei abermals ständig rühren. Kurz vor Ende der Garzeit Tomatenwürfel, Schinkenstreifen, Parmesan und die restliche Butter unterrühren. Mit Salz, Pfeffer und Muskatnuss abschmecken. Mit der restlichen Rucola bestreuen und auftragen.

GARUNGSZEIT: 18–20 Minuten

Safranrisotto mit Meeresfrüchten

Lombardei

ZUTATEN

320–400 g Risottoreis
250 g Meeresfrüchte (z. B. ausgelöste Muscheln, Scampi, aber auch Angler oder andere festfleischige Meeresfische)
1 Zwiebel
80 g Butter, kalt
ca. 1 l Fischfond, heiß
100 ml Weißwein
5 cl Noilly-Prat (oder anderer trockener Wermut)
2 g Safranfäden
50 g Parmesan, frisch gerieben
Olivenöl
Meersalz aus der Mühle
Pfeffer aus der Mühle

ZUBEREITUNG

Die Zwiebel in feine Würfel schneiden und in wenig Olivenöl anschwitzen. Den Reis zugeben und kurz mitdünsten. Mit Weißwein und Noilly-Prat ablöschen. Nun den heißen Fond unter ständigem Rühren langsam zugießen, Safran zugeben und den Risotto bei schwacher Hitze al dente dünsten. Währenddessen die sauber geputzten Meeresfrüchte und Fischstückchen mit Salz und Pfeffer würzen und in wenig Olivenöl kurz braten, so dass sie zwar gar, innen aber noch saftig sind. Die kalte Butter in den Risotto einmengen. Abschließend die Meeresfrüchte und den frisch geriebenen Parmesan unterrühren, nochmals mit Salz und Pfeffer abschmecken und auftragen.

GARUNGSZEIT: Risotto 18–20 Minuten, Meeresfrüchte je nach Art einige Minuten

Die Hauptstadt des Risotto

Nirgendwo anders in Italien wird die Risotto-Kultur so hoch gehalten wie in Mailand. Immerhin steht südlich der Lombardei-Metropole – in der kleinen Stadt Mede – nicht zufällig die älteste Reismühle der Poebene. Der Risotto milanese kennt Tausende von Geheimrezepten, aber nur wenige Grundzutaten. Neben Reis ist das vor allem Safran, der sich, zumindest der Legende nach, nur durch schieren Zufall schon im Mittelalter mit dem Risotto vermählte. Als der Mailänder Dom erbaut wurde, färbte man nämlich die Gläser der Kirchenfenster mit Safran. Ein junger Mailänder Glasmaler namens Valerio di Fiandra wollte seinem Meister eines Tages jedoch einen Streich spielen, indem er dessen Risotto mit der gelben Glasfarbe einfärbte. Der Meister warf den jungen Mann allerdings nicht hinaus, sondern wollte seinen Risotto fürderhin nicht mehr ohne Safran genießen – was sich schnell herumsprach.

Zwei weitere wichtige Zutaten des Risotto milanese sind neben Zwiebeln sowie Fleisch- oder Hühnersuppe auch geriebener Parmesan und ein, zwei Scheibchen Knochenmark, die allerdings in letzter Zeit, vor allem im Zuge der BSE-Krise, aus der Mode gekommen sind. Ihr Anteil am Risottogeschmack ist dennoch bis heute unübertrefflich geblieben.

Spargelrisotto mit Krabben

Triest

ZUBEREITUNG

Den Spargel schälen und die holzigen Teile entfernen. In reichlich Salzwasser mit einer Prise Zucker und 1 TL Butter knapp 15 Minuten kochen. Herausheben und etwa 1 Liter Spargelfond beiseite stellen. Von den Spargelstangen die Spitzen abschneiden, beiseite legen und die Stangen pürieren.
Für den Risotto die Zwiebel feinwürfelig schneiden. In einem breiten Topf etwas Olivenöl sowie die Hälfte der Butter erhitzen und Zwiebeln darin hell andünsten. Den Reis zufügen und unter ständigem Rühren glasig werden lassen. Weißwein zugießen, weiterrühren und einköcheln. Nach und nach den heißen Spargelfond zugießen und bei mittlerer Hitze unter ständigem Rühren so lange köcheln lassen, bis der Reis schön cremig ist, aber noch Biss hat. Kurz vor Ende der Garzeit das Spargelpüree, die Spargelspitzen und die restliche Butter einrühren. Nochmals abschmecken.
Etwas Olivenöl in einer Pfanne erhitzen und die Krabben darin kurz braten. Den Risotto auf 4 Teller verteilen, Krabben darauf anrichten und mit gehackter Dille bestreuen.

GARUNGSZEIT: Risotto 18–20 Minuten, Spargel ca. 15 Minuten, Krabben wenige Minuten

ZUTATEN

320–400 g Risottoreis
150 g Krabben
1 kg Spargel
1 Zwiebel
80 g Butter für den Risotto
1 TL Butter für den Spargelsud
100 ml Weißwein
1 EL Dille, frisch gehackt
1 Prise Zucker
Salz
Olivenöl

Zitronenrisotto mit Gamberini

Ischia

ZUBEREITUNG

Die Tomaten kurz überbrühen, enthäuten, entkernen und in kleine Würfel schneiden. Die Zwiebel feinwürfelig schneiden und in Olivenöl hell anschwitzen. Reis dazugeben und kurz mitanschwitzen. Mit Weißwein ablöschen und etwas heißen Fond zugießen. Nun die Hitze reduzieren, unter ständigem Rühren den Fond nach und nach zugießen und den Risotto schön cremig dünsten.
In der Zwischenzeit mit einem Zestenreißer die Schale von der Zitrone schälen, die Schalen kurz überbrühen und in den Risotto einrühren. Die Zitrone auspressen. Kurz vor Ende der Garzeit Gamberini, Butter und Zitronensaft einmengen und noch etwas weiterköcheln lassen. Mit Salz und Pfeffer abschmecken. Abschließend Tomatenwürfel, gehackte Petersilie und frisch geriebenen Parmesan einrühren.

GARUNGSZEIT: 18–20 Minuten

TIPP: Stehen keine Gamberini zur Verfügung, so harmoniert stattdessen auch fein gehackte Rucola sehr gut mit dem Zitronenaroma, wobei man in diesem Fall die Petersilie weglässt.

ZUTATEN

320–400 g Risottoreis
ca. 750 ml Gemüse- oder Geflügelfond, heiß
200 g Gamberini (kleine, ausgelöste Krabben)
1 Zwiebel
2 Tomaten
100 ml Weißwein
1 unbehandelte Zitrone
80 g Parmesan, frisch gerieben
80 g Butter
Petersilie, gehackt
Olivenöl
Meersalz aus der Mühle
Pfeffer aus der Mühle

Wenn der Risotto einen Salto macht

Kaum denkbar, dass ein Risotto, der mit der nötigen Sorgfalt (also durch stetiges Suppennachgießen und Rühren) zubereitet wird, jemals übrig bleiben sollte. Für diesen unglaublichen Fall haben die Mailänder allerdings ein legendäres Risottorezept entwickelt: den Risotto al salto. Dafür wird aus Risottoresten mit Hilfe von Pergamentpapier oder Alufolie ein runder Kuchen vom Durchmesser einer kleinen Pfanne (ca. 15 cm Ø) geformt. Nachdem man in dieser Pfanne ausreichend Butter erhitzt hat, wird die Reistorte (natürlich ohne Papier oder Folie) hineingelegt und anschließend nicht mehr berührt, sondern nur noch in der Pfanne geschwenkt, bis sich an der Unterseite eine goldgelbe Kruste gebildet hat. Dann wird der Risottokuchen mit einem Bratenwender hochgehoben und macht, nachdem man noch etwas Olivenöl oder Butter in die Pfanne gegeben hat, seinen Salto. Nun wird er auf der zweiten Seite ebenfalls goldbraun gebraten, schließlich gestürzt und mit Insalata mista serviert.

Das Ergebnis ist so köstlich, dass manche Mailänder Hausfrauen angeblich bei jedem Risotto gleich eine zweite Portion mitkochen, damit es am Abend oder tags darauf einen Risotto salto geben kann.

Pilaw „Topkapi"

Türkei

ZUTATEN

320–400 g Langkornreis (Basmati)
ca. 700 ml Geflügelfond
60 g Butter
1 Bund Frühlingszwiebeln
75 g Mandeln, geschält
35 g Pinienkerne
100 g Korinthen (kleine Rosinen)
1/2 TL Zimt, gemahlen
einige Safranfäden
Petersilie, grob gehackt
Meersalz aus der Mühle
Olivenöl

ZUBEREITUNG

Die Frühlingszwiebeln hacken, die geschälten Mandeln stiftelig schneiden. Die Pinienkerne, Frühlingszwiebeln und Mandeln in Butter anschwitzen. Den Reis dazugeben und mit dem Fond auffüllen. Korinthen, Safran und Zimt zugeben und zugedeckt so lange garen, bis die Flüssigkeit verkocht ist. Ist der Pilaw fertig, mit grob geschnittener Petersilie, Meersalz und Olivenöl abschmecken.

GARUNGSZEIT: 18–20 Minuten

TIPP: Am authentischsten schmeckt Pilaw, wenn er im Backrohr gegart wird. Nur so bildet sich nämlich die typische Kruste am Boden des Topfes, ohne dass der Reis anbrennt.

Schmutziger Reis (Arròs brut)

Mallorca

ZUBEREITUNG

Schweinefleisch, Kaninchen und Geflügel gut waschen, mit Küchenkrepp trocken tupfen. Schweinslungenbraten in Würfel schneiden, Kaninchen und Geflügel in mehrere Stücke zerteilen. Blutwurst in Scheiben, Paprikawurst in kleine Würfel schneiden. Zwiebeln und Knoblauch ebenfalls würfelig hacken. Bohnen putzen (Fäden abziehen) und in kleinere, mundgerechte Stücke teilen. Tomaten mit siedendem Wasser überbrühen, Haut abziehen, in kleine Würfel schneiden. Pilze putzen und eventuell etwas zerkleinern, Kräuter fein hacken.

In einer großen Kasserolle Schmalz erhitzen und darin zuerst das Schweinefleisch, dann die Kaninchen- und Geflügelteile sowie Blutwurst nacheinander anbraten und jeweils wieder herausheben. Im verbliebenen Fett nun die Sobrassadawürfel gemeinsam mit den Zwiebeln bei kräftiger Hitze anrösten. Knoblauch und Tomaten zugeben und kurz einkochen lassen. Angebratenes Fleisch wieder in die Kasserolle geben und mit Suppe aufgießen. Nun etwa 30–40 Minuten halb zugedeckt vor sich hin kochen lassen. Dann Reis sowie grüne Bohnen, Erbsen, Pilze und gehackte Kräuter unterrühren. Mit Salz, Pfeffer, Safranfäden, Zimt und Nelken würzen und alles noch etwa weitere 20 Minuten garen. Währenddessen eventuell noch etwas Suppe oder Wasser zugießen, so dass ein cremiger, leicht suppiger Eintopf entsteht.

GARUNGSZEIT: 50–60 Minuten

TIPPS:
- Dieses klassische Gericht verdankt seinen Namen der Tatsache, dass es früher traditionell an Schlachttagen zubereitet wurde und von der Blutwurst seine „schmutzige“ Farbe bekam.
- Wenn Sie eventuell vorhandene Kaninchen- und Geflügellebern gemeinsam mit Knoblauch und frischen Kräutern in einem Mörser fein zerstoßen oder mit dem Mixstab pürieren und diese Masse kurz vor dem Servieren noch rasch unter den Reis mengen, so erhält der Reis eine noch raffiniertere Geschmacksnote.

ZUTATEN FÜR 6 PORTIONEN

250 g Schweinslungenbraten
1/2 Kaninchen
2 Tauben und
2 Wachteln, küchenfertig (ersatzweise 1 Huhn)
200 g Butifarró oder andere Blutwurst
200 g Sobrassada (Chorizo oder andere Paprikarohwurst)
750–1000 ml Geflügel- oder Rindsuppe
250 g Reis
2 kleine Zwiebeln
5 Knoblauchzehen
200 g grüne Bohnen
2–3 Tomaten
200 g Erbsen, ausgelöst (auch tiefgekühlt möglich)
150 g Pilze oder Champignons
1 Bund gemischte Kräuter (Thymian, Oregano, Petersilie, Basilikum etc.)
3 EL Schweineschmalz (ersatzweise Butterschmalz)
Salz aus der Mühle
Pfeffer aus der Mühle
einige Safranfäden
je 1 Prise Zimt und Nelkenpulver

Paella

Spanien

ZUTATEN

320 g Paella- oder Risottoreis (am besten eignet sich die Sorte Carnaroli)
ca. 1 l Fischfond, heiß
12 Langostinos oder Scampi
8 kleine Hühnerflügel
100 g Garnelenschwänze (nach Belieben ohne Schale)
400 g Miesmuscheln, geputzt
150 g Tintenfische, geputzt und geschnitten
2 Paprikaschoten, nach Belieben rot, gelb oder grün
1 Knoblauchzehe für den Reis
1 Knoblauchzehe für die Langostinos
1 Bund Petersilie
150 g Erbsen (auch tiefgekühlt möglich)
2 Tomaten, geschält, entkernt und in kleine Würfel geschnitten
100 ml Weißwein
1/2 TL Safran
Salz aus der Mühle
Pfeffer aus der Mühle
Olivenöl

Fertiges Gericht nächste Seite

ZUBEREITUNG

In einer Paellapfanne oder einer großen, tiefen Pfanne mit höherem Rand Olivenöl erhitzen und nacheinander Hühnerflügel, Tintenfischringe, Muscheln und die Garnelenschwänze rundum anbraten und wieder herausnehmen.

Paprikaschoten entstielen, entkernen und in mundgerechte Stücke schneiden. Die Knoblauchzehe und Petersilie hacken und alles im verbliebenen Bratfett andünsten. Die Hühnerflügel und Tintenfische zugeben und mit dem erwärmten Fischfond aufgießen. Aufkochen lassen. Dann den Reis einstreuen und Safran beifügen. Salzen und in der nicht zugedeckten Pfanne bei kleiner Hitze etwa 20 Minuten köcheln lassen, bis der Reis al dente ist. Dabei ab und zu umrühren und bei Bedarf noch etwas Fischfond nachgießen, damit die Paella schön feucht bleibt. (Sie sollte keinesfalls zu trocken geraten!) Etwa 10 Minuten vor Ende der Garzeit die Muscheln, Garnelenschwänze, Tomatenwürfel und Erbsen dazugeben. Mit frisch gemahlenem Salz und Pfeffer abschmecken. Die Langostinos gemeinsam mit einer Knoblauchzehe separat in heißem Olivenöl 3–4

1

2

3

4

5

6

Minuten anbraten. Mit Weißwein ablöschen. Die fertig gebratenen Langostinos dekorativ auf der Paella anrichten und diese in der Pfanne auftragen.

GARUNGSZEIT: Paella ca. 25 Minuten, Langostinos 3–4 Minuten

TIPP: Zum wahren feinschmeckerischen Erlebnis wird die Paella, wenn Sie die Langostinos durch zwei dekorative Hummer ersetzen.

Große Pfanne mit weitem Herz

Die größte Paella der Welt wurde, so berichtet es das Guiness-Buch der Rekorde, 1992 in einer Pfanne mit 60 Metern Durchmesser zubereitet. Sie wurde in einem ausgetrockneten Flussbett in Valencia aufgestellt, mit Kränen umgerührt und sättigte mehrere tausend Esser.

Reisgerichte waren in Spanien schon zur maurischen Zeit bekannt, die Bezeichnung Paella findet man jedoch erst in einem spanischen Dokument des 18. Jahrhunderts, in dem erstmals von einem „arroz en paella“ die Rede ist, also von einem Reis in einer Paella-Pfanne. Diese Pfanne, der italienischen Padella eng verwandt, unterscheidet sich von den üblichen Stielpfannen dadurch, dass sie statt des Stiels zwei Griffe besitzt und für eine Pfanne mit 7–12 cm relativ hoch ist.

Eine Paella kann von einem einfachen Bauerneintopf mit etwas Huhn, Kaninchen, Gemüse und Reis bis zu einem Luxusgericht mit Garnelen, Edelfischen, Hummer oder Languste „alle Stückeln spielen“. Im Mittelpunkt einer guten Paella steht jedoch immer der Safranreis, ein Mittelkornreis, der beim Garen zwar weich und feucht wird, aber körnig bleibt. Während der Reis sättigt, sollten Fleisch, Fisch und Gemüse nur als verfeinernde Einlage oder Garnitur dienen. Ob sich in einer echten Paella nur Fleisch, nur Fisch oder beides zugleich befindet, ist eine Frage von Region und Geschmack. Erlaubt ist, was gefällt. Denn eine schöne gusseiserne Pfanne – und die sollte man für die Zubereitung unbedingt benutzen – ist, was die Zutaten betrifft, äußerst tolerant.

PHASE 1: Alle Zutaten gut waschen, Muscheln putzen und Bärte entfernen, Gemüse mundgerecht schneiden.

PHASE 2: In einer großen Pfanne zuerst Hühnerflügerl, Tintenfische und Garnelenschwänze anbraten.

PHASE 3: Muscheln zugeben und sobald sich diese geöffnet haben, alles wieder herausheben.

PHASE 4: Geschnittene Paprikaschoten mit Knoblauch und Petersilie in der Pfanne anrösten.

PHASE 5 U. PHASE 6: Hühnerflügerl und Tintenfische wieder zugeben, mit Fischfond aufgießen und Reis einstreuen. Mit Safran und Salz würzen und nicht zugedeckt etwa 20 Minuten köcheln lassen. 10 Minuten vor Garungsende restliches Gemüse, Muscheln und Garnelenschwänze zugeben und nochmals abschmecken.

Polenta (Grundrezept) s. S. 42

Gebackene Rosmarinpolenta

Ligurien

ZUTATEN
250 g Polenta (Maisgrieß)
500 ml Milch
500 ml Wasser
100 g Butterflocken
80 g Parmesan, frisch gerieben
1 Rosmarinzweig, gehackt
Meersalz aus der Mühle
Pfeffer aus der Mühle
Muskatnuss

ZUBEREITUNG

In einer Kasserolle Wasser und Milch aufkochen. Die Polenta langsam einfließen lassen und die Hitze reduzieren. Unter ständigem Rühren (die Polenta legt sich sonst rasch an) ca. 10 Minuten köcheln lassen. Dann die Butter und den geriebenen Parmesan einrühren. Mit Meersalz, Pfeffer, Muskatnuss und dem gehackten Rosmarin abschmecken.

Ein Backblech mit Backpapier auslegen und die Polentamasse gleichmäßig ca. 2 cm dick aufstreichen. Über Nacht kalt stellen. Die Polenta in beliebige Formen, etwa Rauten oder Kreise, schneiden und in einer Teflonpfanne, am besten ohne Fett, auf beiden Seiten knusprig braten.

GARUNGSZEIT: ca. 10 Minuten

TIPP: Servieren Sie die Polenta zur Abwechslung einmal nicht nur als passende Beilage zu Fleischgerichten, sondern in Begleitung von aromatischem Steinpilzragout als schmackhafte vegetarische Hauptspeise.

Polenta mit Gorgonzola überbacken

Lombardei

ZUTATEN
Polenta auf Novelli-Art (s. S. 224)
40 g Butter
200 g Gorgonzola
Butter

ZUBEREITUNG

Die Polenta wie im Rezept beschrieben zubereiten. In eine mit kaltem Wasser ausgespülte beliebige Form umfüllen und darin auskühlen lassen. Eine feuerfeste, flache Form mit Butter ausstreichen. Die kalte Polentamasse in ca. 1 cm dicke Scheiben schneiden und in die Form legen. Den Gorgonzola darüber bröseln und mit einer zweiten Schicht Polentascheiben bedecken. Mit Butterflocken bestreuen und im auf 180 °C vorgeheizten Backrohr 15–20 Minuten überbacken.

BACKROHRTEMPERATUR: 180 °C

BACKZEIT: 15–20 Minuten

Polenta auf Novelli-Art

ZUTATEN

250 g Polenta (Maisgrieß)
500 ml Wasser
500 ml Schlagobers
je 1 Zweig Rosmarin und Thymian
1 Knoblauchzehe, zerdrückt
1 Lorbeerblatt
1 TL Salz
50 g Parmesan, frisch gerieben
4 EL Olivenöl, kalt gepresst

ZUBEREITUNG

In einem breiten Topf mit möglichst dickem Boden das Wasser mit Schlagobers und Salz aufkochen. Die fein gehackten Kräuter, Knoblauch und Lorbeerblatt zugeben. Unter ständigem Rühren die Polenta einfließen lassen und aufkochen. Die Hitze reduzieren und zugedeckt etwa 10 Minuten leicht köcheln lassen. Währenddessen wiederholt umrühren. Dann vom Feuer nehmen und für weitere 15 Minuten ziehen lassen. Das Lorbeerblatt entfernen, den frisch geriebenen Parmesan sowie das Olivenöl einrühren und servieren.

GARUNGSZEIT: ca. 10 Minuten köcheln, 15 Minuten ziehen lassen

Lamm-Couscous

Costa del Sol

ZUBEREITUNG

Couscous mit gesalzenem, lauwarmem Wasser übergießen und 30 Minuten lang quellen lassen. Dazwischen mehrmals gut umrühren und bei Bedarf nachfeuchten. Zwiebeln und Knoblauch fein hacken. Das Lammfleisch zuputzen und in mundgerechte Stücke teilen. In einem großen Topf zuerst die Zwiebeln, dann den Knoblauch in heißem Öl anrösten. Das Lammfleisch hinzufügen und rasch rundum anbraten. Harissa sowie Tomatenmark einrühren und mit Suppe oder Wasser aufgießen. Aufkochen lassen, salzen und auf sehr kleiner Flamme mindestens 1 1/2 Stunden kochen, bis das Lammfleisch weich ist. Inzwischen das Gemüse grobwürfelig schneiden. Etwa 20 Minuten vor Ende der Garzeit Karotten und Kartoffeln, 10 Minuten vor Garungsende Zucchini und Melanzani und ganz zuletzt die abgetropften Kichererbsen hinzufügen. Je nach Bedarf noch etwas Wasser zugießen und am Schluss nochmals abschmecken.

Währenddessen im Unterteil eines Couscous-Topfes oder eines Topfes mit Dämpfaufsatz reichlich Wasser zum Kochen bringen. Couscous, am besten in ein Küchentuch eingeschlagen, in den Einsatz geben und dabei darauf achten, dass der Couscous das Wasser nicht berührt. Couscous weich dämpfen (Packungsanweisung beachten). Der Couscous sollte am Schluss körnig und keinesfalls klebrig sein. Eine große, vorgewärmte Schüssel mit Couscous füllen, das Fleisch in der Mitte anrichten und das Gemüse rundum verteilen. Die Sauce darüber gießen und heiß servieren.

GARUNGSZEIT: Lammfleisch ca. 1 1/2 Stunden, Couscous je nach Packungsanleitung

TIPPS:
- Steht kein Dämpf- oder Couscous-Topf zur Verfügung, so lassen Sie den Couscous in mit etwas Olivenöl vermengtem Salzwasser aufkochen und danach auf kleinster Flamme oder im vorgeheizten Backrohr zugedeckt dünsten, bis alle Flüssigkeit aufgesogen und der Couscous weich ist. (s. auch Kochschule S. 14f.)
- Dieses Rezept eignet sich auch für andere Fleischsorten wie Rind, Wild, Kaninchen oder Geflügel. Die Garzeiten müssen allerdings dann dementsprechend angepasst werden.

ZUTATEN FÜR 6 PORTIONEN

500 g Couscous
1 kg ausgelöstes Lammfleisch (von Schulter oder Keule)
1 l Gemüsefond oder Wasser zum Aufgießen
250 g Karotten
250 g Kartoffeln
250 g Zucchini
250 g Melanzani
1 Dose Kichererbsen
3 Zwiebeln
4 EL Olivenöl
Knoblauchzehen nach Geschmack
2 EL Harissa (ersatzweise Cayennepfeffer oder Paprikapulver)
2–3 EL Tomatenmark
Salz aus der Mühle

Der arabische Beitrag

Couscous ist einer der vielen arabischen Beiträge zur mediterranen Küche. In den Maghrebländern Marokko und Tunesien gilt er als Nationalgericht, hat aber im Zuge der Migrationsbewegungen weit über diese Länder hinaus Verbreitung gefunden. Vor allem über Südfrankreich zieht sich ein Bogen der Couscous-Kultur, der vom einfachen Haushalt bis zum eleganten marokkanischen Restaurant reicht. Die Legende, dass die Araber ihr Couscous am liebsten mit gebratenen Ameisen zubereiten, lässt sich dort aber nicht mehr nachvollziehen.

MEDITERRANE SUPPEN

Von Gazpacho bis Zuppa Pavese

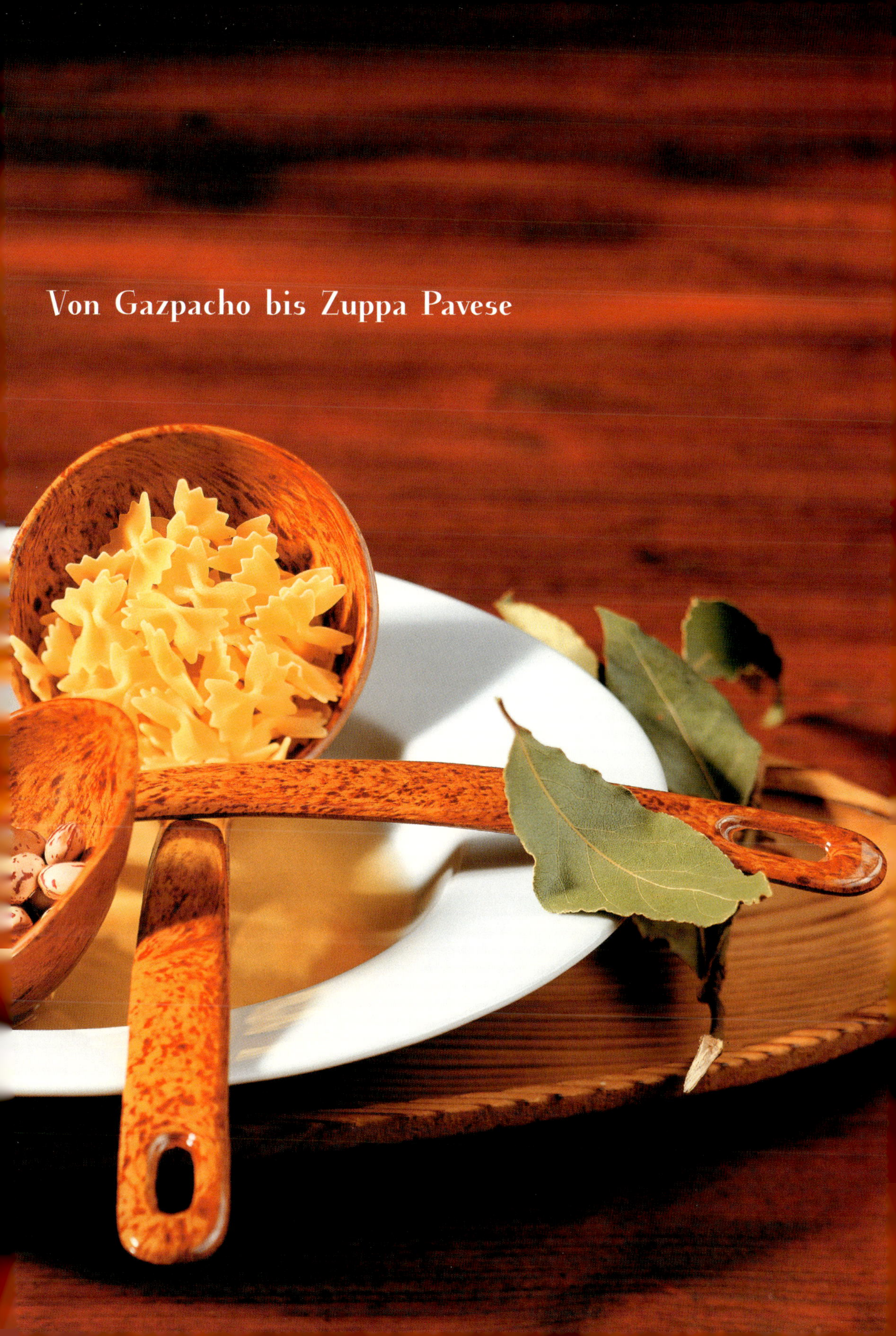

MEDITERRANE SUPPEN

Von Gazpacho bis Zuppa Pavese

Mediterrane Suppen sind mit den Suppen des Nordens nur schwer vergleichbar. Da Rind- und Knochensuppen in heißen Gegenden schnell sauer werden, kann man sie nämlich nicht lange am Herd stehen lassen. Fleisch- und Knochensuppen sind daher im Süden zumeist Wintergerichte. Im Sommer zieht man hingegen aus verständlichen Gründen kalte und geeiste Suppen oder leichte Gemüsesuppen vor. Das ganze Jahr lang Saison haben hingegen die klassischen Fischsuppen. Doch diese werden kaum jemals als Vorspeisen gereicht, sondern sind beliebte Hauptgerichte.

Gazpacho (Kalte Gemüsesuppe)

Sevilla

ZUBEREITUNG

Die Tomaten kurz überbrühen, enthäuten, vierteln und entkernen. Gurke und Paprikaschote schälen, entkernen und klein schneiden. Tomaten, Gurken und Paprikaschoten gemeinsam mit Knoblauch, Tomatensaft, Weißbrot, Olivenöl und Meersalz abgedeckt eine Nacht marinieren.
Am nächsten Tag alles kräftig mixen und durch ein grobes Spitzsieb passieren. Je nach Geschmack mehr oder weniger intensiv mit Tabascosauce, Sherryessig, frisch gemahlenem Meersalz und Pfeffer würzen. Vor dem Servieren noch einige Zeit kalt stellen.

TIPP: Zur echten Gourmetsuppe wird diese erfrischende Delikatesse, wenn man gebratene Gambas oder Crevetten als Einlage serviert. Allerdings setzt auch klein geschnittenes knackiges Gazpachogemüse durchaus erfreuliche Geschmacksakzente.

ZUTATEN

500 g Tomaten, vollreif
1 Salatgurke
1 rote Paprikaschote
3 Knoblauchzehen, gehackt
200 ml Tomatensaft
2 Scheiben Weißbrot
125 ml Olivenöl
Tabascosauce
Sherryessig
Meersalz aus der Mühle
Pfeffer aus der Mühle

Gazpacho in Rot-Weiß-Grün

Brot, Knoblauch, Salz, Essig und Öl – das waren die Säulen der römischen Legionärsverpflegung und wohl auch die recht farblosen Urzutaten der Gazpacho, die im Spanien von heute in den Farben Rot, Weiß und Grün erstrahlt. Der Klassiker, der sich weltweit durchgesetzt hat, stammt aus Sevilla, ist rot, wird mit vielen Tomaten und weniger Gurken zubereitet, enthält aber auch dezente Schärfe, die er ein paar Tropfen Chiliöl, Tabascosauce oder zerstoßenen grünen Pfefferkörnern verdankt. Ableitungen von diesem Grundrezept gibt es fast so viele wie Freunde dieses erfrischenden Gerichts. In Cordoba etwa setzt man der Gazpacho kein Wasser zu und serviert sie, meist mit gekochten Eiern und Schinken, als dicke Paste. In anderen Gegenden aromatisiert man die Gazpacho auch mit Mandeln, Kreuzkümmel, Minze und Orangenschalen.

Der Süden und Osten von Andalusien ist hingegen das wichtigste Verbreitungsgebiet der weißen Gazpacho, einer kalten Knoblauchsuppe, die – auch Ajo blanco genannt – aus Malaga stammt und vermutlich maurischen Ursprungs ist. Damit sie nicht gar zu knoblauchlastig ausfällt, wird sie auch gerne mit Apfel- und Melonenstückchen oder zur Zeit der Lese sogar mit Weintrauben serviert.

Weniger bekannt, aber ebenfalls sehr delikat ist auch die grüne Gazpacho aus der Sierra Morena, die auf einem Gemüsefond aufgebaut wird und Farbe sowie Geschmack gehackten Kräutern wie Koriander, Minze, Petersilie und Basilikum sowie Kopf- und Endiviensalat, grünem Spargel und grünen Pfefferkörnern verdankt. Sie wird häufig auch mit einem Tupfen eiskalten Joghurt serviert.

Weiße Gazpacho (Ajo blanco)

Malaga

ZUTATEN

2 Scheiben Weißbrot, geröstet
150 g Mandeln, geschält
3 Knoblauchzehen
200 ml Olivenöl
100 ml Sherryessig
200 ml Traubensaft
etwas Gemüsefond (ersatzweise Wasser)
Meersalz aus der Mühle
Pfeffer aus der Mühle
Muskatnuss, gerieben
Trauben, entkernt und enthäutet, zum Garnieren

ZUBEREITUNG

Das geröstete Weißbrot einige Minuten in Gemüsefond einweichen. Abtropfen lassen und mit den Mandeln, Knoblauch und etwas Meersalz im Mixer pürieren. Nun das Olivenöl langsam einlaufen lassen und danach den Essig sowie den Traubensaft zugießen. Die Suppe durch ein Haarsieb passieren und mit Salz, Pfeffer und Muskatnuss abschmecken. Kalt stellen. Vor dem Servieren mit enthäuteten, entkernten und nach Belieben halbierten Trauben garnieren.

Geeiste Kartoffelsuppe mit Honigmelone

Novelli-Spezialität

ZUTATEN FÜR 5–6 PORTIONEN

2 mehlige Kartoffeln, möglichst groß
1/2 Honigmelone
2 Lorbeerblätter
1 l Gemüsefond
2 Schalotten
1 Bund Estragon
2 EL weißer Balsamicoessig
Meersalz aus der Mühle
Pfeffer aus der Mühle
Olivenöl
Parmesan, frisch gerieben

ZUBEREITUNG

Die geschälten Kartoffeln in kleine Würfel schneiden. Die Schalotten ebenfalls kleinwürfelig schneiden und in etwas Olivenöl leicht anschwitzen. Kartoffeln dazugeben und mit dem Gemüsefond aufgießen. Mit Lorbeerblättern, etwas Meersalz und Pfeffer aromatisieren und bei mäßiger Hitze mindestens 1 Stunde kochen. (Die Kartoffeln müssen den Fond binden, aber nicht völlig zerfallen.) Über Nacht kalt stellen. Am nächsten Tag die gekühlte Honigmelone in kleine Würfel schneiden und unter die Suppe mengen. Mit frisch gehacktem Estragon, Meersalz, Pfeffer und Balsamicoessig abschmecken. Die kalte Suppe anrichten, mit etwas Olivenöl beträufeln und mit frisch geriebenem Parmesan bestreuen.

KOCHDAUER: ca. 1 Stunde

Erbsenvelouté mit Romanasalat

Südfrankreich

ZUTATEN

200 g ausgelöste Erbsen
300 ml Geflügelfond
2 Frühlingszwiebeln
400 ml Schlagobers
Butter
1 Romanasalat (Römischer oder Kochsalat)
Meersalz aus der Mühle
Muskatnuss, gerieben

ZUBEREITUNG

Die Frühlingszwiebeln klein schneiden und gemeinsam mit den Erbsen in etwas Butter anschwitzen. Mit dem Geflügelfond aufgießen und so lange kochen, bis die Erbsen weich sind. Mit einem Stabmixer pürieren und durch ein Sieb passieren. Die äußeren Blätter des Romanasalates entfernen und das Salatherz in feine Streifen schneiden. Den Salat in die Erbsensuppe geben und aufkochen lassen. Schlagobers ganz leicht aufschlagen, zugeben und noch einmal kurz aufkochen lassen. Vor dem Servieren mit Meersalz und Muskatnuss abschmecken.

GARUNGSZEIT: ca. 10 Minuten

Geeiste Joghurtsuppe mit Gurken

Türkei

ZUTATEN

400 g Joghurt
1 Salatgurke
2 Knoblauchzehen
300 ml Gemüsefond
Minze, in Streifen geschnitten
Meersalz aus der Mühle
Pfeffer aus der Mühle
Zitronensaft

ZUBEREITUNG

Die Gurke schälen, der Länge nach halbieren und entkernen. Eine Gurkenhälfte mit Joghurt, etwas Zitronensaft und dem Gemüsefond mixen und durch ein grobes Sieb passieren. Die andere Hälfte der Gurke in feine Würfel schneiden, leicht einsalzen und kalt stellen. Die Suppe mit frisch gemahlenem Meersalz und Pfeffer aus der Mühle abschmecken und gut durchkühlen. Die Knoblauchzehen fein hacken, die Gurkenwürfel abtropfen lassen und gemeinsam in die Suppe geben. Die Suppe in gekühlten Tassen anrichten und mit geschnittener Minze dekorieren.

BEILAGENEMPFEHLUNG: frisches, knuspriges türkisches Fladenbrot

Tomatensuppe mit Pecorino und Basilikum

Umbrien

ZUTATEN

3 Dosen Pelati (geschälte Tomaten)
2 Zwiebeln
2 TL brauner Zucker
1 Bund Basilikum, getrennt in Stiele und Blätter
200 ml Schlagobers
200 ml Gemüsefond
8 Scheiben Pecorino, hauchdünn geschnitten (ersatzweise junger Parmesan)
2 Tomaten
Meersalz aus der Mühle
Pfeffer aus der Mühle
Olivenöl

ZUBEREITUNG

Die Zwiebeln in Würfel schneiden und in etwas Olivenöl anschwitzen. Den braunen Zucker zugeben und karamellisieren lassen. Die Pelati mit den Basilikumstielen einmengen, mit Gemüsefond aufgießen und bei kleiner Hitze ca. 1 Stunde köcheln lassen. Mit Meersalz würzen.

Dann die Suppe in einer „Flotten Lotte" (mit feiner Scheibe) oder durch ein Sieb passieren und wieder zum Kochen bringen. Schlagobers mit einem Schneebesen ganz leicht aufschlagen und in die kochende Suppe mengen. Noch einmal kurz aufwallen lassen, mit Meersalz und Pfeffer abschmecken und in Suppenschalen anrichten. Die in sehr feine Würfel geschnittenen Tomaten einstreuen, jeweils etwas Pecorino darüber legen und mit Basilikumblättern garnieren. Abschließend noch mit feinstem Olivenöl beträufeln.

KOCHDAUER: ca. 1 Stunde

Weiße Tomatenschaumsuppe

Ligurien

ZUTATEN

1,5 kg vollreife Tomaten, geviertelt
2 EL Olivenöl
1 Knoblauchzehe, geschält
etwas Basilikum
300 ml Schlagobers
Meersalz
Pfeffer aus der Mühle

ZUBEREITUNG

Tomaten, Olivenöl, Knoblauch und Basilikum im Mixer fein pürieren. Ein Küchentuch auf ein Sieb legen oder noch besser über einem Sieb aufhängen. Das Püree hineingeben, Tuch zusammenbinden und mindestens 3 Stunden langsam abtropfen lassen, dabei den Saft auffangen. Den so entstandenen klaren Tomatenfond mit Schlagobers aufkochen und mit dem Mixer noch einmal aufschäumen.

TIPPS:

- Kalorienärmer, aber geschmacklich nicht weniger überzeugend gerät diese Tomatensuppe, wenn man das Obers einfach weglässt und den klaren Tomatenfond als kalte Suppe serviert.
- Der abgetropfte Saft bildet übrigens auch die Grundlage für feines Tomatengelee. Dafür vermengt man 8 Blatt aufgelöste Gelatine mit 1 Liter klarem Tomatensaft sowie klein gewürfelten Tomatenstückchen und lässt alles stocken.

Mandelsuppe

Türkei

ZUTATEN

800 ml Geflügelsuppe
100 g Mandeln, gemahlen
1 Granatapfel
15 g Butter
20 g Mandeln, ohne Haut
30 g Kokoscreme (im Feinkosthandel oder Asiashop erhältlich)
Salz aus der Mühle
Pfeffer aus der Mühle

ZUBEREITUNG

Die Geflügelsuppe erwärmen. Die gemahlenen Mandeln nach und nach einmengen und unter ständigem Rühren einmal aufkochen lassen. Die Granatapfelkerne auslösen und mit den grob gehackten Mandeln in Butter goldbraun braten. (Das Fruchtfleisch anderweitig, etwa für Desserts, verwenden.) Die Kokoscreme in die Suppe einrühren und mit Salz und Pfeffer abschmecken. Die Suppe in Schalen anrichten und vor dem Servieren die Granatapfelkerne und Mandeln darüber streuen.

KOCHDAUER: ca. 10 Minuten

Keine Angst vor Granatäpfeln!

Die neben den Mandeln wichtigste Zutat im vorangegangenen Rezept sind jene Granatapfelkerne, die – nebenbei bemerkt – wenn man sie ausdrückt, auch einen hervorragenden Saft abgeben, mit dem sich zahlreiche Saucen verfeinern lassen. Ihren gefährlichen Namen verdanken die Granatäpfel übrigens nicht dem gleichnamigen Kriegsgerät. In Wahrheit verhält es sich genau umgekehrt: Als Militärtechniker der Renaissance 1405 einen Namen für ihre völlig neuartige Wunderwaffe suchten, fiel jemandem ein, dass Granatäpfel, wenn sie einmal zerplatzen, eine ähnliche, wenngleich wesentlich weniger letale Wirkung erzielten – und der Name Handgranate war geboren.

Maronisuppe mit Kalbsnierenspießchen

Frankreich

ZUTATEN

150 g Maroni (Edelkastanien)
ca. 200 g Kalbsnieren
1 Apfel, in Stückchen geschnitten
1 Zwiebel
100 ml Madeira
300 ml Schlagobers
400 ml Geflügelfond
20 g Butter, eiskalt, zum Montieren
Butter zum Anschwitzen
Meersalz aus der Mühle
Pfeffer aus der Mühle

ZUBEREITUNG

Die Maroni auf der gewölbten Seite mit einem scharfen Messer anritzen und im vorgeheizten Backrohr bei ca. 200 °C etwa 20 Minuten braten. Etwas auskühlen lassen, noch warm schälen und zugedeckt warm halten.

Die Zwiebel in feine Streifen schneiden und in etwas Butter anschwitzen. Die Maroni dazugeben und mit Madeira ablöschen. Den Geflügelfond zugießen und etwas einkochen lassen. Danach das Schlagobers dazugießen, nochmals aufkochen und mit Salz und Pfeffer abschmecken. Die eiskalte Butter einrühren, aber nicht mehr kochen lassen. Abschließend mit einem Stabmixer aufmixen.

Währenddessen die gut geputzten Kalbsnieren abwechselnd mit den kleinen Apfelstückchen auf Holzspieße stecken, mit Salz und Pfeffer würzen und in etwas Butter bei kleiner Hitze nur kurz braten, damit die Nieren innen noch zartrosa sind. Die fertige Suppe in Tellern anrichten, den Nierenspieß quer darüber legen und auftragen.

BACKROHRTEMPERATUR: 220 °C

GARUNGSZEIT: Maroni ca. 20 Minuten, Suppe 10–15 Minuten, Spießchen einige Minuten

TIPP: Zur wahren Delikatesse gerät diese Maronisuppe, wenn Sie statt der kalten Butter abschließend ein Stückchen Gänseleber in die Suppe geben und diese dadurch binden.

Ravioli in brodo

Norditalien

ZUTATEN

Ravioligrundteig (s. S. 34f.)
1 l Rinderbouillon oder Rindsuppe
250 g Rindfleisch, gekocht
150 g Ochsen- oder Rindermark, gekocht
1 Ei
100 g Semmelbrösel
Petersilie, gehackt
1 Karotte
1 Selleriestange
1 Stange Lauch
1 Liebstöckelzweig
Meersalz aus der Mühle
Pfeffer aus der Mühle

ZUBEREITUNG

Das gekochte Rindfleisch in sehr kleine Würfel schneiden und in eine Schüssel geben. Das Ochsenmark auslassen und etwas überkühlen lassen. Die Semmelbrösel sowie das Ei einrühren und mit dem Rindfleisch vermischen. Gehackte Petersilie untermengen und mit frisch gemahlenem Meersalz und Pfeffer abschmecken. Das Gemüse in feine Streifen schneiden und kurz blanchieren (überbrühen). Den Ravioliteig wie im Grundrezept beschrieben zubereiten, ausrollen und Ravioli mit der vorbereiteten Fülle herstellen. Ravioli kochen und in die heiße Bouillon einlegen. Das blanchierte Gemüse in die Suppe geben und mit Liebstöckelblättern garnieren.

GARUNGSZEIT: Ravioli 3–5 Minuten

Maronisuppe mit Kalbsnierenspießchen

Avgolemono (Eier-Zitronen-Suppe)

Peloponnes

ZUTATEN

6 Hühnerrücken oder andere Hühnerkarkassen
1 Bund Wurzelwerk
1 große Zwiebel
2 Lorbeerblätter
3–4 Pfefferkörner
50 g Langkornreis
3 Eier
3 EL Zitronensaft
2 EL griechisches Schaf- oder Ziegenjoghurt
Schale von 1 Zitrone, abgerieben
4 Zweiglein Dille
grobes Meersalz

FÜR DIE FLEISCHBÄLLCHEN

300 g Faschiertes von Rind- und Lammfleisch
1 EL Semmelbrösel
1/2 KL Oregano
1 Messerspitze scharfes Paprikapulver
1–2 Knoblauchzehen
1 Prise Muskatnuss, gerieben
2 EL gemischte Kräuter (z. B. Zitronenmelisse, Estragon, Petersilie, Kerbel etc.), fein gehackt
2 EL griechisches Schaf- oder Ziegenjoghurt
1 Prise Maismehl
Salz, Pfeffer

ZUBEREITUNG

Hühnerrücken oder Karkassen mit Wurzelwerk, Zwiebel, Lorbeerblättern, Pfefferkörnern, wenig Meersalz und 2,5 Liter Wasser aufstellen und etwa 2 1/2–3 Stunden auf kleiner Flamme kochen, bis sich die Flüssigkeit etwa auf die Hälfte einreduziert hat.
Inzwischen für die Fleischbällchen Faschiertes in einer Schüssel mit Semmelbröseln, Salz, Pfeffer, Oregano, Paprikapulver, zerdrücktem Knoblauch, Muskatnuss, gehackten Kräutern, Joghurt und Maismehl gut vermengen und zu einem geschmeidigen Fleischteig verarbeiten. Daraus Bällchen von etwa 2 cm Durchmesser formen und diese in der abgeseihten Hühnersuppe etwa 5 Minuten lang ziehen lassen, bis sie durch sind. Wieder herausheben und beiseite stellen.
Suppe mit Meersalz abschmecken. Langkornreis hinzufügen und alles zugedeckt etwa 15 Minuten sanft köcheln lassen. Inzwischen die Eier mit Zitronensaft und etwas kochender Suppe versprudeln, bis daraus eine glatte, sämige Masse entsteht. Langsam in die Suppe einrühren und noch 3 Minuten ziehen, aber keinesfalls kochen lassen. Fleischbällchen wieder einlegen, kurz erwärmen und die Suppe in vorgewärmten Tassen anrichten. Mit einem Tupfen Joghurt, Zitronenschale und etwas gezupfter Dille garnieren.

GARUNGSZEIT: Hühnersuppe 2 1/2–3 Stunden, Fertigstellen 18–20 Minuten

Fonduta (Piemonteser Käsesuppe)

ZUTATEN
400 g Fontina-Käse (ersatzweise Bergkäse)
250 ml Milch für die Käsemasse
150 ml Milch für die Eiermilch
4 Eidotter
50 g Butter, kalt
Meersalz aus der Mühle
Pfeffer aus der Mühle

ZUBEREITUNG
Für die Käsemasse die Milch mit dem entrindeten und klein gewürfelten Käse in einem geeigneten Topf über Nacht im Kühlschrank ziehen lassen. Am nächsten Tag den Topf in ein Wasserbad stellen und unter ständigem Rühren so lange erhitzen, bis eine sämige Käsemasse entstanden ist. Die restlichen 150 ml Milch in einem anderen Topf ebenfalls erwärmen, aber keinesfalls kochen und vorsichtig mit den Dottern versprudeln. Mit Salz und Pfeffer abschmecken. Die Eiermilch nach und nach in die Käsesauce einrühren, bis die Käsesuppe cremig und sämig ist. Die Suppe unterdessen ständig rühren, aber stets knapp unter dem Siedepunkt halten! Erst unmittelbar vor dem Servieren die kühlschrankkalte Butter unterrühren.

KOCHDAUER: ca. 30 Minuten

TIPPS:
- Am feinsten schmeckt die Fonduta im Herbst, wenn man weiße Alba-Trüffeln über die Suppe hobelt. Ansonsten serviert man sie entweder mit Roggenbrotwürfeln oder – wie ein Käsefondue auf einem Rechaud – mit Weißbrotwürfeln und Mixed Pickles von Artischockenböden bis Perlzwiebeln.
- Sollte die Fonduta zu dünnflüssig geraten oder nicht die richtige Bindung aufweisen, so hilft ein alter Hausfrauentrick: Einen Kaffeelöffel Stärkemehl mit einem halben Esslöffel geschmolzener Butter vermengen und in die Suppe einrühren. Dann klappt es bestimmt!

Linsensamtsuppe

Pyrenäen

ZUTATEN FÜR 4–6 PORTIONEN
180 g Berglinsen (oder andere kleine Linsen)
30 g geräucherter Bauchspeck
2 Schalotten
500 ml Geflügelfond
500 ml Schlagobers
Butter zum Anschwitzen
Meersalz aus der Mühle
Pfeffer aus der Mühle
knusprige Speckscheiben oder Croûtons zum Garnieren

ZUBEREITUNG
Die Linsen über Nacht in Wasser einweichen. Am nächsten Tag Schalotten und Speck in Würfel schneiden und in etwas Butter anschwitzen. Die Linsen in den Topf geben und kurz mitanschwitzen lassen. Mit dem Geflügelfond aufgießen und langsam ca. 50 Minuten köcheln lassen, bis die Linsen weich sind, was je nach Sorte und Beschaffenheit völlig unterschiedlich lang dauern kann. Eventuell noch etwas Flüssigkeit zugießen. Mit einem Mixstab mixen, durch ein Sieb passieren und wieder zurück in den Topf geben. Schlagobers mit einem Schneebesen leicht aufschlagen und einmengen. Mit Salz und Pfeffer abschmecken und kurz aufwallen lassen. Die fertige Suppe in Tellern anrichten und mit knusprig gebratenen Speckscheiben oder Croûtons garnieren.

GARUNGSZEIT: ca. 50 Minuten

TIPP: Kurz gebratene, zarte Kaninchenkoteletts, die unmittelbar vor dem Servieren in die Suppe eingelegt werden, lassen diese Linsensuppe zum beeindruckenden Start eines festlichen Menüs werden.

Steinsuppe (Sopa de Pedra)

Algarve

ZUTATEN

1 möglichst runder und glatter Stein
100 g Blutwurst
100 g Chorizo (Paprikawurst)
1 Schweinsfuß
100 g geräucherter Bauchspeck
1 Kartoffel
1 mittlere Zwiebel
1 Karotte
1 Tomate, geschält und kleinwürfelig geschnitten
1/2 Krautkopf
100 g vorgekochte braune Bohnen
Meersalz aus der Mühle
Pfeffer aus der Mühle

ZUBEREITUNG

Den sauber gewaschenen Stein in den Topf legen. Kartoffel kleinwürfelig, Karotte in feine Scheiben und Kraut in feine Streifen schneiden. Zwiebel fein hacken. Bauchspeck, Schweinsfuß und Würste mit Zwiebel und Tomate in etwa 1,5 Liter Salzwasser ca. 1 1/2 Stunden weich kochen. Währenddessen sollte sich die Flüssigkeit auf etwa 1 Liter reduzieren.
Die Hälfte der vorgekochten Bohnen mit etwas Suppe pürieren und mit den restlichen Bohnen in den Topf geben. Kartoffeln, Karotten und Kraut dazugeben und weitere 15 Minuten kochen. Mit Salz und Pfeffer abschmecken. Den gekochten Speck, Schweinsfuß und die Würste herausnehmen, Schweinsfuß auslösen und alles in Stücke bzw. Scheiben schneiden. Gleichmäßig auf vorgewärmte Suppentassen verteilen. Mit Gemüse und Suppe auffüllen und servieren. Den Stein nicht mitservieren, sondern für die nächste Suppe aufbewahren.

GARUNGSZEIT: ca. 1 3/4 Stunden
TIPP: In Portugal ist diese klassische Suppe ohne Schweinsfuß unvorstellbar. Einfachheitshalber kann derselbe jedoch ohne großen Geschmacksverlust auch weggelassen werden.

Wie der Stein in die Suppe kam

Der Stein im obigen Suppenrezept hat keinerlei geschmackliche Bedeutung, stand aber – zumindest der Legende nach – dennoch bei der Erfindung dieses einfachen, bäuerlichen Gerichtes Pate: Ein geiziger Bauer wurde eines Tages von einem Mönch gestört, der anklopfte und um etwas zu essen bat. Der Bauer wollte ihn abweisen, doch der Gottesmann holte einen kleinen Stein aus seiner Tasche und behauptete, dass man aus diesem Stein eine wahrhaft köstliche Suppe kochen könne. Alles, was man dazu brauche, sei ein Topf mit Wasser und eine Feuerstelle. Der Bauer wurde neugierig und fragte den Mönch, ob er, was er da redete, auch beweisen könne. Der Mönch machte die Probe aufs Exempel, kochte den Stein und meinte ganz nebenbei, dass etwas Speck dem Geschmack der Suppe nicht schaden könne. Der Bauer gab ihm sogleich die geforderte Scheibe Speck. Der Mönch schmeckte die Suppe ab und meinte, dass jetzt nur noch ein Würstchen und eine Karotte fehlten. Nach und nach entlockte der listige Pater dem Bauern auch noch einige andere Zutaten – und präsentierte dem Bauern schließlich eine äußerst wohlschmeckende Suppe.

Den Stein soll der Mönch danach allerdings wieder mitgenommen haben. Immerhin benötigte er ihn ja, um seinen nächsten Gastgeber von den geschmacklichen Vorzügen seiner Steinsuppe zu überzeugen.

Portugiesische Kohlsuppe

(Caldo verde)

ZUTATEN

600 g mehlige Kartoffeln
250 g Kohl
8 EL Olivenöl
100 g Chorizo-Wurst
Knoblauch nach Belieben
Salz

ZUBEREITUNG

Kartoffeln schälen, grobwürfelig schneiden, in einen Topf geben und mit reichlich Wasser bedecken. Salz sowie 4 EL Olivenöl hinzufügen und zum Kochen bringen. Inzwischen den in feine Streifen geschnittenen Kohl mehrmals waschen, bis das abfließende Wasser nur noch eine kaum merkliche grünliche Färbung aufweist. Kartoffeln kochen, bis sie zerfallen. Vom Feuer nehmen und mitsamt dem Wasser zu einer sämigen Suppe aufmixen. Mit Salz und weiteren 4 EL Olivenöl abschmecken. Kohl zugeben und nochmals etwa 10 Minuten unter gelegentlichem Umrühren bissfest kochen. Suppe in vorgewärmten Tassen anrichten und mit jeweils einer Scheibe Chorizo sowie etwas Knoblauch verfeinern.

GARUNGSZEIT: ca. 35–40 Minuten

Lissaboner Brotsuppe (Açorda de alho)

ZUTATEN FÜR 6 PORTIONEN

ca. 1,5 l Gemüse- oder Hühnersuppe
500 g altbackenes Weißbrot
4 Knoblauchzehen
2 EL Koriandergrün, gehackt
grobes Meersalz
6 Eier
Olivenöl
Oliven und Sardellen zum Garnieren

ZUBEREITUNG

Mit dem Stabmixer aus Koriander, Knoblauch, Meersalz und wenig Suppe eine Paste zubereiten. Weißbrot würfelig schneiden oder grob zerbröseln und in einem großen Topf in heißem Olivenöl knusprig anrösten. Die Paste einrühren und mit Suppe aufgießen. Alles auf nicht zu großer Flamme mollig und sämig einkochen lassen und dabei gelegentlich umrühren, damit sich nichts anlegt. In einer separaten Pfanne die Eier zu cremigen Spiegeleiern braten (oder in Essigwasser einzeln pochieren) und kurz vor dem Servieren mit der Brotsuppe vermischen. Dazu auf einem extra Teller Oliven und Sardellen reichen.

GARUNGSZEIT: ca. 10–15 Minuten

TIPPS:

- So einfach dieses Rezept auch ist, so vielfältig sind die unterschiedlichen Variationen davon. Nach dem Originalrezept wird die Brotsuppe mit Stockfisch- oder Glasaalsud zubereitet, den man, falls Fische oder Meeresfrüchte als Einlage verwendet werden, auch durch Fischfond ersetzen kann.
- Die Açorda wird in Portugal auch gerne als Hauptgericht serviert, wobei die Suppe in diesem Fall dann durch Scampi, Hühnerfleisch, Schweinefleisch oder aber auch Stockfisch aufgewertet wird.

Die Suppenflagge

Dass Nationalgerichte auch die Nationalfarben widerspiegeln, kommt nicht nur bei der berühmten italienischen Pizza Margherita (Rezept auf Seite 134) vor. Auch die portugiesische Flagge hat ihr dazugehöriges Nationalgericht: die Portugiesische Kohlsuppe (Caldo verde) mit Roter Wurst, grünem Kohl (im Idealfall der dunkelblättrige Couve galego) und gelben Kartoffeln. Dann fehlt nur noch die Hymne.

Zuppa pavese

Lombardei

ZUTATEN

1 l Rindsuppe
8 Schnitten Weißbrot
2 EL Butter
2 Eier
100 g Parmesan, frisch gerieben

ZUBEREITUNG

Die Weißbrotscheiben in heißer Butter beidseitig goldgelb rösten. Den Boden eines Suppentopfs damit belegen. Eier gut versprudeln und über die Brotschnitten gießen. Alles mit Parmesan bestreuen und mit heißer Rindsuppe auffüllen. Im auf 220 °C vorgeheizten Backrohr bei großer Oberhitze etwa 10 Minuten gratinieren und heiß servieren.

BACKROHRTEMPERATUR: 220 °C (Oberhitze)
GARUNGSZEIT: ca. 10 Minuten
TIPP: Das Originalrezept aus Pavia sieht vor, dass die Eier ganz bleiben müssen und die Suppe so lange gratiniert wird, bis das Eiklar gerade gestockt, die Dotter aber noch flüssig sind.

Pappa al pomodoro

(Dicke toskanische Tomatensuppe)

ZUTATEN FÜR 5–6 PORTIONEN

600 g Tomaten, vollreif
700 ml Rindsuppe
300 g altbackenes weißes Brot ohne Rinde
1 Knoblauchzehe
5 EL Olivenöl
1 Bund Basilikum, fein gehackt
1 getrocknete rote Chilischote
Salz aus der Mühle
Pfeffer
Olivenöl zum Beträufeln

ZUBEREITUNG

Die Tomaten überbrühen, schälen, entkernen und vierteln. Den Knoblauch fein hacken und in einem großen Topf in Olivenöl hell anschwitzen. Tomaten, Basilikum und Chilischote hinzufügen und bei geschlossenem Deckel etwa 5 Minuten dünsten. Die Chilischote wieder entfernen. Die Rindsuppe zugießen und alles mit Salz und Pfeffer würzen.
Sobald die Suppe wieder kocht, das in dünne Scheiben geschnittene Brot dazugeben und weitere 15 Minuten zugedeckt köcheln lassen. Währenddessen wiederholt kräftig umrühren, damit ein dicker Brei entsteht. Den Topf vom Herd nehmen und die Suppe mindestens 1 Stunde rasten lassen. Vor dem Servieren die Suppe nochmals erhitzen, in Teller gießen und jeweils mit etwas feinem Olivenöl beträufeln.

KOCHDAUER: ca. 25 Minuten
TIPP: Wer sich die Mühe des Schälens der Tomaten ersparen möchte, verwende einfach die geschmacklich meist sehr guten Pelati aus der Dose.

Acquacotta (Toskanische „Wassersuppe")

ZUTATEN
500 g gemischte Waldpilze
250 g vollreife Tomaten, geschält und entkernt (oder Pelati aus der Dose)
8 dünne Scheiben Toskanabrot vom Vortag (ersatzweise altbackenes Weißbrot)
4 Eier
3 Knoblauchzehen, mit dem Messerrücken leicht angedrückt
2 EL Parmesan, frisch gerieben
4 EL Olivenöl
Meersalz aus der Mühle
Pfeffer aus der Mühle

ZUBEREITUNG
Pilze mit einem feuchten Tuch oder Schwamm gründlich säubern, aber dabei nicht nass werden lassen. In mundgerechte Stücke teilen. Olivenöl in einem schweren Topf erhitzen und Knoblauch darin braten, bis er eine goldene Farbe annimmt. Pilze zugeben, mit Salz sowie Pfeffer würzen und etwa 8–10 Minuten langsam braten. Tomaten grob zerkleinern, einige Minuten mitköcheln lassen und dann mit ca. 600 ml kochendem Salzwasser aufgießen. Topf zudecken und weitere 10 Minuten auf kleiner Flamme köcheln lassen. Brotscheiben unter dem Grill oder in einer beschichteten Pfanne rösten und die Suppenteller damit auslegen. Die Eier in eine vorgewärmte Suppenterrine schlagen, Parmesan darüber streuen und mit der fertigen Suppe übergießen. Die Suppe in der Terrine noch einmal gut durchrühren und dann jeweils in den Suppentellern mit den Brotscheiben servieren.

GARUNGSZEIT: ca. 25 Minuten

Wasser, Brot und Öl

Das sind drei der wichtigsten Grundzutaten der einfach-raffinierten toskanischen Küche. Vor allem das altbackene Brot spielt in vielen Rezepten eine besonders wichtige Rolle. Das trifft nicht nur auf die berühmte Panzanella, den klassischen toskanischen Brotsalat (Rezept s. S 152) zu, sondern vor allem auch auf die Pappa al pomodoro, von den Einheimischen auch Pappa col pomodoro genannt. Wirklich authentisch ist diese Brot-Tomaten-Suppe, von der es mittlerweile auch wesentlich feinere Varianten gibt, erst, wenn darin der sprichwörtliche Löffel stecken bleibt.

Zu den klassischen toskanischen Brotsuppen zählt auch die Acquacotta, die – so will sie uns zumindest weismachen – nichts anderes als „gekochtes Wasser" ist. In Wahrheit wird sie jedoch mit Hilfe relativ teurer Ingredienzien – nämlich mit frischen Waldpilzen – zubereitet und mit Parmesan und Eiern verfeinert.

Ebenfalls auf altbackenem Brot basiert die typische toskanische Ribollita, in der freilich Bohnen, Gemüse und Kohlgemüse nicht minder wichtig sind. Am besten schmeckt die Ribollita, wenn man sie mit schwarzem Kohl (cavolo nero) zubereitet, einer Sorte, die allerdings fast ausschließlich in der Toskana angebaut wird. Welchen Kohl und welche sonstigen Zutaten man jedoch auch dafür verwendet, ihr wichtigstes „Geheimrezept" verrät die Ribollita bereits in ihrem Namen. Er bedeutet „die Aufgewärmte", und je öfter man sie aufwärmt, desto besser mundet sie.

Ribollita (Toskanische Gemüsesuppe)

ZUBEREITUNG

Bohnen über Nacht in reichlich Wasser einweichen. Am nächsten Tag Zwiebeln, Karotte und Sellerie in feine Würfel schneiden, Knoblauch und Petersilienblätter fein hacken. Die Zwiebeln in einem großen Topf in Olivenöl anschwitzen. Knoblauch zugeben und ebenfalls leicht dünsten. Anschließend das geschnittene Gemüse, Petersilie und den Rosmarinzweig zugeben und alles 10 Minuten dünsten. Währenddessen gut umrühren. Dann den Rosmarinzweig wieder entfernen.

Die Bohnen abgießen, in den Topf mit dem Gemüse geben und mit 1,5 Liter Wasser und etwas Salz ca. 1 1/2 bis 2 Stunden zugedeckt leicht köcheln lassen. Sobald die Bohnen weich sind, die Hälfte durch ein Sieb passieren und als Püree wieder zurück in den Topf geben.

Den geputzten Mangold grob hacken, den Wirsing (ohne Strunk) grob zerkleinern, Kartoffeln schälen und grobwürfelig schneiden. Die Tomaten überbrühen, enthäuten, vierteln und entkernen (die Dosentomaten gut abtropfen lassen und ebenfalls vierteln).

Alles zu den Bohnen geben und noch etwa 20 Minuten weiterköcheln lassen. Wenn das Gemüse gar ist, die Suppe je nach gewünschter Konsistenz mit ca. 1/2 Liter Wasser auffüllen und mit Salz und Chilipulver abschmecken. Nochmals gut durchkochen lassen. Vor dem Servieren 1 oder 2 Brotscheiben in jeden Teller legen, die Suppe darauf verteilen und mit etwas feinem Olivenöl beträufeln.

GARUNGSZEIT: 2–2 1/2 Stunden

ZUTATEN

200 g getrocknete weiße Bohnen (möglichst Cannellini-Bohnen)
2 Zwiebeln
1 Knoblauchzehe
1 große Karotte
2 Selleriestangen
1/2 Bund Petersilie
6 EL Olivenöl
1 Zweiglein Rosmarin
450 g Mangold
1/2 Wirsing
2 große Kartoffeln
200 g Tomaten (oder 1 Dose Pelati)
altbackenes helles Brot, in dünne Scheiben geschnitten
Salz aus der Mühle
Pfeffer aus der Mühle
Chilipulver
Olivenöl, kalt gepresst, zum Beträufeln

Minestrone mit Dinkel

Norditalien

ZUTATEN

1 l Geflügelfond
1 Zwiebel
2 Kartoffeln
1 Karotte
1 Selleriestange
1 Frühlingszwiebel
2 Tomaten, enthäutet
1/2 Zucchini
50 g Dinkel
Meersalz aus der Mühle
Olivenöl
Muskatnuss, gerieben

ZUBEREITUNG

Sämtliches Gemüse putzen und in gleich große Würfel, die Frühlingszwiebel sehr fein schneiden. Zwiebeln, Kartoffeln, Karotten und Sellerie in etwas Olivenöl anschwitzen. Dinkel dazugeben, mit dem Geflügelfond aufgießen und bei mäßiger Hitze etwa 15 Minuten kochen lassen, bis das Gemüse bissfest ist. Dann erst die Zucchini- und Tomatenwürfel einmengen. Mit Meersalz und etwas frisch geriebener Muskatnuss abschmecken. Nochmals kurz aufkochen. Vor dem Servieren mit bestem Olivenöl beträufeln und mit den Frühlingszwiebeln garnieren.

KOCHDAUER: ca. 15 Minuten

Minestrone „High end“

Die netten Navetten

Die Navette, die im nächsten Rezept zur Verwendung gelangt, ist nicht zufällig des Feinschmeckers Lieblingsrübe. Sie ist vor allem im Frühjahr so zart, dass man sie sogar roh essen kann und sie hat obendrein die angenehme Eigenschaft, Fett zu absorbieren. Ihren Namen verdanken die meist etwas länglichen Rübchen ihrer Ähnlichkeit mit kleinen Booten (franz. navette). In der Camargue soll sogar die heilige Jungfrau Maria selbst mit dem hl. Lazarus im Gepäck einmal in einer Navette übers Meer gekommen sein. Ob die Augenzeugen dieser wundersamen Erscheinung dabei an zarte Rübchen gedacht haben, ist allerdings nicht überliefert ...

Minestrone „High end"

Novelli-Spezialität

ZUBEREITUNG

Von den Artischocken die Außenblätter entfernen, die Spitzen der verbliebenen Blätter abschneiden und das Heu entfernen (s. auch S. 12f.). In Salzwasser ca. 10 Minuten kochen. In Eiswasser abschrecken und in etwa acht Teile schneiden. Die geputzten Fingerkarotten ebenfalls blanchieren (kurz überbrühen), kalt abschrecken und nach Belieben teilen.

Fenchel, Süßkartoffel, Topinambure, Navetten sowie Schalotten schälen, in Würfel schneiden und in etwas Olivenöl mit dem zerdrückten Knoblauch anschwitzen. Dann den Safran zugeben, mit Weißwein ablöschen und mit Fond aufgießen. Das Gemüse bei mäßiger Hitze 10–15 Minuten weich kochen. Die Tomaten kurz überbrühen, enthäuten und in kleine Würfel schneiden. Die geputzten Steinpilze fein schneiden.

Die Wachteleier einzeln vorsichtig aufschlagen, in leicht wallendes Essigwasser gleiten lassen und 2–3 Minuten pochieren, bis sie wachsweich sind. Behutsam wieder herausheben und abtropfen lassen. Die Suppe mit Meersalz abschmecken. Artischocken und Karotten untermengen. Nun die Steinpilze sowie die Tomatenwürfel zugeben, kurz erwärmen und die Suppe in vorgewärmten Tassen anrichten. Die pochierten Eier vorsichtig hinein geben, den Pecorino darüber legen und mit einigen Tropfen Steinpilzöl beträufeln.

GARUNGSZEIT: Artischocken ca. 10 Minuten, Gemüse 10–15 Minuten, Wachteleier 2–3 Minuten

ZUTATEN FÜR 6 PORTIONEN

1 l Hühner- oder Gemüsefond
8 Babyartischocken
1 kleiner Fenchel
1 Süßkartoffel
1 Bund Fingerkarotten (junge, zarte Karotten)
2 Topinambure
2 Navetten (zarte Rüben)
2 Schalotten
1 Knoblauchzehe
2 San-Marzano-Tomaten
1 g Safranfäden
6 kleine Steinpilze
4–6 Wachteleier
Pecorino, hauchdünn geschnitten (ersatzweise junger Parmesan)
100 ml kräftiger, trockener Weißwein
Meersalz aus der Mühle
Olivenöl
Essig für das Kochwasser
Steinpilzöl

ZUTATEN FÜR 4–6 PORTIONEN

350 g getrocknete Bohnen (am besten Borlotti-Bohnen)
4 Knoblauchzehen
6 Salbeiblätter
4 EL Olivenöl
1 Rosmarinzweig
300 g Maccheroni (kurze, dicke Röhrennudeln)
Salz aus der Mühle
Chilipulver
etwas Rindsuppe

Pasta e fagioli (Bohnensuppe mit Nudeln)

Toskana

ZUBEREITUNG

Die Bohnen am Vortag in reichlich Wasser einweichen. Am nächsten Tag 2 (!) Knoblauchzehen grobwürfelig schneiden und zusammen mit den abgetropften Bohnen und den Salbeiblättern in einem großen Topf mit 2 Liter Wasser und etwas Salz ca. 2 Stunden zugedeckt köcheln lassen. Sobald die Bohnen weich sind, alles durch ein Sieb passieren.

Den restlichen Knoblauch feinwürfelig schneiden und gemeinsam mit dem gehackten Rosmarin und etwas Chilipulver in Olivenöl rösten, bis der Knoblauch gelb ist. Das so aromatisierte Öl durch ein Sieb direkt in das Bohnenpüree einrühren. Die Nudeln in kochendem Salzwasser al dente kochen. Abgießen und unter die Bohnensuppe mengen. Sollte die Suppe zu dick sein, noch etwas heiße Suppe zugießen.

GARUNGSZEIT: Bohnen ca. 2 Stunden, Nudeln je nach Anleitung

Päpstliche Bohnen

Bohnen aller Arten spielen in der toskanischen Küche mindestens eine ebenso wichtige Rolle wie Pasta und sind vielleicht sogar noch wichtiger als Polenta. Wie und wann die Bohnen in die Toskana kamen, darüber lassen sich jedoch bis heute nur Mutmaßungen anstellen. Die meisten führen zurück zu Papst Klemens VII., der aus dem Geschlechte der Medici stammte und seinen florentinischen Landsleuten schon um 1500 geraten haben soll, Bohnen zu kultivieren. Seither haben sich auf dem fruchtbaren toskanischen Boden unzählige Bohnen-Rezepte entwickelt, darunter auch das wohl eigenartigste, in welchem frische grüne Gartenbohnen zunächst kunstvoll in eine bauchige Chiantiflasche gestopft werden, um dann – in Wein – über Holzkohlenfeuer fertig gegart zu werden. Vorsichtige ersetzen den Wein allerdings durch Wasser. Denn darin werden die Bohnen ebenso schonend gegart, und sollte die Flasche über der klirrenden Hitze zerbrechen, so braucht einem nur um die Bohnen, nicht aber um den Wein leid zu sein.

Dinkelsuppe (Zuppa di farro)

Toskana

ZUTATEN

350 g Dinkel
1 Zwiebel
1 Knoblauchzehe
1 Karotte
1 Selleriestange
5 EL Olivenöl
1 Rosmarinzweig
4 Scheiben ital. Landbrot
Olivenöl, kalt gepresst, zum Beträufeln
Salz aus der Mühle
Pfeffer aus der Mühle

ZUBEREITUNG

Den Dinkel am Vorabend in reichlich Wasser einweichen. Am nächsten Tag die Zwiebel und den Knoblauch fein hacken, Karotte und Sellerie würfelig schneiden. Den Dinkel abgießen und unter fließendem Wasser abspülen. Die Zwiebeln in einem großen Topf in Olivenöl anschwitzen, Knoblauch, Karotten und Sellerie dazugeben. Sobald der Knoblauch gelblich angeröstet ist, den Dinkel hinzufügen und mit etwa 1,2 Liter heißem Wasser aufgießen. Mit Salz und gehacktem Rosmarin würzen und den Dinkel etwa 1 Stunde zugedeckt köcheln lassen. Sobald der Dinkel weich gekocht ist, das Brot in einer Pfanne ohne Fett beidseitig rösten. Die Suppe in Teller gießen, mit kalt gepresstem Olivenöl beträufeln, mit frisch gemahlenem Pfeffer bestreuen und das knusprige Brot dazu servieren.

KOCHDAUER: ca. 1 Stunde

TIPP: Eine besondere Geschmacksnote erhält die Suppe durch etwas fein gewürfelten Speck, der mit dem Gemüse angebraten wird. Wahrhaftig italophile Feinschmecker kochen allerdings einen Schweinsfuß mit, bis sich das Fleisch vom Knochen ablösen lässt, und servieren dieses als Einlage.

Suppe der Braut Ezo (Ezo gelin Corbasi)

Türkei

ZUTATEN

1 l Rindsuppe
1 Zwiebel
1 Karotte
50 g Butter
80 g feiner Bulgur (Weizenschrot)
100 g rote Linsen
2 EL Tomatenmark
1 TL Paprikapulver
Saft von 1 Zitrone
Minze, frisch gehackt
Meersalz aus der Mühle
Pfeffer aus der Mühle
Muskatnuss, gerieben

ZUBEREITUNG

Die Zwiebel und die Karotte in Würfel schneiden und in einem großen Topf in Butter anschwitzen. Den Bulgur und die Linsen dazugeben. Tomatenmark und Paprikapulver kurz mitrösten und mit Rindsuppe aufgießen. Die Suppe bei kleiner Hitze etwa 10 Minuten köcheln lassen, bis Bulgur und Linsen weich gekocht sind. Mit Meersalz, Pfeffer, Muskatnuss, gehackter Minze und Zitronensaft abschmecken.

GARUNGSZEIT: ca. 10 Minuten

Jota

Triest/Slowenien

ZUTATEN

200 g getrocknete Borlotti-Bohnen (rot gesprenkelt)
500 g Sauerkraut
2 Kartoffeln
100 ml Olivenöl (extra vergine)
3 Knoblauchzehen
40 g Mehl
300 g Frühstücksspeck
2 Lorbeerblätter
1 Prise Kümmelpulver
Salz
Pfeffer

ZUBEREITUNG

Bohnen mit kaltem Wasser bedecken und über Nacht einweichen. Am nächsten Tag Wasser wechseln und Bohnen darin mindestens 1 Stunde lang kochen. Geschälte Kartoffeln in Würfel schneiden, zugeben und 20 Minuten weiterköcheln lassen. Inzwischen in einem anderen Topf die fein gehackten Knoblauchzehen mit Mehl in Öl anrösten, bis eine hellbraune Einbrenn entsteht. Sauerkraut, würfelig geschnittenen Speck, Kümmelpulver und Lorbeerblätter hinzufügen. Alles mit Wasser bedecken, mit Salz sowie Pfeffer würzen und unter gelegentlichem Umrühren so lange kochen, bis die Flüssigkeit nahezu gänzlich verkocht ist. Das gekochte Sauerkraut unter die Bohnen mischen und mit diesen gemeinsam weitere 20 Minuten kochen. Salzen, pfeffern und über Nacht stehen lassen. Erst am nächsten Tag wieder aufwärmen und servieren.

GARUNGSZEIT: ca. 100 Minuten

TIPP: Ist die Jota zu dickflüssig geraten, so lässt sich ihre Konsistenz durch die Zugabe von etwas Rindsuppe korrigieren.

Cappuccino von Bouchotmuscheln mit Curry

Novelli-Spezialität

ZUTATEN

500 g Bouchotmuscheln (ersatzweise Miesmuscheln)
1 Zwiebel
1 Thymianzweig
2 Knoblauchzehen
200 ml Weißwein
1/2 Fenchelknolle
1 Selleriestange
1 EL Curry
200 ml Schlagobers
50 g Butter
1 cl Pernod (frz. Anislikör)
Olivenöl
Meersalz aus der Mühle

ZUBEREITUNG

Die Zwiebel in Streifen schneiden, Knoblauchzehen zerdrücken und in einem großen Topf in etwas Olivenöl anschwitzen. Die gut geputzten Muscheln (ohne Bart und Kalkablagerungen) einlegen. Thymian dazugeben und mit Weißwein ablöschen. Nun zugedeckt so lange dünsten, bis sich die Muscheln öffnen. Muscheln herausheben und den zurückbleibenden Sud durch ein feines Sieb passieren.
Den geputzten Fenchel und Sellerie in sehr feine Würfel schneiden. In etwas Olivenöl anschwitzen, mit Pernod ablöschen und mit dem Muschelfond aufgießen. Etwas einkochen lassen und dann das Schlagobers zugießen. Curry einrühren und nun nur noch einmal kurz aufkochen lassen. Die eiskalte Butter rasch einrühren und alles mit Meersalz würzen. Die ausgelösten Muscheln wieder in die heiße Suppe geben und in attraktiven Cappuccinotassen servieren.

KOCHDAUER: Muscheln einige Minuten, Suppe ca. 10 Minuten

TIPP: Besonders dekorativ sieht diese Suppe aus, wenn Sie dazu hausgemachtes pikantes Gebäck, wie etwa Käsegrissini (s. S. 120), servieren.

Brodetto

Venedig

ZUBEREITUNG

Größere Fische in Stücke schneiden, kleinere ganz lassen. Zwiebel und Knoblauch fein hacken. In einer großen Kasserolle das Öl erhitzen, zuerst die Zwiebeln darin glasig dünsten, dann Knoblauch ebenfalls kurz Farbe nehmen lassen. Fische dazugeben und von allen Seiten her anbraten. Salzen, pfeffern, mit Weißwein ablöschen und kurz einkochen lassen. Fische mit Wasser bedecken und bei kleiner Hitze etwa 6–8 Minuten garen. Nach etwa 3 Minuten die Krustentiere zugeben und mitgaren.

Die großen, schönen Fischstücke sowie die Krustentiere herausheben, sorgfältig auslösen und beiseite stellen. Kleine Fische, Fischköpfe, Abschnitte und Ähnliches im Sud lassen und gemeinsam mit den Tomaten, Petersilie sowie den zuvor kurz in lauwarmem Wasser eingeweichten Safranfäden noch etwa 35 Minuten auf mittlerer Flamme weiterköcheln lassen. Durch ein feines Haarsieb passieren. Den Passiervorgang bei Bedarf mehrmals wiederholen, damit eine schön cremige Suppe entsteht. Mit Salz und Pfeffer abschmecken. Die weggelegten Fischstücke wieder in die Suppe geben und nochmals kurz erwärmen, aber nicht mehr kochen. In einen vorgewärmten Steinguttopf oder eine Suppenschüssel umfüllen und mit den gerösteten Weißbrotwürfeln servieren.

GARUNGSZEIT: Krustentiere 3–5 Minuten, Fische 6–8 Minuten, Suppe 40–45 Minuten

ZUTATEN

750 g Fische (je nach Saison Dornhai, Seeteufel, Drachenkopf, Gründeln, Tintenfisch, Aal o.ä.), alle küchenfertig
ca. 500 g Krustentiere (Garnelen, Krabben, Meerschnecken, Heuschreckenkrebse)
1 Zwiebel
2–3 Knoblauchzehen
100 ml trockener Weißwein
1 Dose Pelati (geschälte Tomaten)
1 Bund Petersilie
1 Messerspitze Safranfäden
200 g Weißbrotwürfel, geröstet
4 EL Olivenöl
Salz aus der Mühle
Pfeffer aus der Mühle

Griechische Fischsuppe (Kakavia)

ZUBEREITUNG

Die Schalotten in Ringe schneiden und in Olivenöl glasig anschwitzen. Die Karotten und Kartoffeln in Würfel schneiden und mit dem gehackten Knoblauch zu den Zwiebeln geben. Mit Fischfond oder Wasser aufgießen. Das Lorbeerblatt zugeben und ca. 15 Minuten köcheln lassen. Währenddessen die Fische schuppen, waschen, filetieren und entgräten. Die Filets in mundgerechte Stücke schneiden, salzen und in den Fond einlegen. Bei schwacher Hitze 5–10 Minuten ziehen lassen. Inzwischen die Tomaten blanchieren (überbrühen), schälen, entkernen, in Würfel schneiden und in die Suppe geben. Mit Zitronensaft und Meersalz abschmecken. Mit gezupfter Petersilie, Dille und den gehackten Sellerieblättern garnieren.

KOCHDAUER: Suppe 20–30 Minuten, Fischfilets 5–10 Minuten

ZUTATEN FÜR 6 PORTIONEN

1,5 kg Mittelmeerfische (Knurrhahn, Rotbarbe, Drachenkopf etc.), alles küchenfertig oder ca. 600 g Fischfilets
ca. 1,5 l Fischfond oder Wasser
4 Schalotten
3 Tomaten
2 Karotten
3 kleine Kartoffeln
2 Knoblauchzehen
1 Lorbeerblatt
1 Dillezweig
1 Petersilienzweig
einige Stangensellerieblätter
3 EL Zitronensaft
4 EL Olivenöl
Meersalz aus der Mühle

Bouillabaisse (Südfranzösische Fischsuppe)

ZUTATEN FÜR 6 PORTIONEN

ca. 1 kg Filets von Meeresfischen (wie Wolfsbarsch, Drachenkopf, Steinbutt, Seeteufel, aber auch Muscheln, Scampi oder Hummer nach Belieben)
1 mittelgroße Zwiebel
2 mittelgroße Kartoffeln
2 Karotten
1/2 Stange Lauch
2 Fleischtomaten
4 EL Olivenöl
250 ml Weißwein
Petersilstengel
Rosmarin
Thymian
Fenchelsamen
2 Lorbeerblätter
Schale von 1 Orange
Cayennepfeffer
einige Safranfäden
Meersalz aus der Mühle
Pfeffer aus der Mühle
geröstete Baguettescheiben
Aïoli (s. S. 40) und/oder Rouille (s. S. 40)

ZUBEREITUNG

Zuerst das Gemüse vorbereiten. Dafür die Zwiebel in Streifen, die Kartoffeln und Karotten in Würfel schneiden.

Den Lauch in Scheiben schneiden. Die Tomaten kurz überbrühen, die Haut abziehen, die Kerne entfernen und in Würfel schneiden. Nun die Zwiebeln in Olivenöl anschwitzen. Das vorbereitete Gemüse dazugeben und kurz mitdünsten lassen. Mit Weißwein ablöschen, mit ca. 1 Liter heißem Wasser aufgießen und ca. 15 Minuten kochen lassen.

Die entgräteten Fischfilets in mundgerechte Stücke schneiden. Die Muscheln sorgfältig waschen, putzen und den Bart entfernen.

Den Hummer in mehrere Stücke zerlegen und nun alles gemeinsam mit den Kräutern, Aromaten und Gewürzen in die Suppe geben. Etwa 10–13 Minuten ziehen lassen.

Fertige Suppe in einer großen vorgewärmten Suppenschüssel auftragen und dazu knusprige Baguettescheiben, Aïoli und/oder Rouille servieren.

5

6

KOCHDAUER:
Suppe ca. 15 Minuten, Fische 10–13 Minuten

TIPP:
Bouillabaisse wird in Frankreich im Allgemeinen nicht als Vorspeise, sondern als opulentes Hauptgericht serviert, für das man sich auch ausgiebig Zeit nehmen sollte.

PHASE 1: Fischfilets und Gemüse gut waschen.

PHASE 2: Geputztes Gemüse in kleine Würfel oder Streifen schneiden, Tomaten enthäuten und ebenfalls kleinwürfelig schneiden.

PHASE 3: Zwiebelstreifen in Olivenöl langsam anschwitzen.

PHASE 4: Restliches Gemüse zugeben, kurz andünsten, mit Weißwein und Wasser aufgießen und etwa 15 Minuten kochen lassen.

PHASE 5: Fischfilets enthäuten und entgräten sowie in mundgerechte Stücke schneiden. Muscheln und Scampi zuputzen.

PHASE 6: Fische, Scampi, Muscheln etc. gemeinsam mit Kräutern, Aromaten und Gewürzen zugeben und ca. 10 Minuten ziehen lassen.

PHASE 7: Die fertige Suppe in großen Suppenschalen auftragen und dazu knuspriges Brot servieren.

7

Bourride

(Gebundene Fischsuppe aus Südfrankreich)

ZUTATEN

700 g gemischte Meeresfische nach Belieben (Kabeljau, Goldbrasse, Seezunge, Steinbutt, Barbe, Rotbarsch etc.), alle küchenfertig
750 ml Fischfond (ersatzweise Geflügelfond)
1 Kartoffel
1 Dose Pelati (geschälte Tomaten)
1 Zwiebel
2 Knoblauchzehen
1–2 Zweige frischer Thymian
1 Lorbeerblatt
2–3 EL Olivenöl
Meersalz aus der Mühle
Pfeffer aus der Mühle
Aïoli (s. S. 40)
etwas Zitronensaft
8 Baguettescheiben
Butter zum Rösten

ZUBEREITUNG

Fische unter fließendem Wasser gut waschen, trocken tupfen und in Stücke schneiden. Geschälte Kartoffel kleinwürfelig, Tomaten grobwürfelig schneiden. Zwiebel und Knoblauchzehen fein hacken. In einem Suppentopf Olivenöl erhitzen und Zwiebeln sowie Knoblauch darin hell anschwitzen. Kartoffeln und Fischstücke zugeben, kurz weiterrösten. Einige besonders schöne Fischstücke als Einlage wieder herausnehmen und warm stellen. Tomaten untermengen, mit Thymian und Lorbeerblatt aromatisieren, mit Fischfond aufgießen und alles 30–40 Minuten zugedeckt kochen. Mit frisch gemahlenem Salz und Pfeffer abschmecken. Suppe durch ein Sieb streichen und nochmals erhitzen. Die beiseite gelegten Fischstücke darin wieder heiß werden lassen. Etwa 2–3 Esslöffel Aïoli in die heiße Suppe einrühren und mit Zitronensaft abschmecken. Baguettescheiben in etwas Butter beidseitig knusprig rösten. Suppe anrichten, geröstete Baguettescheiben mit etwas Aïoli bestreichen und zur Suppe servieren. Restliches Aïoli in ein Saucenkännchen oder eine kleine Schüssel füllen. Bei Tisch kann die Suppe nach Belieben noch mit Aïoli verfeinert werden.

GARUNGSZEIT: ca. 35–45 Minuten

TIPP: Noch authentischer wird die Suppe, wenn man die mit Aïoli bestrichenen Baguettes direkt auf den Teller bzw. in die Suppentasse setzt und dann die Bourride darüber gießt.

Der Bauernschmaus der Mittelmeerfischer

Kaum zu glauben: Was wir heute als Bouillabaisse, Caciucco oder Kakavia kennen, war – kein halbes Jahrhundert ist's her – einmal ein echtes Armeleutegericht, das in Tausenden von Rezepten im ganzen Mittelmeerraum Verbreitung fand. Im Grunde sind die mediterranen Fischsuppen nichts anderes als die maritime Antwort auf die terrestrischen Schlachtplatten und Bauernschmäuse. In jedem Fall handelt es sich um einen suppigen Eintopf, wie ihn die Fischersfrauen früher aus dem täglichen Fang ihrer Männer zubereiteten.

Mittlerweile ist daraus eine Wissenschaft der höheren Feinschmeckerei und vor allem eine sündteure Angelegenheit geworden. Denn die meisten Meeresfische, die früher die Grundlage einfacher Fischergerichte bildeten, sind heute leider teuer, oft sogar unbezahlbar geworden. Die Zeiten, in denen man einen Angler oder Seeteufel (hier auch lotte oder baudroie genannt) wegen seines festen, weißen Fleisches noch als „Hummer des armen Mannes" bezeichnete, sind wegen der Überfischung der Meeresgründe und der ökologischen Sünden früherer, aber auch gegenwärtiger Zeiten, wohl ein für allemal vorbei. Heute ist ein gezüchteter und tiefgekühlt aus Fernost importierter Hummer meist wesentlich billiger zu haben als ein fangfrischer Seeteufel aus Riviera- oder Adriagewässern.

Toskanische Fischsuppe

(Caciucco alla toscana)

ZUTATEN

1 kg Muscheln
8 Garnelen
150 g Thunfisch
1 Wolfsbarsch, küchenfertig
1 Rotbarbe, küchenfertig
4 Tomaten
1/2 Selleriestange
2 Knoblauchzehen
4 Schalotten
1 getrocknete Chilischote
1 Bund Basilikum
1 Dose Pelati (geschälte Tomaten)
100 ml Weißwein
400 ml Wasser
Sternanis, Lorbeerblatt, Fenchelsamen, Thymian und Rosmarin zum Aromatisieren
Meersalz aus der Mühle
Olivenöl

ZUBEREITUNG

Den Stangensellerie schälen. Die Tomaten kurz überbrühen, schälen, vierteln und entkernen. Die Garnelen schälen und die Fische filetieren (oder gleich vom Fischhändler vorbereiten lassen). Dabei allerdings sämtliche Gemüsereste, Garnelenschalen und Karkassen aufbewahren! Etwas Olivenöl erhitzen. Die gewaschenen Gemüsereste, Knoblauchzehen und Schalotten darin anschwitzen, mit Weißwein ablöschen. Die Pelati sowie Wasser zugeben. Den Fond aufkochen lassen und die Fischkarkassen sowie die Garnelenschalen hinein geben. Mit etwas Meersalz würzen. Die Aromaten und Chili zugeben und den Fond ca. 30–40 Minuten ziehen lassen. Dann durch ein Sieb passieren. Den Fond nun wieder aufkochen (wenn nötig noch etwas Wasser zugießen). Zuerst die geputzten Muscheln und den klein geschnittenen Sellerie dazugeben. Sobald die Muscheln offen sind, den in mundgerechte Stücke geschnittenen Fisch sowie die Garnelen einlegen. Der Fisch sollte nun nur noch langsam ziehen, allerdings nicht mehr kochen, damit er nicht trocken wird. Die Tomaten in Würfel schneiden und gemeinsam mit dem geschnittenen Basilikum in die Suppe geben. In Suppenschüsseln anrichten und vor dem Servieren mit feinem Olivenöl beträufeln.

KOCHDAUER: Fond ca. 45 Minuten, Suppe ca. 10 Minuten

BEILAGENEMPFEHLUNG: Knoblauchcrostini

TIPP: Caciucco wird üblicherweise – ähnlich der Bouillabaisse – als Hauptgericht serviert, weshalb auch hier die Mengenangaben eher großzügig gehalten sind.

Sardellensuppe

Ligurien

ZUTATEN

350 g frische Sardellen
1 Zwiebel
4 Knoblauchzehen
1 Karotte
1 Selleriestange
1 Bund Petersilie
500 g vollreife Tomaten (oder Pelati aus der Dose)
125 ml Weißwein
4 Scheiben Weißbrot
5 EL Olivenöl
Salz aus der Mühle
Pfeffer aus der Mühle

ZUBEREITUNG

Die Sardellen ausnehmen, Gräten, Kopf sowie Schwanz entfernen und unter fließendem Wasser gründlich säubern. Zwiebel, Karotte und Sellerie feinwürfelig schneiden, 2 (!) Knoblauchzehen sowie die Petersilienblätter fein hacken. Die Zwiebeln in einem großen Topf in Olivenöl anschwitzen. Knoblauch dazugeben und ebenfalls etwas Farbe nehmen lassen. Anschließend Karotte, Sellerie und Petersilie etwa 10 Minuten mitdünsten und währenddessen kräftig umrühren.

Die Tomaten überbrühen, enthäuten, entkernen und vierteln (Pelati abtropfen lassen und vierteln) und zugeben. Salzen, pfeffern und weitere 20 Minuten dünsten. Dann mit Wein und etwa 1 Liter Wasser aufgießen und aufkochen lassen. Die geputzten Sardellen in die Suppe geben und bei geringer Hitze 10 Minuten ziehen lassen. Nochmals abschmecken. Das Brot rösten, mit den restlichen Knoblauchzehen einreiben und zur heißen Suppe servieren.

KOCHDAUER: Suppe ca. 45 Minuten, Sardellen 10 Minuten

KOCHEN MIT MEERBLICK

Die besten Rezepte mit Fischen und Krustentieren

KOCHEN MIT MEERBLICK

Die besten Rezepte mit Fischen und Krustentieren

Branzino, Seewolf oder Loup de Mer? Angler, Coda di Rospo oder Seeteufel? Scampi, Garnelen oder Hummerkrabben? Rascasse, Scarpene oder Drachenkopf? – Das Mittelmeer steckt voller Geheimnisse, die sowohl mit dem Koch- als auch mit dem Wörterbuch gelüftet werden wollen. Sein unerschöpflicher Reichtum an Nahrung ist allerdings durch Überfischung in den letzten Jahrzehnten gefährlich geschrumpft. Fische und Krustentiere – in früheren Jahrhunderten ein echtes Armeleuteessen – wurden also immer mehr zur luxuriösen Delikatesse. Dafür lernten wir die geschmacklichen Qualitäten von Edelfischen und Schaltieren auch wieder mehr zu schätzen. Und mit den richtigen Rezepten lässt sich nicht nur Festesfreude, sondern auch echte Meeresstimmung aufs Festland zaubern.

FISCHGERICHTE

Grigliata mista

Ligurien

ZUTATEN

2 Seezungen
2 Rotbarben
4 Seeteufelmedaillons
8 Garnelen
150 ml Olivenöl
2 Knoblauchzehen, gehackt
1 EL Petersilie, gehackt
Saft von 1/2 Zitrone
Salz aus der Mühle
weißer Pfeffer
Zitronenspalten zum Garnieren nach Belieben

ZUBEREITUNG

Fische schuppen, ausnehmen und säubern. Filets sowie Garnelen abspülen und trocken tupfen. Fische und Garnelen mit etwas Olivenöl einpinseln und 10 Minuten beiseite stellen. Die ganzen Fische mit Salz und Pfeffer würzen, in Olivenöl beidseitig je ca. 1 Minute anbraten, dann auf mittlerer Flamme ca. 7–8 Minuten goldbraun grillen (oder in einer beschichteten Pfanne braten), die Garnelen ca. 5 Minuten grillen. Seeteufelmedaillons ebenfalls mit Salz und Pfeffer würzen, anbraten, wenden und noch weitere 2–3 Minuten ziehen lassen.
Für die Knoblauchsauce den gehackten Knoblauch mit gehackter Petersilie, Zitronensaft, Salz, Pfeffer und dem restlichen Olivenöl vermischen. Die Grigliata mista auf einer großen vorgewärmten Platte anrichten, nach Belieben mit Zitronenspalten garnieren und die Sauce in einem extra Kännchen servieren.

GARUNGSZEIT: Fische ca. 9–11 Minuten, Garnelen ca. 5 Minuten, Medaillons je nach Stärke ca. 6–8 Minuten

BEILAGENEMPFEHLUNG: Polenta

TIPP: Die Auswahl der gegrillten Fische hängt vom saisonalen Angebot ab und kann beliebig, etwa auch durch Tintenfische, variiert werden.

Fritto misto di mare

Friaul/Julisch Venetien

ZUTATEN

ca. 350 g kleine Tintenfische
4 kleine Rotbarben
500 g frische Sardellen oder kleine Sardinen
ca. 350 g Scampi
2 Knoblauchzehen
2–3 Zitronen, in Spalten geschnitten
Salz
Pflanzenöl zum Frittieren
griffiges Mehl zum Wenden

ZUBEREITUNG

Tintenfische gut zuputzen, Köpfe abschneiden, aber Fangarme mitverwenden. (Bei großen Tintenfischen die Tuben in Streifen schneiden.) Rotbarben schuppen, ausnehmen, Köpfe und Flossen abschneiden. Unter fließendem Wasser abwaschen und abtupfen. Die Sardinen leicht schuppen und ausnehmen. Alle Flossen außer der Schwanzflosse abschneiden. Bei den Scampi vorsichtig die Schalen von den Schwänzen ablösen und den Darm entfernen.
Öl mit den geschälten Knoblauchzehen in einem tiefen Topf wirklich gut erhitzen. Knoblauch wieder entfernen. Nun sämtliche Fische und Scampi nacheinander kurz in Mehl wenden, abklopfen und im heißen Öl wenige Minuten knusprig backen. Herausheben, trocken tupfen und warm stellen. Sobald alles frittiert ist, auf einem großen Teller anrichten, leicht salzen und mit Zitronenspalten servieren.

GARUNGSZEIT: wenige Minuten, je nach Größe

BEILAGENEMPFEHLUNG: frische Salate (Rucola, Tomaten, Bohnen etc.)

TIPPS:
- Achten Sie darauf, dass Sie nicht zu viel auf einmal frittieren. Das Öl kühlt sonst zu rasch ab und die Fische werden nicht knusprig.
- Wahrhaftige Fritto-misto-Fans trennen bei kleineren Fischen den Kopf gar nicht ab, sondern verspeisen ihn mit größter Freude als knusprige Delikatesse.

Fritto misto „de Luxe"

Novelli-Spezialität

ZUTATEN

150 g Rotbarben- oder andere Fischfilets
250 g Scampi
100 g Tintenfische, geputzt
100 g Jakobsmuschelfleisch, je nach Geschmack mit oder ohne Corail
100 g Shrimps
1 Zucchini
1/2 Bund Salbei
1/2 Bund Petersilie
100 g grüne und schwarze Oliven, nach Belieben entkernt
2 Limetten
griffiges Mehl zum Wenden
Pflanzenöl zum Frittieren

FÜR DEN BACKTEIG

2 Eidotter
2 Eiklar
200 ml Weißwein
8 EL Mehl
4 EL Olivenöl
Salz
Pfeffer aus der Mühle

ZUBEREITUNG

Die Fischfilets waschen, trocken tupfen und in Stücke schneiden. Bei den Scampi vorsichtig die Schalen von den Schwänzen ablösen und den Darm entfernen. Geputzte Tintenfische in Ringe schneiden. Jakobsmuscheln eventuell halbieren. Kräuter in kleinere Zweiglein teilen und Limetten filetieren. Die gut gewaschene Zucchini halbieren und in Scheiben schneiden. Für den Backteig Eidotter mit Weißwein verrühren, das gesiebte Mehl untermischen und das Öl einrühren. Mit Salz und Pfeffer würzen. Eiklar mit einer Prise Salz steif schlagen und unterheben. In einem tiefen Topf ausreichend viel Öl erhitzen. Meeresfrüchte sowie Fische nacheinander jeweils zuerst leicht in Mehl wenden, abklopfen, durch den Backteig ziehen und in sehr heißem Öl knusprig backen. Herausheben, auf Küchenkrepp abtupfen und im heißen Backrohr warm stellen. Abschließend die Oliven, Limetten, Zucchinistücke sowie Kräuter ebenso in Mehl wenden, durch den Teig ziehen und herausbacken. Alles auf einem großen vorgewärmten Teller oder einer Servierplatte anrichten.

GARUNGSZEIT: wenige Minuten, je nach Größe
BEILAGENEMPFEHLUNG: Aïoli (s. S. 40) und Salate

Tarator, das osmanische Erbe

Die Tarator-Sauce ist eine klassische südosteuropäische kalte Sauce, die von den Türken einst bis in die entlegensten Ecken ihres weitläufigen osmanischen Weltreichs verbreitet wurde. Die Rezepte sind entsprechend vielfältig. In Bulgarien bereitet man die kalte Türkensauce etwa mit Joghurt zu. In der Türkei von heute wird Tarator indessen meist mit Sesampaste (Tahin), Zitronenwasser, Knoblauch und Salz zubereitet und im Mörser zu einer sämigen Masse zerstoßen.

Baskische Fischpfanne

Nordspanien

ZUTATEN
8 Seezungenfilets, küchenfertig
250 g Miesmuscheln
8 Scampi (Kaisergranat), küchenfertig
4 EL Olivenöl
1 Zwiebel
2 Knoblauchzehen
1 große Tomate
250 ml trockener Weißwein
Salz aus der Mühle
Pfeffer aus der Mühle
Mehl zum Wenden

ZUBEREITUNG

Die Tomate kurz überbrühen, schälen, entkernen und würfelig schneiden. Zwiebel und Knoblauch fein hacken. Seezungenfilets mit Salz sowie Pfeffer würzen und in Mehl wenden. In einer Pfanne Olivenöl erhitzen und die Seezungen auf der Hautseite goldbraun braten. Herausheben und bei 70 °C im Backrohr warm stellen. Die Scampi in die Pfanne einlegen, ca. 3 Minuten braten und ebenfalls warm stellen.

Die Zwiebeln in der Pfanne anschwitzen, Knoblauch zugeben und Farbe annehmen lassen. Tomatenwürfel einmengen und kurz mitdünsten lassen. Die sauber geputzten Miesmuscheln (gut gewaschen und ohne Bart) zugeben und bei starker Hitze zugedeckt 5 Minuten dämpfen. Währenddessen die Pfanne mehrmals rütteln. Mit Weißwein aufgießen, kurz aufkochen und auf die Hälfte einkochen lassen. Die Seezungen und Scampi in die Sauce einlegen und noch 3 Minuten ziehen, aber nicht mehr kochen lassen. Wenn möglich, in der Pfanne auftragen.

GARUNGSZEIT: jeweils einige Minuten
BEILAGENEMPFEHLUNG: knusprig getoastetes Weißbrot

Fischspieß mit Tarator-Sauce

Türkei

ZUTATEN
ca. 700 g festfleischiges Fischfilet (Schwert- oder Thunfisch)
Saft von 1 Zitrone
Olivenöl
edelsüßes Paprikapulver
Meersalz aus der Mühle
Pfeffer aus der Mühle
frische Lorbeerblätter

FÜR DIE SAUCE
100 g Walnüsse, geschält
3 Knoblauchzehen
2 Scheiben Weißbrot, ohne Rinde
150 ml Olivenöl
Saft von 1 Zitrone
Meersalz aus der Mühle
Pfeffer aus der Mühle

ZUBEREITUNG

Das Fischfilet in ca. 2 cm starke Würfel schneiden und mit Zitronensaft, Olivenöl, Paprikapulver, Meersalz sowie Pfeffer ca. 1 Stunde marinieren. Dann die Fischstückchen abwechselnd mit je einem Lorbeerblatt auf einen großen oder mehrere kleine Metallspieße stecken. Wenn möglich über Holzkohle grillen, andernfalls in einer Teflonpfanne braten.

Für die Sauce alle Zutaten in einem Mixer zu einer homogenen Sauce mixen. Die fertig gebratenen Spieße anrichten, die Sauce extra dazu reichen.

GARUNGSZEIT: einige Minuten, je nach Größe der Würfel
BEILAGENEMPFEHLUNG: Reis und erfrischende Salate

Gebackener Aal auf Blattspinat

Kampanien

ZUTATEN

ca. 700 g Aalfilets, küchenfertig
2 Knoblauchzehen, gehackt
50 g Maismehl (ersatzweise Kartoffelstärke und griffiges Mehl im Verhältnis 1:1 gemischt)
100 ml Weißwein
1 EL Pinienkerne, geröstet
500 g frischer Blattspinat
250 ml Balsamicoessig
Meersalz aus der Mühle
Pfeffer aus der Mühle
1 Prise Zimt
etwas Muskatnuss
griffiges Mehl zum Wenden
Olivenöl
Pflanzenöl zum Herausbacken

ZUBEREITUNG

Aus Maismehl, Weißwein, Muskatnuss, Zimt, Salz, Pfeffer und etwa 1 Esslöffel Olivenöl einen Backteig anrühren. (Er darf nicht zu dick, aber auch nicht zu flüssig sein und sollte sich wie ein Mantel um den Aal legen.) In einer Pfanne ausreichend viel Öl erhitzen. Die Aalfilets waschen, trocken tupfen und in beliebig große Stücke schneiden. Kurz in Mehl wenden, in den Teig tauchen und im heißen Öl schwimmend herausbacken. Herausheben, auf ein Küchenpapier legen, abtupfen und leicht salzen. Warm stellen.

In einer anderen Pfanne etwas Olivenöl erhitzen und den gehackten Knoblauch darin anschwitzen. Den geputzten, gewaschenen Spinat noch tropfnass dazugeben und auf kleiner Flamme zusammenfallen lassen. Mit Salz, Pfeffer sowie Muskatnuss würzen und geröstete Pinienkerne einmengen. In der Zwischenzeit in einer kleinen Kasserolle den Balsamicoessig auf die Hälfte einkochen lassen. Den Spinat auf vorgewärmten Tellern anrichten, den gebackenen Aal darauf setzen und den einreduzierten Balsamicoessig auf den Spinat träufeln.

GARUNGSZEIT: einige Minuten, je nach Größe der Stücke

Aal in Tomatensauce

Umbrien

ZUTATEN

ca. 700 g Aal, küchenfertig
800 g Tomaten, geschält und klein geschnitten (oder Pelati aus der Dose)
2 EL Petersilie, gehackt
1 EL Rosmarin, gehackt
200 ml Weißwein
1 EL Weißweinessig
1 Zwiebel, gehackt
3 Knoblauchzehen, gehackt
ca. 200 ml Tomatensaft
4 EL Olivenöl
Salz aus der Mühle
Pfeffer aus der Mühle

ZUBEREITUNG

Den Aal bereits vom Fischhändler küchenfertig zuputzen lassen (ausnehmen, Flossen abschneiden, Haut, Kopf und Schwanz entfernen). Aal waschen, trocken tupfen, in Stücke schneiden und salzen.

Das Olivenöl erhitzen und die gehackte Zwiebel sowie den Knoblauch darin anschwitzen. Die Aalstücke zugeben und rundum gut anbraten. Mit Salz, Pfeffer und Rosmarin würzen, Weißweinessig darüber träufeln und verdampfen lassen. Dann Weißwein zugießen, die Tomaten untermischen und ca. 30 Minuten bei kleiner Flamme köcheln lassen. Währenddessen wiederholt etwas Tomatensaft (oder bei Verwendung von Pelati den Saft aus der Dose) zugießen. Sobald der Fisch gar ist, die Sauce mit Salz und Pfeffer abschmecken, gehackte Petersilie darüber streuen und servieren.

GARUNGSZEIT: ca. 30 Minuten
BEILAGENEMPFEHLUNG: Polenta

Aal-Bohnen-Eintopf

Katalonien

ZUBEREITUNG

Die Bohnen über Nacht in Wasser einweichen. Am nächsten Tag in einem Topf mit kaltem, frischem Wasser gut bedecken und zum Kochen bringen. Lorbeerblatt sowie etwas Meersalz zugeben und etwa 40 Minuten köcheln lassen. Währenddessen die Tomaten kurz überbrühen, Haut abziehen, entkernen und kleinwürfelig schneiden. Die Paprikaschoten ebenfalls kleinwürfelig schneiden.

Den Aal bereits vom Fischhändler küchenfertig zuputzen lassen (ausnehmen, Flossen abschneiden, Haut, Kopf und Schwanz entfernen). Aal waschen, trocken tupfen, in Stücke schneiden und salzen. Dann die Aalstücke zu den Bohnen geben und die Hitze reduzieren, so dass der Fisch pochiert wird, aber nicht mehr kocht. In der Zwischenzeit Zwiebeln, Knoblauch und Paprika in etwas Olivenöl anschwitzen. Die Tomaten dazugeben, kurz durchschwenken und alles in den Bohneneintopf geben. Nochmals etwas ziehen lassen und vor dem Servieren mit Petersilie bestreuen.

GARUNGSZEIT: ca. 60 Minuten

ZUTATEN

ca. 700 g Aal, küchenfertig
200 g weiße Bohnen
5 Knoblauchzehen, gehackt
je 1 rote und gelbe Paprikaschote
1 Zwiebel, fein gehackt
2 Fleischtomaten
1 Lorbeerblatt
2 EL Petersilie, fein gehackt
Olivenöl
Meersalz

Drachenkopf mit Koriandersauce

Novelli-Spezialität

ZUBEREITUNG

Gezupften Koriander, Knoblauch, Olivenöl, Zitronensaft, Sardellenfilets und etwas Meersalz in einem Mixer zu einer homogenen Sauce mixen. Mit frisch gemahlenem Meersalz und Pfeffer würzen.

Die Fischfilets auf der Hautseite mit einem kleinen, scharfen Messer oder einer Rasierklinge behutsam einritzen und auf dieser Seite in heißem Olivenöl etwa 2 Minuten anbraten, bis die Haut knusprig ist. Die Filets mit der Hautseite nach unten in eine mit Öl ausgestrichene feuerfeste Form legen. Den Serrano-Schinken auf die Filets legen und im auf 170 °C vorgeheizten Backrohr ca. 5 Minuten ziehen lassen, bis die Filets innen schön glasig sind. Die Koriandersauce auf den vorgewärmten Tellern verteilen und die Fischfilets mit der Hautseite nach oben darauf anrichten. Mit Meersalz und Pfeffer nachwürzen.

BACKROHRTEMPERATUR: 170 °C
GARUNGSZEIT: ca. 2 Minuten braten, ca. 5 Minuten im Rohr ziehen lassen
BEILAGENEMPFEHLUNG: Kartoffelpüree
TIPP: Stehen keine Filets vom Drachenkopf zur Verfügung, so eignen sich selbstverständlich auch andere Fischfilets, etwa jene der Zahnbrasse, ganz hervorragend für diese Zubereitungsmethode.

ZUTATEN

8 kleine Drachenkopffilets (ca. 700 g), entgrätet
8 Scheiben Serrano-Schinken (oder anderer Rohschinken)
2 Bund Koriander
3 Knoblauchzehen
200 ml Olivenöl
Saft von 1 Zitrone
4 eingelegte Sardellenfilets
Meersalz aus der Mühle
Pfeffer aus der Mühle
Olivenöl zum Anbraten

Goldbrasse in der Papierhülle

Frankreich

ZUTATEN

8 Goldbrassenfilets (ersatzweise Wolfsbarsch)
1/2 Knolle Fenchel
1 Zucchini
8 kleine Kartoffeln
1 Artischocke
12 Kirschtomaten
4 Frühlingszwiebeln
12 schwarze Oliven
2 EL Korianderblätter
250 ml Tomatensauce (s. S. 51)
100 ml Weißwein
60 g Butter
Olivenöl
Meersalz aus der Mühle
Pfeffer aus der Mühle

ZUBEREITUNG

Die geschälten Kartoffeln halbieren. Fenchel, Zucchini und zugeputzte Artischocke (ohne Heu und harte Außenblätter, s. auch S. 12f.) stiftelig schneiden.

Kartoffeln, Fenchel und Artischocken ca. 15 Minuten in Salzwasser kochen, abseihen.

Die Oliven entkernen und halbieren.

Je ein Stück Pergamentpapier auf einen großen, tiefen Teller legen. Die mit Salz und Pfeffer gewürzten Fischfilets auf der Hautseite jeweils 1–2 Minuten kurz in Olivenöl anbraten. Jeweils zwei Filets mit der Hautseite nach oben auf das Pergamentpapier legen, jeweils etwas Gemüse, Oliven und Korianderblätter darauf verteilen. Etwas Tomatensauce, Olivenöl, Butter und einen Schuss Weißwein dazugeben und mit frisch gemahlenem Meersalz und Pfeffer würzen. Das Papier der Länge nach zusammenfalten und an den Enden gut eindrehen.

Die Pakete auf ein Backblech setzen und im vorgeheizten Backrohr bei 180 °C etwa 20 Minuten

1

2

3

4

5

6

garen. In der Papierhülle servieren und erst bei Tisch öffnen.

BACKROHR-TEMPERATUR: 180 °C
GARUNGSZEIT: ca. 20 Minuten

7

PHASE 1: Sämtliche Gemüse waschen und trocken tupfen, Aromaten bereitstellen.

PHASE 2: Zugeputztes Gemüse klein schneiden bzw. entkernen und Kartoffeln, Fenchel sowie Artischocken ca. 15 Minuten kochen.

PHASE 3: Fisch filetieren (oder vom Fischhändler vorbereiten lassen) und Filets entgräten. Mit Salz und Pfeffer würzen.

PHASE 4: Fischfilets auf der Hautseite in Olivenöl 1–2 Minuten anbraten.

PHASE 5: Jeweils zwei Filets mit der Hautseite nach oben auf ein Stück Pergamentpapier legen. Gemüse, Korianderblätter, Tomatensauce, Olivenöl, Butter und Weißwein darauf verteilen. Mit Meersalz und Pfeffer würzen.

PHASE 6: Das Papier der Länge nach zusammenfalten und an den Enden gut eindrehen. Die Pakete auf ein Backblech setzen und im vorgeheizten Backrohr bei 180 °C etwa 20 Minuten garen.

PHASE 7: Nach Belieben in der Papierhülle servieren oder auf vorgewärmten Tellern anrichten.

Goldbrasse mit Orangen-Ratatouille

Novelli-Spezialität

ZUTATEN

4 kleine Goldbrassen (je ca. 300–350 g), küchenfertig
Ratatouille laut Rezept (s. S. 370f.)
2 Orangen
je 4 Zweige Thymian, Rosmarin und Salbei
8 Knoblauchzehen
Saft von 1 Zitrone
Salz aus der Mühle
Pfeffer aus der Mühle
Olivenöl

ZUBEREITUNG

Die küchenfertigen Goldbrassen mit Salz, Pfeffer und Zitronensaft innen sowie außen würzen. Mit je einem Zweig Thymian, Rosmarin und Salbei sowie 2 Knoblauchzehen füllen. In einer Pfanne etwas Olivenöl erhitzen und die Brassen auf beiden Seiten kurz jeweils 1–2 Minuten anbraten. Dann die Fische in eine mit Öl ausgestrichene feuerfeste Form heben und im auf 180 °C vorgeheizten Backrohr 8–10 Minuten ziehen lassen. (Sobald sich die Rückenflosse problemlos herausziehen lässt, sind die Brassen fertig gebraten.)

Die Ratatouille wie im Rezept beschrieben vorbereiten. Die Orangen in Filets schneiden. Dazu die geschälte Orange in eine Hand nehmen und mit einem scharfen Messer kleine Filets ausschneiden. Den „Rest" der Orangen ausdrücken. Orangenfilets und -saft kurz vor Vollendung der Ratatouille zugeben und auf kleiner Hitze noch 2 Minuten köcheln lassen. Die Ratatouille auf den vorgewärmten Tellern anrichten und jeweils eine Goldbrasse dazu legen.

BACKROHRTEMPERATUR: 180 °C

GARUNGSZEIT: 10–12 Minuten

TIPP: Besonders gut eignet sich dieses Rezept, wie auch viele andere mediterrane Fischrezepte, für die Zubereitung mit Hilfe eines Dampfgarers, wie er etwa von AEG oder von Juno-Electrolux angeboten wird. Nährstoffe und Geschmack bleiben bei dieser Garmethode voll erhalten.

Orata all'acqua pazza

(Goldbrasse in „verrücktem Wasser")

Kampanien

ZUBEREITUNG

Das Olivenöl erhitzen. Goldbrassen beidseitig leicht in Mehl wenden, überschüssiges Mehl abklopfen und Fische in das Öl einlegen. Beidseitig anbraten. Dann gehackten Knoblauch, geviertelte Tomaten, die Hälfte des gezupften Basilikums, Chilischote und etwas grobes Meersalz hinzufügen. Alles kurz durchziehen lassen. Mit etwa 400 ml Wasser aufgießen. Aufkochen lassen, die Hitze reduzieren und die Brassen auf kleinster Flamme zugedeckt 20 Minuten ziehen lassen. Dabei nach der Hälfte der Garzeit wenden. Fische aus der Pfanne heben und auf eine vorgewärmte Platte setzen. Sauce bei größter Hitze noch einmal auf etwa zwei Drittel einreduzieren, den Rest der gezupften Basilikumblätter untermengen und die Sauce über die Fische gießen.

GARUNGSZEIT: ca. 25 Minuten

BEILAGENEMPFEHLUNG: gegrillte Polenta oder Weißbrot

TIPP: Nach diesem Rezept lassen sich freilich auch andere Fische wie Wolfsbarsch, Meeräsche, Rotbarben etc. zubereiten.

ZUTATEN

2 Goldbrassen
(je ca. 450 g),
küchenfertig
4 Knoblauchzehen,
grob gehackt
ca. 24 Cocktailtomaten,
geviertelt
1 Bund Basilikum
180 ml Olivenöl
extra vergine
1 Chilischote,
fein gehackt
etwas Mehl
Meersalz

Petersfisch in der Bärlauchkruste

Kroatien

ZUBEREITUNG

Die Kiemen entfernen und die Haut auf der Oberseite abziehen. Dazu die Schwanzflosse einige Sekunden in siedendes Wasser tauchen und dann an der Haut der Flosse mit einem Messer etwas schaben. Nun die Haut lösen und von der Flosse ausgehend vorsichtig abziehen. Flossen sowie Kopf abtrennen, Innereien entfernen und den Fisch gut waschen. Trocken tupfen und mit Salz sowie Pfeffer würzen. Bärlauch mit Pinienkernen im Mixer zu einer Paste verarbeiten. Die zimmerwarme Butter mit einem Handmixer schaumig schlagen, Brösel und Bärlauchpaste einrühren. Mit Meersalz und Pfeffer abschmecken. In einem feuerfesten Bräter den Fisch auf der abgezogenen Seite in etwas Olivenöl 1 Minute anbraten und dann wenden. Die Bärlauchmasse auftragen und den Fisch bei 180 °C im vorgeheizten Backrohr 8–15 Minuten (je nach Größe) braten. Ist der Fisch fast durchgebraten, Oberhitze zuschalten und die Kruste goldbraun backen. Fisch herausheben, Bratrückstand abgießen und in einem kleinen Topf nochmals kurz aufkochen. Petersfisch anrichten und die Sauce in einem Kännchen dazu extra reichen.

BACKROHRTEMPERATUR: 180 °C

GARUNGSZEIT: 8–15 Minuten, je nach Größe der Fische

BEILAGENEMPFEHLUNG: Mangold mit Kartoffeln (s. S. 352)

TIPP: Wenn Sie beim Abziehen der Haut sowohl die Flosse als auch die Haut mit einem Tuch anfassen, rutschen Sie nicht so leicht ab.

ZUTATEN

2 kleine oder
1 großer Petersfisch
(insgesamt ca. 1,2 kg)
1 Bund Bärlauch,
grob geschnitten
50 g Butter
30 g Semmelbrösel
10 g Pinienkerne
Meersalz aus der Mühle
Pfeffer aus der Mühle
Olivenöl zum Anbraten

In Prosciutto gebratene Meerbarben

Marken

ZUTATEN

4 Meerbarben
(ca. 800 g oder 8 Filets), küchenfertig und filetiert
ca. 100 g Prosciutto crudo (Rohschinken), in Scheiben geschnitten
Saft von 1 Zitrone
1 Knoblauchzehe, in dünne Scheiben geschnitten
12 Salbeiblätter
2 EL Petersilie, gehackt
2–3 EL Semmelbrösel
Olivenöl
Salz aus der Mühle
Pfeffer aus der Mühle

ZUBEREITUNG

Die küchenfertigen Barben filetieren (oder vom Fischhändler vorbereiten lassen). Die Innenseiten mit Salz und Pfeffer würzen. Auf das untere Filet jeweils 2 Salbeiblätter und einige Knoblauchscheiben legen, mit etwas Zitronensaft beträufeln und das obere Filet darauf legen. Aus etwa 4 EL Olivenöl, 2 EL Zitronensaft, Salz und Pfeffer eine Marinade anrühren, über die Fische gießen und mindestens 2 Stunden gekühlt und zugedeckt ziehen lassen.

Das Backrohr auf 200 °C vorheizen, eine feuerfeste Form mit etwas Olivenöl ausstreichen. Den Prosciutto in 2 cm breite Streifen schneiden. Die Filets aus der Marinade heben und etwas abtupfen. Mit Semmelbröseln bestreuen, mit Schinkenstreifen umwickeln und in die Form legen. Die Marinade darüber träufeln, die restlichen Salbeiblätter darüber streuen und ca. 15 Minuten braten. Mit gehackter Petersilie bestreuen und servieren.

BACKROHRTEMPERATUR: 200 °C
GARUNGSZEIT: ca. 15 Minuten
BEILAGENEMPFEHLUNG: Rosmarin- oder Salbeikartoffeln (s. S. 352f.)

Toll trieben es die alten Römer

Dass bestimmte Meeresfische eine teure Delikatesse sind, ist keineswegs eine Erfindung der Neuzeit. Vor allem die Meerbarben hatten es schon den alten Römern angetan. Sie pflegten die köstlichen Fische damals lebendig in durchsichtigen Glasgefäßen zu kochen und erfreuten sich daran, dass sie dabei das sich ständig verändernde Farbenspiel beobachten konnten.

Doch die Römer waren nicht nur grausam zu Fischen, wenn es um die Befriedigung ihrer delikaten Vorlieben ging, sondern sie schreckten auch vor ihresgleichen nicht zurück. Um die kostspieligsten Fische des antiken Zeitalters – die zwischen Süß- und Salzwasser wandernden Muränen – ordentlich aufzupäppeln, hielt ein gewisser Vedius Pollo, ein Zeitgenosse des Apicius aus der augusteischen Epoche, sie in speziellen Meerwasserbecken und fütterte sie, um das deliziöse Aroma dieses fettreichen Fisches noch ein wenig aufzubessern, mit dem Fleisch von – Sklaven.

Rochen auf Fenchelsalat

Novelli-Spezialität

ZUBEREITUNG

Den Fenchel schälen und in dünne Streifen schneiden. Mit Meersalz, Pfeffer, Zitronensaft und Olivenöl marinieren.
Den Rochen mit frisch gemahlenem Meersalz sowie Pfeffer würzen und mit etwas Senf einreiben. In einer Pfanne etwas Butter erhitzen und den Rochen bei kleiner Hitze von beiden Seiten jeweils ca. 2–3 Minuten braten, bis er etwas Farbe nimmt. Herausnehmen und warm stellen. Riesling zugießen und mit dem Sternanis auf die Hälfte einkochen lassen. Anis herausnehmen und die Butter einmixen. Schlagobers ganz leicht aufschlagen, einmengen und einmal kurz aufkochen lassen. Die Sauce abschließend mit Pommerysenf abschmecken. Den marinierten Fenchel auf Tellern anrichten, die Rochen darauf platzieren und mit der Sauce überziehen.

GARUNGSZEIT: 4–6 Minuten

ZUTATEN

ca. 700 g
Rochenflügelfilets
2 Knollen Fenchel
mit Grün
1 EL Pommerysenf
für die Sauce
200 ml Schlagobers
200 ml Riesling (oder anderer Weißwein)
1 Sternanis
50 g Butter
Senf zum Einreiben
Butter zum Anbraten
Olivenöl
Zitronensaft
Meersalz aus der Mühle
Pfeffer aus der Mühle

Rochen mit Mandeln und Rosinen

Sizilien

ZUTATEN

ca. 700 g Rochenflügelfilets
12 Mandeln, wenn möglich grüne Mandeln
1 TL Rosinen
1 Prise Zimtpulver
100 ml Traubensaft
Saft von 1 Zitrone
ca. 3 EL Olivenöl
Meersalz aus der Mühle
Pfeffer aus der Mühle

ZUBEREITUNG

Die Mandeln kurz überbrühen und schälen, die Rosinen in Traubensaft einweichen. Die Rochenflügel halbieren, mit Salz und Pfeffer aus der Mühle würzen. In heißem Olivenöl auf beiden Seiten jeweils 2–3 Minuten anbraten und warm stellen. Die Rosinen samt Traubensaft zugeben und kurz aufkochen lassen. Mandeln, Zitronensaft und Zimtpulver einmengen. Etwas Olivenöl einrühren und abschließend nochmals abschmecken. Rochenfilets auf vorgewärmten Tellern anrichten und mit dem Saft übergießen.

GARUNGSZEIT: 4–6 Minuten
BEILAGENEMPFEHLUNG: Spinat
TIPP: Etwas beigemengte Zitronenschale verstärkt das feine Zitronenaroma der Sauce noch zusätzlich.

Rotbarben mit Tomaten-Paprika-Couscous

Sizilien

ZUTATEN

4 Rotbarben (oder 8 Filets)
400 g feiner Couscous
1 Schalotte, gehackt
je 1 rote, grüne und gelbe Paprikaschote
2 Tomaten
1 Lorbeerblatt
1 Knoblauchzehe
2 Frühlingszwiebeln, in feine Scheiben geschnitten
Saft von 1 Zitrone
Olivenöl
Butter
Meersalz aus der Mühle
Pfeffer aus der Mühle

ZUBEREITUNG

Zuerst den Couscous zubereiten. Dafür den Dämpfeinsatz eines mit etwas Wasser gefüllten Kartoffeldämpfers mit einem Tuch auslegen. Couscous einfüllen und in dem Tuch über Dampf ca. 20 Minuten garen. Die Paprikaschoten entkernen und würfelig schneiden. Die Tomaten kurz überbrühen, schälen, entkernen und ebenso würfelig schneiden. Die Schalotte hacken, Knoblauchzehe mit dem Messerrücken andrücken und beides gemeinsam mit dem Lorbeerblatt in etwas Olivenöl andünsten. Tomaten und Paprika zugeben und kurz mitdünsten. Lorbeerblatt und – wenn möglich auch den Knoblauch – wieder entfernen. Couscous einrühren und mit frisch gemahlenem Salz und Pfeffer abschmecken.
Währenddessen die geschuppten Rotbarben filetieren, entgräten und mit Salz sowie Pfeffer würzen. Auf der Hautseite in einer Pfanne in heißem Olivenöl etwa 1 Minute anbraten. Wenden und auf kleiner Hitze 3–4 Minuten ziehen lassen. Den fertigen Couscous in der Mitte der vorgewärmten Teller anrichten und die Filets dekorativ darauf setzen. In der Fischpfanne ein Stück Butter zergehen lassen und die fein geschnittenen Frühlingszwiebeln kurz darin anschwitzen. Vom Feuer nehmen, Zitronensaft sowie einen Schuss Olivenöl eingießen und mit Meersalz abschmecken. Die Sauce über die Rotbarben träufeln und auftragen.

GARUNGSZEIT: Couscous ca. 20 Minuten, Rotbarben 4–5 Minuten
TIPP: Sie können Couscous selbstverständlich auch nach der Packungsanleitung mit Wasser aufquellen lassen, doch die Dampfgarung verhindert, dass sich lästige Klümpchen bilden.

Rotbarben mit Tomaten-Paprika-Couscous

Sardinen mit Fenchel

Sardinien

ZUTATEN

800 g kleinere frische Sardinen, küchenfertig
2 Fenchelknollen
125 ml Weißwein
1 EL Fenchelsamen
3 Knoblauchzehen, fein gehackt
ca. 80 ml Olivenöl
Saft von 1 Zitrone
Salz aus der Mühle
Pfeffer aus der Mühle
Olivenöl zum Anbraten

ZUBEREITUNG

Die küchenfertigen Sardinen (ausgenommen und gewaschen) innen sowie außen salzen und in eine flache Schüssel legen. Den gehackten Knoblauch mit dem Olivenöl und Fenchelsamen vermischen. Über die Fische träufeln, den Wein zugießen und zugedeckt 2 Stunden kühl ziehen lassen.

In einem Topf etwa 1 Liter Wasser aufkochen, gut salzen und die Fenchelknollen darin 5 Minuten blanchieren. Herausnehmen, abtropfen lassen und in 2 cm dicke Scheiben schneiden. Beidseitig salzen und pfeffern. Sardinen aus der Marinade nehmen, abtropfen lassen und in wenig Öl mit den Fenchelscheiben 10 Minuten braten. Währenddessen mehrmals mit der Marinade bestreichen und einmal wenden. Vor dem Servieren mit Zitronensaft beträufeln und pfeffern.

GARUNGSZEIT: Sardinen ca. 10 Minuten

Sardinen aus dem Ofen

Spanien

ZUTATEN

800 g Sardinen, küchenfertig
100 ml Olivenöl
3 Knoblauchzehen, fein gehackt
2 EL Petersilie, gehackt
Saft von 1 Zitrone
125 ml Weißwein
3 EL Semmelbrösel
Salz aus der Mühle
Pfeffer aus der Mühle

ZUBEREITUNG

Die küchenfertigen Sardinen innen und außen mit Salz sowie Pfeffer einreiben. Eine feuerfeste Form mit etwas Olivenöl ausstreichen und die Sardinen nebeneinander einlegen. Fein gehackten Knoblauch und Petersilie darüber streuen, mit Zitronensaft, Weißwein und dem restlichen Olivenöl begießen. Semmelbrösel darüber streuen und im vorgeheizten Backrohr bei 175 °C ca. 20 Minuten braten. Sardinen in der Form servieren.

BACKROHRTEMPERATUR: 175 °C
GARUNGSZEIT: ca. 20 Minuten
BEILAGENEMPFEHLUNG: frisches Weißbrot

Sardinen in Weinblättern

Griechenland

ZUTATEN

ca. 800 g Sardinen, küchenfertig
in Lake eingelegte Weinblätter
5 Knoblauchzehen, gehackt
Saft von 1/2 Zitrone
2 EL Petersilie, gehackt
100 ml Olivenöl
Meersalz aus der Mühle
Pfeffer aus der Mühle

ZUBEREITUNG

Die küchenfertigen Sardinen filetieren und entgräten. Die gehackten Knoblauchzehen mit Petersilie, Zitronensaft und Olivenöl vermischen und die Sardinenfilets damit gut einreiben. Mit Meersalz und Pfeffer aus der Mühle würzen und kurz ziehen lassen.

Jeweils zwei Filets mit der Fleischseite aufeinander legen und mit den Weinblättern gut umwickeln. Auf einem offenen Grill oder in einer Pfanne auf jeder Seite ca. 2–3 Minuten braten. Die durch das Braten schwarz gewordenen Weinblätter vor dem Essen entfernen (sie dienen lediglich zum Aromatisieren des Fisches!).

GARUNGSZEIT: 4–6 Minuten

BEILAGENEMPFEHLUNG: Griechisches Kartoffelpüree (s. S. 354)

Schwertfischragout

Kalabrien

ZUTATEN

ca. 700 g Schwertfisch
400 g Tomaten
1 Zwiebel, gehackt
3 Knoblauchzehen, gehackt
je 1 grüne und rote Paprikaschote
1 Messerspitze scharfes Paprikapulver
6 Kartoffeln
250 ml Weißwein
Saft von 1 Zitrone
2 EL Oregano, frisch (oder 1 EL getrocknet)
100 ml Gemüsefond
100 ml Vin Santo (ersatzweise anderer Süßwein)
3 EL Olivenöl
Salz aus der Mühle
Pfeffer aus der Mühle

FÜR DIE MARINADE

je 2 Zweige Rosmarin, Thymian und Oregano, gezupft
1 Knoblauchzehe, zerdrückt
100 ml Olivenöl

ZUBEREITUNG

Für die Marinade sämtliche Zutaten vermischen. Den Schwertfisch in 2–3 cm große Würfel schneiden, mit der Marinade vermengen und über Nacht zugedeckt und kühl ziehen lassen.

Die Paprikaschoten entkernen und in Streifen schneiden. Die Tomaten kurz überbrühen, schälen, entkernen und würfelig schneiden. Die Kartoffeln schälen und in mundgerechte Stücke schneiden. Gehackte Zwiebel und Knoblauch in Olivenöl anschwitzen. Paprikastreifen zugeben und 5 Minuten dünsten. Tomaten und Kartoffeln einmengen, mit Salz, Pfeffer sowie Paprikapulver würzen und zugedeckt auf kleiner Flamme 2–3 Minuten schmoren. Mit Weißwein ablöschen und weitere 30 Minuten unter Zugießen des Gemüsefonds zugedeckt köcheln lassen. Den Schwertfisch aus der Marinade nehmen und mit Zitronensaft beträufeln. Mit frisch gemahlenem Salz und Pfeffer würzen. Vin Santo und Oregano unter das Gemüse rühren, Fischstücke einlegen und ca. 5 Minuten weiterdünsten. Abschließend nochmals mit Salz und Pfeffer abschmecken und servieren.

GARUNGSZEIT: ca. 35 Minuten

Die Giganten des Mittelmeers

Bei Thunfisch denkt heute fast jeder an Japan, und zum Thema Schwertfisch fällt einem vor allem der unglückliche George Clooney mit seinem Schwertfisch-Kutter im Angler-Epos „Der Sturm" ein. Darüber gerät leicht in Vergessenheit, dass diese beiden „Giganten der Meere" klassische Mittelmeerfische sind, die vor allem im Ionischen und im Tyrrhenische Meer anzutreffen sind. Wie sie einst gefangen wurden, lässt sich heute noch am eindrucksvollsten nachvollziehen, wenn man sich wieder einmal Roberto Rossellinis legendären Film „Stromboli" mit Ingrid Bergman ansieht.

Die damals praktizierten Fangmethoden sind zwar mittlerweile modernisiert worden, gehen aber ihrem Wesen nach bis heute auf die alten Phönizier zurück, die ihre Boote mit hohen Ausguckkörben („coffa") und 15 Meter langen Stegen („pontile a prua") für die Harpuniere („lanciatori") ausstatteten. Sobald die „vedetta" (Wache) einen Schwertfisch sichtet, treten daher auch heute noch die Lanciatori in Aktion, und die „Seeschlacht", die nicht selten am kalten oder warmen Buffet endet, kann beginnen.

Thunfisch in Rotweinsauce

Sizilien

ZUTATEN

ca. 700 g Thunfisch, in Scheiben geschnitten
ca. 200 ml Rotwein
100 ml Olivenöl
1 Knoblauchzehe
1 Zwiebel
1 rote Paprikaschote
2 Tomaten
2 EL Koriander, frisch gehackt
1 EL Petersilie, frisch gehackt
Salz aus der Mühle
Pfeffer aus der Mühle
Zucker

ZUBEREITUNG

Die Zwiebel in Scheiben, die Paprikaschote in kleine Würfel schneiden. Den Knoblauch mit einem Messerrücken andrücken. Die Tomaten kurz überbrühen, enthäuten, entkernen und würfelig schneiden. In einer Pfanne das Olivenöl erhitzen und Knoblauch, Zwiebeln und Petersilie einige Minuten anschwitzen. Den Knoblauch – wenn möglich – wieder entfernen, sobald er goldgelb ist.

Die Thunfischscheiben in die Pfanne legen, beidseitig braun anbraten, pfeffern, salzen und wieder herausnehmen. Paprika- und Tomatenwürfel in die Pfanne geben und ca. 5 Minuten auf mittlerer Flamme einkochen lassen. Dann den Rotwein einrühren und einmal aufkochen lassen. Koriander und eine Prise Zucker einmengen. Den Thunfisch wieder einlegen und auf kleiner Flamme maximal 5 Minuten dünsten lassen.

GARUNGSZEIT: Thunfisch ca. 7–9 Minuten
BEILAGENEMPFEHLUNG: Polenta

Seezunge à la meunière

(Seezunge auf Müllerin-Art)

Frankreich

ZUBEREITUNG

Von den Seezungen die dunkle Haut abziehen (siehe Tipp) und die weiße Haut mit einer Rasierklinge entlang des Rückgrats einritzen. Flossen sowie Kopf abtrennen und Innereien entfernen (oder alles bereits vom Fischhändler vorbereiten lassen). Gut waschen und trocken tupfen.
Mit etwas Worcestershiresauce einreiben und salzen. In Mehl wenden und in Olivenöl zunächst auf der abgezogenen Seite anbraten. Sobald die Seezungen goldbraun sind (nach ca. 2 Minuten), wenden und reichlich Butter zugeben. Nun die Hitze soweit reduzieren, dass die Butter zwar schäumt, aber nicht braun wird. Die geschälten, gekochten Kartoffeln in mundgerechte Stücke schneiden und zugeben. Mit einem Löffel immer wieder schäumende Butter über die Fische gießen. Nach ca. 5 Minuten den Zitronensaft und die grob gezupfte Petersilie einrühren. Mit Meersalz und Pfeffer abschmecken und in der Pfanne servieren.

GARUNGSZEIT: ca. 7 Minuten

TIPP: Am einfachsten ziehen Sie die dunkle Haut ab, wenn Sie folgendermaßen vorgehen: Die Schwanzflosse einige Sekunden in siedendes Wasser tauchen und dann an der Haut der Flosse mit einem Messer etwas schaben (dadurch zerreißt die Haut). Nun sowohl die Flosse als auch die Haut mit einem Tuch anfassen, damit Sie nicht abrutschen. Die Haut lösen und von der Flosse ausgehend vorsichtig abziehen.

ZUTATEN

4 Seezungen
8 Kartoffeln, gekocht
etwas Zitronensaft
1 cl Worcestershiresauce
Meersalz aus der Mühle
Pfeffer aus der Mühle
Olivenöl
Butter
Petersilie, grob gezupft
etwas Mehl

Die Zunge des Herrn Escoffier

Die Seezunge à la meunière ist eines der berühmtesten Gerichte von Auguste Escoffier, der die gleichnamige Garnitur „auf Müllerin-Art" allerdings keineswegs nur auf die Seezunge angewandt wissen wollte, sondern sie durchaus auch für Forellen und Saiblinge sowie Flachfische ganz allgemein „freigab". Da der „König der Köche und Koch der Könige" 1846 im Seeort Villeneuve-Loubet geboren wurde, wo heute noch ein hübsches Kochkunst-Museum an ihn erinnert, und bereits im zarten Alter von dreizehn Jahren bei seinem Onkel eine Kochlehre in einem kleinen Hotelrestaurant in Nizza begann, ist anzunehmen, dass er seine späterhin so meisterhaft kultivierte Liebe zu Fisch doch eher bei einer Seezunge als bei einer Forelle entdeckte.

Seeteufel in Pommerysenf-Sauce

Frankreich

ZUBEREITUNG

Den küchenfertigen Seeteufel mit Salz sowie Pfeffer würzen und in etwas heißem Olivenöl rundum anbraten. Mitsamt dem Öl in eine feuerfeste Form setzen. Die Knoblauchzehen zerdrücken, den gezupften Thymian fein hacken und beides über den Seeteufel streuen. Einige Butterflocken darauf setzen und im vorgeheizten Backrohr bei 160 °C ca. 8–10 Minuten braten. Herausnehmen und warm halten. Den Bratrückstand mit Weißwein ablöschen und etwas einkochen lassen. Die Zitrone schälen, in Filets teilen, würfelig schneiden und mit den Kapern zugeben. Das Schlagobers ganz leicht aufschlagen und mit dem Senf einrühren, aber nicht mehr kochen lassen. Den Seeteufel tranchieren, auf vorgewärmten Tellern anrichten und die Sauce darüber gießen. Mit gehackter Petersilie garnieren.

BACKROHRTEMPERATUR: 160 °C
GARUNGSZEIT: ca. 8–10 Minuten
BEILAGENEMPFEHLUNG: Polenta oder Kartoffelpüree

ZUTATEN

1 Seeteufel (ca. 800 g), ohne Kopf und küchenfertig
1 Zitrone
100 ml Weißwein
2 EL Pommerysenf
200 ml Schlagobers
2 Knoblauchzehen
1 Thymianzweig
1 TL Kapern
Petersilie, gehackt
Meersalz aus der Mühle
Pfeffer aus der Mühle
Olivenöl
Butterflocken

Seeteufel auf grünen Bohnen

Venetien

ZUBEREITUNG

Seeteufelfilets mit Salz und Pfeffer würzen. In eine flache Schale geben, mit einem Drittel des Olivenöls begießen, gut durchmischen und mit Folie abgedeckt im Kühlschrank 30 Minuten ziehen lassen.

Die Bohnen in Salzwasser ca. 7 Minuten al dente kochen und gründlich abtropfen lassen. Die Fischfilets in eine feuerfeste Form geben und im vorgeheizten Backrohr bei 200 °C etwa 8–10 Minuten garen, währenddessen einmal wenden. Inzwischen die Butter erhitzen und die Bohnen darin unter wiederholtem Rühren 2–3 Minuten dünsten. Das restliche Olivenöl mit Zitronensaft, Petersilie und Knoblauch verrühren und mit Salz sowie Pfeffer abschmecken. Die Bohnen auf vorgewärmten Tellern anrichten, die Filets darauf drapieren, mit der Sauce beträufeln und servieren.

BACKROHRTEMPERATUR: 200 °C
GARUNGSZEIT: Seeteufel 8–10 Minuten, Bohnen ca. 7 Minuten

ZUTATEN

ca. 700 g Seeteufelfilets
600 g zarte grüne Bohnen (am besten Keniabohnen)
180 ml Olivenöl
30 g Butter
ca. 5 cl Zitronensaft
1 Knoblauchzehe, zerdrückt
3 EL Petersilie, gehackt
Salz aus der Mühle
Pfeffer aus der Mühle

Foto linke Seite

Steinbutt mit Meeresfrüchten

Novelli-Spezialität

ZUTATEN

500 g Steinbuttfilets, ohne Haut und Gräten
8 Jakobsmuscheln, ausgelöst
12 Venusmuscheln, in der Schale
12 Garnelen, geschält
2 Zwiebeln
2 Knoblauchzehen
1 Tomate
200 ml Weißwein
2 EL Olivenöl
1 Messerspitze scharfes Paprikapulver
1/2 EL Pinienkerne
Salz aus der Mühle
Pfeffer aus der Mühle
Olivenöl für die Form

ZUBEREITUNG

Zwiebeln und Knoblauch fein hacken. Die Tomate kurz überbrühen, enthäuten, entkernen und würfelig schneiden. In einer Pfanne Olivenöl erhitzen und Zwiebeln sowie Knoblauch darin anschwitzen. Tomatenwürfel zugeben, mit Wein aufgießen und alles ca. 10 Minuten dünsten. Pinienkerne einrühren und mit Salz, Pfeffer sowie Paprikapulver würzen.
Eine feuerfeste Form mit Olivenöl ausstreichen. Die Steinbuttfilets in mundgerechte Stücke schneiden, mit Salz und Pfeffer würzen und in die Form legen. Die Sauce darüber verteilen und im auf 180 °C vorgeheizten Backrohr 5 Minuten garen. Dann Jakobsmuscheln, gut geputzte Venusmuscheln und Garnelen zugeben, einmal durchmischen und weitere 5 Minuten garen. Herausnehmen und in der Form auftragen.

BACKROHRTEMPERATUR: 180 °C
GARUNGSZEIT: 10 Minuten
BEILAGENEMPFEHLUNG: Tomaten- oder Safranreis

Steinbutt in Zitronen-Thymian-Butter

Sardinien

ZUTATEN

ca. 700 g Steinbuttfilets
200 ml Fischfond
1 Zitrone
2 EL Kapern
2 Thymianzweige
1 TL Estragonsenf
50 g Butter, kalt, zum Montieren
Butter zum Anbraten
Meersalz aus der Mühle
Pfeffer aus der Mühle
etwas Zitronensaft

ZUBEREITUNG

Den Fischfond mit etwa zwei Dritteln der Thymianzweige ca. 20 Minuten ziehen lassen, den restlichen Thymian für später beiseite legen. Die Steinbuttfilets salzen und pfeffern. In einer Pfanne etwas Butter erhitzen, die Filets darin langsam etwa 1 Minute auf einer Seite anbraten und dann wenden. Bei geringer Hitze langsam 4–5 Minuten ziehen lassen, so dass der Fisch innen noch schön glasig ist.
Währenddessen den Fond passieren. Den restlichen gezupften Thymian und die Kapern hacken. Die Zitrone filetieren und in Würfel schneiden. Die kalte Butter bei minimaler Hitze in den passierten Fond einrühren, um ihn zu binden. Zitronenwürfel, Thymian, Kapern und Senf einmengen und einmal ganz kurz aufkochen lassen. Mit Meersalz und etwas Zitronensaft abschmecken. In die Mitte der Teller jeweils etwas Sauce gießen und die Steinbuttfilets darauf anrichten.

GARUNGSZEIT: 5–6 Minuten
BEILAGENEMPFEHLUNG: Karotten- oder Selleriepüree (s. S. 357)

Wolfsbarsch mit pikanter Paprikasauce

Kroatien

ZUBEREITUNG

Geviertelte Limette, Knoblauchzehen, Lorbeerblätter, Fenchelstücke und Rosmarin mit etwas Meersalz und Olivenöl vermengen. Die küchenfertigen Fische mit je einem Viertel der vorbereiteten Masse füllen und die Bauchöffnung mit Zahnstochern verschließen. Die Fische mit Salz sowie Pfeffer würzen und in einer Pfanne in heißem Olivenöl bei großer Hitze etwa 1 Minute auf jeder Seite anbraten. Hitze etwas reduzieren und ca. 8 Minuten beidseitig goldbraun braten. Auf vorgewärmten Tellern anrichten, mit je einer Zitronenhälfte garnieren und mit der vorbereiteten Sauce servieren.
Für die Sauce die Schalotten und das Weißbrot in kleine Würfel schneiden. Paprikaschoten entkernen und ebenfalls kleinwürfelig schneiden. Den Knoblauch fein hacken. Schalotten mit Knoblauch, Paprikaschoten, Rotweinessig, Kreuzkümmel, gehackten Chilischoten und Weißbrot vermischen, mit etwas Meersalz würzen und 1 Stunde ziehen lassen. Dann in einem Mixer vermengen, das Olivenöl langsam einlaufen lassen und zu einer homogenen Sauce rühren. Nochmals mit frisch gemahlenem Meersalz und Pfeffer abschmecken.

GARUNGSZEIT: ca. 10 Minuten

TIPP: Noch aromatischer schmecken die Wolfsbarsche, wenn sie auf einem Holzkohlengrill (10–12 Minuten) gegrillt werden.

ZUTATEN

4 kleine Wolfsbarsche, küchenfertig (ersatzweise Goldbrassen)
1 Limette, geviertelt
4 Knoblauchzehen
4 Lorbeerblätter
1/2 Fenchel, grob gewürfelt
4 Rosmarinzweige
Meersalz aus der Mühle
Pfeffer aus der Mühle
Olivenöl
Zitronenhälften zum Garnieren

FÜR DIE SAUCE

4 Schalotten
2 Paprikaschoten
1 Prise Kreuzkümmel
3 Knoblauchzehen
2 getrocknete Chilischoten
2 EL Rotweinessig
1 Scheibe altes Weißbrot
250 ml Olivenöl
Meersalz

Marinierter Wolfsbarsch mit Kartoffeln in Salzteig

Katalonien

ZUTATEN

ca. 600 g Wolfsbarschfilets
Saft von 2 Limonen oder Zitronen
1 Selleriestange
1 Fenchel
40 g Meersalz
20 g Honig
200 g Ziegenfrischkäse
Öl für die Form

FÜR DIE KARTOFFELN IN SALZTEIG

500 g Kartoffeln, möglichst klein
3 Eier
200 ml Wasser
600 g Mehl
200 g grobes Meersalz
5 Knoblauchzehen
2 Thymianzweige

ZUBEREITUNG

Die Fischfilets sorgfältig entgräten. Zugeputzten Stangensellerie sowie Fenchel in kleine Würfel hacken. Mit Limonensaft, Meersalz und Honig vermischen. Die Fischfilets in eine flache Form legen, mit dem Gemüse bedecken und unter wiederholtem Wenden 3–4 Stunden marinieren.

Für die Kartoffeln in Salzteig aus Eiern, Wasser, Mehl und Meersalz einen geschmeidigen Teig kneten. Den Teig ca. 0,5 cm dick ausrollen und eine passende feuerfeste, mit Öl bestrichene Form damit auslegen. Die gut gewaschenen, nicht geschälten Kartoffeln mit Knoblauch und Thymian hinein legen und den Teig darüber schlagen. Im vorgeheizten Backrohr bei 200 °C ca. 60 Minuten backen. Den Salzteig öffnen und die Kartoffeln auf der Oberseite einschneiden. Den Ziegenfrischkäse grob zerbröckeln, auf die Kartoffeln verteilen und zart schmelzen lassen. Die Kartoffeln in der Form auftragen und die marinierten Wolfsbarschfilets extra dazu servieren.

1

2

3

4

5

6

7

Bei Tisch nach Belieben mit frisch gemahlenem Meersalz und Pfeffer nachwürzen.

BACKROHR-TEMPERATUR:
200 °C
GARUNGSZEIT:
ca. 60 Minuten
TIPP:
Der Salzteig ist nicht zum Verzehr geeignet, sondern soll den Kartoffeln lediglich das feine Kräuteraroma erhalten.

PHASE 1: Sämtliche Zutaten für den Salzteig bereitstellen.

PHASE 2 UND 3: Mehl in eine Schüssel sieben und mit Eiern, Wasser sowie Meersalz zu einem geschmeidigen Teig kneten.

PHASE 4: Den Teig ca. 0,5 cm dick ausrollen.

PHASE 5: Eine feuerfeste Form mit Öl ausstreichen und mit Salzteig auslegen. Die nicht geschälten Kartoffeln mit Knoblauch und Thymian einlegen und den Teig darüber schlagen. Im vorgeheizten Backrohr bei 200 °C ca. 60 Minuten backen.

PHASE 6: Die vorbereiteten marinierten Filets auf Tellern anrichten.

PHASE 7: Die Salzkruste öffnen, die Kartoffeln auf der Oberseite einschneiden und mit Ziegenfrischkäse bestreuen. Die Kartoffeln in der Form auftragen und die marinierten Wolfsbarschfilets extra dazu servieren.

Branzino in der Salzkruste

Frankreich

ZUTATEN

1 großer Branzino (Wolfsbarsch) mit ca. 2–3 kg, aus-genommen und geschuppt
2 kg grobes Meersalz
1 Stück Fenchel
1 Selleriestange
2 Knoblauchzehen, gehackt
1 Zweig Zitronen-thymian, gezupft und gehackt
2 Lorbeerblätter
1 Eiklar
ca. 1 EL Olivenöl

ZUBEREITUNG

Den Branzino von den Kiemen befreien. Innen gut auswaschen. Fenchel und Sellerie in grobe Würfel schneiden und mit gehacktem Knoblauch, Zitronenthymian, Lorbeerblättern sowie Olivenöl vermischen.

Mit dieser Masse den Bauch und das Maul des Fisches füllen.

Das Meersalz mit dem Eiklar in einer Schüssel gut vermengen. EinBackblech mit Alufolie auslegen und eine dünne Schicht Salzmasse in der Länge des Fisches auftragen. Den Fisch darauf setzen und mit dem restlichen Salz gut „einpacken". Im vorgeheizten Backrohr bei 200 °C ca. 30 Minuten backen. Den Fisch in der Kruste servieren. Die Salzkruste erst bei Tisch öffnen und den Branzino tranchieren.

BACKROHR-TEMPERATUR:
200 °C

GARUNGSZEIT:
ca. 30 Minuten

BEILAGEN-EMPFEHLUNG:
Ratatouille (s. S. 370f.) und/oder Rosmarinkartoffeln (s. S. 353)

TIPP:
Dieses Rezept eignet sich selbstverständlich auch für andere mediterrane Fische, wie etwa für die Gold- oder Zahnbrasse.

PHASE 1: Gemüse waschen und kleinwürfelig schneiden. Den Fisch von den Kiemen befreien und gut auswaschen.

PHASE 2: Geschnittenes Gemüse mit Aromaten sowie Olivenöl vermengen und mit der Masse den Bauch und das Maul des Fisches füllen.

PHASE 3: In einer Schüssel das Meersalz mit Eiklar vermischen.

PHASE 4: Ein Backblech mit Alufolie auslegen und eine dünne Schicht Salzmasse in der Länge des Fisches auftragen.

PHASE 5 UND 6: Den gefüllten Fisch darauf setzen und mit der restlichen Salzmasse gut „einpacken". Im vorgeheizten Backrohr bei 200 °C ca. 30 Minuten backen.

PHASE 7: Den Fisch in der Kruste servieren.

Die Madonna ist „für die Fisch"

Wie machen die spanischen Fischer das nur, dass sie sich auch in Zeiten immer rigiderer Fangquotenbeschränkungen durch die EU wirtschaftlich über Wasser halten? Die Einwohner des kleinen Fischerorts Cudillero in Nordspanien haben darauf eine ganz einfache Antwort gefunden. Sie haben in ihrem Hafenbecken kurzerhand eine bronzene Madonnen-Statue versenkt und hoffen zuversichtlich darauf, dass diese ihnen auch weiterhin die Fische ins Netz treibt. Der Deal scheint jedenfalls zu klappen. Denn einmal pro Jahr wird die Madonna hochgezogen und zum Dank festlich durch die Straßen der Ortschaft getragen, bevor sie dann wieder zurück an ihren „Arbeitsplatz" muss.

Wolfsbarsch nach Navarra-Art

Spanien

ZUTATEN

4 kleine Wolfsbarsche, küchenfertig
4 Scheiben Serrano-Schinken
125 g geräucherter Speck
2 Knoblauchzehen
2–3 EL Olivenöl
Salz aus der Mühle
Pfeffer aus der Mühle
Mehl zum Wenden

ZUBEREITUNG

Die küchenfertigen Fische (geschuppt und ohne Kiemen) innen und außen mit Salz sowie Pfeffer würzen und jeden Barsch mit einer Scheibe Schinken füllen. Die Bauchöffnung mit Zahnstochern verschließen.

Den Speck in Würfel, den Knoblauch feinblättrig schneiden. In einer großen Pfanne ganz wenig Olivenöl erhitzen, den Speck darin anbraten, Knoblauch zugeben und ebenfalls anschwitzen. Wieder aus der Pfanne heben, warm stellen und frisches Öl zugießen. Die Barsche in Mehl wenden und auf jeder Seite kurz 1–2 Minuten rasant anbraten und dann bei mittlerer Hitze langsam goldbraun braten. (Sobald sich die Rückenflosse leicht herausziehen lässt, ist der Fisch richtig durchgebraten.) Auf Tellern anrichten und mit den krossen Speckwürfeln servieren.

GARUNGSZEIT: ca. 10–15 Minuten

BEILAGENEMPFEHLUNG: Salbeikartoffeln (s. S. 352)

TIPP: Das reizvolle Zusammenspiel von Fisch und Schinken lässt sich noch intensiver genießen, wenn Sie den Barsch auf knusprig angebratenem Schinken anrichten.

Zahnbrasse mit Sesamkruste

Antalya

ZUBEREITUNG

Den Fischfond mit Zitrone, Knoblauchzehen, Sternanis, Nelken und dem Koriander einmal kurz aufkochen lassen und dann wie einen Tee zugedeckt ziehen lassen.

Die geschuppten und gut entgräteten Brassenfilets auf der Hautseite mit einer Rasierklinge vorsichtig einritzen, damit sie sich beim Braten nicht wölben. Beide Sesamsorten auf einem Teller vermischen. Fischfilets mit Salz und Pfeffer würzen und mit der Fleischseite sanft in den Sesam pressen. In einer beschichteten Pfanne etwas Olivenöl erhitzen und die Filets zunächst auf der Sesamseite 1–2 Minuten anbraten. Dann wenden und bei kleiner Hitze ca. 6–7 Minuten fertig braten.

Inzwischen den Gewürzsud durch ein feines Sieb passieren, kurz aufkochen und die kalte Butter einrühren. Mit Meersalz abschmecken. Die fertig gebratenen Fischfilets mit der Hautseite nach oben auf vorgewärmten Tellern anrichten. Die Sauce mit einem Stabmixer kurz aufschäumen und über die Fischfilets gießen.

GARUNGSZEIT: 7–9 Minuten

BEILAGENEMPFEHLUNG: Mangold mit Kartoffeln (s. S. 352) oder geschmortes Gemüse und Fladenbrot

ZUTATEN

ca. 700 g Zahnbrassenfilets
je 2 EL weiße und schwarze Sesamkörner
200 ml Fischfond
1/2 Zitrone
2 Knoblauchzehen, halbiert
2 Gewürznelken
1 Sternanis
2 Korianderzweige
50 g Butter, kalt
Olivenöl
Meersalz aus der Mühle
Pfeffer aus der Mühle

MEERESFRÜCHTE UND KRUSTENTIERE

Calamari mit Blattspinat

Ligurien

ZUTATEN

600 g Calamari (Tintenfische), küchenfertig
500 g Blattspinat
350 g Tomaten
100 ml Weißwein
100 ml Olivenöl
2 Knoblauchzehen, gehackt
1 Zwiebel, gehackt
1 Karotte, gehackt
1 Selleriestange, gehackt
1 EL Petersilie, gehackt
1 getrocknete Chilischote, gehackt
Meersalz aus der Mühle
Pfeffer aus der Mühle

ZUBEREITUNG

Küchenfertige Calamari (ohne Haut, Augen, Kauwerkzeuge und Fischbein) waschen, trocken tupfen und in feine Streifen oder Ringe schneiden. Die Tomaten kurz überbrühen, schälen und pürieren. Den Spinat waschen und tropfnass in einer Pfanne kurz andünsten, bis der Spinat in sich zusammenfällt. Ausdrücken und grob hacken.
In einer großen Pfanne das Öl erhitzen und Knoblauch, Zwiebeln, Karotten, Sellerie, Petersilie sowie Chilischote darin einige Minuten anbraten. Die Calamari untermischen, gut durchrühren, mit Weißwein aufgießen und auf mittlerer Flamme dahinköcheln lassen. Sobald der Wein verkocht ist, die Tomaten zugeben und weitere 30 Minuten auf kleiner Flamme köcheln lassen. Den gehackten Spinat zugeben, gut durchmischen und nach 2–3 Minuten vom Herd nehmen. Mit Salz sowie Pfeffer abschmecken und servieren.

GARUNGSZEIT: ca. 45 Minuten

Gefüllte Tintenfische

Grado

ZUTATEN

800 g Tintenfische, geputzt
2 eingelegte Sardellen
Saft von 1 Zitrone
2 Eier
50 g Semmelbrösel
1 Knoblauchzehe, fein geschnitten
1 EL Petersilie, gehackt
Olivenöl für die Form
Salz aus der Mühle
Pfeffer aus der Mühle

ZUBEREITUNG

Die sauber geputzten Tintenfische innen und außen unter fließendem Wasser gut waschen und abtropfen lassen. Die Fangarme abzwicken, diese für die Fülle sehr klein schneiden und in mit Zitronensaft vermengtem Salzwasser ca. 15 Minuten kochen. Abseihen und Fangarme mit Eiern, Semmelbröseln, gehackten Sardellen, Knoblauch und Petersilie vermengen. Mit Salz und Pfeffer abschmecken. Die Tintenfische mit Hilfe eines Kaffee- oder Teelöffels mit der Farce füllen und die Öffnung mit Küchengarn vernähen. Die Tintenfische nebeneinander in eine mit Öl ausgestrichene feuerfeste Form einlegen und im vorgeheizten Backrohr bei 160 °C ca. 20 Minuten backen.

BACKROHRTEMPERATUR: 160 °C
GARUNGSZEIT: ca. 20 Minuten
BEILAGENEMPFEHLUNG: italienischer Blattspinat (s. S. 351) und gebratene Polenta
TIPP: Ist die Öffnung der Tintenfische sehr klein, so lässt sich die Farce mit einem Spritzbeutel mit großer, glatter Tülle leichter einfüllen.

Tintenfische „à la sètoise“

Languedoc

ZUTATEN

- ca. 800 g Tintenfische, küchenfertig
- 1 kleine Zwiebel
- 3–4 Knoblauchzehen
- 4 Tomaten
- 200 ml trockener Weißwein oder leichter Rotwein
- 4 EL Olivenöl
- Meersalz aus der Mühle
- Pfeffer aus der Mühle

ZUBEREITUNG

Geputzte Tintenfische im Ganzen belassen. Zwiebel und Knoblauch fein hacken. Tomaten kurz überbrühen, schälen, entkernen und würfelig schneiden. In einer großen Pfanne Olivenöl erhitzen, zuerst die Zwiebeln, ein paar Minuten danach den Knoblauch hinzufügen und beides goldgelb anschwitzen. Tintenfische zugeben, rundum anbraten, ohne dass sie jedoch dabei braun werden. Tomaten einmengen und einige Minuten mitdünsten lassen. Mit Wein ablöschen, mit Pfeffer und Meersalz abschmecken und alles ca. 35 Minuten zugedeckt schmoren lassen, bis die Sauce sämig ist und die Tintenfische weich sind. Wenn nötig, noch etwas Wasser zugießen. Am Schluss bei Bedarf noch etwas Olivenöl einrühren.

GARUNGSZEIT: ca. 40 Minuten
BEILAGENEMPFEHLUNG: knuspriges Baguette und frische Blattsalate
TIPP: In Sète, dem Endpunkt des berühmten „Canal du Midi“, wird die Sauce vor dem Servieren manchmal auch mit entrindetem und geriebenem Weißbrot gebunden.

Octopus in Rotwein

Griechenland

ZUTATEN

- 1 Octopus von ca. 800–1000 g
- 2–3 fleischige Tomaten (ersatzweise 1 Dose Pelati)
- 500 ml trockener Rotwein
- 3 kleine Zwiebeln
- 2–3 Knoblauchzehen
- 1 Lorbeerblatt
- 40 g Tomatenmark
- 5 EL Olivenöl
- Meersalz aus der Mühle
- Pfeffer aus der Mühle

ZUBEREITUNG

Den Octopus am besten vom Fischhändler zuputzen lassen, mit einem Plattiereisen gründlich weich klopfen und in mundgerechte Stücke schneiden. Zwiebeln in Ringe schneiden, Knoblauch fein hacken. Tomaten kurz überbrühen, schälen, entkernen und würfelig schneiden. Octopusteile in heißem Öl anbraten. Zwiebelringe hinzufügen und glasig dünsten. Knoblauch und Lorbeerblatt ebenfalls beimengen und alles auf kleiner Flamme unter gelegentlichem Rühren 15 Minuten schmoren lassen. Tomatenmark einrühren, Tomatenwürfel hinzufügen, den Wein zugießen, mit Salz sowie Pfeffer abschmecken und etwa 1 1/2 Stunden zugedeckt weiterschmoren lassen, bis der Octopus weich ist. Octopusstücke herausheben, auf vorgewärmten Tellern anrichten, die Sauce bei Bedarf noch etwas sämig einkochen lassen und über den Octopus passieren.

GARUNGSZEIT: ca. 1 3/4 Stunden
BEILAGENEMPFEHLUNG: knuspriges Fladenbrot
TIPPS:
- Reste dieses Gerichts machen sich auch als kalte Vorspeise sehr gut.
- Damit der Octopus auch wirklich weich wird, kann man ihn vor der Verwendung auch tiefkühlen.

Mit Kalbfleisch gefüllte Tintenfische

Marken

ZUTATEN

800 g Tintenfische, geputzt und ohne Fangarme
300 g Kalbfleisch
4 Knoblauchzehen
1 Bund Petersilie, grob gehackt
4 Minzeblätter
2 EL Semmelbrösel
2 EL Tomatenmark
200 ml Tomatensauce (s. S. 51)
Saft von 1/2 Zitrone
Olivenöl
Salz aus der Mühle
Pfeffer aus der Mühle

ZUBEREITUNG

Die sauber geputzten Tintenfische innen und außen unter fließendem Wasser gut waschen, abtropfen lassen und mit Salz und Pfeffer würzen. Die Hälfte der Petersilie, 3 (!) Knoblauchzehen sowie Minzeblätter in Salzwasser aufkochen und das Kalbfleisch darin ca. 40 Minuten weich kochen.

Das Fleisch durch den Fleischwolf drehen. Semmelbrösel sowie etwas Olivenöl zugeben und die Farce mit Salz und Pfeffer abschmecken.

Die Tintenfische mit Hilfe eines Kaffee- oder Teelöffels mit der Fleischfarce füllen und die Öffnung mit Küchengarn vernähen.

Die letzte Knoblauchzehe mit restlicher Petersilie in etwas Olivenöl andünsten. Tomatenmark einrühren, mit Tomatensauce aufgießen und mit Salz, Pfeffer sowie Zitronensaft abschmecken. Die Tintenfische einlegen, mit der Sauce bedecken und bei geschlossenem Deckel und niedriger Hitze etwa 15 Minuten gar kochen.

1

2

3

4

5

6

GARUNGSZEIT:
Kalbfleisch ca. 40 Minuten, Tintenfische ca. 15 Minuten

PHASE 1: Die Tintenfische unter fließendem Wasser gut waschen.

PHASE 2 UND 3: Kopf sowie gallertige Teile herausziehen, Tintenfische innen nochmals gut waschen und abtropfen lassen. Mit Salz und Pfeffer würzen.

PHASE 4: Würfelig geschnittenes Kalbfleisch mit Aromaten in Salzwasser weich kochen und durch den Fleischwolf drehen.

PHASE 5: Faschiertes Fleisch mit Semmelbröseln, Olivenöl, Salz und Pfeffer vermengen und die Tintenfische mit Hilfe eines Kaffee- oder Teelöffels füllen. Öffnung mit Küchengarn vernähen.

PHASE 6: Die gefüllten Tintenfische in die vorbereitete Tomatensauce einlegen, mit Sauce bedecken und zugedeckt etwa 15 Minuten garen.

PHASE 7: Tintenfische herausheben, halbieren und auf vorgewärmten Tellern anrichten. Mit Tomatensauce umgießen.

7

Garnelen mit Romesco-Sauce

Spanien

ZUTATEN

16 Riesengarnelen
100 ml Olivenöl
75 g Mandeln, geschält
3 Knoblauchzehen
1 kleine Zwiebel
1–2 Chilischoten
3 Tomaten
1 Lorbeerblatt
1 Scheibe geröstetes Weißbrot
2 EL Petersilie, gehackt
Meersalz aus der Mühle
Pfeffer aus der Mühle
Sherryessig

ZUBEREITUNG

Die Garnelen mit Kopf und Schale in heißem Olivenöl etwa 1 Minute auf jeder Seite anbraten, herausnehmen und überkühlen lassen. Dann Garnelen ausbrechen (schälen) und den Darm entfernen. Die Zwiebel in Streifen schneiden, die Chilischoten entkernen und klein hacken. Die Tomaten kurz überbrühen, enthäuten, entkernen und würfelig schneiden. Zwiebeln im verbliebenen Olivenöl glasig dünsten, Chili dazugeben und die gewürfelten Tomaten untermischen. Lorbeerblatt zugeben und alles auf mittlerer Flamme ca. 4–5 Minuten einkochen lassen. Mandeln, Knoblauch, Weißbrot und Petersilie in einem Mörser (oder mit dem Mixstab) zerstampfen und unter die Tomaten rühren. Mit frisch gemahlenem Meersalz, Sherryessig und Pfeffer aus der Mühle abschmecken. Die Garnelen in die Sauce einlegen und bei kleiner Hitze noch etwa 5 Minuten ziehen lassen.

GARUNGSZEIT: Garnelen ca. 7 Minuten
BEILAGENEMPFEHLUNG: Couscous

Foto rechte Seite

Knoblauchgarnelen

Katalonien

ZUTATEN

24 mittelgroße Garnelen, ausgelöst und küchenfertig
250 ml Olivenöl
6 Knoblauchzehen
2 getrocknete Chilischoten
Salz aus der Mühle

ZUBEREITUNG

Den Knoblauch in dünne Scheiben schneiden, die Chilischoten halbieren, entkernen und klein hacken. In einer Pfanne das Olivenöl erhitzen und den Knoblauch sowie die Chilischoten im heißen Öl anbraten, bis der Knoblauch leicht Farbe annimmt. Die Garnelen salzen und etwa 3 Minuten braten, bis sie schön rosa sind. Heiß servieren.

GARUNGSZEIT: ca. 3 Minuten
BEILAGENEMPFEHLUNG: Rosmarinpolenta (s. S. 223)

Norelli

Glasaale, Fischottern und Apfelmost

Das sind die Spezialitäten von San Juan de la Arena, wo im September das „Festival de la manzana“ – das Apfelfest – gefeiert wird. Die wahren Delikatessen dieser Region wachsen jedoch nicht auf den Bäumen, sondern schwimmen in den Flüssen, wie etwa dem Rio Nalón oder dem Ebro, wo man neben Fischottern, Fröschen und den quallenartigen Seebrennnesseln aus dem Ebro-Delta zwischen Dezember und Frühling auch die berühmten Glasaale findet. Sie stammen aus den Tiefen der Sargassosee nördlich der Antillen und sind, sobald sie Europas Küsten erreichen, nur ein paar Zentimeter lang und – was ihnen ihren Namen gab – völlig durchsichtig. Gefangen werden sie nur bei Nacht, indem man sie mit Scheinwerfern anlockt, was die Aalflüsse wie Flugzeug-Landebahnen aussehen lässt.

Schon seit dem 19. Jahrhundert gelten die Glasaale als klassische Spezialität aller Tapas-Lokale, wo sie mit Knoblauch, Guindillas (kleinen scharfen Pfefferschoten) und Olivenöl zubereitet und mit Holzgabeln zu einem Gläschen Sidra (Apfelwein) gegessen werden. Seit ihrer Entdeckung durch die Feinschmecker sind die Glasaale, deren Fang in vielen anderen Ländern verboten ist, immer teurer geworden. Für ein Kilo der raren Delikatesse müssen Feinspitze mittlerweile schon bis zu 1000 Euro berappen – es sei denn, sie begnügen sich mit der wesentlich preisgünstigeren Tiefkühl- oder Dosenware.

Glasaale in Knoblauch

Asturien

ZUTATEN

500 g frische Glasaale (oder aus der Dose)
400 ml Olivenöl
6 Knoblauchzehen
2 getrocknete Chilischoten (Guindillas)

ZUBEREITUNG

Knoblauch in dünne Scheiben schneiden, die Chilischoten entkernen und in Streifen schneiden. Das Olivenöl nicht zu stark erhitzen und den Knoblauch darin Farbe nehmen lassen. Die Chilischoten zugeben und die Hitze reduzieren. Die Glasaale in das Öl geben und unter ständigem Rühren ca. 1 Minute garen (nicht braten!) und wieder herausnehmen. Auf vorgewärmten Tellern anrichten.

GARUNGSZEIT: ca. 1 Minute

BEILAGENEMPFEHLUNG: knuspriges Weißbrot zum Auftunken des aromatischen Olivenöls

TIPP: Besonders authentisch sieht das Gericht aus, wenn die Glasaale wie in Spanien in vorgewärmten dekorativen Tonschalen serviert werden.

Die Pfanne der istrischen Fischer

Das geheimnisvolle Wörtchen busara (kroat. buzara) findet sich entlang der nördlichen Adria auf vielen Speisekarten. Meist versteht man darunter Pastagerichte mit Schaltieren und einer leicht pikanten Tomatensauce. Der Ausdruck „busara" bezeichnet eine mit zwei Henkeln versehene Pfanne aus Gusseisen oder Ton, die das Kernstück jeder istrischen Bordkombüse auf hoher See war. Hier konnten die Fischer während ihrer oft tagelangen Ausfahrten ihren frischen Fang für den Eigenbedarf gleich selbst zubereiten und taten dies auf die einfachste Weise mit leicht verfügbaren Zutaten wie geriebenem Weißbrot, Olivenöl, Knoblauch, Wein, Dosentomaten, Peperoncini und frischen (oder getrockneten) Kräutern. Busara – der Name geht möglicherweise auf den Fischereihafen Porto Buso in der Lagune von Marano zurück – ist mittlerweile auch die gebräuchliche Bezeichnung für eine Sauce geworden, die man zu Scampi, Hummer, Languste, Taschenkrebsen ebenso servieren kann wie zu den – klassischen – Heuschreckenkrebsen.

Heuschreckenkrebse in busara

(Canocchie in busara)

Julisch Venetien

ZUBEREITUNG

Heuschreckenkrebse an beiden Seiten der Länge nach einschneiden. Knoblauch und gezupfte Petersilie fein hacken. In einer *Busara* (Pfanne) Öl erhitzen, Heuschreckenkrebse ganz kurz anbraten, wieder herausnehmen und warm stellen. Danach Knoblauch kurz anbraten, Petersilie und Semmelbrösel hinzufügen und mit Weißwein aufgießen. Auf kleiner Flamme köcheln lassen, bis eine sämige Sauce entsteht. Pelati grob hacken und mit dem Saft aus der Dose in die Pfanne gießen. Alles etwa 10–15 Minuten auf kleiner Flamme schmoren lassen und mit Meersalz sowie Chili abschmecken. Canocchie wieder hinzufügen und nochmals kurz erwärmen. In der Pfanne auftragen.

GARUNGSZEIT: Sauce 15–20 Minuten, Canocchie wenige Minuten

BEILAGENEMPFEHLUNG: knuspriges Weißbrot oder Pasta

TIPP: Da Heuschreckenkrebse nicht sehr leicht erhältlich sind, bieten Garnelen oder Scampi einen ebenso wohlschmeckenden Ersatz.

ZUTATEN

ca. 700 g Canocchie (Heuschreckenkrebse)
2 Knoblauchzehen
1 Bund Petersilie
1–2 EL Semmelbrösel
ca. 125 ml Weißwein
1 Dose Pelati (geschälte Tomaten)
1 Prise Chilipulver
4 EL Olivenöl
Meersalz aus der Mühle

Hummer in Senfsauce

Südfrankreich

ZUBEREITUNG

In einem großen Topf Salzwasser aufkochen und die Hummer darin nur kurz überbrühen, bis sich die Schalen rot verfärben und das Fleisch ausgelöst werden kann. (Vorsicht: Der Hummer darf aber keinesfalls durchgegart sein!) Hummer der Länge nach mit einem scharfen Messer zerteilen, Scheren ausbrechen und das Hummerfleisch auslösen. Das Fleisch nach Möglichkeit in gleich große Scheiben schneiden, salzen, pfeffern und nebeneinander in einer geeigneten Kasserolle auflegen.
Die Butter in einer Saucenpfanne schmelzen, mit Chili, Senf und Essig vermischen, alles durchkochen lassen und über die Hummerscheiben gießen. Diese auf kleinster Flamme etwa 4 Minuten lang dünsten. Jetzt den Weißwein zugießen und das Hummerfleisch zugedeckt weitere 5 Minuten auf kleinster Flamme ziehen lassen. Hummerstücke herausnehmen und auf einer vorgewärmten Vorlegeplatte anrichten. Den verbliebenen Fond auf etwa die Hälfte einkochen und, sobald er sämig zu werden beginnt, über die Hummerstücke gießen. Mit Petersilie und Zitronenscheiben garnieren.

GARUNGSZEIT: einige Minuten kochen, ca. 9–10 Minuten ziehen lassen

ZUTATEN

2 kleine Hummer (zu je ca. 500–600 g)
120 g Butter
1 Prise Chilipulver
2 KL Dijonsenf
2 EL Weißweinessig
100 ml trockener Weißwein
Petersilie und Zitronenscheiben zum Garnieren
Meersalz aus der Mühle
Pfeffer aus der Mühle

Gegrillte Languste

Dalmatien

ZUBEREITUNG

In einem großen Topf Salzwasser aufkochen und die Langusten kurz darin aufwallen lassen. Herausnehmen und etwas auskühlen lassen. Mit einem scharfen Messer mit dicker Klinge der Länge nach halbieren und den Darm entfernen. Die Knoblauchknolle vierteln, den Estragon zupfen und hacken. Am besten in einer gusseisernen Pfanne etwas Olivenöl erhitzen und den Knoblauch darin anbraten. Die Langusten mit der Fleischseite nach unten in die Pfanne legen und anbraten, bis sie Farbe nehmen. Dann wenden und nochmals etwas ziehen lassen.
Währenddessen gehackten Estragon mit Olivenöl verrühren. Je eine halbierte Languste auf einem vorgewärmten Teller anrichten, geschmorten Knoblauch dazugeben und mit dem Estragonöl großzügig beträufeln. Vor dem Servieren noch mit frisch gemahlenem Meersalz und Pfeffer nachwürzen.

GARUNGSZEIT: 5–8 Minuten

BEILAGENEMPFEHLUNG: knuspriges Weißbrot zum Auftunken des aromatisierten Olivenöls

Foto linke Seite

ZUTATEN

2 fangfrische Langusten (ersatzweise Hummer)
1 Knolle junger Knoblauch
1 Bund Estragon, gehackt
ca. 125 ml Olivenöl für das Estragonöl
Meersalz aus der Mühle
Pfeffer aus der Mühle
Olivenöl zum Anbraten

Langustenschwänze mit Raki-Sultaninen

Türkei

ZUTATEN

2 Langustenschwänze, ausgelöst und halbiert
100 g Stangensellerie
2 EL Butter, kalt
1 TL Zucker
1 Messerspitze Zimt
Saft von 1 Zitrone
2 EL Sultaninen (ersatzweise Rosinen)
etwas gewässerter Raki (türkischer Anis-Feigen-Schnaps)
6 cl Fischfond oder konzentrierte Fischsuppe
3 EL Olivenöl
Meersalz aus der Mühle
Pfeffer aus der Mühle
Fladenbrot, in Scheiben geschnitten und geröstet

ZUBEREITUNG

Sultaninen in etwas gewässertem Raki einweichen. Stangensellerie in hauchdünne Streifen schneiden und in wenig Salzwasser etwa 5 Minuten lang weich garen. Salzen, pfeffern und Flüssigkeit – wenn nötig – noch etwas einreduzieren. Butter hinzufügen, Zucker und eine Prise Zimt einrühren und alles auf kleiner Flamme unter ständigem Rühren bis zu sirupartiger Konsistenz dünsten.

Währenddessen in einer Pfanne Olivenöl erhitzen und die Langustenschwänze bei großer Hitze beidseitig rasant anbraten, salzen und dann die Hitze reduzieren. Mit Zitronensaft aufgießen und die Sultaninen mitsamt dem gewässerten Raki hinzufügen. Auf kleiner Flamme weitere 3–4 Minuten ziehen lassen. Mit Fischfond aufgießen, die Selleriestreifen dazugeben und alles noch einmal gut durchrühren. Salzen, pfeffern und mit gerösteten Fladenbrotscheiben servieren.

GARUNGSZEIT: Langusten 7–10 Minuten

Gefüllte Languste

(nach einem Rezept des Bartolomeo Scappi um 1570)

ZUBEREITUNG

Die Languste in einem großen Topf in kochend heißem Salzwasser etwa 3–4 Minuten lang überbrühen, bis die Schale rot ist und das Fleisch leicht ausgelöst werden kann, ohne den Langustenpanzer dabei zu verletzen. Dafür die Languste mit einem scharfen Messer der Länge nach teilen, Fleisch auslösen und die Schalen beiseite legen.

Das ausgelöste Schwanzfleisch fein zerkleinern (oder cuttern). Eidotter, Kräuter und Parmesan einrühren, bis eine kompakte Masse entsteht. Eiklar mit einer Prise Salz steif schlagen und unterheben. Mit Salz und Pfeffer abschmecken. Beide Langustenhälften mit der Farce füllen, wieder zusammensetzen und mit einem Bindfaden gut verschnüren. In eine Backform setzen und im vorgeheizten Backrohr etwa 10 Minuten bei größter Oberhitze grillen.

Geröstete Brotscheiben auf einer Vorlegeplatte anrichten, die Languste im Ganzen darauf setzen, mit Zitronenscheiben garnieren und auftragen.

BACKROHRTEMPERATUR: maximale Oberhitze (Grillschlange)
GARUNGSZEIT: 3–4 Minuten überbrühen, 10 Minuten grillen
TIPP: Die zusammengesetzte Languste kann auch einfach in Alufolie eingeschlagen werden, die nach dem Grillen wieder entfernt wird.

ZUTATEN

1 Languste (ca. 1,5 kg)
5 EL Parmesan, frisch gerieben
4 Eidotter
2 Eiklar
5 EL gemischte Kräuter (Basilikum, Salbei, Zitronenmelisse, Liebstöckel, Kerbel, Estragon, Petersilie u. ä.), gehackt
Meersalz aus der Mühle
Pfeffer aus der Mühle
geröstete Brotscheiben zum Auftragen
Zitronenscheiben zum Garnieren

Überbackene Jakobsmuscheln

Asturien

ZUTATEN

16 Jakobsmuscheln
in der Schale
150 ml Weißwein
4 cl Orujo
(span. Tresterbranntwein,
ersatzweise Grappa)
2 EL Zitronensaft
1 Zwiebel, fein gehackt
1 Knoblauchzehe,
fein gehackt
4 EL Olivenöl
1 EL Petersilie, gehackt
1 TL süßes Paprikapulver
1 Messerspitze Zimt
4 EL Semmelbrösel
Salz aus der Mühle
Pfeffer aus der Mühle
Olivenöl zum Bestreichen

ZUBEREITUNG

Die Muscheln mit einem Messer öffnen und das Muschelfleisch samt orangefarbigem Corail (Rogen) herauslösen. Das Muschelfleisch mit Zitronensaft beträufeln. Den Corail klein schneiden und mit der gehackten Petersilie vermischen. Gehackte Zwiebel und Knoblauch in Olivenöl anschwitzen. Die Corailmischung mit Paprika, Zimt, Salz und Pfeffer würzen und beigeben. Mit Weißwein und Orujo ablöschen und einmal aufkochen lassen.

Dann 8 Muschelschalen säubern, mit Öl einstreichen, je 2 Muscheln hinein legen und mit der Corailsauce bedecken. Mit Semmelbröseln bestreuen und etwas Olivenöl darüber träufeln. Im auf 180 °C vorgeheizten Backrohr ca. 10–12 Minuten goldbraun überbacken.

BACKROHRTEMPERATUR: 180 °C
GARUNGSZEIT: 10–12 Minuten

Die Muschel des heiligen Jakob

Die Coquille St. Jacques – auch Kammmuschel oder Jakobsmuschel genannt – erfreut sich keineswegs nur unter Gourmets allergrößter Wertschätzung. Seit fast tausend Jahren ist sie auch das Erkennungszeichen jener Pilger, die den berühmten „Jakobsweg" quer durch Europa zurückgelegt haben und nach Santiago de Compostela im Baskenland gewallfahrtet sind.

Wie die Muschel im 12. Jahrhundert zu ihrem heiligen Namen kam, ist nicht wirklich belegt, doch Gegenstand einer häufig erzählten Legende. Als der Leichnam des von König Herodes enthaupteten Apostels und Märtyrers Jakobus von Kreuzfahrern nach Galicien gebracht wurde, soll ein frommer Adeliger dem Schiff durch die Wellen entgegen geritten sein. Leider versagte ihm der Himmel die Gabe, sich wie Jesus auf dem Wasser zu bewegen, und der Reitersmann versank in den Fluten.

Die Einwohner Santiagos, die am Ufer ebenfalls auf das Eintreffen des Heiligen warteten, retteten den frommen Heißsporn in letzter Minute doch noch vor dem Ertrinken und zogen ihn wieder an Land. Da sein ganzer Körper mit Kammmuscheln bedeckt war, nannte man das wohlgeformte Krustentier fürderhin Jakobsmuschel und machte es zum Symbol der Wallfahrt.

Eine etwas weniger fromme, aber dafür einsichtigere Begründung liefert die Realität: Als die von Norden nach Süden strömenden Pilger erstmals mit dem Meer in Berührung kamen, sammelten sie am Strand die Muscheln, bohrten Löcher hinein, gürteten sie sich um die Hüften und benützten sie auf ihrer weiteren Pilgerfahrt als praktische Trinkgefäße.

Jakobsmuscheln auf provençalische Art

(Coquilles Saint-Jacques à la provençale)

ZUTATEN

- 12 Jakobsmuscheln mit Corail (orangefarbener Rogen)
- 3–4 Champignons
- 1 Schalotte
- 2 Knoblauchzehen
- 1 EL Petersilie, gehackt
- 1 KL Butter zum Anbraten
- 1 EL Olivenöl
- 1 Fleischtomate
- 125 ml provençalischer Roséwein
- 1 nussgroßes Stück Butter, eiskalt, zum Montieren
- Meersalz aus der Mühle
- weißer Pfeffer, frisch geschrotet

ZUBEREITUNG

Jakobsmuscheln vom Corail trennen und die Muscheln der Breite nach in jeweils 3 gleich große Scheiben schneiden. Champignons putzen und in hauchdünne Scheiben schneiden. Schalotte, Knoblauch und Petersilie fein hacken. Tomate kurz überbrühen, schälen, entkernen und würfelig schneiden. Butter und Olivenöl in einer kleinen Pfanne erhitzen. Jakobsmuscheln und Corail etwa 1 Minute lang darin scharf anbraten, wieder herausnehmen und warm halten. Hitze etwas reduzieren und Schalotten im Bratrückstand glasig dünsten. Champignons und Tomaten hinzufügen, mit frisch geschrotetem Pfeffer abschmecken und mit Roséwein aufgießen. Wein bis auf etwa ein Drittel seines Volumens einkochen lassen. Knoblauch, Petersilie und Jakobsmuscheln hinzufügen und 1 weitere Minute auf mittlerer Flamme in der Sauce ziehen lassen. Mit frisch gemahlenem Meersalz und Pfeffer abschmecken. Pfanne vom Herd nehmen und die eiskalte Butter unter die Sauce rühren. Heiß servieren.

GARUNGSZEIT: 2–3 Minuten

Cozze alla marinara

(Miesmuscheln nach Matrosenart)

Nördliche Adria

ZUTATEN FÜR 4–6 PORTIONEN

2 kg Miesmuscheln
ca. 125 ml Pinot bianco oder Tocai (ersatzweise anderer Weißwein)
1 Prise Chilipulver
1 Bund Petersilie, gehackt
4 Knoblauchzehen
6 EL Olivenöl
Meersalz aus der Mühle
Pfeffer aus der Mühle
4 Scheiben Ciabatta

ZUBEREITUNG

Muscheln unter fließendem kalten Wasser gut bürsten und Bärte entfernen. Muscheln mit geöffneten Schalen, die sich nicht schließen lassen oder solchen, die beschädigt sind, aussortieren. Eine Knoblauchzehe ganz lassen, die anderen fein hacken. In einer passenden Pfanne Olivenöl erhitzen und den gehackten Knoblauch mit der Hälfte der Petersilie bei sehr kleiner Hitze eher dünsten als braten. Nach ungefähr 5 Minuten den Weißwein zugießen und mit Chili und Meersalz würzen.
Muscheln hinzufügen und zugedeckt bei starker Hitze unter oftmaligem Durchrütteln so lange dünsten, bis sich alle Schalen geöffnet haben. Brotscheiben toasten und mit der restlichen Knoblauchzehe einreiben.
Muscheln auf Suppenteller verteilen und mit Sud übergießen. Mit der restlichen Petersilie bestreuen, mit Pfeffer aus der Mühle würzen und jeweils einen Knoblauchtoast dazu servieren.

GARUNGSZEIT: Muscheln einige Minuten
TIPP: Noch gehaltvoller gerät der Sud, wenn Sie 1–2 gewürfelte Tomaten und/oder 2–3 EL Fischfond mitkochen.

Miesmuscheln mit Oliven

Spanien

ZUTATEN FÜR 4–6 PORTIONEN

2 kg Miesmuscheln
1 Zwiebel, gespickt mit
1 Lorbeerblatt
2 Schalotten
2 Knoblauchzehen
3 EL Olivenöl
4 Tomaten
200 g schwarze Oliven
3 eingelegte Sardellenfilets
250 ml Weißwein
Salz aus der Mühle
Pfeffer aus der Mühle

ZUBEREITUNG

In einem Topf etwa 1 Liter Salzwasser mit der gespickten Zwiebel zum Kochen bringen. Die Muscheln unter fließendem Wasser gut waschen, Bart entfernen und schadhafte Muscheln aussortieren. Muscheln einlegen und bei kleiner Hitze zugedeckt 3–5 Minuten dünsten, bis alle Muscheln offen sind. Herausheben und etwas abkühlen lassen. Muschelfleisch auslösen und warm stellen.
Schalotten und Knoblauch fein hacken. Tomaten kurz überbrühen, Haut abziehen, entkernen und würfelig schneiden. Oliven entkernen und ebenso wie die Sardellenfilets klein hacken. In einer Kasserolle Olivenöl erhitzen, Schalotten und Knoblauch darin anschwitzen. Tomaten, Oliven sowie Sardellen untermischen und etwa 2 Minuten weiterdünsten, dann den Weißwein zugießen. Die Sauce noch 4–5 Minuten einkochen lassen. Muscheln einmengen und noch einmal erhitzen, aber nicht mehr kochen! Vor dem Servieren mit frisch gemahlenem Salz und Pfeffer abschmecken.

GARUNGSZEIT: Muscheln 3–5 Minuten
BEILAGENEMPFEHLUNG: frisches Weißbrot

Miesmuscheln mit Bärlauchsauce

Novelli-Spezialität

ZUTATEN

1,5 kg Miesmuscheln
1 Zwiebel
1/2 Fenchel
300 ml Weißwein
1 Bund Bärlauch, fein gehackt
20 g Butter
100 g Parmesan, frisch gerieben
Meersalz aus der Mühle
Pfeffer aus der Mühle
Olivenöl

ZUBEREITUNG

Den geriebenen Parmesan auf ein mit Backpapier ausgelegtes Backblech kreisrund aufstreuen. Im vorgeheizten Backrohr bei 180 °C statischer Hitze backen, bis der Käse goldgelb ist (Achtung, keine Heißluft zuschalten, da der Käse sonst im Backrohr herumwirbelt!). Auf dem Blech auskühlen lassen und dann erst vom Papier nehmen.

Die Muscheln vom Bart befreien und unter fließendem Wasser gründlich waschen. Muscheln mit offenen Schalen sowie beschädigte Muscheln aussortieren. Die Zwiebel in Streifen schneiden, den Fenchel fein hacken und beides in einem Topf in heißem Olivenöl anschwitzen. Die Muscheln zugeben und mit Weißwein ablöschen. Zugedeckt 3–5 Minuten dünsten, bis alle Muscheln offen sind. Dabei ab und zu umrühren. Mit Salz sowie Pfeffer würzen. Muscheln in eine große Schüssel geben und den Fond durch ein feines Sieb in eine kleine Kasserolle passieren. Fond mit der Butter einmal aufkochen und dann aufmixen. Den fein geschnittenen Bärlauch einrühren und die Sauce über die Muscheln gießen. Mit den Parmesan-Bröseln bestreuen.

BACKROHRTEMPERATUR: 180 °C
GARUNGSZEIT: Muscheln 3–5 Minuten
BEILAGENEMPFEHLUNG: knuspriges Baguette oder getoastetes Weißbrot
TIPP: Steht saisonbedingt kein Bärlauch zur Verfügung, so können auch andere Kräuter, wie etwa Thymian oder Oregano, verwendet werden.

Messermuscheln in Malvasia

Istrien

ZUTATEN

800 g Messer- oder Steinbohrermuscheln
2–3 Knoblauchzehen, zerdrückt
ca. 125 ml Malvasia (oder anderer kräftiger Weißwein)
2 EL Olivenöl
2 EL Petersilie, gehackt
Meersalz aus der Mühle
Pfeffer aus der Mühle

ZUBEREITUNG

Messermuscheln zunächst mehrere Stunden in kaltem Salzwasser schwemmen, danach unter fließendem kalten Wasser gut spülen und anschließend abtropfen lassen. (Diesen Vorgang nötigenfalls auch mehrmals wiederholen, denn Messermuscheln können mitunter sehr sandig sein!) Dann Olivenöl erhitzen und Knoblauchzehen darin kurz anbraten. Muscheln hinzufügen und zugedeckt garen, bis sich alle Schalen geöffnet haben. Mit Malvasia ablöschen und diesen etwas einkochen lassen. Mit frisch gemahlenem Salz sowie Pfeffer würzen und mit gehackter Petersilie bestreuen.

GARUNGSZEIT: Muscheln 3–5 Minuten
BEILAGENEMPFEHLUNG: knuspriges Weißbrot oder gebratene Polentascheiben

FLEISCHLICHE GENÜSSE

Spanferkel, Zicklein, Bistecca & Co.

FLEISCHLICHE GENÜSSE

Spanferkel, Zicklein, Bistecca & Co.

Das Wörtchen Mittelmeer verstellt häufig den Blick auf die Tatsache, dass es sich bei den größten Flächen der Mittelmeerländer keineswegs um Küstenregionen, sondern um Hoch- und Tiefebenen sowie Bergregionen handelt. Mit jedem Kilometer, mit dem sich der Reisende vom Meer entfernt, wird die Küche daher auch erdverbundener und bäuerlicher – was sich auch auf ihre „Fleischeslust" auswirkt. Viele Gerichte der einfachen Landbevölkerung spiegeln den hohen Stellenwert der Kleintierzucht wider. In manchen Regionen – man denke nur an das berühmte Bistecca fiorentina – spielt auch die Rinderzucht eine große Rolle. Und nicht zuletzt hat auch die früher vor allem der Aristokratie vorbehaltene Jagd die Speisekarten der Mittelmeerländer wesentlich mitgeprägt.

SCHWEIN

Porceddu (Sardischer Spanferkelrücken)

ZUTATEN

1 ganzer Spanferkelrücken
500 ml dunkles Bier
1 Knolle Knoblauch
2 Zwiebeln
1 kleine Karotte
1 Stück Stangensellerie
2 Tomaten
1/2 TL Kümmel
2 Lorbeerblätter
1 TL Senfkörner
1 TL Pfefferkörner
1/2 Bund Thymian
Geflügelfond oder -suppe zum Aufgießen
Meersalz aus der Mühle
Pfeffer aus der Mühle
Olivenöl

ZUBEREITUNG

Den Spanferkelrücken mit der Schwartenseite nach unten für ca. 5–6 Stunden in etwa fingerhoch eingefülltes Salzwasser legen. Dann die Schwarte mit einer Rasierklinge oder einem sehr scharfen Messer einschneiden, das Fleisch salzen und pfeffern.
Knoblauchknolle, Zwiebeln, Karotte, Stangensellerie sowie die Tomaten in Würfel schneiden und in einem Bräter in etwas Öl kurz anrösten. Sämtliche Kräuter und Gewürze dazugeben und langsam mit Bier ablöschen. Das Spanferkel zunächst mit der Schwarte nach unten auf das Gemüse setzen und im vorgeheizten Backrohr bei 180 °C ca. 15 Minuten braten. Dann umdrehen und noch etwa 35 Minuten weiterbraten. Währenddessen bei Bedarf mit Geflügelfond oder Suppe aufgießen. Spanferkel aus dem Ofen nehmen und die Sauce bei großer Hitze immer wieder mit Suppe oder Fond aufgießen und wieder einkochen lassen. Die Schwarte etwas mit feinem Salz bestreuen und bei Oberhitze noch braten, bis der Braten schön knusprig ist. Sauce passieren und gegebenenfalls nochmals abschmecken. Das Fleisch von den Knochen lösen, tranchieren und anrichten. Mit der fertigen Sauce überziehen.

BACKROHRTEMPERATUR: 180 °C, dann Oberhitze
GARUNGSZEIT: ca. 50–60 Minuten
BEILAGENEMPFEHLUNG: Schmorgemüse und Rosmarinkartoffeln (s. S. 353)

Ferkel in der Grube

Seit der römischen Antike zählt das Spanferkel zu den Nationalgerichten von Sardinien, wo sich altrömische Kochtraditionen wie kaum anderswo bis heute erhalten haben. Mitunter wird das Porceddu sogar heute noch wie einst in einem Erdloch zubereitet. Nachdem man eine tiefe Grube ausgehoben hat, wird darin ein riesiges Feuer entfacht, das man mit Wacholder-, Myrten- oder Rosmarinzweigen zusätzlich aromatisiert. In der Glut wird das ganze Tier dann langsam und unter ständiger Luftzufuhr gegart, was die Kruste besonders knusprig und klirrend macht. Die Sarden wissen auch längst, dass das Einreiben der Kruste mit einer Speckschwarte, die man zuvor in malzhaltiges Bier getunkt hat, dem Spanferkel besonders gut tut. Das auf Sardinien gebraute Ichnusa-Bier eignet sich allerdings nicht nur zum Einreiben exzellent. Es darf beim anschließenden Essen auch genussvoll getrunken werden.

Rosmarin-Schweinsbraten auf Novelli-Art

ZUBEREITUNG

Den Braten vom Knochen lösen oder gleich beim Fleischhauer auslösen lassen. Die Knochen in eine Bratenpfanne legen. Knoblauch und gezupften Rosmarin fein hacken und mit Salz sowie Pfeffer mischen. Die Hälfte der Mischung auf die Knochen verteilen, das Fleisch auf die Knochen legen und mit der restlichen Gewürzmischung fest einreiben. Mit Olivenöl begießen und im vorgeheizten Backrohr bei 180 °C ca. 70–85 Minuten (je nach Qualität) braten.

Die Kartoffeln in mittelgroße Stücke schneiden (geschält oder ungeschält, je nach Geschmack) und nach 30 Minuten zum Braten dazugeben. Währenddessen den Braten und die Kartoffeln wiederholt mit dem austretenden Saft begießen und bei Bedarf noch etwas Wasser oder Suppe zugießen. Den fertigen Braten herausnehmen, in Alufolie wickeln und noch 10 Minuten rasten lassen. Dann tranchieren und mit den Kartoffeln auftragen.

BACKROHRTEMPERATUR: 180 °C
GARUNGSZEIT: ca. 70–85 Minuten

ZUTATEN

1,5 kg Schweinsbraten mit Knochen vom Schopf
3 Knoblauchzehen
1 Rosmarinzweig, gezupft
je 1 EL Salz und Pfeffer
Olivenöl
1 kg Kartoffeln
Suppe oder Wasser zum Aufgießen

In Milch geschmorte Schweinshaxe

Bologna

ZUTATEN
ca. 1 kg Schweinshaxe
1 Knoblauchzehe
500 ml Pinot grigio (oder anderer trockener Weißwein)
50 g Butter
750 ml Milch
1 Rosmarinzweig, gehackt
Weizenmehl
Meersalz aus der Mühle
Pfeffer aus der Mühle

ZUBEREITUNG
Die Haxe in eine große Schüssel legen, die in Scheiben geschnittene Knoblauchzehe dazugeben, den Wein darüber gießen und 2 Tage zugedeckt im Kühlschrank ziehen lassen.
Die Haxe herausnehmen, mit Küchenkrepp trocken tupfen und mit etwas Mehl bestäuben. Die Haxe gemeinsam mit dem gehackten Rosmarin in heißer Butter von allen Seiten braun, aber nicht zu scharf anbraten. Milch dazugießen, mit Salz sowie Pfeffer würzen und ca. 2 Stunden zugedeckt auf kleiner Flamme schmoren, bis das Fleisch weich ist. Währenddessen ab und an übergießen. Fleisch herausnehmen und warm stellen. Den Sud so lange einkochen, bis er cremig wird. Das Fleisch in Scheiben schneiden, auf vorgewärmten Tellern anrichten und mit der Sauce übergießen.

GARUNGSZEIT: ca. 2 Stunden
BEILAGENEMPFEHLUNG: Rosmarinkartoffeln (s. S. 353)

Cotechino mit Linsen

Emilia-Romagna

ZUTATEN
1 ganze Cotechino-Wurst (Koch- bzw. Schlackwurst)
350 g gekochte Linsen
1 Karotte
1 Zwiebel
1 Stück Stangensellerie
1 Lorbeerblatt
100 ml trockener Weißwein
1 EL Tomatenmark
2 EL Rindsuppe
4 EL Olivenöl
Meersalz aus der Mühle
Pfeffer aus der Mühle

ZUBEREITUNG
Cotechino-Wurst über Nacht wässern. Danach das Wasser wechseln (die Wurst muss reichlich damit bedeckt sein), zum Kochen bringen und 2 1/2 Stunden sanft köcheln lassen. (Vorsicht: Die Haut darf dabei keinesfalls verletzt werden, da sie sonst aufspringt.)
In der Zwischenzeit Karotte, Zwiebel und Sellerie fein hacken und in heißem Öl anbraten. Die vorgekochten Linsen abtropfen lassen, mit kaltem Wasser kurz durchspülen und zum Bratgemüse in die Pfanne geben. Tomatenmark mit etwas Suppe verrühren und ebenfalls hinzufügen. Wein zugießen, Lorbeerblatt einlegen und mit Salz sowie Pfeffer abschmecken. Etwa 15 Minuten unter gelegentlichem Umrühren sanft köcheln lassen. Topf mit dem Cotechino vom Herd nehmen und die Wurst abseits der Herdplatte noch 15 Minuten nachziehen lassen. Die Linsen auf einer vorgewärmten Platte anrichten. Die Wurst vorsichtig aus dem Sud heben, in 1 cm dicke Scheiben schneiden und diese über die Linsen verteilen.

GARUNGSZEIT: Cotechino 2 1/2 Stunden kochen, 15 Minuten ziehen lassen

Die drei schweinernen Musketiere

Cotechino, Zampone und Musetto – diese Troika wird in und außerhalb Italiens von allen „Schweinereien" vielleicht am meisten geschätzt. In allen drei Fällen ist der Hauptbestandteil die so genannte Cotica, die Schweinsschwarte, die gemeinsam mit Backen-, Schulter-, Rücken- und Schnauzenfleisch das Brät bildet, das, mit Muskatnuss und Nelken fein aromatisiert, in einen Darm von 20 cm Länge und etwa 8 cm Durchmesser gefüllt wird. Stopft man die Fülle nicht in einen Darm, sondern in einen ausgelösten Schweinsfuß, so wird daraus ein Zampone, wie man ihn vor allem in den Marken kennt und liebt. Auch die Venezianer haben eine ähnliche Spezialität: Sie füllen den Schweinsrüssel (muso) und nennen die daraus entstandene Delikatesse Musetto. Für Zampone wie für Musetto gilt übrigens, dass beide etwa 40 Minuten in der Plastikhülle gegart werden müssen, die erst kurz vor dem Aufschneiden abgezogen werden darf, da das Fleisch sonst zerfällt.

KALB

Polpette (Fleischbällchen)

Triest

ZUTATEN

700 g Kalbfleisch
800 g Tomaten
2 Zwiebeln
1 Knoblauchzehe
Thymian, Salbei und Rosmarin nach Geschmack, gehackt
2 Scheiben Weißbrot
1 Ei
125 ml Milch
1 Prise Zucker
1 Prise Cayennepfeffer
100 ml Weißwein
Olivenöl
Meersalz aus der Mühle
Pfeffer aus der Mühle

ZUBEREITUNG

Das Kalbfleisch sehr fein hacken oder grob faschieren. Tomaten kurz überbrühen, schälen, entkernen und würfelig schneiden. Zwiebeln und Knoblauch fein hacken. Das Weißbrot in Milch einweichen und gut ausdrücken. Mit Kalbfleisch, Ei, Knoblauch, der Hälfte der Zwiebeln sowie den gehackten Kräutern vermischen. Mit frisch gemahlenem Salz sowie Pfeffer abschmecken und aus der Masse kleine Kugeln formen. Etwas Olivenöl erhitzen und die Bällchen darin rundum goldbraun braten. Herausheben und warm stellen.

Nochmals etwas Olivenöl nachgießen, erhitzen und darin die restlichen Zwiebeln anschwitzen. Mit Weißwein ablöschen und diesen großteils wieder einkochen lassen. Tomatenwürfel hinzufügen und ca. 20 Minuten auf kleiner Flamme köcheln lassen. Die Sauce anschließend durch die Flotte Lotte passieren, leicht zuckern, mit Salz und Cayennepfeffer abschmecken. Sauce auf vorgewärmte Teller gießen und die Bällchen darauf anrichten.

GARUNGSZEIT: Polpette ca. 10–15 Minuten, Sauce ca. 20 Minuten
BEILAGENEMPFEHLUNG: Reis oder Weißbrot

Piccata milanese

Lombardei

ZUTATEN

ca. 700 g Kalbfleisch (aus der Schale oder Nuss), in 12 kleine Schnitzel geschnitten
3 EL Parmesan, frisch gerieben
4 Eier
1 EL Petersilie, gehackt
Mehl zum Panieren
Öl zum Ausbacken
Salz aus der Mühle
Pfeffer aus der Mühle

ZUBEREITUNG

Die Kalbsschnitzel dünn ausklopfen, mit Salz sowie Pfeffer würzen und in Mehl wenden. Die Eier mit Parmesan und Petersilie vermischen und die bemehlten Schnitzel durch diese Masse ziehen. In einer Pfanne reichlich Öl erhitzen und die Schnitzel darin auf beiden Seiten goldgelb backen. Auf Küchenpapier abtropfen lassen und servieren.

GARUNGSZEIT: 7–10 Minuten

BEILAGENEMPFEHLUNG: Spaghetti mit Tomatensauce (s. S. 51)

Saltimbocca alla romana

Latium

ZUTATEN

ca. 700 g Kalbfleisch (aus der Schale oder Nuss), in 12 kleine Schnitzel geschnitten
6 Scheiben Parmaschinken
12 Salbeiblätter
50 g Butter
100 ml Weißwein oder Wasser
50 ml Kalbsjus (auch im Feinkosthandel erhältlich)
Meersalz aus der Mühle
Pfeffer aus der Mühle

ZUBEREITUNG

Die Kalbsschnitzel leicht ausklopfen, mit Salz sowie Pfeffer würzen. Jeweils ein Salbeiblatt und eine halbierte Scheibe Schinken auf die Schnitzel legen und gut anpressen. In einer Pfanne die Butter erhitzen und die Saltimbocca darin bei mittlerer Hitze auf beiden Seiten je ca. 3 Minuten anbraten. Aus der Pfanne nehmen und kurz warm stellen.

Die Temperatur wieder hoch schalten und Weißwein oder Wasser zugießen. Durch kräftiges Umrühren den Bratensatz lösen und den Wein beinahe zur Gänze einkochen lassen. Den Kalbsjus eingießen und nochmals kurz aufkochen. Die Saltimbocca auf vorgewärmten Tellern anrichten und die Sauce darüber träufeln.

GARUNGSZEIT: 6–8 Minuten

BEILAGENEMPFEHLUNG: Kartoffelpüree oder Polenta

TIPP: Sollten Sie befürchten, dass der Schinken nicht haften bleibt, so fixieren Sie ihn einfach mit einem Zahnstocher, der dann vor dem Servieren wieder entfernt werden muss. Diesem Hang zur Instabilität verdankt das Gericht übrigens auch seinen Namen. Saltimbocca bedeutet nämlich wörtlich: „Spring-in-den-Mund."

Kalbsrouladen nach Mailänder Art

Lombardei

ZUTATEN

4 dünne Kalbsschnitzel (je ca. 120 g)
2 kleine Salsicce (ital. Bratwürstchen)
2 Hühnerlebern
50 g Pancetta oder durchwachsener Speck, in lange Streifen oder Scheiben geschnitten
1 Bund Petersilie
10 Salbeiblätter
50 g Butter
2 Eidotter
2 EL Parmesan, frisch gerieben
400 ml Weißwein
300 ml Rindsuppe
2 Knoblauchzehen
Salz aus der Mühle
Pfeffer aus der Mühle
Mehl

ZUBEREITUNG

Die Salsicce enthäuten und die Fülle zerkleinern. Hühnerleber, Petersilie und Knoblauch fein hacken. Nun alles gemeinsam mit Eidottern und Parmesan zu einer homogenen Masse vermischen. Mit Pfeffer abschmecken. Die Schnitzel auflegen, die Masse auftragen, einrollen und mit Speck umwickeln. Mit Zahnstochern fixieren. Die Butter erhitzen, die Rouladen in Mehl wenden und von beiden Seiten goldbraun anbraten. Salzen, Weißwein zugießen und auf die Hälfte einkochen lassen. Dann Suppe und Salbeiblätter zugeben und auf kleiner Flamme ca. 20 Minuten schmoren lassen.

Rouladen herausnehmen und warm stellen. Nun die Sauce nochmals kräftig aufkochen und eventuell noch etwas reduzieren lassen. Die Salbeiblätter entfernen und mit Salz sowie Pfeffer abschmecken. Die Rouladen auf vorgewärmten Tellern anrichten, mit der Sauce umgießen und servieren.

GARUNGSZEIT: ca. 23–25 Minuten

BEILAGENEMPFEHLUNG: Polenta oder Kartoffelpüree

Ossobuco alla milanese

Lombardei

ZUTATEN

4 Scheiben von der Kalbsstelze
4 Knoblauchzehen
2 Zwiebeln
2 Karotten
1 Stück Sellerie
2 Petersilienwurzeln
3–4 EL Tomatenmark
500 ml Rotwein
1 Dose Pelati (geschälte Tomaten)
1 EL Majoran, getrocknet
1 TL Kümmel, gemahlen
2 Lorbeerblätter
3 Basilikumstängel
2 EL abgeriebene Zitronenschale
1 Tasse gemischte Kräuter (etwa Basilikum, Oregano, Schnittlauch, Majoran), frisch gehackt
Mehl zum Wenden
Meersalz aus der Mühle
Pfeffer aus der Mühle
Olivenöl

ZUBEREITUNG

Die Fleischscheiben unter fließendem Wasser waschen, trocken tupfen und mit Salz, Pfeffer, Majoran sowie Kümmel kräftig würzen. Knoblauchzehen, Zwiebeln, Karotten, Sellerie und Petersilienwurzeln in feine Würfel schneiden. Fleisch in Mehl wenden. Etwas Olivenöl in einem Bräter erhitzen und das Fleisch darin auf beiden Seiten kräftig anbraten. Gemüse zugeben und kurz mitbraten. Das Tomatenmark einrühren, kurz rösten, mit Rotwein ablöschen und die geschälten Tomaten untermengen. Lorbeerblätter, Basilikumstängel und geriebene Zitronenschale zugeben. Mit Salz und Pfeffer würzen und zugedeckt im auf 180 °C vorgeheizten Backrohr 1 1/2–2 Stunden schmoren lassen.

Nach Ende der Garzeit Lorbeerblätter sowie Basilikumstängel entfernen, abschmecken und die fein gehackten Kräuter unterrühren.

5

6

BACKROHR-TEMPERATUR: 180 °C
GARUNGSZEIT: 1 1/2–2 Stunden
BEILAGEN-EMPFEHLUNG: Risotto und Gremolata (s. S. 188)
TIPP: Wer Ossobuco einmal nicht ganz klassisch genießen möchte, der werte seine Spaghetti durch eine aparte „Ossobuco-Pastasauce" auf. Dafür wird das fertig gegarte Fleisch in kleine Stücke geteilt, wieder mit der Sauce vermischt und mit der al dente gekochten Pasta aufgetragen.

7

PHASE 1 UND 2: Fleisch unter fließendem Wasser waschen, trocken tupfen und mit Salz, Pfeffer, Majoran sowie Kümmel würzen.

PHASE 3: Geputztes Gemüse in feine Würfel schneiden.

PHASE 4: Mit Mehl bestaubtes Fleisch in Olivenöl beidseitig kräftig anbraten.

PHASE 5 UND 6: Gemüse zugeben, Tomatenmark einrühren, mit Rotwein ablöschen und die geschälten Tomaten untermengen.
Mit den Aromaten würzen und zugedeckt im auf 180 °C vorgeheizten Backrohr 1 1/2–2 Stunden weich schmoren.

PHASE 7: Vor dem Servieren nochmals abschmecken.

Der Knochen mit dem Loch

Der Ossobuco alla milanese ist eines der ältesten Rezepte der italienischen Küche. Im Mailänder Dialekt nennt man ihn übrigens „oss bus", den Knochen mit dem Loch. Damit das Fleisch wirklich weich wird und die Sauce auch wirklich schön glänzt, ist es wichtig, dass man nur Scheiben von der Hinterhaxe verwendet und diese in Stücke von ziemlich genau 4 cm Dicke schneiden lässt. Außerdem erfordert das Gericht eine gewisse Geduld. Nur wenn es beinahe in Zeitlupe gegart wird, mundet es am Schluss, wie es sein soll. Also lieber länger garen und Hitze noch weiter reduzieren als umgekehrt, und vor allem: nicht vergessen, alle zwanzig Minuten mit Schmorsaft begießen! Mindestens ebenso wichtig ist freilich die Frische der so genannten Gremolata, jener Mischung aus Knoblauch, Kräutern und Zitronenschalen, die verhindert, dass einem dieses zwar köstliche, aber doch eher schwere Wintergericht unliebsam auf den Magen drückt.

Scaloppine al marsala (Marsala-Schnitzel)

Sizilien

ZUTATEN

8 kleine Kalbsschnitzel (zu je ca. 100 g)
100 ml Marsala (ersatzweise anderer Süßwein)
100 ml Kalbsfond oder Rindsuppe
1 Spritzer Zitronensaft
ca. 1 EL Weißbrotbrösel nach Bedarf
1 EL Butter
3 EL Olivenöl
Mehl zum Wenden
Meersalz aus der Mühle
Pfeffer aus der Mühle

ZUBEREITUNG

Die Kalbsschnitzel hauchdünn ausklopfen, salzen, pfeffern und beidseitig in Mehl wenden. Olivenöl und Butter in einer Pfanne gemeinsam erhitzen. Schnitzel einlegen und rasch beidseitig braun braten (nicht länger als 3 Minuten). Herausheben und warm stellen.

Dann die Bratrückstände mit Marsala und Fond bzw. Suppe lösen und alles auf etwa die Hälfte einkochen lassen. Schnitzel wieder zurück in die Pfanne legen und noch 1 Minute lang mitziehen lassen. Die Sauce nach Bedarf mit Bröseln binden. Mit frisch gemahlenem Salz, Pfeffer und Zitronensaft abschmecken. Die Schnitzel auf vorgewärmten Tellern anrichten, die Sauce darüber träufeln und heiß servieren.

GARUNGSZEIT: ca. 4–5 Minuten

BEILAGENEMPFEHLUNG: Reis oder Bandnudeln

TIPP: Nach demselben Rezept lassen sich auch *Scaloppine al vino bianco* (mit trockenem Weißwein) oder *Scaloppine al limone* (nur mit Zitronensaft) zubereiten. Wichtig ist in jedem Fall, dass die Schnitzel fast papierdünn sind und nur sehr kurz gebraten werden.

Costoletta alla milanese

Lombardei

ZUTATEN

4 Kalbskoteletts am Knochen (zu je ca. 250 g)
2 Eier
200 g frisches Weiß- oder Toastbrot, entrindet und gerieben
50 ml Olivenöl
50 g geklärte Butter (Butterschmalz)
Zitronenscheiben zum Garnieren
Meersalz aus der Mühle
Pfeffer aus der Mühle

ZUBEREITUNG

Koteletts gut klopfen, in verquirltem Ei wenden, in Weißbrotbröseln panieren und die Panier mit einer Gabel fest andrücken. Olivenöl und Butterschmalz erhitzen und Koteletts darin beidseitig goldbraun ausbacken. Herausheben, gut abtropfen lassen und erst jetzt salzen und pfeffern. Vor dem Servieren mit Zitronenscheiben garnieren.

GARUNGSZEIT: ca. 10–12 Minuten (je nach Dicke der Koteletts)
BEILAGENEMPFEHLUNG: frische Blattsalate
TIPP: Dieses Gericht, das dem Wiener Schnitzel zwar als Vorbild diente, mit diesem aber keineswegs identisch ist, gewinnt noch an Geschmack, wenn man unter die Weißbrotbrösel 2 EL Parmesan mischt.

Kalbsbraten

Toskana

ZUTATEN

800 g Kalbfleisch (aus der Schulter)
2 Knoblauchzehen
25 g Butter
ca. 100 ml Rotweinessig
500 ml Milch
Meersalz aus der Mühle
Pfeffer aus der Mühle
Muskatnuss, gemahlen

ZUBEREITUNG

Das Kalbfleisch mit Küchengarn zusammenbinden, damit es beim Braten die Form behält. Den Knoblauch in dicke Scheiben schneiden und in einem feuerfesten Topf (mit Deckel) in der zerlassenen Butter einige Minuten dünsten. Fleisch einlegen und rundum scharf anbraten. Mit Essig beträufeln und dann die Flüssigkeit 4–5 Minuten verkochen lassen. Den Braten mit Muskatnuss würzen. Milch zugießen, den Topf zudecken und im auf 180 °C vorgeheizten Backrohr ca. 45–55 Minuten schmoren. Währenddessen den Braten gelegentlich mit dem sich bildenden Fond begießen. Kurz vor Ende der Garzeit mit frisch gemahlenem Salz und Pfeffer würzen. Das Küchengarn entfernen und den Kalbsbraten tranchieren. Die Sauce nach Belieben entfetten, abseihen und mit Salz sowie Pfeffer abschmecken. Den tranchierten Kalbsbraten auf vorgewärmten Tellern anrichten und mit der Sauce servieren.

BACKROHRTEMPERATUR: 180 °C
GARUNGSZEIT: ca. 45–55 Minuten
BEILAGENEMPFEHLUNG: Kartoffelpüree und/oder Blattspinat
TIPP: Sollte die Sauce gerinnen, so mixt man sie mit dem Stabmixer einfach nochmals auf.

RIND

Bistecca alla fiorentina

Toskana

ZUTATEN

2 Porterhousesteaks zu je ca. 750 g (oder T-Bone-Steaks)
ca. 300 ml Olivenöl
4 Rosmarinzweige, gezupft
4 Knoblauchzehen, zerdrückt
Meersalz aus der Mühle
Pfeffer aus der Mühle

ZUBEREITUNG

Das Olivenöl mit Rosmarin und dem zerdrückten Knoblauch verrühren und die Steaks darin mindestens 24 Stunden marinieren (ab und an wenden). Steaks herausheben und auf einem gut geheizten Holzkohlengrill von beiden Seiten etwa 4 Minuten grillen. Währenddessen wiederholt mit der Marinade bestreichen. Vom Rost nehmen und warm noch 5 Minuten rasten lassen. Erst unmittelbar vor dem Servieren salzen und pfeffern. Auftragen und bei Tisch tranchieren.

GARUNGSZEIT: 8–10 Minuten

BEILAGENEMPFEHLUNG: frische Blattsalate, grüne florentinische Bohnen (s. S. 357), Rosmarinkartoffeln (s. S. 353)

TIPP: Steht kein Holzkohlengrill zur Verfügung, so lassen sich die Steaks freilich auch in einer gusseisernen Pfanne grillen. Dabei ist allerdings darauf zu achten, dass diese vor dem Anbraten wirklich heiß ist.

Wie das Beefsteak in die Toskana kam

Manche Italiener mögen es bis heute nicht wahrhaben und sind der Überzeugung, dass Bistecca „zwei (Fleischstücke) an einem Stock (sprich: Knochen)" bedeutet. In Wahrheit ist das Bistecca alla fiorentina jedoch ein Bistecca inglese, wie es in Italien auch häufig genannt wird. Dass es dennoch unverwechselbar italienisch ist, beweist seine Entstehungslegende, die ins Florenz des Jahres 1565 zurückführt, als einige englische Reisende verzückt vor einer Ochsenbraterei auf der Piazza San Lorenzo standen und „Beefsteak! Beefsteak!" ausriefen. Tatsächlich handelt es sich um ein klassisches T-Bone-Steak, in dem Hochrippe und Rinderlende durch einen T-förmigen Knochen verbunden sind, und das einzig wirklich Italienische daran ist die Rindersorte von welcher das Bistecca alla fiorentina stammt.

Es handelt sich um das weltberühmte Chianina-Rind, das vor allem im Chianatal und im Val d'Arno gezüchtet wird und sich durch ein weiß schimmerndes Fell und feingliedrige, aber weit nach vorne gebogene Hörner auszeichnet. Das wertvollste aller Chianina-Rinder ist dabei der so genannte „vitellone", ein Jungochse, der das feinste – und somit auch das echte – Bistecca alla fiorentina ergibt.

Bistecca mit Bohnen

Toskana

ZUBEREITUNG

Die Bohnen über Nacht in Wasser einweichen, am nächsten Tag abgießen. Schalotten und Knoblauch in feine Würfel schneiden. Beides in etwas Olivenöl anschwitzen und die Bohnen dazugeben. Mit Tomatensauce und Kalbsjus aufgießen und die Chilischoten einmengen. Einmal aufkochen lassen, mit Meersalz sowie Pfeffer würzen und bei mäßiger Hitze zugedeckt mindestens 1 1/2 Stunden kochen lassen. Währenddessen nach Bedarf noch etwas Flüssigkeit zugießen.

Die Steaks mit geschrotetem Pfeffer würzen. In heißem Öl auf beiden Seiten je 4–5 Minuten anbraten, salzen und dann im vorgeheizten Backrohr bei 100 °C noch 7–10 Minuten (je nach gewünschtem Garungsgrad) ziehen lassen. Währenddessen die Tomaten kurz überbrühen, schälen, entkernen und in kleine Würfel schneiden. Den in der Pfanne zurückgebliebenen Fleischsaft mit den Tomaten in die Bohnen einrühren und die Petersilie darüber streuen. Nochmals abschmecken. Die fertigen Steaks mit den Bohnen auf vorgewärmten Tellern anrichten.

BACKROHRTEMPERATUR: 100 °C

GARUNGSZEIT: Steaks 8–10 Minuten braten, 7–10 Minuten rasten; Bohnen ca. 1 1/2 Stunden

BEILAGENEMPFEHLUNG: frisches, knuspriges Ciabatta-Brot

ZUTATEN

4 Rib-Eye-Steaks (Rindersteaks)
250 g getrocknete Bohnen
2 Knoblauchzehen
5 Schalotten
200 ml Tomatensauce (s. S. 51)
ca. 300 ml Kalbsjus (ersatzweise Kalbsfond auf die Hälfte eingekocht)
3 Chilischoten
2 Petersilienzweige, grob geschnitten
4 Tomaten
Olivenöl
Meersalz aus der Mühle
Pfeffer, geschrotet und aus der Mühle

Ragout vom Weideochsen mit Oliven

Emilia-Romagna

ZUTATEN

1 kg Ochsenfleisch (Wadschinken)
150 g schwarze Oliven
5 rote Zwiebeln
1 EL Sardellen, gehackt
5 Knoblauchzehen, gehackt
2 EL Tomatenmark
400 ml Rotwein
1–2 Lorbeerblätter nach Belieben
Rindsuppe zum Aufgießen
Meersalz aus der Mühle
Pfeffer aus der Mühle
Olivenöl

ZUBEREITUNG

Das Fleisch von den Sehnen befreien und in grobe Stücke schneiden. Die Zwiebeln feinwürfelig hacken und gemeinsam mit den Knoblauchzehen und Sardellen in etwas heißem Olivenöl anschwitzen. Tomatenmark einrühren, mit Rotwein ablöschen und mit etwas Rindsuppe aufgießen. Aufkochen lassen und dann das Fleisch in den Fond geben (das Fleisch soll gerade von Flüssigkeit bedeckt sein). Mit Meersalz und Pfeffer würzen und je nach Belieben Lorbeerblätter zugeben. Nun zugedeckt etwa 60–90 Minuten weich schmoren. Währenddessen bei Bedarf noch etwas Suppe zugießen. Sobald das Fleisch weich und zart ist, aus der Sauce nehmen und diese auf die Hälfte einkochen lassen. Das Fleisch wieder zurück in die Sauce geben, die entkernten Oliven darunter mischen und nochmals abschmecken. Noch kurz erhitzen und dann auftragen.

GARUNGSZEIT: 60–90 Minuten
BEILAGENEMPFEHLUNG: Rosmarinkartoffeln (s. S. 353)

Florentiner Rinderschmorbraten

Toskana

ZUTATEN

800 g Rindfleisch (von Schulter oder Nacken)
250 g Pancetta (ersatzweise ungeräucherter Bauchspeck), in Streifen geschnitten
2 Knoblauchzehen, in Scheiben geschnitten
ca. 100 ml Olivenöl
1 Zwiebel, gehackt
1 Karotte, gehackt
1 Selleriestange, gehackt
200 ml Rotwein
500 g Pelati (geschälte Tomaten aus der Dose)
Salz aus der Mühle
Pfeffer aus der Mühle
Rindsuppe zum Aufgießen

ZUBEREITUNG

Mit Hilfe einer Spicknadel das Fleisch mit Speckstreifen und Knoblauchscheiben spicken und dann mit Küchengarn in Form binden. Die Tomaten passieren. In einem Bratentopf mit Deckel Zwiebeln, Karotten und Sellerie in Olivenöl andünsten und den Braten von allen Seiten anbraten. Den Rotwein zugießen, 2 Minuten einkochen lassen und die passierten Tomaten zugeben. Mit Salz und Pfeffer würzen. Den Braten bei kleiner Flamme zugedeckt ca. 4 Stunden schmoren. Währenddessen ab und zu etwas Suppe zugießen, damit die Sauce nicht zu sehr eindickt. Das Küchengarn entfernen, den Braten tranchieren und die Sauce durch ein Sieb darüber gießen.

GARUNGSZEIT: ca. 4 Stunden
BEILAGENEMPFEHLUNG: Polenta

Rinderfilet mit Rucola

Friaul

ZUTATEN

400 g Rucola
800 g Rindslungenbraten
8 EL Olivenöl
4 EL Balsamicoessig
Meersalz aus der Mühle
Pfeffer aus der Mühle

ZUBEREITUNG

Den Lungenbraten in vier gleich große Teile schneiden, pfeffern und in etwas heißem Öl von beiden Seiten bei großer Hitze (je nach gewünschtem Garungsgrad) kurz anbraten. In eine feuerfeste Form legen und zugedeckt im auf 60 °C vorgeheizten Backrohr ruhen lassen.
In die heiße Pfanne das restliche Öl sowie Essig, Salz und Pfeffer geben und so lange gründlich verrühren, bis eine sämige Sauce entsteht. Die gewaschene, abgetropfte Rucola damit marinieren. Jedes Filet mit grobem Meersalz würzen, in etwa 0,5 cm dicke Scheiben schneiden. Die Rucola auf Tellern anrichten und die Filetstreifen attraktiv darauf platzieren.

GARUNGSZEIT: 4–7 Minuten
BEILAGENEMPFEHLUNG: knuspriges Weißbrot
TIPP: Um den erreichten Garungsgrad der Steaks zu ermitteln, können Sie auch die Fingerprobe anwenden. Je mehr das Fleisch bei einem sanften Druck mit dem Finger nachgibt, desto blutiger ist das Steak noch. Gibt das Fleisch kaum mehr nach, so ist das Steak praktisch völlig durchgebraten.

Rinderhüfte mit Gazpachosalat

Estremadura

ZUTATEN

4 Rindersteaks (aus der Huft), gut abgehangen
4 Frühlingszwiebeln
1 rote Zwiebel
1 Salatgurke
2 Tomaten
je 1 rote und gelbe Paprikaschote
2 Knoblauchzehen
1 Selleriestange
Saft von 1 Zitrone
1 cl Madeira
200 ml Rindsuppe
250 ml Olivenöl
1 Chilischote
Meersalz aus der Mühle
Pfeffer aus der Mühle
Olivenöl zum Braten

ZUBEREITUNG

Die Tomaten kurz überbrühen, schälen, entkernen und in Scheiben schneiden. Die Gurke schälen, halbieren, entkernen und in feine Streifen schneiden. Paprikaschoten schälen, entkernen und in Streifen schneiden. Das restliche Gemüse ebenfalls in feine Streifen bzw. Scheiben schneiden. Aus Zitronensaft, Madeira, Rindsuppe, Meersalz und Olivenöl eine Marinade anrühren und das ganze Gemüse außer der Chilischote darin für mindestens 1 Stunde kühl ziehen lassen. Die Chilischote schneiden und je nach gewünschter Schärfe mehr oder weniger zugeben.
Die Steaks pfeffern und in etwas heißem Olivenöl auf beiden Seiten je ca. 3 Minuten anbraten und im vorgeheizten Backrohr bei 70 °C noch etwa 5 Minuten rasten lassen. Mit frisch gemahlenem Salz würzen und gemeinsam mit dem kalten Salat servieren.

BACKROHRTEMPERATUR: 70 °C
GARUNGSZEIT: ca. 6 Minuten braten, 5 Minuten rasten

Bollito misto auf Novelli-Art

ZUTATEN

4 Kaninchenkeulen
4 Rinderfilets mit je ca. 80 g
4 Scheiben Gänseleber mit je ca. 30 g
250 ml Weißwein
10 Pfefferkörner
2 Lorbeerblätter
je 2 Zweige Salbei, Thymian und Rosmarin
3 Knoblauchzehen, zerdrückt
2 Zwiebeln, grob geschnitten
1 Selleriestange, grob geschnitten
Meersalz aus der Mühle
Pfeffer aus der Mühle

FÜR DIE GEMÜSEEINLAGE

2 Karotten, in Scheiben geschnitten
1 gelbe Rübe, in Scheiben geschnitten
100 g junge Erbsenschoten
50 g Butter
100 ml Bollito-Fond

FÜR DIE SAUCE

200 ml Bollito-Fond
50 ml Weißwein
50 g Butterflocken, kalt
50 g Gänseleber

ZUBEREITUNG

Für den Fond etwa 1 Liter Wasser mit Weißwein, Pfefferkörnern, Lorbeerblättern, Kräutern, Zwiebeln, Knoblauch und etwas von dem Sellerie (Rest für die Einlage aufheben) gemeinsam aufkochen. Leicht salzen. Bei den Kaninchenkeulen den Schlussknochen auslösen und die Keulen im Fond 20–25 Minuten kochen. Sobald sie weich sind, herausheben und beiseite stellen. Den Fond passieren. Wieder erwärmen und für die Einlage darin nacheinander (je nach Garungspunkt) Karotten, Rüben, den restlichen Sellerie sowie die Erbsenschoten weich kochen. Dann abseihen und insgesamt 300 ml Fond beiseite geben.

Nun das Gemüse mit etwa 100 ml Bollito-Fond und der Butter aufkochen und einkochen lassen, bis der Fond schön sämig ist. Mit Salz und Pfeffer abschmecken. Währenddessen die Kaninchenkeulen wieder zurück in den Fond geben und etwa 5 Minuten leicht köcheln lassen. Dann die Rinderfilets einlegen und nach weiteren 2–3 Minuten die Gänseleber zufügen. Je nach gewünschtem Garungsgrad noch weitere 4 Minuten köcheln lassen.

Für die Sauce Fond und Weißwein aufkochen und etwa um ein Drittel reduzieren. Die kalte Butter mit der Gänseleber in die Sauce einmixen, passieren und mit Salz und Pfeffer abschmecken. Nun in großen vorgewärmten Suppentellern zuerst das Gemüse anrichten, darauf das Fleisch legen und abschließend die Sauce darüber gießen.

GARUNGSZEIT: Kaninchenkeulen 30–40 Minuten
BEILAGENEMPFEHLUNG: knuspriges Ciabatta oder Baguette

Die Sauce, der Wein, der Pfeffer und der Totenschädel

Im Gegensatz zur sehr leichten und appetitlichen Novelli-Variante ist der klassische Bollito misto, wie man ihn vor allem im Veneto und in der Emilia-Romagna bekommt, zumeist ein recht deftiges Essen, bei dem neben Rindfleisch, Kalbskopf und Schweinsfuß oft auch gesottene Kapaune zum Einsatz kommen. Vor allem gibt es dazu, neben der klassischen Salsa verde (grünen Sauce), fast immer auch eine Sauce, die den schönen Namen La Pearà trägt und ein mindestens ebenso echter Veroneser Klassiker ist wie „Romeo und Julia".

Der Name dieser aus Rindermark, Butter, Bröseln, Parmesan, Suppe und viel frisch geschrotetem Pfeffer zubereiteten Sauce stammt von Peperata di Rosamunda. Sie erinnert an jene unglückliche Langobardenkönigin aus dem sechsten Jahrhundert, die ihren bösen Gemahl Alboin der Legende nach mit einer vergifteten Pfeffersauce ermordete. Dieser hatte sie nämlich gezwungen, Wein aus dem Totenschädel ihres Vaters zu trinken, den Alboin, um Rosamunde heiraten zu können und selbst König zu werden, getötet hatte. Se non è vero, è ben trovato, aber dennoch: Guten Appetit!

Rinderschmorbraten mit Dörrzwetschken

Südspanien

ZUTATEN

1 kg Rindfleisch zum Schmoren (weißes Scherzel)
150 g Spickspeck
8 Knoblauchzehen
1 Zwiebel
3 Karotten
2 Selleriestangen
1 Apfel
1 Birne
8 Dörrzwetschken, ohne Kern
1 Dose Pelati (geschälte Tomaten)
Muskatnuss, gerieben
Zimtpulver
3 Gewürznelken
1 Lorbeerblatt
1 Rosmarinzweig
ca. 375 ml Rotwein
ca. 125 ml Rindsuppe
100 ml süßer Sherry
4 EL Olivenöl
Meersalz aus der Mühle
Pfeffer aus der Mühle
etwas Balsamicoessig

ZUBEREITUNG

Den Speck in Streifen, den Knoblauch stiftelig schneiden und das Fleisch damit spicken. Zwiebel, Karotten und Sellerie in Würfel schneiden. Den Rotwein in einen Topf gießen und das Fleisch gemeinsam mit den Gemüsewürfeln, Rosmarin, Lorbeerblatt und Gewürznelken einlegen. Mit Zimt, Muskatnuss sowie Pfeffer würzen und zugedeckt über Nacht marinieren.
Das Fleisch aus der Marinade nehmen, trocken tupfen und salzen. Das Olivenöl in einem Topf mit Deckel erhitzen und das Fleisch darin von allen Seiten kurz scharf anbraten. Herausheben und beiseite stellen. Die Marinade abseihen und die Gemüsewürfel im Bratenrückstand anbraten. Mit Sherry und etwas Marinade ablöschen. Apfel und Birne entkernen sowie würfelig schneiden. Gemeinsam mit den Tomaten und Dörrzwetschken beigeben. Mit Rindsuppe aufgießen und das Fleisch wieder einlegen. Auf kleiner Flamme ca. 90 Minuten zugedeckt schmoren. Währenddessen bei Bedarf noch Rindsuppe oder Wein zugießen. Das Fleisch herausheben und warm stellen. Die Sauce passieren und mit Salz, Pfeffer und einem Spritzer Balsamicoessig abschmecken. Nochmals kurz aufkochen. Das Fleisch in Scheiben schneiden, anrichten und mit der fertigen Sauce übergießen.

GARUNGSZEIT: ca. 90 Minuten
BEILAGENEMPFEHLUNG: Gnocchi oder Kartoffeln

Stifado

Griechenland

ZUTATEN

1 kg mageres Rindfleisch
1 kg Schalotten
3 Tomaten
750 ml Rindsuppe
1 Zimtstange
4 EL Rotweinessig
100 g Feta
Petersilie, gehackt
6 EL Olivenöl
Meersalz aus der Mühle
Pfeffer aus der Mühle

ZUBEREITUNG

Das Fleisch waschen, trocken tupfen, in mundgerechte Stücke schneiden sowie salzen und pfeffern. Tomaten kurz überbrühen, schälen, entkernen und kleinwürfelig schneiden. Olivenöl in einer Kasserolle erhitzen und nacheinander jeweils ein Viertel der Fleischstücke darin rundum kräftig anbraten und wieder herausheben (sonst zieht das Fleisch zuviel Wasser und wird gedünstet statt gebraten). Gesamtes Fleisch zugeben, Tomatenwürfel hinzufügen und kurz mitdünsten. Mit Suppe und Rotweinessig ablöschen sowie Zimtstange hinzufügen.
Nun das Fleisch bei mittlerer Hitze zugedeckt etwa 1 Stunde lang schmoren, dabei wiederholt umrühren. Dann die (nicht geschnittenen) Schalotten hinzufügen und mindestens weitere 30 Minuten lang schmoren, bis Zwiebeln und Fleisch weich sind. Mit Salz und Pfeffer abschmecken. Erst unmittelbar vor dem Servieren Feta und gehackte Petersilie darüber streuen.

GARUNGSZEIT: je nach Fleischqualität 1 1/2–2 Stunden
BEILAGENEMPFEHLUNG: Fladenbrot oder Reis

LAMM

Moussaka

Griechenland

ZUBEREITUNG

Die Melanzani gut waschen, trocken reiben, längs in fingerdicke Scheiben schneiden und einsalzen. Etwas ziehen lassen. Mit Küchenkrepp abtupfen, in wenig Olivenöl jede Seite ca. 1 Minute braten und wieder mit Küchenkrepp abtupfen. Die Zwiebeln feinwürfelig schneiden und in Olivenöl glasig dünsten. Das Faschierte sowie den gehackten Knoblauch zugeben, anbraten und mit Meersalz und Pfeffer würzen. Tomatenmark einrühren, mit Weißwein aufgießen und bei kleiner Hitze köcheln lassen, bis die Flüssigkeit fast ganz verkocht ist. Die Tomaten kurz überbrühen, schälen, entkernen und in kleine Würfel schneiden. Mit den gehackten Kräutern untermischen und nochmals abschmecken.

Eine feuerfeste Form mit Olivenöl ausstreichen und mit Semmelbröseln bestreuen. Nun abwechselnd Melanzani und Fleischmasse einfüllen, mit Melanzani abschließen. Butter schmelzen lassen, Mehl einrühren und mit der Milch langsam aufgießen, bis eine cremige Béchamelsauce entsteht. Durch ein feines Sieb passieren und etwas abkühlen lassen. Geriebenen Käse unter die verquirlten Eidotter mischen und in die Béchamelsauce einrühren. Mit Salz, Pfeffer und Muskatnuss abschmecken. Die Sauce über den Auflauf gießen und bei ca. 180 °C im vorgeheizten Backrohr etwa 45 Minuten backen. Vor dem Servieren etwas auskühlen lassen.

BACKROHRTEMPERATUR: 180 °C

BACKZEIT: ca. 45 Minuten

TIPP: Viele Griechen ziehen auch noch Eischnee unter die Béchamelsauce, was die „griechische Lasagne“ noch ein wenig leichter und flockiger macht.

ZUTATEN

2 kg mittelgroße Melanzani
2 Zwiebeln
ca. 700 g möglichst mageres Lammfleisch, faschiert
4 Knoblauchzehen, gehackt
750 g Tomaten
200 ml Weißwein
2 EL Tomatenmark
je 1 Zweig Oregano und Petersilie
50 g Semmelbrösel
60 g Butter
40 g Mehl
1 l Milch
Muskatnuss, gemahlen
2 Eidotter
75 g Kefalotiri-Käse, gerieben (ersatzweise Parmesan)
Olivenöl
Meersalz aus der Mühle
Pfeffer aus der Mühle

Gefüllte Kohlblätter

Türkei

ZUTATEN

1 Lâhana (türkischer Kohl) oder Wirsingkohl
600 g Lammfleisch, faschiert
1 Zwiebel
120 g Reis (am besten Basmatireis)
ca. 150 ml Hühnersuppe
Olivenöl
1 Prise Pimentpulver
Meersalz aus der Mühle
Pfeffer aus der Mühle
etwas frische Dille und Minze, gehackt

ZUBEREITUNG

Die Zwiebel feinwürfelig schneiden und in etwas Olivenöl anschwitzen. Den Reis dazugeben und mit etwa 120 ml Wasser aufgießen. Aufkochen und dann so lange kochen, bis die Flüssigkeit fast vollständig verdampft ist. Das Lammfaschierte mit dem Reis vermengen und mit Dille, Piment sowie Minze würzen. Mit frisch gemahlenem Meersalz und Pfeffer abschmecken.
Die Kohlblätter einzeln blanchieren (mit heißem Wasser überbrühen) und auf einem Tuch trocknen lassen. Blätter auflegen, die Masse darauf verteilen, einrollen und die Enden gut einschlagen. Die Hühnersuppe in einer Kasserolle aufkochen, die Rouladen einlegen und zugedeckt bei kleiner Hitze ca. 20 Minuten garen. Die Röllchen herausheben, anrichten und mit dem eigenen Saft servieren.

GARUNGSZEIT: ca. 20 Minuten

TIPP: Sollten Sie Schwierigkeiten beim Einrollen der Blätter haben, so umwickeln Sie die Rouladen einfach mit Zwirn und entfernen diesen vor dem Servieren.

Köfte/Keftedes

Türkei/Griechenland

ZUTATEN

750 g Faschiertes von Lamm und Rind, im Verhältnis 1:1
5 Knoblauchzehen, sehr fein gehackt
1 TL Backpulver
1/2 TL Nelkenpulver
1 TL getrockneter Oregano
1 TL Pfeffer, frisch geschrotet
1 TL Salz
1 TL edelsüßes Paprikapulver
Olivenöl

ZUBEREITUNG

Gehackte Knoblauchzehen in wenig lauwarmem Wasser einweichen. Backpulver, Nelkenpulver, Oregano sowie frisch geschroteten Pfeffer hinzufügen. Das Faschierte mit Salz und Paprika würzen, die Knoblauchmischung darunter rühren. So viel Wasser (am besten Mineralwasser) hinzufügen, dass die Masse zwar fest und leicht formbar, aber nicht steif ist. Mit Folie gut abdecken und über Nacht im Kühlschrank ziehen lassen. Danach aus der Masse kleine Kroketten formen. Auf dem Grill oder in einer heißen Pfanne in Öl rundum braun und knusprig braten.

GARUNGSZEIT: 7–12 Minuten, je nach Größe der Köfte

BEILAGENEMPFEHLUNG: Bauernsalat oder Copski-Salat (s. S. 147 bzw. 146) sowie Fladenbrot oder Pilaw „Topkapi“ (s. S. 218)

Adana Kebap

Türkei

ZUBEREITUNG

Lammfleisch, Zwiebeln und Knoblauch in Würfel schneiden. Mit etwas Petersilie, Meersalz und den Chilischoten in eine Küchenmaschine geben und nur kurz ancuttern (mixen). Es soll keine feine, sondern eine relativ grobe Masse entstehen. Mit Pfeffer und nach Bedarf nochmals mit Salz abschmecken. Die Masse mit befeuchteten Händen in der Form eines Würstchens jeweils rund um einen Metallspieß pressen und zart mit Öl bestreichen. Paprikaschoten entkernen und vierteln. Spieße und Paprikaschoten am besten auf einem Holzkohlengrill ca. 10 Minuten grillen. Auf vorgewärmten Tellern anrichten und jeweils mit etwas Joghurt und Zitronenspalten garnieren.

GARUNGSZEIT: ca. 10 Minuten
BEILAGENEMPFEHLUNG: Pilaw „Topkapi“ (s. S. 218)

VARIANTE:

Geviertelte Paprikaschoten mit Olivenöl bestreichen, je eine halbe Knoblauchzehe darauf legen und bei 180 °C im vorgeheizten Backrohr ca. 10 Minuten braten. Die Lammspieße in einer Pfanne in wenig Olivenöl von allen Seiten scharf anbraten, auf die Paprikaschoten setzen und weitere 5–10 Minuten im Rohr garen. Wie oben beschrieben garnieren und auftragen.

TIPP: In dem aus Adana in der Südtürkei stammenden Originalrezept wird das fein gehackte Lammfleisch nicht auf einen Spieß, sondern auf ein zuvor gut geöltes Kebap-Schwert gesteckt, auf dem es auch besser hält. Das Originalgewürz heißt *Kirmizi Biber* und wird aus etwas milderen Chilischoten hergestellt, die zerstoßen und mit Öl verrieben werden. Der optimale Schärfegrad liegt etwa in der Mitte zwischen edelsüßem Paprika und Cayennepfeffer.

ZUTATEN

- ca. 700 g Lammfleisch
- 5 kleine getrocknete Chilischoten
- 2 rote Zwiebeln
- 3 Knoblauchzehen
- 2 Paprikaschoten
- Petersilie
- Zitronenspalten und Joghurt zum Garnieren
- Meersalz aus der Mühle
- Pfeffer aus der Mühle
- Olivenöl

Schisch Kebap

Türkei

ZUTATEN

500 g Lamm- oder Hammelfleisch (von Schulter oder Keule)
4 Lammnieren
4 Tomaten
4 grüne Paprikaschoten

FÜR DIE MARINADE

3 Zwiebeln
5 Knoblauchzehen, sehr fein gehackt
1 TL Kreuzkümmel
2 EL Olivenöl
1 EL Milch
1 KL Minze, fein gehackt
1 KL Salz

ZUBEREITUNG

Das Fleisch am Vortag würfelig schneiden. Die Nieren gut wässern, dann von Strängen befreien und vierteln. Für die Marinade die Zwiebeln gut ausdrücken bzw. -pressen und den Zwiebelsaft mit den restlichen Zutaten gut vermengen. Fleisch sowie Nieren zugeben, durchmischen, mit Folie abdecken und mindestens 8 Stunden im Kühlschrank unter gelegentlichem Wenden gut durchziehen lassen. Paprikaschoten entkernen, Stiel entfernen und in grobe Stücke schneiden. Tomaten vierteln. Nun abwechselnd Lammfleisch, Paprika, Lammniere und Tomaten auf Spieße stecken. Spieße auf dem Holzkohlengrill oder in einer Pfanne in erhitztem Olivenöl, je nach Hitze 3–6 Minuten grillen. Nur so lange grillen, bis das Fleisch gerade durch ist.

GARUNGSZEIT: 3–6 Minuten

BEILAGENEMPFEHLUNG: Tsatsiki (s. S. 82) und Fladenbrot

TIPPS:
- Mit diesem Gericht eng verwandt sind die griechischen Souvlaki, die sich nur durch die Marinade etwas unterscheiden. Eine typische Souvlaki-Marinade wird aus dem Saft einer Zitrone, 2 EL Olivenöl, 2–3 zerdrückten Knoblauchzehen, 1 KL Souvlaki-Gewürz sowie Salz und Pfeffer angerührt.
- Selbstverständlich lassen sich die Spieße auch mit Rind-, Schweine-, Truthahn- oder Hühnerfleisch zubereiten.

Gyros (Döner) in Folie

Griechenland/Türkei

ZUTATEN

700 g nicht zu fettes Lammfleisch (aus der Schulter)
500 g Tomaten
3 Paprikaschoten
1 Bund Petersilie
150 g Zwiebeln
3 TL Salz
1 TL Pfeffer
1 TL Paprikapulver

ZUBEREITUNG

Lammfleisch, Tomaten, Paprikaschoten und Zwiebeln in mundgerechte Würfel schneiden. Petersilie fein hacken. Fleisch mit Gemüse, Petersilie, Salz, Pfeffer und Paprika gut vermischen. In 4 Portionen teilen und jeweils eine davon auf ein Stück Alufolie setzen. Die Alufolie überlappend verschließen und das Päckchen auf ein Backblech legen. Mit den anderen 3 Portionen ebenso verfahren und alle Gyros-Pakete im vorgeheizten Backrohr bei ca. 180 °C je nach Fleischqualität 60–90 Minuten lang garen. Gyros in der Folie servieren und erst bei Tisch öffnen.

BACKROHRTEMPERATUR: 180 °C

GARUNGSZEIT: 60–90 Minuten (je nach Fleischqualität)

BEILAGENEMPFEHLUNG: Fladenbrot oder Pilaw „Topkapi“ (s. S. 218)

TIPPS:
- Dieses Rezept kann auch mit Rind-, Kalb-, Hühner- oder Putenfleisch zubereitet werden. Die Garzeiten müssen dann allerdings entsprechend der Art und Qualität des Fleisches angepasst werden.
- Im Fachhandel sind auch spezielle Gyros-Gewürze erhältlich. In diesem Fall kann man sich das Würzen mit Salz, Pfeffer und Paprikapulver nahezu oder auch völlig ersparen.

Lammkoteletts mit geschmortem Knoblauch

Griechenland

ZUTATEN

12 kleine Lammkoteletts
2 ganze Knoblauchknollen (vorzugsweise junger Frühlingsknoblauch)
je 8 grüne und schwarze Kalamata-Oliven, entkernt
1 Bund Thymian
1/2 Bund Estragon
Olivenöl
Meersalz aus der Mühle
Pfeffer aus der Mühle

ZUBEREITUNG

Die ganzen Knoblauchknollen mit der Schale halbieren und in einer feuerfesten Pfanne in etwas Olivenöl anbraten. Einmal wenden und an den Rand der Pfanne schieben (so schmort der Knoblauch weiter und kann den Koteletts das würzige Knoblaucharoma verleihen). Die Lammkoteletts mit frisch gemahlenem Meersalz sowie Pfeffer würzen und beidseitig kurz, aber scharf anbraten. Koteletts aus der Pfanne nehmen, noch etwas Öl zugießen und Thymian und Estragon auf dem Pfannenboden verteilen. Koteletts wieder darauf legen, Oliven zugeben und alles ca. noch 6–8 Minuten im vorgeheizten Backrohr bei 150 °C ziehen lassen. In der Pfanne servieren und bei Tisch nochmals mit bestem Olivenöl beträufeln.

BACKROHRTEMPERATUR: 150 °C
GARUNGSZEIT: insgesamt 10–12 Minuten
BEILAGENEMPFEHLUNG: Rosmarinkartoffeln (s. S. 353)

Lammkarree von den Balearen

Mallorca

ZUTATEN

2 ganze Lammkarrees
3–4 Knoblauchzehen, mit dem Messerrücken zerdrückt
Olivenöl

FÜR DIE KRÄUTERKRUSTE

150 g Butter
100 g Semmelbrösel
2 Knoblauchzehen, gehackt
100 g gemischte Kräuter, gehackt (Rosmarin, Thymian, Fenchelgrün, Petersilie, Estragon und Oregano)
Saft von 1/2 Zitrone
Meersalz aus der Mühle
Pfeffer aus der Mühle

ZUBEREITUNG

Etwas Olivenöl mit dem zerdrückten Knoblauch vermischen und die Karrees damit gut einreiben. In einer feuerfesten Bratenpfanne (am besten in einer Kupferpfanne) rundum in etwas Olivenöl anbraten und im vorgeheizten Backrohr bei 160 °C weiterbraten.

Für die Kräuterkruste die wachsweiche Butter mit einem Handmixer schaumig aufschlagen. Den gehackten Knoblauch, gehackte Kräuter, Zitronensaft sowie Semmelbrösel unter die Butter mischen. Mit Salz und Pfeffer abschmecken.

Nach ca. 20 Minuten das Lamm aus dem Backrohr nehmen und auf Oberhitze schalten. Das Fleisch ein paar Minuten ruhen lassen und dann mit der Kräutermasse bestreichen. Ins Rohr schieben und goldgelb überbacken. Herausnehmen, tranchieren und anrichten.

BACKROHRTEMPERATUR: 160 °C
GARUNGSZEIT: ca. 25 Minuten
BEILAGENEMPFEHLUNG: Rosmarinkartoffeln (s. S. 353) und Ratatouille (s. S. 370)

Lammkrone mit geschmortem Gemüse

Provence

ZUTATEN

2 Lammkronen
3 Knoblauchzehen
je 2 Zweige Thymian, Rosmarin und Estragon
1 Zucchini
je 1 rote und gelbe Paprikaschote
2 Selleriestangen
1 Karotte
1 Fenchelknolle
125 ml Kalbsfond
Dijonsenf
Meersalz aus der Mühle
Pfeffer aus der Mühle
4 EL Butter
Olivenöl
in Butter geschwenkte Erbsenschoten und Cherry-Tomaten zum Garnieren

ZUBEREITUNG

Das Lammfleisch mit Dijonsenf bestreichen und mit Salz und Pfeffer ordentlich würzen. Die Zucchini in dünne Scheiben schneiden. Die Paprikaschoten entstielen, entkernen und in kleine Würfel schneiden. Den geschälten Sellerie in etwa 2 cm große Stücke, die geputzte Karotte in Scheiben schneiden und den Fenchel vierteln.

In einer Pfanne etwas Olivenöl erhitzen und die Lammkrone von beiden Seiten scharf anbraten. Mit der Fleischseite nach oben in das auf etwa 170–180 °C vorgeheizte Backrohr stellen und je nach gewünschtem Garungsgrad (für medium am besten etwa 10–12 Minuten) braten. Das Lamm herausnehmen, in Alufolie wickeln und einige Minuten rasten lassen.

In der Zwischenzeit die Zucchini, Karotte, Paprika und Sellerie nacheinander in wenig Öl anbraten, mit dem Fond aufgießen und den Fenchel dazugeben.

Jeweils einen Zweig der Kräuter fein hacken, zugeben und alles etwa 10 Minuten zart köcheln lassen. Mit Salz und Pfeffer abschmecken.

Nun 1 (!) Esslöffel Butter in einer Pfanne schmelzen lassen. Die restlichen Kräuter fein hacken, gemeinsam mit dem in Streifen geschnittenen Knoblauch zugeben und das Lamm einlegen. Nochmals rundum kurz „nachbraten“. Die Lammkronen aus der Pfanne heben und jeweils halbieren. Die restliche Butter unter das Gemüse rühren und das fertige Gemüse auf Tellern anrichten. Je eine Lammkronenhälfte darauf drapieren und mit den Kräutern, den in Butter geschwenkten Erbsenschoten sowie Tomaten garnieren.

BACKROHRTEMPERATUR: 170–180 °C
GARUNGSZEIT: Lamm ca. 12–15 Minuten, Gemüse ca. 10 Minuten

TIPP: Entscheidend, ob das Fleisch wirklich zart und rosig wird, ist neben der Fleischqualität vor allem auch die Temperatur, mit der es zubereitet wird. Sehr hilfreich dabei ist ein Fleischthermometer, wie es bei modernen Küchenausstattern (z. B. AEG) mittlerweile schon zur Standardausrüstung eines soliden Backrohrs gehört.

Lamm-Kartoffel-Ragout

Umbrien

ZUTATEN

500 g Lammfleisch (Schulter oder Keule)
500 g Kartoffeln
300 g Tomaten
4 EL Olivenöl
2 EL Petersilie, gehackt
1 Rosmarinzweig, grob gehackt
1 TL Oregano
1 Zwiebel
1 Knoblauchzehe
Meersalz aus der Mühle
Pfeffer aus der Mühle
50 g Pecorino, frisch gerieben

ZUBEREITUNG

Das Lammfleisch in mittelgroße Stücke teilen. Die Kartoffeln in grobe Würfel, die Zwiebel in Ringe und die Knoblauchzehe in feine Scheiben schneiden. Das Lammfleisch mit den Kartoffeln in eine feuerfeste Form geben. Die Tomaten kurz überbrühen, schälen und in kleine Stücke schneiden. Mit Olivenöl, gehackter Petersilie, Rosmarin, Oregano, Zwiebeln und Knoblauch vermischen. Mit Salz und Pfeffer abschmecken und unter das Fleisch mengen. Alles mit frisch geriebenem Pecorino bestreuen und die Form mit Alufolie abdecken. Im vorgeheizten Backrohr bei 170 °C ca. 2 Stunden garen.

BACKROHRTEMPERATUR: 170 °C
GARUNGSZEIT: ca. 2 Stunden

Lamm-Artischocken-Ragout mit Marsalakartoffeln

Sizilien

ZUTATEN

800 g Lammfleisch (vom Nacken)
1 Stück Fenchel
150 g Schalotten, grob gehackt
4 Knoblauchzehen
4 Tomaten
3 Artischocken
2 Thymianzweige, gehackt
3 EL Tomatenmark
4 eingelegte Sardellen, gehackt
300 ml Rotwein
2 Zwiebeln
16 kleine Kartoffeln
200 ml Marsala (ersatzweise anderer Süßwein)
Rindsuppe zum Aufgießen
Meersalz aus der Mühle
Pfeffer aus der Mühle
Olivenöl

ZUBEREITUNG

Das Lammfleisch gut zuputzen (allfällige Sehnen entfernen) und in Würfel schneiden. Tomaten kurz überbrühen, schälen, entkernen und in kleine Würfel schneiden. Fenchel sowie Knoblauch ebenfalls in kleine Würfel schneiden und mit den Tomaten und Schalotten in etwas Olivenöl anbraten. Tomatenmark sowie gehackte Sardellen einrühren und mit Rotwein ablöschen. Einmal aufkochen lassen und das Fleisch zugeben. Langsam mit Rindsuppe immer wieder aufgießen, aber nicht zu viel zugießen (das Fleisch soll gerade bedeckt sein). Etwa 1–1 1/2 Stunden schmoren, bis das Fleisch schön zart ist.

Währenddessen für die Marsalakartoffeln die Zwiebeln in Streifen schneiden und mit den geschälten Kartoffeln in etwas Olivenöl kurz andünsten. Mit Marsala und etwas Rindsuppe ablöschen und ca. 20 Minuten weich kochen. Mit Meersalz und Pfeffer abschmecken.

Dann Artischocken putzen (s. auch S. 12f.) und die Böden in kleine Ecken schneiden, kurz überbrühen und in etwas Olivenöl braten. Das fertige Ragout in vorgewärmten tiefen Tellern anrichten, die Artischocken darüber verteilen und mit gehacktem Thymian bestreuen. Mit den Marsalakartoffeln servieren.

GARUNGSZEIT: Lammragout ca. 1–1 1/2 Stunden (je nach Qualität), Kartoffeln ca. 20 Minuten

Flaschen statt Fischen

Was den Portugiesen ihr Portwein, das ist den Sizilianern ihr Marsala. Gemeinsam ist beiden nicht nur ihre Süße, sondern auch der wesentliche Beitrag, den die Engländer zu ihrer Entstehung leisteten. Schon 1770 gelangte nämlich der Weinhändler John Woodhouse aus Liverpool nach Sizilien, kostete den Wein und ließ ihn gleich fässerweise in seine englische Heimat ausführen. Dort war der Marsala-Wein ein so großer Erfolg, dass Woodhouse zurückkehrte, eine riesige Tonnara (Thunfischfangstelle) im Hafen erwarb und statt Fischen Flaschen einfing. Berühmt wurde Woodhouse vor allem durch einen seiner größten und prominentesten Kunden: die britische Marine unter Admiral Nelson.

Lamm-Güveç mit Feigen und Mandeln

Türkei

ZUTATEN

600 g Lammschulter
6 Schalotten
8 getrocknete Feigen, geviertelt
100 g Mandeln, geschält
1 EL Honig
2 Lorbeerblätter
Butter
Meersalz aus der Mühle
Pfeffer aus der Mühle
Lamm- oder Hühnerfond
200 g Weintrauben, entkernt

ZUBEREITUNG

Die geschälten Schalotten im Ganzen in etwas Butter anschwitzen. Das Lammfleisch in Würfel schneiden, zugeben und anbraten. Feigen, grob geschnittene Mandeln, Lorbeerblätter und abschließend den Honig einrühren. Salzen sowie pfeffern und sofort mit Fond ablöschen (das Fleisch sollte gerade knapp bedeckt sein). Nun unter wiederholtem Umrühren 1–1 1/2 Stunden (je nach Größe der Stücke und Fleischqualität) weich schmoren. Mit Meersalz und Pfeffer abschmecken und die entkernten Trauben zugeben. Kurz rasten lassen und im Topf servieren.

GARUNGSZEIT: 1–1 1/2 Stunden
BEILAGENEMPFEHLUNG: Kartoffelpüree und Blattspinat

Lammragout mit Oliven

Provence

ZUTATEN

900 g Lammfleisch (von der Schulter)
5 EL Olivenöl
250 ml Lamm- oder Kalbsfond (ersatzweise Fleischsuppe)
100 g schwarze Oliven, entkernt
Oregano
etwas Chilischote, klein gehackt
Saft von 1 Zitrone
Meersalz aus der Mühle
Mehl zum Wenden

ZUBEREITUNG

Das Lammfleisch in Scheiben schneiden, in Mehl wenden und in heißem Olivenöl kräftig von allen Seiten anbraten. Salzen, die Hälfte des Fonds zugießen und ca. 30 Minuten bei mittlerer Hitze schmoren lassen. Die entkernten Oliven klein hacken und mit der Chilischote sowie Oregano zugeben. Mit dem restlichen Fond aufgießen. Bei reduzierter Hitze weitere 90 Minuten weich schmoren. Mit Zitronensaft beträufeln und servieren.

GARUNGSZEIT: ca. 2 Stunden
BEILAGENEMPFEHLUNG: Pommes dauphinoises (s. S. 353)

Im Heu gegarte Milchlammschulter

Provence

ZUTATEN

1 Lammschulter
(ca. 1,5 kg mit Knochen, wenn möglich vom Milchlamm)
2 EL Dijonsenf
2 Knoblauchzehen
je 2 Zweige Thymian und Rosmarin
Meersalz aus der Mühle
Pfeffer aus der Mühle
Heu von wilden Wiesen oder Weinbergen

ZUBEREITUNG

Den Senf mit dem gehackten Knoblauch und den gehackten Kräutern zu einer Paste verrühren. Die Lammschulter mit der Paste gut einreiben und mit frisch gemahlenem Meersalz und Pfeffer würzen. Die Schulter zuerst in das Heu, dann in Alufolie wickeln. In eine Bratform setzen und im vorgeheizten Backrohr bei 180 °C ca. 1 1/2 Stunden braten. Das Heu sauber von der Schulter entfernen und den Lammbraten bei Oberhitze nochmals etwas braun werden lassen. Herausnehmen und tranchieren.

BACKROHRTEMPERATUR: 180 °C
GARUNGSZEIT: ca. 1 1/2 Stunden
BEILAGENEMPFEHLUNG: Ratatouille (s. S. 370)

GEFLÜGEL

Zitronenhuhn

Ligurien

ZUTATEN

1 Huhn (ca. 1,2 kg), küchenfertig
2 EL Petersilie, gehackt
25 g Butter
1 unbehandelte Zitrone
Saft von 2 Zitronen
3 Knoblauchzehen, mit dem Messerrücken zerdrückt
300 ml Hühnersuppe
ca. 100 ml Olivenöl
Meersalz aus der Mühle
Pfeffer aus der Mühle

ZUBEREITUNG

Das Huhn waschen, trocken tupfen und innen mit Butter ausstreichen. Mit Salz und Pfeffer würzen. Die Zitrone achteln und gemeinsam mit der Hälfte der Petersilie in die Bauchhöhle legen.
Das Öl in einem Topf mit höherem Rand und Deckel erhitzen und den Knoblauch mit der restlichen Petersilie darin anschwitzen. Das Huhn einlegen und von allen Seiten anbraten. Nochmals salzen und pfeffern. Dann etwa 2/3 der Suppe zugießen und zugedeckt ca. 35 Minuten schmoren. Währenddessen immer wieder frische Suppe zugießen und das Huhn mit etwas Suppe beträufeln, damit das Fleisch schön saftig bleibt. Danach mit Zitronensaft beträufeln und weitere 5 Minuten garen. Das Huhn aus dem Topf nehmen und warm stellen. Die Sauce bei kräftiger Hitze auf die gewünschte Konsistenz einkochen lassen, wobei die Sauce schön sämig sein sollte. Das Huhn zerlegen und mit der Sauce servieren.

GARUNGSZEIT: ca. 40–45 Minuten
BEILAGENEMPFEHLUNG: frische Blattsalate und Polenta oder Weißbrot
TIPP: Um zu überprüfen, ob das Huhn schon gar ist, stechen Sie mit einem Spießchen in den Schenkel. Tritt klarer Fleischsaft ohne Blut aus, so ist das Huhn fertig.

Gefülltes Huhn

Balearen

ZUBEREITUNG

Das Huhn waschen und trocken tupfen. Mangold in Salzwasser kurz kochen, kräftig ausdrücken und fein hacken. Ricotta mit Mangold, geriebenem Parmesan, Semmelbröseln, Ei, der Hälfte der Kräuter, Salz, Pfeffer und Muskatnuss vermengen. Das Huhn mit der Masse füllen und die Öffnung zunähen.

Zwiebel, Stangensellerie und Karotte in Scheiben schneiden und in heißem Olivenöl anrösten. Das mit den restlichen Kräutern eingeriebene Huhn einlegen und von allen Seiten anbraten. Salzen, pfeffern und die Butter auf dem Huhn schmelzen lassen. Die Hälfte der Suppe zugießen und zugedeckt auf kleiner Flamme ca. 60–65 Minuten köcheln lassen. Zwischendurch immer wieder mit etwas Suppe aufgießen, damit das Huhn nicht austrocknet. Huhn herausheben und warm stellen. Die Sauce abseihen und auf die gewünschte Konsistenz einkochen lassen (soll nicht zu flüssig sein). Abschmecken und mit dem inzwischen zerlegten Huhn servieren.

GARUNGSZEIT: 60–65 Minuten
BEILAGENEMPFEHLUNG: knuspriges Weißbrot

ZUTATEN

1 Huhn (ca. 1,2–1,5 kg), küchenfertig
1 Zwiebel
1 Selleriestange
1 Karotte
300 g Mangold
150 g Ricotta
50 g Parmesan, frisch gerieben
2 EL Semmelbrösel
1 Ei
20 g Butter
250 ml Hühnersuppe
3 EL Olivenöl
je 1 TL Majoran, Basilikum, Petersilie und Thymian, frisch gehackt
Meersalz aus der Mühle
Pfeffer aus der Mühle
Muskatnuss, gemahlen

Poularde mit Kapern und Oliven

Umbrien

ZUBEREITUNG

In einem Mörser Rosmarin, Knoblauchzehen und Pfefferkörner zerstoßen. Mit 2(!) EL Olivenöl, Salz und abgeriebener Zitronenschale vermischen. Die Poulardenteile damit einreiben und zugedeckt zumindest 30 Minuten ziehen lassen.

Das restliche Olivenöl erhitzen und die Poulardenteile darin rundum goldbraun anbraten. Den Zitronensaft mit Tomatenmark und Weißwein verrühren, zugießen und alles ca. 15–20 Minuten bei mittlerer Flamme schmoren. Die Sardellenfilets abspülen, fein hacken und zusammen mit den Oliven und Kapern in die Sauce einrühren. Weitere 5–10 Minuten köcheln lassen und dann mit Salz sowie Pfeffer abschmecken. Mit gehackter Petersilie bestreuen und servieren.

GARUNGSZEIT: 20–30 Minuten (je nach Größe der Hühnerteile auch länger)
BEILAGENEMPFEHLUNG: Rosmarinkartoffeln (s. S. 353) oder gebratene Polenta
TIPP: Sollten keine Poulardenteile zur Verfügung stehen, so verwenden Sie einfach das wohlschmeckende Fleisch von Bio- oder Freilandhühnern.

ZUTATEN

4 Poulardenteile (Brust oder Keule)
Saft und Schale von 1 unbehandelten Zitrone
1 TL Rosmarin
2 eingelegte Sardellenfilets
50 g schwarze Oliven, entkernt und halbiert
2 EL Kapern, gehackt
2 EL Tomatenmark
200 ml Weißwein
2 Knoblauchzehen
6 EL Olivenöl
ca. 8 Pfefferkörner
1 Bund Petersilie
Meersalz aus der Mühle
Pfeffer aus der Mühle

Gefülltes Perlhuhn

Maremma

ZUTATEN

1 Perlhuhn, küchenfertig
3 Salsicce (ital. Bratwürstchen)
5 frische Salbeiblätter
1 Rosmarinzweig, gezupft
1 TL Wacholderbeeren
3 Knoblauchzehen
4 EL Olivenöl
200 ml Pinot grigio oder anderer trockener Weißwein
1 Zitrone, in Scheiben geschnitten
Meersalz aus der Mühle
Pfeffer aus der Mühle

ZUBEREITUNG

Das Perlhuhn waschen und trocken tupfen. Die Salsicce enthäuten und die Fülle mit Salbei, Rosmarin und Knoblauch durch den Fleischwolf drehen. Die Wacholderbeeren untermischen, mit Salz sowie Pfeffer würzen und das Perlhuhn mit etwa der Hälfte der Masse füllen. Öffnung mit Zwirn vernähen. Das Perlhuhn mit Olivenöl bestreichen, salzen und pfeffern. Zusammen mit der restlichen Masse in eine feuerfeste Form geben und im vorgeheizten Backrohr bei 200 °C braten. Nach 10 Minuten den Wein zugießen und das Perlhuhn weitere 30–35 Minuten braten, bis es knusprig ist. Herausnehmen, tranchieren und mit der Fülle anrichten. Mit Zitronenscheiben garnieren und auftragen.

BACKROHRTEMPERATUR: 200 °C
GARUNGSZEIT: 40–45 Minuten
BEILAGENEMPFEHLUNG: Rosmarin- oder Salbeikartoffeln (s. S. 353 bzw. 352)

Die Hühner der Pharaonen

Faraone – so nennen die Italiener die Perlhühner, die wegen ihres vollen, kräftigen Geschmacks zum Lieblingsgeflügel der Südländer zählen. Das Fleisch des Perlhuhns erinnert stets ein wenig an Fasan und bedarf wie dieser sorgfältigen Begießens und Bestreichens, damit es beim Braten nicht austrocknet.

Nach Italien gelangte das ursprünglich wild lebende schwarze Huhn schon sehr früh, und zwar aus dem alten Ägypten. Man nannte das Tier damals daher auch gerne Huhn des Pharao oder Numidisches Huhn. Am besten mundet es übrigens, wie auch das vorangegangene Rezept zeigt, gefüllt. In früheren Zeiten verwendete man statt der Bratwurstmasse übrigens ganze Trüffeln, von denen man so viele in die Bauchhöhle stopfte, bis das Huhn entsprechend aufgeplustert war und die Öffnung vernäht werden konnte. Aber wer könnte sich derlei bei den heutigen Trüffelpreisen schon noch leisten?

Sherry-Ente

Katalonien

ZUTATEN

1 Ente (ca. 2 kg), küchenfertig
150 g Bauchspeck
2 Zwiebeln
2 Knoblauchzehen
2 Karotten
2 Tomaten
200 g grüne Oliven
250 ml Geflügelfond
1 Kräutersträußchen (etwa Thymian, Petersilie, Oregano, Lorbeer)
2 Gewürznelken
125 ml Sherry
einige Butterflocken, kalt
ca. 100 ml Olivenöl
Meersalz aus der Mühle
Pfeffer aus der Mühle

ZUBEREITUNG

Die Ente halbieren und dabei das Rückgrat entfernen. In portionsgerechte Stücke teilen, aber die Knochen nicht auslösen. Kräftig mit frisch gemahlenem Salz und Pfeffer würzen. In einem geeigneten Schmortopf das Olivenöl erhitzen und die Ente darin von allen Seiten anbraten. Bauchspeck, Zwiebeln und Knoblauch kleinwürfelig schneiden. Die Entenstücke wieder herausnehmen und im verbliebenen Bratenfett Bauchspeck, Zwiebeln und Knoblauch glasig anschwitzen. Die Karotten in kleine Würfel schneiden, dazugeben und 3–4 Minuten mitschmoren. Tomaten kurz überbrühen, schälen, entkernen und vierteln. Gemeinsam mit den Oliven untermischen und mit Geflügelfond aufgießen. Kräutersträußchen und Nelken zufügen und alles aufkochen lassen. Die Ententeile wieder zugeben und zugedeckt ca. 45 Minuten schmoren lassen. Kurz vor Ende der Garzeit den Sherry zugießen und mit Salz und Pfeffer abschmecken. Kräuter sowie Nelken entfernen, nochmals kurz aufkochen und vom Herd nehmen. Die Sauce mit kalter Butter montieren (binden) und auftragen.

GARUNGSZEIT: ca. 50–55 Minuten
BEILAGENEMPFEHLUNG: Polenta (s. S. 42)

KANINCHEN UND KITZ

Geschmortes Kaninchen

Ligurien

ZUTATEN

1 kg Kaninchenteile, küchenfertig
500 g Tomaten
1 Rosmarinzweig
3 Salbeiblätter
1 Thymianzweig
2 Lorbeerblätter
2 EL Pinienkerne
ca. 200 ml Weißwein
2 Knoblauchzehen
4 EL Olivenöl
2 EL Butter
Meersalz aus der Mühle
Pfeffer aus der Mühle
Muskatnuss, gerieben
3 EL Petersilie, grob geschnitten

ZUBEREITUNG

Die Kaninchenteile abspülen und mit Küchenkrepp trocken tupfen. Die Tomaten kurz überbrühen, schälen, entkernen und würfelig schneiden. Die Knoblauchzehen in Scheiben schneiden und gemeinsam mit Olivenöl, Butter, Rosmarin, Thymian, Salbei- und Lorbeerblättern in einem Schmortopf erhitzen. Die Kaninchenteile zugeben und rundum scharf anbraten. Mit Salz, Pfeffer und geriebener Muskatnuss würzen. Den Weißwein zugießen, kurz aufkochen, die Tomaten zugeben und alles auf kleiner Flamme zugedeckt ca. 45 Minuten schmoren. Bei Bedarf zwischendurch noch etwas Wein nachgießen. Die Pinienkerne kurz ohne Fett anrösten und erst unmittelbar vor dem Servieren mit der Petersilie unterrühren.

GARUNGSZEIT: ca. 45 Minuten
BEILAGENEMPFEHLUNG: Rosmarinkartoffeln (s. S. 353) oder gebratene Polentascheiben

Kaninchen auf Ischia-Art

Golf von Neapel

ZUTATEN
1 Kaninchen (ca. 1,2 kg), küchenfertig
200 g sonnen- bzw. ofengetrocknete Tomaten (s. S. 78)
300 g Tomaten
2–3 Knoblauchzehen
1 TL getrocknete Chilischoten, klein gehackt
6 EL Petersilie, fein gehackt
100 ml Weißwein
200 ml Olivenöl
Weißweinessig für das Essigwasser
grobes Meersalz

ZUBEREITUNG
Das Kaninchen in eine flache Schüssel legen, mit etwas Essigwasser übergießen und unter gelegentlichem Wenden zugedeckt 2 Stunden im Kühlschrank marinieren. Die frischen Tomaten kurz überbrühen, schälen, entkernen und vierteln. Die getrockneten Tomaten grob hacken. Kaninchen aus der Marinade nehmen, trocken tupfen und der Breite nach in möglichst viele kleine Stücke, den Rücken in 1,5 cm dicke Scheiben hacken.
Alle Stücke in reichlich Olivenöl rundum scharf anbraten. Grobes Meersalz, Chili sowie stiftelig geschnittene Knoblauchzehen hinzufügen, kurz mitrösten und dann mit Weißwein ablöschen. Getrocknete und frische Tomaten sowie Petersilie einrühren, aufkochen lassen und nochmals abschmecken. Dann die Hitze etwas reduzieren und (nicht zugedeckt) fertig braten, bis die Flüssigkeit völlig verdunstet ist und das Kaninchen von einem glänzenden Film überzogen ist. Währenddessen wiederholt wenden, bei Bedarf noch etwas Flüssigkeit (Wein oder Wasser) zugießen. Das Kaninchen im Topf auftragen.

GARUNGSZEIT: ca. 45 Minuten
BEILAGENEMPFEHLUNG: gebratene Polentascheiben oder knuspriges Weißbrot
TIPP: Das *Coniglio alla cacciatora,* wie es auf Ischia auch genannt wird, sollte nach dem Originalrezept in einer dickwandigen Tonpfanne zubereitet werden – was nicht heißt, dass man ähnliche Erfolge nicht auch in einer geeigneten Kasserolle aus Edelstahl erzielen könnte. Da Wildkaninchen, die „Optimalbesetzung“ für dieses Rezept, nur schwer erhältlich sind, sollte man stattdessen möglichst kleine und zarte Kaninchen verwenden.

Monsieur Parmentier und das Kaninchen

In der Kulturgeschichte der Kaninchenzucht spielt Antoine Augustin Parmentier (1737–1813) leider gar keine Rolle. Warum das Kaninchen dennoch zu einer Zubereitungsart „à la Parmentier“ kam, hat mit einer ganz anderen Leidenschaft des französischen Militärapothekers und Generalinspekteurs des Heeres-Medizinalwesens zu tun: Er gilt nämlich als „Vater der Kartoffel“, deren Segensreichtum für die Volksernährung er als einer der ersten in Europa erkannte. Als kleines Dankeschön haben ihm die Köche seiner Heimat die Garnitur „à la Parmentier“ gewidmet, was im Grunde nichts anderes bedeutet als: mit Kartoffeln und Fond oder Bratensaft.

Kaninchen à la Parmentier

Südfrankreich

ZUTATEN

4 Kaninchenkeulen
1 Zwiebel
1 Karotte
1 kleines Stück Sellerie
Wurzelgemüse für den Sud
Sardellenpaste
20 g Butter
20 g Mehl
2 Rosmarinzweige, gehackt
Meersalz aus der Mühle
Pfeffer aus der Mühle
Öl für die Form
Parmesan, frisch gerieben

FÜR DAS PÜREE

8 Kartoffeln, mehlig
100 ml Schlagobers
100 ml Milch
20 g Butter
100 ml Olivenöl
Meersalz aus der Mühle
Muskatnuss, gerieben

ZUBEREITUNG

Die Kaninchenkeulen mit dem Wurzelgemüse in Salzwasser aufstellen und in diesem Sud ca. 30 Minuten kochen. Die Keulen herausheben, etwas auskühlen lassen und dann auslösen. Den Fond zum Aufgießen aufbewahren. Fleisch in mundgerechte Würfel, Zwiebel, Karotte und Sellerie feinwürfelig schneiden. Butter schmelzen und das Gemüse darin anschwitzen. Mit Mehl stauben und mit etwas Kaninchenfond aufgießen. Sardellenpaste einrühren und alles etwa 10 Minuten gut durchkochen lassen. Das Fleisch zugeben und nochmals 10 Minuten mitschmoren. Mit gehacktem Rosmarin, Meersalz und Pfeffer würzen. Für das Püree die Kartoffeln in grobe Stücke schneiden und in Salzwasser etwa 30 Minuten weich kochen. Herausheben, abtropfen lassen und durch eine Kartoffelpresse drücken. Schlagobers, Milch, Butter und Olivenöl untermengen. Mit Meersalz und Muskatnuss abschmecken. In eine mit Öl ausgestrichene feuerfeste Form schichtweise Püree und Ragout einfüllen, mit Püree abschließen. Mit Parmesan bestreuen und im vorgeheizten Backrohr bei 180 °C etwa 25 Minuten backen.

BACKROHRTEMPERATUR: 180 °C
GARUNGSZEIT: Keulen ca. 30 Minuten, Auflauf ca. 25 Minuten
BEILAGENEMPFEHLUNG: frische Salate

Zicklein „au citron"

Provence

ZUTATEN

2 ausgelöste Zickleinkeulen (Ziegenkitzkeulen)
50 g Rohschinken, fein gehackt
1 Zwiebel, fein gehackt
100 ml Noilly-Prat (oder anderer trockener Wermut)
250 ml Kalbsfond (oder Rindsuppe)
2 Eidotter
2 EL Zitronensaft
1/2 TL Zitronenschale, fein gerieben
1 TL frischer Majoran, gehackt
1 EL frisches Basilikum, fein gehackt
3 EL Olivenöl
Meersalz aus der Mühle
Pfeffer aus der Mühle

ZUBEREITUNG

Die Zickleinkeulen mit Spagat in Form binden (oder bereits beim Fleischhauer binden lassen). Rundum gut mit Salz und Pfeffer würzen. In einem Bräter Olivenöl erhitzen und das Fleisch von allen Seiten gründlich anbraten. Herausheben und warm stellen. Zwiebeln und Rohschinken im verbliebenen Fett hell anschwitzen. Noilly-Prat eingießen und einreduzieren, bis die Hälfte der Flüssigkeit verdampft ist. Kalbsfond zugießen und ebenfalls aufkochen. Topf verschließen und das Fleisch im auf 200 °C vorgeheizten Backrohr 60–70 Minuten weich dünsten. Danach Fleisch aus der Sauce heben und warm stellen. Sauce gründlich entfetten und in eine Kasserolle umgießen. Hitze auf das absolute Minimum reduzieren. Eidotter, Zitronensaft und -schale mit den Kräutern verquirlen und damit den Bratensaft unter ständigem Rühren binden. Die Flüssigkeit darf aber auf keinen Fall kochen, da die Dotter sonst ausflocken. Fleisch tranchieren, anrichten und mit der Sauce umgießen.

BACKROHRTEMPERATUR: 200 °C
GARUNGSZEIT: ca. 60–70 Minuten
BEILAGENEMPFEHLUNG: Pommes dauphinoises (s. S. 353)

Gebratene Ziegenkitzkeulen

Andorra

ZUTATEN

2 kleine Ziegenkitzkeulen
2 ganze Knollen Knoblauch
10 Schalotten
3 Lorbeerblätter
2 Rosmarinzweige
Geflügelfond zum Aufgießen
Meersalz aus der Mühle
Pfeffer aus der Mühle
Olivenöl

ZUBEREITUNG

Die Knoblauchknollen halbieren, aber nicht schälen (der Knoblauch lässt sich nach dem Braten ganz leicht mit der Gabel herauslösen). Die Keulen mit etwas Olivenöl und der Schnittseite einer Knoblauchknolle gut einreiben. Salzen und pfeffern. Keulen in einen (am besten gusseisernen oder kupfernen) Bräter setzen, Knoblauch sowie Schalotten zugeben und rundum anbraten. Dann Lorbeerblätter sowie Rosmarin zugeben und im vorgeheizten Backrohr bei 160 °C unter wiederholtem Begießen ca. 60 Minuten braten. Werden die Schalotten zu dunkel, sofort mit Geflügelfond aufgießen. Sobald die Keulen fertig gebraten, aber innen noch zartrosa sind, herausheben und warm stellen.

Den verbliebenen Bratenrückstand samt Knoblauch und Schalotten nochmals mit etwas Geflügelfond aufgießen, kurz einkochen lassen und mit Meersalz sowie Pfeffer würzen. Die Keulen tranchieren und das Fleisch ebenfalls nochmals nachwürzen. Auf vorgewärmten Tellern anrichten, mit Schalotten und Knoblauch umgeben sowie mit Saft begießen.

BACKROHRTEMPERATUR: 160 °C
GARUNGSZEIT: ca. 60 Minuten
BEILAGENEMPFEHLUNG: Rosmarinkartoffeln (s. S. 353)
TIPP: Da die exakte Garungszeit stark von der Größe der Keulen abhängig ist, empfiehlt sich die Verwendung eines Bratenthermometers. Man steckt das Thermometer entlang des Oberschenkelknochens in das Fleisch und brät die Keulen so lange, bis dort eine Kerntemperatur von ca. 65 °C angezeigt wird.

WILD

WILD

Daube provençale vom Reh

(Rehschmorbraten)
Südfrankreich

ZUTATEN FÜR 6 PORTIONEN

1,5 kg Rehfleisch (aus Schulter oder Keule)
200 g Räucherspeck
8 Schalotten
4 kleine Karotten
1 Bouquet garni (Kräutersträußchen)
1 Lorbeerblatt
2 Gewürznelken
Muskatnuss, gerieben
3 Wacholderbeeren, zerdrückt
einige Pfefferkörner
750 ml würziger, roter Provencewein
100 ml Rotweinessig
3 Knoblauchzehen
Schale von 1 unbehandelten Orange
ca. 300 ml Wildfond oder Rindsuppe
3 EL Olivenöl
200 g schwarze Oliven
Meersalz aus der Mühle
Pfeffer aus der Mühle

ZUBEREITUNG

Rehfleisch grobwürfelig schneiden. Die Hälfte der Schalotten halbieren, Karotten in feine Scheiben schneiden. Fleischwürfel gleichmäßig in einer flachen Schüssel verteilen. Schalotten, Karotten, Bouquet garni, Lorbeerblatt, Nelken, Wacholderbeeren, Muskatnuss und Pfefferkörner darüber verstreuen. Mit Wein und Essig aufgießen. Gut durchmischen, abdecken und mindestens 8 Stunden im Kühlschrank ziehen lassen. Dabei wiederholt wenden.

Dann die Fleischstücke einzeln aus der Marinade heben, auf Küchenkrepp gut abtropfen lassen und nochmals einzeln trocken tupfen. Speck und restliche Schalotten in kleine Würfel schneiden. In einem Schmortopf in heißem Olivenöl hell anbraten. Fleischstücke zugeben und scharf anbraten. Die Marinade mitsamt allen Zutaten dazugießen. Zerdrückten Knoblauch und klein geschnittene Orangenschale einmengen. So viel Wildfond oder Suppe nachgießen, dass das Fleisch gerade bedeckt ist. Aufkochen, Deckel aufsetzen und im auf 150 °C vorgeheizten Backrohr 4–5 Stunden schmoren, bis das Fleisch so weich ist, dass man es mit einem Löffel zerteilen kann. Währenddessen gelegentlich wenden. Kurz vor Ende der Garzeit die entkernten und halbierten Oliven hinzufügen und noch kurz mitschmoren. Das Kräutersträußchen entfernen, mit Salz und Pfeffer abschmecken und heiß servieren.

BACKROHRTEMPERATUR: 150 °C
GARUNGSZEIT: 4–5 Stunden
BEILAGENEMPFEHLUNG: frisches Baguette
TIPPS:
- Wenn der beim Schmoren entstandene Saft zu dünn gerät, so verkneten Sie am besten ein nussgroßes Stück Butter mit Mehl und lösen es vor dem Servieren im Saft auf.
- Die *Daube* ist das klassische provençalische Schmorgericht schlechthin, das sich auch mit Rind-, Lamm- oder Wildschweinfleisch zubereiten lässt.

Wildschweinschmorbraten

Toskana

ZUTATEN

1 kg Wildschweinkeule oder -schulter
2 Karotten
2 rote Zwiebeln
2 Selleriestangen
2 Rosmarinzweige
5 Salbeiblätter
2 Knoblauchzehen
200 ml Olivenöl
500 ml Rotwein
600 g Pelati (geschälte Tomaten)
Salz aus der Mühle
Pfeffer aus der Mühle
Zucker nach Belieben

FÜR DIE MARINADE

2 Karotten
2 Zwiebeln
2 Selleriestangen
4 Knoblauchzehen
je 2 Zweige Rosmarin, Salbei, Thymian und Lorbeer
500 ml Rotwein

ZUBEREITUNG

Für die Marinade Karotten, Zwiebeln, Sellerie und Knoblauchzehen klein schneiden und mit den ebenfalls zerkleinerten Kräutern sowie dem Rotwein vermengen. Das Wildschweinfleisch in die Marinade legen und 8 Stunden zugedeckt kühl stellen. Währenddessen ab und an wenden. Dann das Fleisch aus der Marinade nehmen, kurz abwaschen und trocken tupfen. (Die Marinade wird aufgrund ihres sauren Geruchs nicht weiterverwendet.)
Karotten, Zwiebeln, Selleriestangen, Rosmarin, Salbei und Knoblauchzehen klein hacken und in einer Pfanne in heißem Olivenöl anrösten. Das Fleisch zugeben, kurz anbraten und mit Rotwein aufgießen. Die geschälten Tomaten einmengen. Salzen und pfeffern und auf kleiner Flamme ca. 2 Stunden zugedeckt schmoren lassen. Das Fleisch herausheben und kurz warm stellen. Den Saft passieren (am besten mit einer Flotten Lotte) und nochmals aufkochen lassen. Mit Salz, Pfeffer und nach Belieben mit einer Prise Zucker abschmecken.
Das Fleisch aufschneiden, auf vorgewärmten Tellern anrichten und großzügig mit Sauce übergießen.

GARUNGSZEIT: ca. 2 Stunden
BEILAGENEMPFEHLUNG: Polenta, gebraten oder cremig, oder Kartoffelpüree

Wildhase nach Avignoneser Art

Provence

ZUTATEN

1 Wildhase (ca. 1,5 kg), küchenfertig
500 ml würziger Rotwein
150 g Schalotten
300 ml Rindsuppe
200 g Geflügelleber
3 EL Olivenöl
2 EL Butter für die Geflügelleber
Pfeffer aus der Mühle
Meersalz aus der Mühle
kalt gepresstes Olivenöl zum Vollenden

FÜR DIE MARINADE

100 ml guter Rotweinessig
100 ml Wasser
4 EL Olivenöl
8 Pfefferkörner
1 Bund Thymian
1 Lavendelzweig
1 große weiße Zwiebel

ZUBEREITUNG

Für die Marinade die Zwiebel grob hacken und mit allen Zutaten gut vermengen. Den Hasen in 8 Teile zerteilen und diese in eine geeignete Schüssel legen. Mit der Marinade übergießen und 8 Stunden unter mehrmaligem Wenden kühl marinieren.

Danach in einem großen Bräter Olivenöl erhitzen und die klein gehackten Schalotten darin bei mittlerer Hitze glasig dünsten. Fleisch aus der Marinade heben, gut trocken tupfen und in den Bräter geben. Bei mittlerer Hitze unter ständigem Wenden allseitig anbraten. Marinade abseihen und die Hälfte davon zum Fleisch gießen, einkochen lassen, bis sie nahezu verdampft ist. Mit Rindsuppe und Rotwein ablöschen, salzen, pfeffern und etwa 50 Minuten bei geschlossenem Deckel auf kleiner Hitze weich schmoren.

Inzwischen die Geflügelleber fein hacken, in einer Pfanne in Butter anrösten und mit restlicher Marinade aufgießen. Einkochen lassen. Sobald die Sauce bindet, mit dem Stabmixer zu einer sämigen Masse pürieren. Sauce unter das Hasenfleisch rühren und noch weitere 5 Minuten schmoren. Deckel abnehmen, Hasenstücke herausheben und warm stellen. Die Sauce nach Bedarf noch einige Minuten bei großer Hitze einreduzieren, bis sie schön sämig ist. Den Topf von der Herdplatte ziehen und die Sauce noch mit einem Schuss Olivenöl abrunden. Fleisch auf vorgewärmten Tellern anrichten, mit etwas Sauce übergießen und den Rest extra in einem Saucenkännchen servieren.

GARUNGSZEIT: ca. 55 Minuten

BEILAGENEMPFEHLUNG: frisch gemachte Bandnudeln oder knuspriges Baguette

Cordon bleu von Fasan und Gänseleber

Novelli-Spezialität

ZUTATEN

2 Fasanenbrüste
(ca. 400 g)
1 Gänseleber
(ca. 400 g), in
8 Scheiben geschnitten
2 Chicorée
1 cl weißer Portwein
1 TL Staubzucker
etwas Butter
Parmesan, frisch gerieben
Olivenöl
Meersalz aus der Mühle
Pfeffer aus der Mühle

ZUBEREITUNG

Die Fasanenbrüste mit der Haut in etwas Olivenöl wenige Minuten rosa braten und leicht überkühlen lassen. Dann die Haut entfernen und die Brüste in je 6 Scheiben schneiden. Den Chicorée in einzelne Blätter teilen. In einer Pfanne etwas Butter mit dem Staubzucker karamellisieren und mit Portwein ablöschen. Die Chicoréeblätter zugeben, mit wenig Wasser (ca. 50 ml) aufgießen und zugedeckt etwa 5 Minuten weich dünsten. Herausheben und auf einem flachen Sieb abtropfen lassen.

Nun 4 Stück Plastikfolie aufbreiten und darauf die Chicoréeblätter sternförmig mit den Spitzen mittig zueinander gerichtet auflegen, sodass möglichst keine Zwischenräume bleiben. (Es sollten sich 4 Matten von ca. 10 x 15 cm Größe ergeben.) Dann abwechselnd Fasanenbrust- und Gänseleberscheiben auflegen und mit Fasanenbrust abschließen. Dabei die Schichten immer mit Salz und Pfeffer würzen und mit etwas Parmesan bestreuen. Abschließend die Chicoréeblätter mit Hilfe der Folie wie Packpapier um Leber bzw. Fasan schlagen. Es entsteht dadurch ein kleines Päckchen. Straff in die Folie wickeln und für mindestens 2 Stunden kalt stellen.

Cordon bleu aus der Folie nehmen und in etwas Butter (am besten in einer Teflonpfanne) zuerst auf der Seite mit den Chicoréespitzen anbraten und dann wenden. In eine feuerfeste Form mit der Seite der Chicoréespitzen nach oben legen. Mit Parmesan bestreuen und im vorgeheizten Backrohr bei 160 °C etwa 15 Minuten lang braten.

BACKROHRTEMPERATUR: 160 °C

GARUNGSZEIT: wenige Minuten anbraten, ca. 15 Minuten im Rohr braten

BEILAGENEMPFEHLUNG: Kartoffelpüree, nach Belieben mit ein paar Tropfen Trüffelöl verfeinert

TIPPS:
- Achten Sie darauf, keine Gänseleber erster Qualität zu kaufen. Sie würde beim Braten zu rasch zerfließen.
- Schneiden Sie die Gänseleber mit einem heißen Messer – die Leber lässt sich so viel leichter schneiden.

Wachteln mit Couscousfülle und Madeirasauce

Südspanien

ZUBEREITUNG

Wachteln waschen und mit Küchenkrepp trocken tupfen. Innen und außen salzen, pfeffern und beiseite stellen. Den Fond in einer Kasserolle erwärmen, klein gehackte Tomaten zugeben und mit Kardamom sowie Muskatnuss abschmecken. Couscous, Pinienkerne, Rosinen und Mandelsplitter hinzufügen und alles unter ständiger Zugabe von geschmolzener Butter und Olivenöl gut durchrühren, bis der Couscous die gesamte Flüssigkeit aufgesogen hat. Kasserolle vom Herd nehmen, abdecken und 7 Minuten quellen lassen.

Die Wachteln mit Couscous füllen und die Öffnungen gut vernähen. Restlichen Couscous warm stellen. Wachteln mit der Brustseite nach oben in einen mit Olivenöl ausgestrichenen Bräter setzen. Wachteln mit Olivenöl beträufeln, mit etwas Rosmarin belegen und ins auf 220 °C vorgeheizte Backrohr schieben. Nach etwa 5 Minuten Hitze auf 180 °C reduzieren und noch – je nach Größe der Wachteln – weitere 30–40 Minuten braten. Währenddessen mehrmals mit dem Bratenrückstand bestreichen und bei Bedarf etwas Wasser untergießen.

Für die Sauce inzwischen die gehackten Schalotten in wenig Butter glasig anschwitzen. Mit Rotwein ablöschen und einkochen lassen, bis die Flüssigkeit fast verkocht ist. Ein wenig Fond bzw. Suppe sowie Madeira zugießen und die Flüssigkeit abermals auf weniger als die Hälfte einkochen lassen. Vom Herd nehmen und die Sauce mit kalten Butterstücken montieren (binden), bis sie schön sämig ist. Die fertig gebratenen Wachteln jeweils auf einen vorgewärmten Teller setzen und die Sauce durch ein Haarsieb darüber passieren. Mit dem Rest des warm gestellten Couscous servieren.

BACKROHRTEMPERATUR: 220 °C auf 180 °C fallend
GARUNGSZEIT: ca. 35–45 Minuten
BEILAGENEMPFEHLUNG: Caponata (s. S 373)
TIPPS:
- Ist der extra gereichte Couscous schon etwas zu fest geworden, so rührt man einfach noch etwas heiße Suppe ein.
- Man kann dieses Rezept auch ganz ausgezeichnet auf Rebhühner oder Stubenküken anwenden.

ZUTATEN

4 Wachteln, ausgenommen und geputzt
250 g Couscous
250 ml Hühnerfond
2 mittelgroße Tomaten, enthäutet und entkernt
1 Messerspitze Kardamompulver
1 Messerspitze Muskatnuss, gemahlen
1 EL Pinienkerne
1 EL Rosinen
1 EL Mandelsplitter
2 EL Butter
1 EL Olivenöl
2 Rosmarinzweige
Meersalz aus der Mühle
Pfeffer aus der Mühle
Olivenöl für die Form

FÜR DIE SAUCE

4 Schalotten
100 ml starker, dunkler Rotwein
5 cl Kochmadeira
etwas Hühner- oder Entenfond (ersatzweise Suppe)
4 nussgroße kalte Butterstückchen zum Montieren
Butter zum Anschwitzen

INNEREIEN

Fegato alla veneziana
(Kalbsleber auf Venezianer Art)

ZUTATEN
ca. 700 g Kalbsleber
4 EL Olivenöl
25 g Butter
500 g Zwiebeln
1 EL Petersilie, gehackt
2 Lorbeerblätter
4 EL Kalbsfond
Meersalz aus der Mühle
Pfeffer aus der Mühle

ZUBEREITUNG
Zwiebeln schälen und in Ringe schneiden. In einer Kasserolle oder Pfanne (mit Deckel) Olivenöl und Butter erhitzen. Die Zwiebelringe zugeben und gemeinsam mit den Lorbeerblättern und der gehackten Petersilie ca. 10 Minuten bei geschlossenem Deckel dünsten. Währenddessen die gut geputzte Kalbsleber (ohne Häutchen etc.) in gleich große Scheiben schneiden und dann in die Pfanne geben. Die Temperatur erhöhen, den Fond zugießen und alles 5 Minuten schmoren. Die Leber wieder herausnehmen, mit frisch gemahlenem Pfeffer sowie Meersalz würzen und auf gut vorgewärmten Tellern anrichten. Die Zwiebeln darüber legen.

GARUNGSZEIT: Leber ca. 5 Minuten
BEILAGENEMPFEHLUNG: gebratene Polentascheiben

Weiß für die Reichen, gelb für die Armen

Dass man zur Venezianer Leber nur Polenta als Beilage reichen kann, ist jedem Bewohner der Lagunenstadt klar. Fragt sich nur welche? – Die Antwort auf diese Frage war in früheren Zeiten leichter zu geben als heute. Die Aristokratie der Stadt bevorzugte die teuren weißen Auszugsmehle und daher auch Weißbrot und weiße Grießpolenta. Die Armen hingegen mussten sich mit dem damals nicht besonders angesehenen Vollwertgetreide zufrieden geben und bekamen daher nur Schwarzbrot und gelbe Maispolenta auf den Tisch.

Kalbsleber mit Zwiebelconfit

Novelli-Spezialität

ZUTATEN

ca. 700 g Kalbsleber, in ca. 12–16 Scheiben geschnitten
2 Zwiebeln, in Streifen geschnitten
30 g Pinienkerne
30 g Rosinen
1 Majoranzweig, gezupft
100 g Butter
2 cl Grappa
50 ml Weißwein
etwas Honig
2 cl Kalbsjus
Meersalz aus der Mühle
Pfeffer aus der Mühle

ZUBEREITUNG

In einer Pfanne die Hälfte der Butter aufschäumen lassen und die in Streifen geschnittenen Zwiebeln langsam hell anschwitzen, bis nach und nach Wasser austritt. Die Hitze reduzieren und 20–25 Minuten weiter vor sich hin köcheln lassen. Währenddessen immer wieder etwas Weißwein zugießen, damit die Zwiebeln keine Farbe annehmen. Gegen Ende der Garzeit den gezupften Majoran, Rosinen, Pinienkerne und den Grappa einrühren. Mit Salz, Pfeffer und Honig abschmecken.
Die Kalbsleber pfeffern und in der restlichen Butter auf beiden Seiten für je 2–3 Minuten anbraten. Währenddessen dabei darauf achten, dass die Leber nicht zu dunkel wird. Das fertige Zwiebelconfit auf vorgewärmten Tellern anrichten, die gebratenen Kalbsleberscheiben darauf legen und mit frisch gemahlenem Meersalz würzen. Den erwärmten Kalbsjus über die Leber gießen.

GARUNGSZEIT: Kalbsleber 4–6 Minuten, Zwiebelconfit 25–30 Minuten
BEILAGENEMPFEHLUNG: Polenta auf Novelli-Art (s. S. 224)

Foto linke Seite

Kalbsleber mit frischen Feigen

Florenz

ZUTATEN

ca. 700 g Kalbsleber, in feine Scheiben geschnitten
8 frische Feigen
4 Schalotten
1 EL Kapern
2 Majoranzweige
300 ml Kalbsjus
1 cl Vin Santo, Sauternes oder ein anderer Süßwein
Balsamicoessig
Meersalz aus der Mühle
Pfeffer aus der Mühle
Butter zum Anschwitzen

ZUBEREITUNG

Die Schalotten in feine Streifen schneiden, die Feigen schälen und vierteln. Die Schalotten und die Hälfte der Feigen in etwas Butter anschwitzen. Mit Sauternes sowie etwas Balsamicoessig ablöschen und einkochen lassen. Mit dem Kalbsjus aufgießen und nochmals einkochen lassen.
Die Kalbsleberscheiben mit Pfeffer würzen und in einer Pfanne in brauner Butter von beiden Seiten kurz braten. Auf vorgewärmten Tellern anrichten. Den Bratrückstand in der Pfanne mit der zugegossenen Feigensauce lösen, aufkochen und die restlichen Feigen sowie die Kapern dazugeben. Abschließend den frisch gezupften Majoran einrühren und mit Salz sowie Pfeffer abschmecken. Die angerichteten Leberscheiben mit der fertigen Sauce überziehen und auftragen.

GARUNGSZEIT: Kalbsleber 4–6 Minuten
BEILAGENEMPFEHLUNG: Kartoffelpüree

Saltimbocca von der Kalbsleber

Latium

ZUTATEN

ca. 700 g Kalbsleber, in 16 Scheiben geschnitten
16 Salbeiblätter zum Belegen
5 Salbeiblätter für die Sauce
8 Scheiben Parmaschinken
100 ml Kalbsjus
50 ml Portwein
1 Schalotte, gehackt
1 EL Butter für den Salbeijus
50 g Butterflocken für die Sauce, kalt
50 g Butter zum Braten
etwas Olivenöl
Meersalz aus der Mühle
Pfeffer aus der Mühle

ZUBEREITUNG

Jedes Leberschnitzel mit je einem Salbeiblatt und einer halbierten Scheibe Schinken belegen und gut anpressen. Mit Pfeffer würzen. Für den Salbeijus die Butter aufschäumen und die gehackte Schalotte darin anschwitzen. Mit Portwein ablöschen und etwa um die Hälfte einkochen lassen. Salbeiblätter und Kalbsjus zugeben und etwa weitere 10 Minuten köcheln lassen. Den Salbeijus passieren, nochmals aufkochen lassen und die kalten Butterflocken einrühren, damit die Sauce schön sämig und glänzend wird.

Währenddessen für die Leberschnitzel die Butter mit einem Spritzer Olivenöl aufschäumen und die Schnitzel zuerst auf der Schinkenseite etwa 2 Minuten anbraten. Wenden und weitere 2–3 Minuten braten. Aus der Pfanne heben und beim Anrichten auf den vorgewärmten Tellern mit etwas Meersalz bestreuen. Mit der fertigen Salbeisauce beträufeln.

GARUNGSZEIT: 4–5 Minuten

BEILAGENEMPFEHLUNG: Kartoffelpüree

Flambierte Kalbsnieren

Provence

ZUTATEN

700–800 g Kalbsnieren
75 ml Cognac
120 ml Schlagobers
125 ml Kalbsjus
2 EL Petersilie, fein gehackt
2 EL Olivenöl
1–2 EL Butter
Meersalz aus der Mühle
Pfeffer aus der Mühle

ZUBEREITUNG

Das Fett und die weißen Stränge von den Kalbsnieren entfernen. Nieren gut abspülen, trocken tupfen und in Scheiben schneiden. In einer Pfanne das Öl erhitzen und die Nieren darin 3–4 Minuten anbraten, bis sie die rote Farbe verloren haben. Etwas mehr als die Hälfte des Cognacs zugießen und flambieren (Cognac anzünden). Währenddessen die Pfanne leicht hin und her schwenken, bis die Flammen verlöschen. Dann die Nieren noch 2–3 Minuten weiterbraten, bis sie schön gebräunt, aber innen noch zartrosa sind. Nieren aus der Pfanne heben und warm stellen.
Butter in die Pfanne geben und bei mittlerer Hitze schmelzen lassen. Restlichen Cognac, Schlagobers sowie Kalbsjus zugießen und unter ständigem Rühren auf kleiner Flamme sämig einkochen lassen. Mit Salz und Pfeffer abschmecken. Nieren wieder in die Sauce geben und kurz erwärmen. Auf vorgewärmten Tellern anrichten und mit gehackter Petersilie bestreuen.

GARUNGSZEIT: ca. 6–8 Minuten
BEILAGENEMPFEHLUNG: Safranrisotto

Geschmorte Kalbszunge

Katalonien

ZUTATEN

1 Kalbszunge (ca. 1 kg)
2 Zwiebeln
4 Karotten
250 ml Weißwein
2 Knoblauchzehen, gehackt
1 Scheibe Weißbrot, geröstet
1 Lorbeerblatt
4 Thymianzweige
3 EL Olivenöl
Meersalz aus der Mühle
Pfeffer aus der Mühle

ZUBEREITUNG

Die gewaschene Zunge in ausreichend viel Salzwasser etwa 60 Minuten kochen. Etwas abkühlen lassen, die Haut abziehen und den Fond aufbewahren. Die Zwiebeln fein hacken, die Karotten in dicke Scheiben schneiden. In einer Kasserolle die Zwiebeln in Olivenöl anschwitzen. Dann die Zunge einlegen und die Karotten zugeben. Mit Weißwein und etwa 500 ml Zungenfond aufgießen, Lorbeerblatt sowie Thymian zugeben und alles aufkochen lassen. In einem Mörser (oder mit dem Mixstab) das geröstete Weißbrot mit Knoblauch und 2 Esslöffel Zungenfond zerstampfen und mit Salz sowie Pfeffer würzen. Die Paste auf die Zunge streichen und alles zugedeckt ca. 60 Minuten auf kleiner Flamme köcheln lassen. Zunge herausheben, tranchieren und auf vorgewärmten Tellern anrichten. Die Sauce (ohne Lorbeerblatt und Thymian) pürieren und über die Zungenscheiben gießen.

GARUNGSZEIT: ca. 2 Stunden
BEILAGENEMPFEHLUNG: Kartoffelpüree

Kalbsniere mit Artischocken und Madeira

Madrid

ZUTATEN

2 Kalbsnieren im Fettmantel
4 kleine Artischocken
3 Schalotten
10 g Butter
200 ml Kalbs- oder Geflügelsuppe
8 kleine Kartoffeln
1 Thymianzweig, gezupft
5 cl Madeira
Olivenöl
Meersalz aus der Mühle
Pfeffer aus der Mühle

ZUBEREITUNG

Die Kalbsnieren so zuputzen, dass rundum nur noch eine dünne Fettschicht übrig bleibt. Nach Bedarf die Unterseite mit einem scharfen, spitzen Messer so einschneiden, dass man den „Strang" entfernen kann. Nieren salzen sowie pfeffern. Etwas Öl in einen Kupfer- oder anderen feuerfesten Topf geben und die Nieren mit der Oberseite nach unten einlegen. Etwa 2 Minuten anbraten und dann im vorgeheizten Backrohr bei 180 °C ca. 15 Minuten braten. (Währenddessen wiederholt das sich in der eingeschnittenen Aushöhlung ansammelnde Blut entfernen.) Niere herausheben und in Alufolie gewickelt bei 100 °C noch etwas rasten lassen.

Schalotten und Kartoffeln halbieren, in den Topf geben und auf mittlerer Flamme in Butter kurz anschwitzen. Mit Madeira ablöschen und mit Suppe aufgießen. Gezupften Thymian einrühren und bei kleiner Hitze etwa 15 Minuten schmoren. Die Artischocken putzen (harte Blätter sowie Heu entfernen, s. auch S. 12f.) und vierteln. Zugeben und weitere 10 Minuten garen, bis alles durch ist. Mit frisch gemahlenem Meersalz und Pfeffer abschmecken. Die gebratenen Nieren in dünne Scheiben schneiden, auf gut vorgewärmten Tellern anrichten und das Schmorgemüse rundum verteilen.

BACKROHRTEMPERATUR: 180 °C
GARUNGSZEIT: Kalbsniere 17–20 Minuten, Gemüse ca. 25 Minuten

Lob der Trippa

Man spricht auch von Kaldaunen, Kalbskutteln, Pansen oder – in Italien – schlicht von der Trippa. Wer in Florenz durch die Via dei Cimatori oder über die Piazza Frescobaldi schlendert, der findet mit etwas Glück noch die letzten Nachfahren der alten Trippai (Kuttelverkäufer) und kann sich seine Kutteln direkt aufs knusprige Panino al lampredotto streichen lassen. Das Wörtchen lampredotto geht übrigens auf die Lamprete zurück, einen urzeitlichen Fisch aus der Aalfamilie, der den Kutteln zum Verwechseln ähnlich sieht.
Leider haben die Kutteln in weiten Kreisen in den letzten Jahren stark an Popularität eingebüßt. Stimmt: Sie sind mühsam und ziemlich geruchsaufwendig vorzubereiten, und es gehört auch eine gewisse Beherrschung des Handwerks dazu, dass Kutteln nicht wie Gummiringerl, sondern wie echte Delikatessen schmecken. An Rezepten dafür mangelt es nicht. Neben der klassischen trippa alla fiorentina kennt alleine die italienische Küche auch trippa alla livornese (mit Knoblauch und Petersilie), trippa alla montalcinese (mit Weißwein, Vin Santo und Safran), trippa alla pisana (mit gehacktem Schweine- oder Kalbfleisch sowie Schinken oder Bauchspeck) oder trippa alla senese (eine Kuttelwurst mit geriebenem Pecorino). Die Franzosen schmoren ihre Kutteln gerne in Champagner, die Griechen bereiten sie mit Melanzani, die Dalmatiner mit Venusmuscheln und die Madrider mit Blut- und Chorizowürsten zu. Der Phantasie der mediterranen Kuttelköche scheinen jedenfalls kaum Grenzen gesetzt zu sein.

Trippa alla fiorentina

(Kutteln in Tomatensauce)

Toskana

ZUTATEN

800 g Kutteln, bereits gekocht
ca. 100 ml Olivenöl
1 Zwiebel
1 Karotte
1 Selleriestange
500 g Tomaten
50 g Parmesan, frisch gerieben
Meersalz aus der Mühle
Pfeffer aus der Mühle

ZUBEREITUNG

Die gekochten Kutteln waschen und in kochendem Wasser 10 Minuten blanchieren (überbrühen). Kutteln abgießen und in Streifen schneiden. Tomaten kurz überbrühen, schälen, entkernen und passieren (oder Pelati passieren). Zwiebel, Karotte und Sellerie klein hacken und alles in Olivenöl andünsten. Die Kutteln zugeben und einige Minuten mitdünsten. Die passierten Tomaten einrühren und weitere 30 Minuten zugedeckt auf kleiner Flamme köcheln lassen. Nach der Hälfte der Garzeit kräftig salzen und pfeffern. Sollte die Sauce nach 30 Minuten noch nicht dickflüssig sein, Deckel abnehmen und bei großer Flamme einkochen lassen. Unmittelbar vor dem Servieren frisch geriebenen Parmesan einrühren und auftragen.

GARUNGSZEIT: ca. 35 Minuten
BEILAGENEMPFEHLUNG: Polenta auf Novelli-Art (s. S. 224)
TIPP: Die Kutteln werden in ausreichend viel Wasser, dem man Wurzelwerk, eine Zwiebel, Lorbeerblätter sowie Pfefferkörner zugibt, je nach Qualität 2 bis 4 Stunden weich gekocht. Dabei sollte das Wasser zwei- bis dreimal gewechselt werden.

NOVELLIS GEMÜSEKOMBÜSE

Vegetarische Beilagen und Hauptgerichte

NOVELLIS GEMÜSEKOMBÜSE

Vegetarische Beilagen und Hauptgerichte

Schlagworte wie Kreta- und Mittelmeer-Diät haben den Küchen zwischen Algarve und Antalya in den letzten Jahren zu weltweiter Popularität verholfen. Fragt sich bloß, was die Mittelmeerküche wirklich so diätetisch macht? Das viele Olivenöl, die Pasta und die Brotsuppen können ja wohl kaum gemeint sein. Tatsächlich ist es die große Liebe der Mittelmeerbewohner zu Gemüse, die ihre Küche so unnachahmlich gesund und „schlank" macht. Vegetarischer Genuss pur – aber keinesfalls nur für Vegetarier.

Gebratener Radicchio

Wilder Spargel mit Fontina

Piemont

ZUTATEN

1 Bund wilder, grüner Spargel
8 Scheiben Fontina-Käse
Trüffelöl (erhältlich im Novelli-Shop unter www.novelli.at)
Meersalz aus der Mühle
Pfeffer aus der Mühle
Olivenöl

ZUBEREITUNG

Die Enden des Spargels abschneiden. Den Spargel auf einen Teller legen und mit etwas Olivenöl, frisch gemahlenem Meersalz und Pfeffer marinieren. Das Backrohr auf 200 °C (Oberhitze) einschalten, den Spargel auf ein Backblech legen und kurz grillen. Wieder herausnehmen und portionsweise auf feuerfesten Tellern anrichten. Mit etwas Trüffelöl beträufeln, mit Fontina-Käse belegen und nochmals kurz überbacken.

BACKROHRTEMPERATUR: 200 °C bei großer Oberhitze
BACKZEIT: einige Minuten
TIPP: Statt des wilden Spargels kann selbstverständlich auch weißer oder grüner Spargel verwendet werden, der allerdings vor dem Marinieren bissfest gekocht werden muss.

Gebratener Radicchio

Veneto

ZUTATEN FÜR 4–5 PORTIONEN

750 g Radicchio
4 Zwiebeln
2 Knoblauchzehen
2 EL Pinienkerne
5 EL Olivenöl
Meersalz aus der Mühle
Pfeffer aus der Mühle

ZUBEREITUNG

Radicchio putzen, die äußeren Blätter entfernen und der Länge nach vierteln. Die Strünke ausschneiden. Die Zwiebeln achteln und die Knoblauchzehen fein hacken. Die Hälfte des Öls in der Pfanne erhitzen und den Knoblauch darin anschwitzen. Pinienkerne und Zwiebeln zugeben und unter ständigem Rühren etwa 3 Minuten braten. Den gewaschenen, gut abgetropften Radicchio zugeben und bei geringer Hitze etwa 5 Minuten braten. Mit Salz, Pfeffer und dem restlichen Olivenöl abschmecken.

GARUNGSZEIT: ca. 8 Minuten

TIPPS:

- Wenn Sie mit den Zwiebeln und dem Knoblauch auch 100 g durchwachsenen, in feine Streifen geschnittenen Speck mitrösten, ist das Gericht zwar nicht mehr vegetarisch, gewinnt aber wesentlich an Wohlgeschmack.
- Besonders gut gelingt dieses Gericht mit dem länglichen Radicchio di Treviso, der vor allem im Winter erhältlich ist und dessen Geschmack hauptsächlich aus den geschälten Wurzeln kommt.
- Gebratener Radicchio schmeckt als kleines Zwischengericht vorzüglich, passt aber auch als Beilage zu gebratenem Fisch oder Fleisch.

Getrüffelter Rahmspinat mit pochiertem Ei

Novelli-Spezialität

ZUTATEN

1 kg Blattspinat
4 Schalotten
4 Eier
300 ml Schlagobers
Meersalz, frisch gemahlen
Trüffelöl
Weinessig
Butter zum Anschwitzen

ZUBEREITUNG

Spinat sorgfältig von den Stielen befreien, so dass nur zarte Blätter übrig bleiben. Dann mehrmals kurz waschen, in Salzwasser blanchieren (kurz überbrühen) und in Eiswasser abschrecken. Sofort nach dem Erkalten wieder herausheben und so gut wie möglich ausdrücken. Den Spinat nicht zu fein und nicht zu grob hacken. In einem Topf etwas Butter bei geringer Hitze zergehen lassen. Die klein geschnittenen Schalotten dazugeben und langsam anschwitzen. Mit Schlagobers aufgießen und bei kräftiger Hitze einkochen lassen.

In der Zwischenzeit Wasser mit einem Schuss Essig aufkochen. Ein Ei aufschlagen und vorsichtig in einen Schöpflöffel gleiten lassen. Den Topf von der Flamme nehmen und den Schöpflöffel langsam in das Wasser tauchen. Das Ei „fallen" lassen, ca. 3–5 Minuten pochieren und behutsam wieder herausheben. Die restlichen Eier ebenso pochieren. Sobald die Schalottensauce genug eingekocht ist, den Spinat zugeben und erhitzen, aber nicht mehr weiterkochen – das schadet sowohl der Farbe als auch dem Geschmack. Den Spinat mit einigen Tropfen Trüffelöl sowie mit Salz abschmecken und auf tiefen, vorgewärmten Tellern anrichten. Jeweils das pochierte Ei in die Mitte setzen.

TIPPS:

- Achtung: Das Trüffelöl kann immer nur geschmackliche Annäherungswerte erzielen! Zur wahren, allerdings auch kostspieligen Delikatesse gerät dieses einfache Gericht, wenn Sie echte weiße Alba-Trüffeln oder auch deren nahe Verwandte aus Istrien über die pochierten Eier hobeln.
- Drücken Sie den Spinat nach dem Abfrischen wirklich gut aus! Nur trockener Spinat behält seine attraktive grüne Farbe und seinen guten Geschmack.
- Sollten Sie Blattspinat üblicherweise gerne mit Muskatnuss würzen, bedenken Sie bitte, dass sich das feine Trüffel- mit dem kräftigen Muskataroma nicht gut verträgt.

Foto rechts

Italienischer Blattspinat

ZUTATEN FÜR 4–6 PORTIONEN

1 kg Blattspinat
2 Knoblauchzehen
2 Tomaten, geschält und entkernt
100 g Butter
etwas Gemüsefond zum Aufgießen
Meersalz aus der Mühle
Pfeffer
Muskatnuss

ZUBEREITUNG

Den Blattspinat ordentlich verlesen und in kaltem Wasser gut waschen. In einem großen Topf Salzwasser zum Kochen bringen, den Spinat zugeben und etwa 1 Minute blanchieren (überbrühen). Abgießen und sofort in Eiswasser abschrecken, da er sonst die schöne grüne Farbe verliert! Aus dem Eiswasser nehmen und gut abtropfen lassen. Den Knoblauch in feine Streifen, die Tomaten in kleine Würfel schneiden. In einem Topf die Butter leicht bräunen, Tomaten, Knoblauch und zuletzt den Spinat dazugeben. Kurz durchrühren und mit ganz wenig Gemüsefond ablöschen. Mit Salz, Pfeffer und geriebener Muskatnuss abschmecken. Vor dem Anrichten noch kurz in einem Sieb abtropfen lassen.

TIPP: Blattspinat passt als Beilage zu fast allen südlichen Gerichten, vor allem jedoch zu Fischen mit größerem Eigengeschmack (Seezunge, Steinbutt etc.).

Spinat alla romana

Latium

ZUTATEN

800 g Blattspinat
50 g Rosinen
2 EL Pinienkerne
2 Knoblauchzehen, halbiert
3 EL Olivenöl
2 EL Butter
Salz aus der Mühle
Pfeffer aus der Mühle

ZUBEREITUNG

Die Rosinen in Wasser einweichen. Den Spinat verlesen und gut waschen. Nass in einen Topf geben, kurz erhitzen und danach gut abtropfen lassen. In einer großen Pfanne das Olivenöl erhitzen. Die Butter darin schmelzen, die halbierten Knoblauchzehen anbraten und wieder herausnehmen. Nun den abgetropften Spinat im heißen Öl wenden. Die Rosinen abtropfen lassen, unter den Spinat mischen und unter ständigem Rühren 10 Minuten bei kleiner Hitze garen. Mit Salz und Pfeffer abschmecken. Die Pinienkerne kurz ohne Fett in einer Pfanne rösten, zugeben und den gebratenen Knoblauch darüber streuen.

GARUNGSZEIT: 10–12 Minuten

Mangold mit Kartoffeln

Kroatien

ZUTATEN

600 g Mangold
4 Kartoffeln
2 Knoblauchzehen
6 EL Olivenöl
Muskatnuss, gerieben
Meersalz aus der Mühle
Pfeffer aus der Mühle

ZUBEREITUNG

Die Kartoffeln kochen, schälen und warm stellen. Den Mangold sorgfältig waschen, abtropfen lassen und die Stiele entfernen. Die Blätter in kochendem Salzwasser etwa 3 Minuten bissfest kochen. Abgießen und gut abtropfen lassen. Den Knoblauch fein schneiden.
Die Kartoffeln in Spalten schneiden (achteln) und bei geringer Hitze in eine Pfanne geben. Olivenöl zugießen, salzen und mit dem Mangold und Knoblauch vermischen. Nur mehr erwärmen, nicht mehr garen. Mit Salz, Pfeffer und Muskatnuss abschmecken.

GARUNGSZEIT: Kartoffeln 15–18 Minuten, Mangold ca. 3 Minuten
TIPP: Steht kein Mangold zur Verfügung, so eignet sich auch Blattspinat ganz hervorragend für dieses Gericht.

Salbeikartoffeln

Umbrien

ZUTATEN

12 kleinere Kartoffeln
12 frische Salbeiblätter
2 EL Olivenöl
Zitronensaft
Salz aus der Mühle
Pfeffer aus der Mühle

ZUBEREITUNG

Die ungeschälten Kartoffeln gut waschen. Auf der Längsseite einschneiden und jeweils ein Salbeiblatt hineinstecken. Das Olivenöl mit etwas Zitronensaft, Salz und Pfeffer vermengen. Die Kartoffeln in eine feuerfeste Auflaufform setzen und mit dem Öl rundum gut einstreichen. Im vorgeheizten Backrohr bei 180 °C ca. 45 Minuten braten. Währenddessen wiederholt mit dem Öl bestreichen.

BACKROHRTEMPERATUR: 180 °C
BACKZEIT: 45 Minuten

Rosmarinkartoffeln

Italien/Südfrankreich

ZUTATEN FÜR 4–6 PORTIONEN

1 kg kleine, speckige Kartoffeln
2 Rosmarinzweige, gehackt
1 Knoblauchzehe
2 EL Olivenöl
50 g Butter
Salz aus der Mühle
Pfeffer aus der Mühle
Semmelbrösel

ZUBEREITUNG

Die Kartoffeln in der Schale weich kochen, schälen und halbieren. Anschließend in Semmelbröseln wälzen. In einer Pfanne das Olivenöl erhitzen und die Kartoffeln mit der Schnittseite nach unten einlegen. Kurz anbraten, dann die Hitze ein wenig reduzieren und die Kartoffeln schwenken, so dass sie von allen Seiten schön gleichmäßig gebraten werden. Sind alle Kartoffeln knusprig, die Butter dazugeben. Mit gehacktem Rosmarin, dem in Scheiben geschnittenen Knoblauch, Salz und Pfeffer würzen und nochmals kurz durchschwenken. Herausheben und auf einem Küchenkrepp gut abtupfen.

GARUNGSZEIT: 15–18 Minuten kochen, einige Minuten braten
TIPP: Achten Sie darauf, dass das Öl wirklich heiß ist. Zu kaltes Öl wird von den Kartoffeln aufgesaugt und lässt sie dadurch nicht knusprig werden.

Pommes dauphinoises

(Provençalisches Kartoffelgratin)

ZUTATEN FÜR 4–5 PORTIONEN

1 kg Kartoffeln
300 ml Gemüsefond oder -suppe
150 ml Schlagobers
150 ml Milch
100 g Gruyère (oder anderer nicht zu würziger Käse), gerieben
ca. 100 g Butterflöckchen
Salz
Pfeffer aus der Mühle
Olivenöl für die Form

ZUBEREITUNG

Kartoffeln schälen, in etwa 1–2 mm dicke Scheiben schneiden oder hobeln. In einer Kasserolle Gemüsefond zum Kochen bringen und Kartoffelscheiben darin 7–8 Minuten halb weich kochen, dabei ab und an umrühren, damit sich die Kartoffeln nicht anlegen. Übrig gebliebene Flüssigkeit abgießen, Kartoffeln mit Salz und Pfeffer würzen.
Eine passende feuerfeste Form mit Öl ausstreichen. Kartoffelscheiben darin schindelartig einlegen, mit etwas geriebenem Käse bestreuen. Einige Butterflöckchen darüber verteilen und abermals mit Kartoffelscheiben belegen. Diesen Vorgang wiederholen, bis alles verbraucht ist. Schlagobers mit Milch, Salz und Pfeffer vermengen und über die letzte Lage Kartoffeln gießen. Obenauf restlichen Käse verteilen und mit restlicher Butter belegen. Im auf 220 °C vorgeheizten Backrohr 15–20 Minuten goldgelb gratinieren.

BACKROHRTEMPERATUR: 220 °C
BACKZEIT: 15–20 Minuten

Griechisches Kartoffelpüree

Peloponnes

ZUTATEN
750 g mehlige Kartoffeln
2 Eidotter
Olivenöl nach Bedarf
2–3 Knoblauchzehen
1–2 EL Zitronensaft
Petersilie, grob gehackt
Salz

ZUBEREITUNG
Die Kartoffeln schälen, halbieren und in leicht gesalzenem Wasser weich kochen. In ein Sieb gießen und sofort mit einer Kartoffelpresse oder einer Flotten Lotte passieren. Den Knoblauch fein schneiden oder zerstoßen und mit den Eidottern einrühren. Nun so viel Olivenöl einrühren, dass ein cremiges Püree entsteht. Mit Zitronensaft und Salz abschmecken. Vor dem Servieren noch rasch die gehackte Petersilie unterrühren.

GARUNGSZEIT: ca. 15–18 Minuten
TIPP: Wenn man die Eidotter weglässt und das Püree dafür kalt serviert, eignet es sich auch als köstliche Vorspeise, die in Griechenland als klassisches Osteressen gilt.

Scharfe Kartoffeln

Spanien

ZUTATEN
500 g festkochende Kartoffeln
ca. 8 Knoblauchzehen
3 scharfe Chilischoten
ca. 250 ml Olivenöl
Salz aus der Mühle
Pfeffer aus der Mühle

ZUBEREITUNG
Die Kartoffeln schälen und vierteln, etwa 4–5 Knoblauchzehen in feine Scheiben, 1 (!) Chilischote in Streifen schneiden. Das Olivenöl in einer Pfanne erhitzen und die Kartoffeln mit Knoblauch und Chili unter ständigem Rühren scharf anbraten, so dass die Kartoffeln rundum goldbraun werden.
Die restlichen Knoblauchzehen in feine, die restlichen Chilischoten in dicke Scheiben schneiden. Die bereits angebratenen Knoblauch- und Chilistücke – soweit möglich – entfernen. Kartoffeln in eine feuerfeste Form umstechen, noch etwas Olivenöl und die frisch geschnittenen Knoblauch- sowie Chilischotenscheiben zugeben und mit Salz sowie Pfeffer würzen.
Im auf 180 °C vorgeheizten Backrohr etwa 35 Minuten garen lassen.

BACKROHRTEMPERATUR: 180 °C
BACKZEIT: ca. 35 Minuten

Warum Pythagoras keine Bohnen aß

Der Erfinder des pythagoreischen Lehrsatzes ($a^2 + b^2 = c^2$) war nicht nur ein Mathematiker und großer Philosoph, sondern auch ein leidenschaftlicher Vegetarier. Laut Lukian von Samosata sagte er einmal: „Ich esse nichts, worin eine Seele gewesen ist, sonst alles, nur keine Bohnen." – „Warum hast du einen solchen Abscheu vor Bohnen?", wurde Pythagoras daher gefragt, und er antwortete: „Ich habe keinen Abscheu vor ihnen; aber sie sind heilig, und es ist etwas Wundervolles in ihrer Natur."

Bohnen auf florentinische Art

Toskana

NOVELLIS GEMÜSEKOMBÜSE

ZUTATEN FÜR 4–6 PORTIONEN

450 g getrocknete Cannellini-Bohnen (ersatzweise andere weiße Bohnen)
2 Knoblauchzehen
1 Stange Lauch (nur das Weiße)
350 g Tomaten, enthäutet, entkernt und gehackt
Meersalz aus der Mühle
Pfeffer

ZUBEREITUNG

Die getrockneten Bohnen in reichlich kaltem Wasser über Nacht einweichen. Am nächsten Tag den Knoblauch und den Lauch hacken und gemeinsam mit den abgegossenen Bohnen sowie den gehackten Tomaten in eine feuerfeste Form geben. Kräftig salzen, pfeffern und mit frischem Wasser bedecken. Die Form verschließen und im vorgeheizten Backrohr mindestens 1 1/2 Stunden garen. Heiß servieren.

BACKROHRTEMPERATUR: 200 °C
BACKZEIT: mindestens 1 1/2 Stunden
TIPP: Besonders wohlschmeckend wird dieses Gericht, wenn man zusätzlich noch 100 g durchwachsenen Speck mitröstet.

Bohnen auf toskanische Art

ZUTATEN

400 g getrocknete Cannellini-Bohnen (ersatzweise andere weiße Bohnen)
150 g passierte Tomaten
1 Zwiebel, gehackt
2 Knoblauchzehen, gehackt
je 1 Zweig Thymian, Rosmarin und Salbei
1 Lorbeerblatt
2 EL Olivenöl
2 Tomaten, geschält
Petersilie, gehackt
Salz aus der Mühle
Pfeffer aus der Mühle
1 Prise Zucker

ZUBEREITUNG

Die Bohnen über Nacht in ausreichend viel Wasser einweichen. Am nächsten Tag in ungesalzenem Wasser mit dem Lorbeerblatt mindestens 1 Stunde weich kochen. Kurz bevor sie weich sind, etwas Salz dazugeben. In einer Pfanne das Olivenöl erhitzen und die würfelig geschnittene Zwiebel darin anschwitzen. Den fein gehackten Knoblauch gemeinsam mit gehacktem Thymian, Rosmarin und Salbei dazugeben und kurz durchrühren. Die Bohnen einmengen und mit den passierten Tomaten ablöschen. Mit Salz, Pfeffer und wenig Zucker würzen und einige Minuten einkochen lassen, bis die Bohnen sämig werden. Die geschälten, entkernten Tomaten in kleine Würfel schneiden und mit der gehackten Petersilie unter die Bohnen mengen.

GARUNGSZEIT: mindestens 1 Stunde

TIPP: Dieses Gericht mundet sehr gut als Beilage zu großen Bratenstücken (vor allem Lamm, Ziege, Kitz), eignet sich aber auch hervorragend als kleines vegetarisches Zwischengericht.

Bohnen mit Sesam

Türkei

ZUTATEN

250 g weiße Bohnen, gekocht
1 Knoblauchzehe
2 EL Traubensaft
2 EL helles Tahin (Sesampaste)
ca. 2 EL Hühner- oder Gemüsesuppe
1 EL Petersilie, gehackt
1 EL Sesamkörner, geröstet
je 1 TL Paprikapulver und Kreuzkümmelsamen
Zitronensaft
Meersalz aus der Mühle

ZUBEREITUNG

Die gekochten Bohnen gut abtropfen lassen und in einen Topf mit dickem Boden geben. Den Knoblauch hacken und mit Traubensaft, Zitronensaft, Salz und etwas Suppe vermischen. Mit einem Schneebesen unter die Sesampaste rühren. Dabei sollte eine weiche Masse entstehen, andernfalls noch mit etwas Hühnersuppe korrigieren. Die Masse über die Bohnen gießen und bei mittlerer Hitze ca. 5 Minuten erwärmen, aber nicht kochen. Vom Herd nehmen und für 2–3 Stunden ziehen lassen. Den gerösteten Sesam mit gehackter Petersilie, Paprikapulver und Kreuzkümmel vermischen und vor dem Servieren über die Bohnen streuen.

Florentinische grüne Bohnen

ZUTATEN

500 g grüne Bohnen
1 Zwiebel, gehackt
1/2 TL Fenchelsamen, gemahlen
1 EL Tomatenmark
Olivenöl
Meersalz

ZUBEREITUNG

Die grünen Bohnen gut putzen, Fäden nach Bedarf entfernen und etwa 20 Minuten in kaltes Wasser legen. Danach in Salzwasser ca. 10 Minuten kochen und wieder abgießen. Etwas Olivenöl in einer Pfanne erhitzen und die gehackten Zwiebeln mit den Fenchelsamen anschwitzen. Das Tomatenmark mit etwas lauwarmem Wasser verrühren, untermengen und weitere 3–4 Minuten köcheln lassen. Die Bohnen zugeben, mit Salz abschmecken und noch etwa 15 Minuten zugedeckt dünsten.

GARUNGSZEIT: ca. 25–30 Minuten

Karottenpüree

Provence

ZUTATEN

500 g junge Karotten
1 Zwiebel
ca. 450 ml Rindsuppe
1 Sträußchen aus Petersilie, Lorbeerblatt und Thymian
50 g Rundkornreis
50 g Butter
Meersalz aus der Mühle
Pfeffer aus der Mühle
Zucker
Butterflocken zum Vollenden
einige Kerbelblättchen zum Garnieren

ZUBEREITUNG

Die geputzten Karotten in dünne Scheiben schneiden und die Zwiebel fein hacken. In einem Topf die Butter zerlassen und die Zwiebeln mit den Karotten zugedeckt bei mittlerer Hitze anschwitzen. Die kochend heiße Rindsuppe zugießen, das Sträußchen einlegen und mit einer Prise Zucker, Salz sowie Pfeffer würzen. Etwa 15 Minuten zugedeckt kochen lassen. Dann den Reis zugeben und weitere 20 Minuten ohne Deckel kochen lassen. Das Kräutersträußchen wieder entfernen und alles durch ein Sieb passieren. Nochmals abschmecken, einige Butterflocken unterrühren und mit Kerbelblättern garnieren.

GARUNGSZEIT: ca. 35 Minuten

Selleriepüree

Slowenien

ZUTATEN FÜR 4–6 PORTIONEN

750 g Knollensellerie
250 g mehlige Kartoffeln
200 g Butter
wenig Milch
Salz aus der Mühle
weißer Pfeffer aus der Mühle
Muskatnuss, gerieben
Spritzer Zitronensaft

ZUBEREITUNG

Kartoffeln und Sellerie schälen und in etwa 3 cm große Würfel schneiden. Leicht gesalzenes Wasser mit einem Schuss Milch vermengen und das Gemüse darin weich kochen. Danach in eine Küchenmaschine geben, mit Salz, Pfeffer, Muskatnuss und einem Spritzer Zitronensaft würzen und mit der kalten Butter fein aufmixen.

GARUNGSZEIT: 12–15 Minuten

TIPP: Mixen Sie das Püree nicht zu lange! Die Kartoffeln, die eine bessere Bindung bewirken, würden das Püree sonst zu klebrig machen.

Frittierte Zucchini

Veneto

ZUTATEN FÜR 6 PORTIONEN

6 kleine Zucchini
ca. 120 g Mehl
Meersalz aus der Mühle
Pfeffer aus der Mühle
Olivenöl

ZUBEREITUNG

Die gut gewaschenen und getrockneten Zucchini in sehr dünne Scheiben schneiden. In einer großen Pfanne das Olivenöl etwa einen Finger hoch eingießen und erhitzen. Die Zucchinischeiben salzen, pfeffern und in Mehl wenden (überschüssiges Mehl mit Hilfe eines Siebes wieder abschütteln). Nun die Zucchini in kleinen Portionen (das Öl kühlt sonst zu stark ab) unter ständigem Wenden goldbraun frittieren. Auf Küchenpapier gut abtropfen und heiß servieren.

Frittierte Zucchiniküchlein

Toskana

ZUTATEN

2 große Zucchini
1 Zwiebel
1 Knoblauchzehe
80 g Mehl
3 Eier
Dille, gehackt
Minze, gehackt
Petersilie, gehackt
Meersalz aus der Mühle
Pfeffer aus der Mühle
Öl zum Herausbacken

ZUBEREITUNG

Die gut gewaschenen Zucchini mit einer Kartoffelreibe grob raspeln und mit etwas Meersalz einsalzen. Die Zwiebel fein reiben und ebenfalls salzen. Den Knoblauch fein hacken. Zucchini und Zwiebeln gut ausdrücken und miteinander vermengen. Die Eier verquirlen und Zucchinimasse, Knoblauch sowie die gehackten Kräuter dazugeben. Zum Schluss das gesiebte Mehl einrühren. In einer beschichteten Pfanne Öl erhitzen, die Masse mit Hilfe eines Löffels hineinsetzen, zu kleinen Küchlein formen und von beiden Seiten goldbraun backen. Auf Küchenkrepp gut abtupfen lassen und auftragen.

TIPP: Servieren Sie diese gesunden Küchlein zur Abwechslung mal nicht nur als Beilage, sondern als Appetit anregende Vorspeise oder kleines Zwischengericht. Ein dazu gereichtes kaltes Joghurt setzt einen erfrischenden Akzent.

Die Küche der Mammas

Während in vielen anderen Gegenden die „großen Chefs" das Küchenszepter führen, so ist die toskanische Küche eine der „Mammas". Gibt es doch kaum ein Restaurant, das einen männlichen Küchenchef hat. Am Herd steht meistens die Padrona selbst, und mit ihr Großmütter, Töchter, Tanten und Nichten aus mindestens drei Generationen. Das erklärt möglicherweise auch die Tatsache, dass die toskanische Küche so viele Schmorgerichte kennt. Denn um einen Schmortopf brauchte sich die viel beschäftigte Frau des Hauses, wenn er erst einmal aufgesetzt war, nicht mehr weiter zu kümmern, und sie hatte weiß Gott genug andere Dinge zwischen Haus, Feld und Weingarten zu erledigen.

Die „toskanische Mamma" steht den anderen italienischen Mammas in Sachen Fürsorge und Liebe in nichts nach, unterscheidet sich aber doch ein wenig von allen anderen. Sie weiß zwar auch, dass die Liebe durch den Magen geht, doch sie überfüttert die Ihren mit dieser Liebe nicht. Denn sie hält sich an die alte toskanische Weisheit, dass der wahre Genuss stets in der Sparsamkeit und in der Konzentration auf das Wesentliche liegt. Vielleicht ist es genau diese Maxime, welche die toskanische Küche so weltberühmt gemacht hat, wie sie es zweifellos ist.

Gefüllte Zucchiniblüten

Ligurien

ZUBEREITUNG

Zucchiniblüten kurz in kaltes Wasser tauchen, in einem Sieb gut abtropfen lassen und die Blütenstempel ausschneiden. Die ungeschälten Kartoffeln in Salzwasser weich kochen. Zucchini klein schneiden und mit etwas Wasser und einer Prise Salz in einem Topf weich garen. Abkühlen lassen und dann pürieren. Gekochte, heiße Kartoffeln schälen, durch die Kartoffelpresse drücken und unter das Zucchinipüree mischen.

Basilikum in feine Streifen schneiden und mit dem gehackten Majoran unter das Püree mischen. Knoblauch zerdrücken und gemeinsam mit Parmesan, Ei und 2 EL Olivenöl unterrühren. Mit Salz und Pfeffer abschmecken. Eine feuerfeste Form mit Olivenöl ausstreichen. Die Zucchiniblüten mit dem Püree füllen und nebeneinander in die Form setzen. Mit Olivenöl beträufeln und im auf 250 °C vorgeheizten Backrohr etwa 3–4 Minuten überbacken. Heiß servieren.

BACKROHRTEMPERATUR: 250 °C
BACKZEIT: 3–4 Minuten

ZUTATEN

8 Zucchiniblüten
2 kleine Zucchini
2 mehlige Kartoffeln
1 Bund Basilikum
1 EL Majoran, frisch gehackt
1 EL Parmesan, frisch gerieben
1 Ei
2 Knoblauchzehen
Olivenöl
Salz aus der Mühle
Pfeffer aus der Mühle

Zucchiniauflauf

Griechenland

ZUTATEN

1 kg kleine Zucchini
200 g Schafkäse
5 Eier
2 EL Milch
Salz aus der Mühle
Pfeffer aus der Mühle
Olivenöl

ZUBEREITUNG

Die gut gewaschenen Zucchini grob raspeln und das Geraspelte fest ausdrücken, bis die Masse nahezu trocken ist. Den Schafkäse zerbröckeln und mit den Zucchini vermischen. 4 (!) Eier mit 3 EL Olivenöl verquirlen und in die Zucchinimasse einrühren. Mit frisch gemahlenem Salz und Pfeffer abschmecken.
Eine feuerfeste Form mit Olivenöl ausstreichen und die Masse einfüllen. Das restliche Ei mit der Milch verquirlen und über die Masse gießen.
Im auf 190 °C vorgeheizten Backrohr ca. 45 Minuten goldbraun backen.

BACKROHRTEMPERATUR: 190 °C

BACKZEIT: ca. 45 Minuten

TIPP: Dieser Zucchiniauflauf schmeckt auch nach dem Abkühlen ganz hervorragend und wird in Griechenland deshalb auch gerne als kalter Happen gereicht.

Melanzani-Zucchini-Auflauf

Balearen

ZUTATEN

2 Melanzani
4 Kartoffeln
2 Zucchini
4 Knoblauchzehen, gehackt
1 kg Tomaten
Salz aus der Mühle
Pfeffer aus der Mühle
Zucker
ca. 250 ml Olivenöl zum Anbraten

ZUBEREITUNG

Gut gewaschene Zucchini und Melanzani in Scheiben schneiden. Die Melanzanischeiben salzen, in ein Sieb legen und ca. 1 Stunde abtropfen lassen. Die Tomaten überbrühen, schälen, entkernen und in Würfel schneiden. Dann die geschälten Kartoffeln in dünne Scheiben schneiden und in heißem Olivenöl goldbraun braten. Aus der Pfanne heben, trocken tupfen, salzen und in eine Auflaufform geben. Melanzani beidseitig in Öl anbraten, herausheben, abtropfen lassen und auf die Kartoffeln legen. Zucchini ebenfalls beidseitig braten, herausheben, abtropfen und auf die Melanzani legen. Leicht salzen und die Form warm stellen.
Abschließend den gehackten Knoblauch in Öl goldbraun rösten. Die Tomatenwürfel zugeben und unter ständigem Rühren einige Minuten köcheln lassen. Die Sauce durch ein Sieb passieren und mit Salz, Pfeffer und einer Prise Zucker abschmecken. Die Sauce über das Gemüse verteilen und servieren.

TIPP: Ob Sie dieses gesunde Gericht nun heiß oder kalt genießen, ist wohl Geschmackssache. Auf den Balearen wird es am liebsten lauwarm gegessen.

Gratinierte Melanzani

Piemont

ZUBEREITUNG

Die gewaschenen Melanzani in Scheiben schneiden, einsalzen und auf einem Tuch auswässern lassen. Den Knoblauch in Scheiben schneiden und in Olivenöl anschwitzen. Melanzani trocken tupfen, zugeben, von beiden Seiten goldgelb braten und wieder herausnehmen. Fontina-Käse und Schinken auf die Größe der Zucchini zuschneiden. Zuerst Schinken, dann den Käse auf die Zucchini legen. In eine gefettete Auflaufform schichten oder auf ein mit Backpapier belegtes Blech legen und im auf 160 °C vorgeheizten Backrohr (Oberhitze) kurz überbacken.

BACKROHRTEMPERATUR: 160 °C bei Oberhitze
BACKZEIT: einige Minuten

ZUTATEN

2 kleine Melanzani
8–12 Scheiben gekochter Schinken
8–12 Scheiben Fontina-Käse
2 EL Olivenöl
1 Knoblauchzehe
Salz
Öl für die Form

Melanzane alla parmigiana

Kampanien

ZUBEREITUNG

Melanzani waschen, trocken tupfen und in ca. 1 cm dicke Scheiben schneiden. Beidseitig kreuzweise einschneiden, salzen und auf beiden Seiten einige Minuten auf Küchenkrepp legen, um die Bitterstoffe zu entziehen. In eine Pfanne mindestens 1 cm hoch Olivenöl eingießen und erhitzen. Melanzani portionsweise (nie 2 Scheiben aufeinander legen!) beidseitig goldbraun frittieren, herausheben und auf doppelt gefaltetem Küchenkrepp sehr gut abtropfen lassen.

Für die Tomatensauce Tomaten kurz überbrühen, schälen, entkernen und in Würfel schneiden. Knoblauch und Chilischote fein hacken, beides in wenig Olivenöl anbraten. Tomaten hinzufügen, mit Meersalz, Pfeffer sowie einer Prise Oregano würzen und so lange einkochen, bis eine sämige Sauce entsteht. Den Boden einer Auflaufform mit etwas Tomatensauce bedecken. Darauf eine Lage gesalzene Melanzanischeiben legen, diese wieder mit Sauce bedecken und mit Basilikum sowie frisch geriebenem Käse bestreuen. Diesen Vorgang wiederholen, bis alle Zutaten aufgebraucht sind. Mit einer dicken Schicht Käse abschließen. Die Form in das auf 220 °C vorgeheizte Backrohr stellen und ca. 20 Minuten überbacken, bis der Käse goldbraun und knusprig ist.

BACKROHRTEMPERATUR: 220 °C
BACKZEIT: ca. 20 Minuten

ZUTATEN

ca. 500 g Melanzani
300 g fleischige Tomaten
3–4 Knoblauchzehen
getrockneter Oregano
1 Sträußchen frisches Basilikum, geschnitten
1 getrocknete Chilischote
ca. 200 g italienischer Hartkäse (Parmesan, Grana oder Pecorino), frisch gerieben
Olivenöl
Meersalz aus der Mühle
Pfeffer

Überbackene Melanzani

Umbrien

ZUTATEN

2 Melanzani
2–3 Tomaten
1 Knoblauchzehe, fein gehackt
1 EL Petersilie, fein gehackt
1 EL Basilikum, fein geschnitten
4 EL Parmesan, frisch gerieben
Pflanzenöl zum Herausbacken
Olivenöl
Meersalz aus der Mühle
Pfeffer aus der Mühle
Balsamicoessig

ZUBEREITUNG

Die gut gewaschenen Melanzani in Scheiben schneiden, einsalzen, auf ein Tuch geben und etwa 1 Stunde auswässern lassen. Trocken tupfen, in heißem Pflanzenöl von beiden Seiten goldgelb backen und auf einem Küchenpapier abtropfen lassen. Die Tomaten überbrühen, schälen, entkernen und in Würfel schneiden. Den gehackten Knoblauch sowie Petersilie untermengen. Mit etwas Olivenöl, Meersalz, Pfeffer sowie einem Schuss Balsamicoessig abschmecken und in einem Sieb abtropfen lassen. Die Melanzani in eine mit Olivenöl ausgestrichene feuerfeste Form einlegen, die Tomaten darauf verteilen und mit frisch geriebenem Parmesan bestreuen. Im auf 160 °C vorgeheizten Backrohr ca. 3–4 Minuten mit Oberhitze überbacken. Basilikum darüber streuen und servieren.

BACKROHRTEMPERATUR: 160 °C mit Oberhitze
BACKZEIT: 3–4 Minuten

Geschmorte Tomaten mit Ziegenkäse und jungem Knoblauch

Südfrankreich

ZUTATEN

4 fleischige Tomaten
1 Thymianzweig
1 Rosmarinzweig
2 Lorbeerblätter
100 ml Traubensaft
1 Rolle Ziegenfrischkäse St. Maure (oder anderer Ziegenkäse)
1 Knolle junger Knoblauch
10 Oliven, entkernt
Olivenöl
Meersalz aus der Mühle
Pfeffer aus der Mühle

ZUBEREITUNG

Die Knoblauchknolle halbieren und in einer feuerfesten Form in Olivenöl kurz anbraten. Die Tomaten halbieren und den Strunk entfernen. In die Form geben, würzen und bei 180 °C ins vorgeheizte Backrohr schieben. Nach 5 Minuten den Traubensaft angießen, Oliven und Kräuter dazugeben und nochmals 5 Minuten schmoren. Aus dem Ofen nehmen und den Ziegenfrischkäse darüber bröseln. Kurz stehen lassen, bis der Käse leicht anschmilzt und dann servieren.

BACKROHRTEMPERATUR: 180 °C
BACKZEIT: 10 Minuten
TIPP: In größeren Dimensionen gekocht, gibt diese hocharomatische Beilage auch ein feines vegetarisches Hauptgericht ab, wozu etwa Rosmarinkartoffeln als Beilage empfehlenswert sind.

Tomatenconfit mit Knoblauchpüree

Provence

ZUTATEN

12 Tomaten, am besten frisch von der Rispe
6 ganze Knoblauchknollen
1 Thymianzweig
5 Schalotten
1 TL brauner Zucker
1 Lorbeerblatt
200 ml Tomatensaft
Olivenöl
Meersalz
Pfeffer aus der Mühle

ZUBEREITUNG

Die Knoblauchknollen an der Wurzel abschneiden, in ein feuerfestes, mit Meersalz ausgestreutes Geschirr setzen und im vorgeheizten Backrohr bei 180 °C ca. 30–40 Minuten garen. Die Tomaten blanchieren (überbrühen), enthäuten, entkernen und Häutchen sowie Kerne beiseite legen. Tomaten in Spalten schneiden. Die Schalen und Kerne mit etwas Olivenöl, Thymianstielen, Lorbeerblatt und Tomatensaft etwa 15 Minuten kochen und dann durch ein Sieb passieren. Die Schalotten feinwürfelig schneiden. Mit etwas Olivenöl anschwitzen, Zucker einstreuen und leicht karamellisieren lassen. Nun bei kleiner Hitze die Tomaten zugeben, mit dem abgeseihten Saft aufgießen und 3–4 Minuten lang aufkochen lassen. Mit gezupften Thymianblättern, frisch gemahlenem Meersalz und Pfeffer abschmecken. Den inzwischen abgekühlten Knoblauch aus der Schale drücken, in einer Küchenmaschine mixen und währenddessen so viel Olivenöl einträufeln lassen, bis das Püree schön sämig ist. Mit Salz und Pfeffer abschmecken. Fertiges Tomatenconfit auf Tellern anrichten und jeweils ein „Nockerl" aus Knoblauchpüree darauf setzen.

BACKROHRTEMPERATUR: 180 °C
BACKZEIT: 30–40 Minuten

Gefüllte Tomaten

Sizilien

ZUTATEN

4 große Tomaten
100 g eingelegte Sardinen
2 EL Zitronensaft
50 g schwarze Oliven
1 Bund Petersilie, fein gehackt
4 EL Parmesan, frisch gerieben (oder Pecorino)
2 Zwiebeln, fein gehackt
2 Knoblauchzehen, fein gehackt
2 EL Kapern, gehackt
4 EL Semmelbrösel
Salz aus der Mühle
Pfeffer aus der Mühle
Olivenöl

ZUBEREITUNG

Von den Tomaten einen Deckel abschneiden. Tomaten aushöhlen und innen salzen. Das Fruchtfleisch klein hacken. Oliven entkernen und vierteln. Sardinen trocken tupfen, klein schneiden und mit Zitronensaft beträufeln.
Die Zwiebeln in Olivenöl anschwitzen, gehackten Knoblauch sowie Petersilie untermischen und weiterbraten. Sardinen und Tomatenfruchtfleisch zugeben und unter Rühren kräftig aufkochen, bis die Flüssigkeit verdampft ist. Dann Oliven und Kapern beimengen, kurz weitergaren und vom Herd nehmen. Mit Salz und Pfeffer abschmecken.
Die Semmelbrösel in etwas Olivenöl anrösten. Etwa die Hälfte der Semmelbrösel mit 3 EL (!) geriebenem Käse vermischen und unter die Tomaten-

masse mengen. Nochmals abschmecken und die Tomaten mit der Masse füllen. Eine feuerfeste Form mit Olivenöl ausstreichen und die Tomaten in die Form stellen. Mit dem restlichen Käse sowie Semmelbröseln bestreuen und mit Olivenöl beträufeln. Im auf 175 °C vorgeheizten Backrohr ca. 30 Minuten backen und heiß servieren.

BACKROHRTEMPERATUR: 175 °C
BACKZEIT: ca. 30 Minuten
TIPP: Wer dieses Gericht streng vegetarisch zubereiten möchte, der kann die Sardinen auch weglassen und den pikanten Geschmack dafür durch mehr Kapern und Oliven verstärken.

Artischocken alla romana

Latium

ZUBEREITUNG

Die holzigen Blätter der Artischocken entfernen, die obere Spitze mit den fleischlosen Blättern abschneiden und den Boden glatt schneiden (s. auch S. 13). Die Schnittflächen mit Zitrone einreiben. Minze, Knoblauch, Semmelbrösel, Salz, Pfeffer und Öl miteinander vermengen. Die Artischockenblätter mit den Fingern auseinander spreizen und mit der Mischung füllen und wieder zueinander drücken, damit die Füllung nicht herausfällt. Die Artischocken kopfüber nebeneinander in eine feuerfeste Form setzen, Gemüsefond angießen und mit einem Deckel oder Alufolie verschließen. Im vorgeheizten Backrohr bei 220 °C ca. 60 Minuten garen und heiß servieren.

BACKROHRTEMPERATUR: 220 °C
BACKZEIT: ca. 60 Minuten

ZUTATEN

8 Artischocken
1 Zitrone
Minze, frisch gehackt
1 Knoblauchzehe, gehackt
50 g Semmelbrösel
5 EL Olivenöl
200 ml Gemüsefond
Salz aus der Mühle
Pfeffer aus der Mühle

Die Distel, die nicht sticht

Die Artischocke, auch Cynara scolymus *genannt, ist ein Gewächs aus der Distelfamilie, das allerdings nicht sticht, sondern ausgezeichnet schmeckt. Das wussten bereits sowohl die alten Ägypter als auch der römische Naturkundler Plinius der Ältere. Dieser schwärmte von der Artischocke als von einem den reichen Römern vorbehaltenen Luxusgemüse, das damals noch aus Karthago und Cordoba importiert wurde. Erst seit dem 15. Jahrhundert wird die Artischocke auch in Italien angebaut, von wo sie unter anderen der leiblichen Genüssen durchaus aufgeschlossene englische König Heinrich VIII. bezog. Untrennbar verbunden ist die Artischocke mit der Toskana, wo man sie nach vielerlei Rezepten, besonders häufig aber auch, in Öl und Salz getunkt, roh verzehrt. So, sind nicht nur die Toskaner, sondern auch die Ernährungswissenschaftler überzeugt, bleiben die verdauungsfördernden und Leber schonenden Bitterstoffe am besten erhalten.*

Geschmorte Babyartischocken mit Rosmarin

Provence

ZUTATEN

8 Babyartischocken
6–8 Knoblauchzehen
200 ml Geflügelfond
2 Lorbeerblätter
5 Rosmarinzweige
Saft von 1/2 Zitrone
Weißwein
Olivenöl
Meersalz aus der Mühle
Pfeffer aus der Mühle

ZUBEREITUNG

Die harten Außenblätter der Artischocken entfernen und von den restlichen Blättern die Spitzen abschneiden. Das Heu entfernen und Artischocken halbieren (s. auch S. 13). In einer Pfanne die zerdrückten Knoblauchzehen in Olivenöl leicht anrösten, die Artischocken dazugeben und mit einem Schuss Weißwein ablöschen. Zitronensaft, Lorbeerblätter und die Hälfte des Rosmarins beigeben. Den Geflügelfond zugießen, mit etwas Meersalz würzen und zugedeckt langsam etwa 10 Minuten weich schmoren. Währenddessen die Artischocken von Zeit zu Zeit wenden. Sollte die ganze Flüssigkeit verdampft sein, etwas Wasser zugießen. Sind alle Artischocken weich gekocht, die Lorbeerblätter und Rosmarinzweige wieder aus dem Fond nehmen und die Artischocken anrichten. Die restliche Hälfte des Rosmarins zupfen, fein hacken und in den Fond einrühren. Bei Bedarf nochmals etwas Wein oder Wasser zugießen und kurz einkochen lassen. Nach Belieben mit Meersalz und etwas Pfeffer aus der Mühle abschmecken und mitsamt dem Knoblauch über die angerichteten Artischocken träufeln.

GARUNGSZEIT: ca. 10 Minuten

TIPP: Die Garungsdauer ist selbst bei Artischocken gleicher Größe oft äußerst unterschiedlich. Probieren Sie daher wiederholt mit einer Gabel, welche Artischocke bereits weich gegart ist.

Gekochte Artischocken mit Vinaigrette

Provence

ZUTATEN

4 Artischocken von je etwa 250 g
Saft von 1–2 Zitronen
Salz

FÜR DIE KRÄUTERVINAIGRETTE

beliebig viele, möglichst gemischte frische Kräuter (Basilikum, Oregano, Lavendel, Thymian, Bohnenkraut, Minze etc.)
Saft von 1 Zitrone
6 EL kalt gepresstes Olivenöl
1 TL Dijonsenf
3–4 EL erkalteter Artischockensud
Salz aus der Mühle
Pfeffer aus der Mühle

ZUBEREITUNG

Artischocken am unteren Ende glatt abschneiden, die äußeren und die kleinen unteren Blätter wegschneiden. Die holzigen Spitzen abschneiden, obere Blätter etwas auseinander ziehen und das Heu entfernen (s. auch S. 12f.). Zitronensaft mit etwas Wasser vermischen und geputzte Artischocken sofort in das Zitronenwasser legen (um ein Verfärben zu verhindern). In einem großen Topf ausreichend viel Salzwasser zum Kochen bringen. Artischocken einlegen, Zitronenwasser zugießen und etwa 40 Minuten zugedeckt weich kochen.
Inzwischen für die Vinaigrette Kräuter waschen, gut abtropfen lassen und fein hacken. Zitronensaft mit Olivenöl und Dijonsenf locker aufschlagen, kalten Artischockensud unterrühren, gehackte Kräuter beigeben und alles mit Salz und Pfeffer würzen. Weich gekochte Artischocken aus dem Sud heben. Umgedreht etwas abtropfen lassen und entweder warm oder kalt mit der Kräutervinaigrette servieren.

GARUNGSZEIT: ca. 40 Minuten
TIPP: Die Artischocken sind gar gekocht, wenn sich das untere Ende beim Anstechen mit einem scharfen Messer weich anfühlt.

Überbackener Fenchel

Toskana

ZUTATEN

4 Fenchelknollen
Saft von 1/2 Zitrone
400 g Pelati (Tomaten aus der Dose) oder geschälte Fleischtomaten
1 Bund Petersilie
3 EL Parmesan, frisch gerieben
4 EL Semmelbrösel
1 Zwiebel
2 Knoblauchzehen
Olivenöl
Meersalz aus der Mühle
Pfeffer

ZUBEREITUNG

Die Fenchelknollen längs halbieren, die äußeren Blätter sowie Stiele entfernen und das Fenchelgrün aufbewahren. Etwa 1 Liter Salzwasser mit dem Zitronensaft aufkochen und den Fenchel darin ca. 20 Minuten garen. Herausheben, abtropfen lassen und den Sud aufbewahren.
Eine feuerfeste Form mit Olivenöl ausstreichen. Tomaten aus der Dose abtropfen lassen, grob zerteilen und in die Form geben. Die Fenchelhälften hineinsetzen, mit ca. 125 ml Fenchelsud beträufeln und kräftig mit Salz und Pfeffer würzen.
Petersilie, Fenchelgrün, Zwiebel und Knoblauchzehen fein hacken. Zwiebeln und Knoblauch in etwas Olivenöl anschwitzen. Die Semmelbrösel einrühren und goldbraun rösten. Die Pfanne vom Herd nehmen, Kräuter und Parmesan einmengen und alles über die Fenchelhälften verteilen. Im auf 200 °C vorgeheizten Backrohr etwa 20 Minuten backen.

BACKROHRTEMPERATUR: 200 °C
GARUNGSZEIT: 20 Minuten kochen, 20 Minuten backen

Überbackener Fenchel

Die Schlacht am Fenchelfeld

Es handelte sich um eine der berühmtesten Schlachten der Geschichte, deren Name auch heute noch – in durchaus friedlichem Zusammenhang – gegenwärtig ist: 490 besiegte Miltiades bei Marathon die Perser und begründete mit dem Boten, den er danach ins knapp über 42 km entfernte Athen schickte, auch den Marathonlauf. Der Name Marathon hingegen ist vermutlich eher unsportlicher Herkunft. Marathon bedeutet auf Altgriechisch soviel wie Fenchel, und die Schlacht hat wohl auch auf riesigen Fenchelfeldern getobt. Mittlerweile hat der Fenchel allerdings viel von seinem martialischen Schrecken verloren und erfreut vor allem italophile Feinschmecker sowie – in Teeform – Babys mit Verdauungsproblemen.

Gegrilltes Gemüse mit Olivenpesto

Ligurien

ZUTATEN

2 Zucchini
2 Melanzani
8 Stangen grüner Spargel
1 Fenchel
2 kleine Stangen Lauch
4 Tomaten
4 Mini-Kürbisse
15 grüne Oliven
2 EL Pinienkerne
etwas Chilipulver
etwas Zitronensaft
Balsamicoessig, möglichst alt und hochwertig
Olivenöl
Meersalz aus der Mühle
Pfeffer aus der Mühle

ZUBEREITUNG

Für das Pesto die Oliven entkernen und sehr fein hacken. Gemeinsam mit den Pinienkernen in einem Mörser (oder mit dem Mixstab) zu einer homogenen Masse verarbeiten. Mit etwas Zitronensaft, Chili und Meersalz abschmecken.

Die Gemüse zuputzen und in gewünschte Formen schneiden. Gemüse mit längerer Garzeit (z. B. Fenchel und Kürbis) kurz in Salzwasser blanchieren (überbrühen). Am besten auf einem Holzkohlengrill (oder Elektrogrill) das gesalzene und nach Belieben mit Olivenöl bestrichene Gemüse so lange grillen, dass es noch schön knackig schmeckt. Das Gemüse beliebig anrichten, mit Balsamicoessig und Pesto beträufeln und nochmals mit Meersalz und Pfeffer aus der Mühle würzen.

Briami (Griechisches Ofengemüse)

Kreta

ZUBEREITUNG

Die gut gewaschenen Melanzani, Zucchini und Kartoffeln in ca. 1/2 cm dicke Scheiben schneiden. Die Tomaten blanchieren (kurz überbrühen), enthäuten und die Hälfte davon in kleine Würfel schneiden. Die Paprikaschoten entstielen, entkernen und in Streifen schneiden. Die grünen Bohnen putzen, in Stücke schneiden und kurz in Salzwasser blanchieren.

Die Gemüse schichtweise in eine feuerfeste Form geben, grob geschnittene Petersilie dazwischen streuen und jede Schicht salzen und pfeffern. Restliche Tomaten in Scheiben schneiden und als Abschluss darauf legen. Den gezupften Oregano darüber streuen. Knoblauch mit etwas Olivenöl in einem Mörser zerkleinern und über die Tomaten verteilen. Mit frisch gemahlenem Meersalz und Pfeffer würzen. Im vorgeheizten Backrohr bei 180 °C zunächst etwa 30 Minuten mit Alufolie abgedeckt backen. Dann Folie abnehmen, nach Wunsch mit etwas zerbröseltem Feta bestreuen und nochmals weitere 20 Minuten backen.

BACKROHRTEMPERATUR: 180 °C
BACKZEIT: 50 Minuten

Das älteste Öl Europas

Auch wenn die Athener Anspruch darauf erheben, dass die Göttin Athene ihnen den Ölbaum und damit das Olivenöl geschenkt hat: Die älteste Ölmühle Europas steht nun einmal nicht in Attika, sondern im Palast von Phaistos auf Kreta. Hier, inmitten der Messara-Ebene, soll angeblich auch das beliebteste kretische Gemüsegericht, das so genannte Briami, erfunden worden sein, das sich von hier aus mittlerweile über ganz Griechenland verbreitet hat.

ZUTATEN

2 Melanzani
3 Zucchini
2 grüne Paprikaschoten
5 Tomaten
1 Oreganozweig
2–3 Petersilienzweige
400 g kleine Kartoffeln
200 g grüne Bohnen
Feta-Käse nach Wunsch
2 Knoblauchzehen
Olivenöl
Meersalz aus der Mühle
Pfeffer aus der Mühle

Ratatouille

Nizza

ZUTATEN

400 g Zwiebeln
1 rote Paprikaschote
1 gelbe Paprikaschote
1 Aubergine (ca. 300 g)
300 g Zucchini
1 kleine Dose Pelati (geschälte Tomaten)
125 ml Tomatensaft
5 EL Olivenöl
ca. 1 EL Zucker
1 Bund Thymian, gehackt
1 Bund Basilikum, gehackt
40 g Parmesan, frisch gerieben
Salz aus der Mühle
Pfeffer aus der Mühle
Olivenöl, kalt gepresst, zum Vollenden

ZUBEREITUNG

Die Paprikaschoten waschen, halbieren, Kerne entfernen und würfelig schneiden. Aubergine waschen, nach Bedarf schälen und in gleich große Würfel wie die Paprikaschoten schneiden. Die Zwiebeln in feine Würfel schneiden. Olivenöl erhitzen und die Zwiebeln darin glasig dünsten. Auberginen und Paprikaschoten zu den Zwiebeln geben und etwa 5 Minuten bei leicht reduzierter Hitze mitanschwitzen.
Inzwischen die Zucchini putzen, waschen, ebenfalls in Würfel schneiden und zugeben. Tomaten mitsamt der Flüssigkeit und dem Tomatensaft dazugeben. Mit Salz, Pfeffer, Zucker sowie gehacktem Thymian würzen und bei mittlerer Hitze 10–15 Minuten dünsten, bis das Gemüse sämig wird. Vor dem Servieren die frisch geschnittenen Basilikumblätter sowie den Parmesan einrühren. Mit einem Schuss Olivenöl vollenden.

GARUNGSZEIT:

ca. 15–20 Minuten

1

2

3

4

5

6

7

Lob der Ratatouille

Wer in südfranzösischen Rezeptsammlungen stöbert, der stößt fast zwangsläufig auf das magische Wörtchen Ratatouille. Es beschwört die Düfte und Aromen der „Cuisine du Soleil", die Farbpalette eines Marc Chagall und die schwelgerische Poetik der Romane von Marcel Pagnol herauf. An der „idealen Ratatouille" haben sich, bei aller Einfachheit dieses bunten Schmortopfs aus Auberginen, Paprikaschoten, Tomaten, Zucchini, Zwiebeln, Knoblauch und Thymian schon viele Spitzenköche, selbst solche mit drei Sternen, die Zähne ausgebissen. Doch letztlich ist die Ratatouille kein Kind kulinarischer Verfeinerung, sondern bleibt eine Domäne der Bonne femme (franz. Hausfrau). Sie hat das Rezept wahrscheinlich schon von ihrer Großmutter übernommen und drängt damit auch keineswegs nach den höheren Weihen der Feinschmeckerei. Sie will für ihre Familie lediglich eines zubereiten: einen guten Topf von einer guten Frau.

PHASE 1 UND 2: Gemüse waschen und Paprikaschoten, Aubergine und Zwiebeln in kleine Würfel schneiden.

PHASE 3: Zwiebeln in heißem Olivenöl anschwitzen.

PHASE 4 UND 5: Auberginen und Paprikaschoten zugeben und dann klein geschnittene Zucchini einrühren.

PHASE 6: Tomaten und Tomatensaft dazugeben. Mit Salz, Pfeffer, Zucker sowie gehacktem Thymian würzen und bei mittlerer Hitze 10-15 Minuten dünsten.

PHASE 7: Vor dem Servieren Basilikum, Parmesan und Olivenöl einrühren.

Peperonata

Italien

ZUTATEN

je 2 Paprikaschoten, gelb, rot und grün
6 Knoblauchzehen, halbiert
1 Zwiebel
1 kg Tomaten
60 g schwarze Oliven, entkernt und halbiert
200 ml Olivenöl
1 Prise Zucker
Salz aus der Mühle
Pfeffer aus der Mühle
Paprikapulver

ZUBEREITUNG

Die Paprikaschoten entstielen, entkernen und achteln. Die Tomaten überbrühen, schälen, entkernen und klein hacken. Die Zwiebel klein hacken. Das Öl in einer Pfanne erhitzen. Knoblauch und Zwiebeln darin anschwitzen. Den Paprika in die Pfanne geben, durchrühren und 5 Minuten dünsten. Tomaten und Oliven zugeben. Mit Salz, Pfeffer, Paprikapulver und einer Prise Zucker würzen und auf kleiner Flamme köcheln lassen, bis ein sämiges Ragout entsteht.

GARUNGSZEIT: ca. 30 Minuten

TIPPS:
- Manche mögen Peperonata heiß (vor allem zu Fleischgerichten), andere wiederum reichen sie als vitaminhältigen Bestandteil einer kalten Vorspeisenplatte.
- Sollten die Tomaten zu wenig reif sein und nicht genügend Saft besitzen, so ersetzen Sie die fehlende Flüssigkeit, indem Sie mit Weißwein oder Gemüsefond aufgießen.
- Nichtvegetarier können den Reiz dieses Gemüsegerichts auch noch erhöhen, wenn sie mit den Zwiebeln 350 g in Streifen geschnittenen Rohschinken mitrösten.

Caponata

Süditalien

ZUBEREITUNG

Melanzani schälen, in grobe Würfel schneiden, salzen sowie pfeffern und auf einem Sieb oder Küchenkrepp abtropfen lassen. Währenddessen Sellerie, Zwiebel, Paprikaschoten (nach Bedarf geschält) und Karotte würfelig schneiden. Knoblauch in Scheiben schneiden, Oliven und Basilikum grob hacken. Öl in einer großen Pfanne erhitzen, Sellerie, Zwiebeln, Paprikaschoten, Knoblauch und Karotten hineingeben und unter gelegentlichem Umrühren 10–12 Minuten bei mäßiger Hitze dünsten. Alles in einen flachen Bräter umstechen, aber die Ölrückstände in der Pfanne lassen. Melanzani leicht mit Mehl stauben, portionsweise in die Pfanne geben und bei mittlerer Hitze goldgelb braten. (Bei Bedarf noch Öl zugießen.) Ebenfalls in den Bräter geben. Tomaten kurz überbrühen, schälen, würfelig schneiden und gemeinsam mit den Oliven, Essig, Zucker, Basilikum und gehackter Petersilie dazugeben und zugedeckt im vorgeheizten Backrohr bei 180 °C 30 Minuten backen. Herausnehmen, gut durchrühren und mit Salz sowie Pfeffer abschmecken. Kapern einrühren und den Bräter nochmals für einige Minuten ohne Deckel ins Backrohr zurückstellen.

BACKROHRTEMPERATUR: 180 °C

GARUNGSZEIT: 10–12 Minuten dünsten, ca. 35 Minuten backen

TIPP: Die Caponata schmeckt auch kalt, mit etwas getoastetem Toskanabrot sowie einem Gläschen trockenem Weißwein serviert, sehr gut.

ZUTATEN FÜR 6 PORTIONEN

1,5 kg Melanzani
1 kg Tomaten
2 Selleriestangen
1 große Zwiebel
3 Paprikaschoten (grün, gelb und rot)
1 Knoblauchzehe
1 Karotte
200 g grüne Oliven
4 große Basilikumblätter
1 EL Petersilie, gehackt
2 EL kleine, getrocknete Kapern
2 EL Essig
1 Prise Zucker
2 TL Mehl
ca. 200 ml Olivenöl
Salz
Pfeffer

LA DOLCE VITA

Süße Genüsse von Cantuccini bis Zuccotto

LA DOLCE VITA

Süße Genüsse von Cantuccini bis Zuccotto

Dass die mediterrane Küche nicht an Olivenöl spart, ist sattsam bekannt. Doch sie spart auch nicht an Zucker. Er wurde in den Märchenländern aus 1001 Nacht vor allem als genussreicher Ersatz für den vom Propheten Mohammed verbotenen Alkohol geschätzt und verbreitete sich von Arabien aus schon im Mittelalter über nahezu den gesamten Mittelmeerraum. Südliche Desserts sind daher bis heute zumeist besonders süß, aber durch die großzügige Verwendung von Früchten, Mandeln und Gewürzen auch besonders aromatisch.

AUS SÜDLICHEN BACKSTUBEN

Turrón (Marzipankonfekt)

Alicante

ZUTATEN

2 unbehandelte Zitronen
500 g Mandeln, gerieben
300 g Staubzucker
ca. 10 ganze Mandeln oder Mandelsplitter zum Garnieren

ZUBEREITUNG

Zitronen gut waschen, mit Küchenkrepp trocken reiben und die Schale mit einer feinen Reibe abreiben. Aus geriebenen Mandeln, Staubzucker, Zitronenschale und etwa 7 Esslöffeln Wasser eine kompakte Masse kneten. Beliebig große, mundgerechte Kugeln oder Stäbchen daraus formen. Je nach Geschmack die fertigen Marzipanturrónes in Mandelsplittern wälzen oder je eine halbierte Mandel obenauf setzen. Turrónes anschließend einige Tage lang trocknen lassen. Für eine längere Lagerung sollte das Konfekt in einer luftdicht verschlossenen Dose aufbewahrt werden.

TIPP: Wenn Sie das Konfekt noch authentischer zubereiten wollen, so kaufen Sie ungeschälte Mandeln, blanchieren diese kurz in heißem Wasser, ziehen die Haut ab und lassen die Mandeln mindestens 5–6 Stunden an einem sehr warmen Ort trocknen. Erst dann werden sie fein gerieben.

Cantuccini amaretti (Mandelkekse)

Toskana

ZUTATEN

200 g Mandelstifte
3 Eier
250 g Zucker
3 EL Vanillezucker
1 Prise Salz
Schale von 1 unbehandelten Zitrone, abgerieben
ca. 400 g Mehl, glatt
1/2 Päckchen Backpulver

ZUBEREITUNG

Mandelstifte in einer beschichteten Pfanne ohne Fettzugabe kurz anrösten und wieder auskühlen lassen. Eier in Eidotter und Eiklar trennen. Eidotter mit Zucker und Vanillezucker schaumig rühren. Eiklar mit einer Prise Salz zu steifem Schnee schlagen und nach und nach unter die Eiermasse heben. Geröstete Mandelstifte und abgeriebene Zitronenschale untermengen. Das Mehl gemeinsam mit dem Backpulver versieben, unter die Masse mischen und zu einem glatten, nicht zu weichen Teig kneten (eventuell noch etwas Mehl zugeben). Aus dem Teig Rollen mit etwa 2 cm Stärke formen, auf ein mit Backpapier ausgelegtes Backblech legen und im auf 170–180 °C vorgeheizten Backrohr ca. 35 Minuten backen. Sobald die Oberfläche leicht angebräunt ist, Backblech herausnehmen und die Rollen sofort in ca. 1cm breite Stücke schneiden (es ergeben sich ca. 70 Stück). Abkühlen lassen.

BACKROHRTEMPERATUR: 170–180 °C

BACKZEIT: ca. 35 Minuten

TIPP: Da die Kekse relativ bissfest bzw. knusprig geraten sollen, schmecken sie etwa zu Vin Santo (ital. Süßwein) besonders gut. Nach italienischer Sitte taucht man sie dabei kurz in den Wein und genießt sie dann als Weingebäck. Übrig gebliebene Kekse sollten möglichst luftdicht aufbewahrt werden.

Orangen-Mandel-Konfekt (Calissons)

Aix-en-Provence

ZUTATEN

400 g Mandeln, ungeschält
400 g Staubzucker für die Masse
2 EL Orangenmarmelade
1 1/2 EL Akazienhonig
1–2 EL Grand Marnier oder Cointreau (Orangenlikör), ersatzweise Amaretto
Oblaten
200–250 g Staubzucker für die Glasur
1–2 Eiklar

ZUBEREITUNG

Wasser in einem Topf zum Kochen bringen. Vom Feuer nehmen, Mandeln einlegen und kurz ziehen lassen. Herausnehmen und Haut abziehen. Die Mandeln trocken tupfen und in der Küchenmaschine fein zerkleinern oder reiben. Mit Zucker vermengen. In einer kleinen Schüssel Orangenmarmelade, Honig und Grand Marnier miteinander verrühren und mit den Mandeln gut verkneten. Ein Tablett oder Küchenbrett mit einem Küchentuch oder Backpapier belegen. Oblaten darauf legen und die Masse etwa fingerbreit auftragen. Mit einem scharfen Küchenmesser in beliebige mundgerechte Formen (etwa Quadrate, Rechtecke oder Rauten) schneiden. In einer Schüssel Staubzucker mit Eiklar schaumig schlagen, die Mandelmasse damit großzügig bestreichen und die Calissons an einem warmen Ort trocknen lassen.

Kartoffelkipfel (Chifeleti)

Friaul

ZUTATEN

1 kg mehlige Kartoffeln
120 g Kristallzucker
200 g Mehl, glatt
2 EL Butter
3 Eier
3 gehäufte EL Staubzucker
1 gestrichener EL Zimtpulver
Salz
Öl zum Backen

ZUBEREITUNG

Die geschälten Kartoffeln in sprudelndem Salzwasser etwa 15–18 Minuten lang weich kochen. Durch ein Passiersieb streichen und mit Zucker, Mehl, handwarmer Butter, Eiern und etwas Salz zu einem geschmeidigen Teig verarbeiten. Daraus kleine Halbmonde bzw. Kipfel formen. In einer tiefen Pfanne ausreichend viel Öl erhitzen und die Kipfel in heißem Öl goldgelb backen. Herausheben und gut abtropfen lassen. Staubzucker und Zimtpulver vermengen, die Kipfel damit bestreuen und überkühlen lassen. Nach Bedarf vor dem Servieren nochmals mit Zimtzucker bestreuen.

GARUNGSZEIT: Kartoffeln 15–18 Minuten, Kipfel einige Minuten

Pandschepan

Dalmatien

ZUTATEN

5 Eier
200 g Staubzucker
250 g Mehl, glatt
50 g Weizengrieß
3 EL Kristallzucker
125 ml Wasser
Rumfrüchte zum Dekorieren
Butter oder Öl für die Form

ZUBEREITUNG

Die Eier versprudeln und langsam Staubzucker sowie das mit Grieß vermischte Mehl unterrühren, bis eine glatte Masse entsteht. Eine passende Backform (oder 4 kleine Savarinformen) mit Fett ausstreichen. Teig einfüllen und im vorgeheizten Backrohr bei 180 °C ca. 40–45 Minuten (je nach Größe der Form) goldgelb backen. Herausnehmen und auskühlen lassen. Zucker und Wasser zu Sirup verkochen und noch lauwarm über den erkalteten Kuchen gießen. Den Sirup gut durchziehen lassen. Mit Rumfrüchten dekorieren und servieren.

BACKROHRTEMPERATUR: 180 °C
BACKZEIT: 40–45 Minuten

Das süße Brot der Marranen

Die Marranen sind ein kulinarisches Volk und sollen angeblich auch daran beteiligt gewesen sein, dass die Sitte des Panierens – und damit das Ur-Wienerschnitzel – vom maurischen Raum nach Byzanz und von dort über Venedig und Mailand nach Wien gelangt ist. Die Geschichte der Marranen liest sich leider viel weniger kulinarisch. Handelte es sich doch um einen im Zuge der Diaspora von Palästina auf die iberische Halbinsel verschlagenen Stamm des Volkes Israel, der in Spanien zwar offiziell den katholischen Glauben annahm, in Wahrheit aber seiner alten Religion treu blieb. Die Heilige Inquisition setzte also ihre Spitzel in besonderem Maße auf die Marranen an. Was zuletzt dazu führte, dass diese aus Angst vor Verfolgung und Feuertod Spanien verließen, das Mittelmeer überquerten und sich quer über Südosteuropa verstreuten. Aus ihrer spanischen Wahlheimat brachten sie jedoch auch manche Gerichte mit – darunter das Pan di Spagna oder Pain d'Espagne (Spanisches Brot), aus dem sich dann im Laufe der Zeit allmählich das „Pandschepan" entwickelte.

Süße Schnecken (Ensaimadas)

Balearen

ZUTATEN

400 g Mehl, glatt
30 g Hefe
1 Prise Kristallzucker
2 Eier
ca. 180–200 ml Wasser, lauwarm
70 g Staubzucker
3–4 EL Schweineschmalz oder Butter für den Teig
1 Prise Salz
Mehl für die Arbeitsfläche
4–6 EL geschmolzenes Schweineschmalz oder Butter zum Bestreichen
Staubzucker zum Bestreuen

ZUBEREITUNG

In eine kleinere Schüssel etwa ein Viertel des Mehls hineingeben. Hefe zwischen den Fingern zerbröseln und in eine kleine Mulde in die Mitte des Mehls geben. 2–3 EL lauwarmes Wasser und eine Prise Zucker sowie nochmals etwas Mehl darüber geben und diesen Vorteig ca. 15 Minuten zugedeckt an einem warmen Ort aufgehen lassen. In einer Teigschüssel Vorteig mit dem restlichen Mehl, Eiern, lauwarmem Wasser, Staubzucker, Schweineschmalz oder Butter und einer Prise Salz mit dem Knethaken oder einem Holzlöffel so lange schlagen, bis ein flaumiger Teig entsteht, der Blasen wirft. An einem warmen Ort zugedeckt mindestens 30 Minuten gehen lassen.

Teig nochmals zusammenschlagen und auf einer bemehlten Arbeitsfläche zu einer Rolle formen. In acht Stücke teilen und diese wiederum jeweils zu etwa 20 cm langen, dünnen Rollen formen. Eine geeignete Backform oder Backblech mit Schmalz oder Butter bestreichen. Nun jedes Röllchen gut mit Schmalz einstreichen, zu einer Schnecke einrollen und auf das Backblech legen. Nochmals leicht zugedeckt 20–30 Minuten gehen lassen. Mit Wasser beträufeln und im vorgeheizten Backrohr bei 180–200 °C etwa 25 Minuten goldgelb backen. Schnecken herausnehmen, kurz überkühlen lassen, großzügig mit Staubzucker bestreuen und nach Belieben lauwarm oder kalt auftragen.

BACKROHRTEMPERATUR: 180–200 °C

BACKZEIT: ca. 25 Minuten

TIPP: Noch feiner werden die Hefeschnecken, wenn man sie jeweils zu dünnen Teigplatten ausrollt, diese mit Schmalz bestreicht und dann erst der Länge nach einrollt und wiederum zu Schnecken formt.

Gibanica (Vierlingsstrudel)

Slowenien

ZUTATEN

250 g Strudelteigblätter
100 ml Schlagobers zum Begießen
100 ml Schlagobers und etwas Staubzucker zum Garnieren
zerlassene Butter für die Form und zum Bestreichen

FÜR DIE APFELFÜLLE

300 g Äpfel, geschält
20 g Butter
30 g Kristallzucker
etwas Zimtpulver und abgeriebene Zitronenschale

FÜR DIE TOPFENFÜLLE

300 g Topfen
2 Eier
30 g Kristallzucker
50 g Sauerrahm
1 EL Rosinen

FÜR DIE NUSSFÜLLE

100 g Nüsse, gerieben
30 g Kristallzucker
50 g Sauerrahm

FÜR DIE MOHNFÜLLE

100 g Mohn, gemahlen
etwas Milch
30 g Kristallzucker
1 Päckchen Vanillezucker
50 g Sauerrahm

ZUBEREITUNG

Für die Apfelfülle dünnblättrig geschnittene Äpfel einige Minuten in Butter und Zucker kernweich dünsten. Mit Zimt sowie abgeriebener Zitronenschale abschmecken. Für die Topfenfülle den mit einer Gabel zerdrückten Topfen mit Eiern, Zucker und Rahm schaumig rühren und Rosinen unterheben. Für die Nussfülle geriebene Nüsse mit Zucker und Sauerrahm vermischen. Für die Mohnfülle den gemahlenen Mohn in etwas heißer Milch aufkochen lassen.

Eine passende Kastenform mit zerlassener Butter ausstreichen und den Boden mit einem Strudelblatt belegen. Nunmehr jeweils eine Schicht Fülle sowie jeweils ein mit zerlassener Butter bestrichenes Strudelblatt einfüllen, und zwar in folgender Reihenfolge: Nuss – Apfel – Topfen – Mohn – Topfen – Apfel – Nuss. Die Mohnfülle in der Mitte also auf einmal auftragen. Dabei mit Zucker sowie Vanillezucker bestreuen und mit Sauerrahm beträufeln. Abschließend ein letztes Strudelblatt auflegen, mit Schlagobers übergießen und die Gibanica im vorgeheizten Backrohr bei 190 °C etwa 60 Minuten lang backen. Erkalten lassen, stürzen und in ca. 2 cm dicke Scheiben aufschneiden. Mit geschlagenem und leicht gezuckertem Obers servieren.

BACKROHRTEMPERATUR: 190 °C
BACKZEIT: ca. 60 Minuten

Limonentarte

Limonentarte

Languedoc

ZUBEREITUNG

Für den Teig Mehl mit Maisstärke versieben. Mit Butter, Zucker, Ei und nach Bedarf etwas Milch rasch zu einem glatten Teig verkneten. In Klarsichtfolie einschlagen und ca. 30 Minuten im Kühlschrank rasten lassen. Währenddessen für die Limonencreme die Dotter mit Zucker, Maisstärke, Zitronensaft und Crème fraîche zu einer sämig-cremigen Masse aufschlagen. Teig so auswalken, dass sich damit eine zuvor gut befettete Tortenspringform auslegen lässt. Teig am Rand hochziehen und rundum einen Wulst formen. Limonencreme gleichmäßig über den Teig verteilen und die Tarte im auf 200 °C vorgeheizten Backrohr 35 Minuten lang backen. Dabei Hitze nach etwa 10 Minuten auf 180 °C reduzieren. Während der ersten Hälfte der Backzeit ein Stück Alufolie über die Tarte legen, damit sie nicht zu braun wird.

BACKROHRTEMPERATUR: 200 °C auf 180 °C fallend

BACKZEIT: ca. 35 Minuten

TIPP: Wer ökonomisch kochen möchte, kann kurz vor Backende noch die beim Trennen der Dotter übrig gebliebenen Eiklar mit etwas Zucker zu Eischnee verschlagen und der Limonentarte eine Schneehaube aufsetzen. Etwa 5 Minuten (bei Oberhitze) mitbacken, bis sie eine leicht goldbraune Farbe zeigt.

ZUTATEN

125 g Butter, raumtemperiert
150 g Mehl, griffig
100 g Maisstärke
100 g Kristallzucker
1 Ei
etwas Milch nach Bedarf
Butter für die Form

FÜR DIE CREME

6 Eidotter
250 g Crème fraîche
40 g Maisstärke
250 g Kristallzucker
Saft von 3 Limonen (ersatzweise Zitronen)

Baklava

Türkei

ZUBEREITUNG

Das Mehl auf eine Arbeitsfläche sieben und in der Mitte eine Delle eindrücken. Joghurt, Eier, zerlassene Butter und Wasser in die Delle geben und alles von der Mitte aus mit beiden Händen zu einem geschmeidigen Teig kneten. Eine lange Rolle formen, in ca. 20 gleichmäßige Scheiben teilen und jede Scheibe messerrückendick ausrollen. Ein Backblech gut befetten. Eine Teigplatte auflegen, diese mit den fein gehackten Nüssen, Pistazien etc. bestreuen und wieder mit einer Teigplatte belegen. So weiter verfahren, bis die letzte Teigplatte verbraucht ist. Die oberste Lage nicht mehr bestreuen. Baklava in kleine, mundgerechte Rechtecke vorschneiden und im vorgeheizten Backrohr bei 170 °C etwa 30 Minuten backen. Danach gut auskühlen lassen.

Für den Sirup Zucker mit Wasser verkochen, bis sich der Zucker nach etwa 5 Minuten vollständig aufgelöst hat. (Bei Bedarf noch etwas Wasser hinzufügen). Mit Zitronensaft vermischen und gleichmäßig über die Baklava gießen. Über Nacht gut durchziehen lassen. Die Baklava erst kurz vor dem Servieren mit frisch gehackten Pistazien und Nüssen bestreuen.

BACKROHRTEMPERATUR: 170 °C

BACKZEIT: ca. 30 Minuten

ZUTATEN

300 g Butter, zerlassen
500 g Mehl, glatt
100 g Joghurt
4 Eier
250 g Pistazien, Mandeln oder Walnüsse, fein gehackt
200 ml Wasser
Butter für das Backblech
frisch gehackte Pistazien und Nüsse zum Garnieren

FÜR DEN SIRUP

250 ml Wasser
300 g Kristallzucker
Saft von 1 Zitrone

Karnevalskrapfen (Fritole)

Friaul/Julisch Venetien

ZUTATEN
320 g Mehl, glatt
30 g Hefe
75 g Butter
40 g Staubzucker
5 EL Milch
80 g Rosinen
2 cl Tresterbrand
1 EL Vanillezucker
3 Eidotter
1 Ei
1 Prise Salz
Schale von 1 unbehandelten Zitrone
1 EL Pinienkerne, grob gehackt
1 Prise Zimt
Pflanzenöl zum Ausbacken
Staubzucker zum Bestreuen

ZUBEREITUNG
Rosinen in Tresterbrand marinieren, Hefe in 2 Esslöffeln lauwarmer Milch auflösen. Dann Mehl, Ei, Eidotter, restliche Milch, handwarme Butter, Zucker, Vanillezucker, Salz, Zimt und abgeriebene Zitronenschale gut miteinander vermengen. Hefe, marinierte Rosinen und Pinienkerne einarbeiten und den Teig an einem warmen Ort zugedeckt 2 Stunden lang aufgehen lassen. Bei Bedarf mit etwas Wasser oder Milch noch geschmeidiger machen. In einer tiefen Pfanne ausreichend viel Öl erhitzen. Den Teig mit Hilfe eines Esslöffels zu Bällchen formen und diese rundum goldgelb herausbacken. Fritole aus dem Fett heben, gut abtropfen lassen und großzügig mit Staubzucker bestreuen. Nach Belieben lauwarm oder kalt servieren.

Risottotorte „Pesaro"

Marken

ZUTATEN
1 l Milch
90 g Risottoreis (am besten Arborio)
250 g Kristallzucker
4 Eier
1 Eidotter
80 g Mandeln, geschält und klein gehackt
2 EL Aranzini, gehackt
ca. 4 cl Weinbrand
Schale von 1 unbehandelten Zitrone, in Streifen geschnitten
1 Prise Salz
Butter und Semmelbrösel für die Form

ZUBEREITUNG
Milch mit einer Prise Salz, Zitronenschale und Kristallzucker aufkochen und Hitze sofort auf ein absolutes Minimum reduzieren. Reis hinzufügen, gut durchrühren und bei kleinster Hitze 150 Minuten leise dahinköcheln lassen (s. Tipp). Währenddessen wiederholt umrühren. Sobald der Risotto ein sämiger Brei von leicht bräunlicher Tönung geworden ist, Zitronenschalen nach Möglichkeit entfernen und Reis auskühlen lassen.
Dann Eier mit Dotter versprudeln und langsam unter den Reisbrei rühren. Mandeln und Aranzini zugeben, gut durchrühren und in eine gut ausgebutterte und mit Semmelbröseln ausgestreute Tortenspringform einfüllen. Im auf 180 °C vorgeheizten Backrohr ca. 60 Minuten backen. Fertige Torte herausnehmen, an mehreren Stellen anstechen und den Weinbrand darüber gießen. Auskühlen lassen und dann erst aus der Form lösen. Mindestens einen, noch besser zwei bis drei Tage abgedeckt rasten lassen.

BACKROHRTEMPERATUR: 180 °C
GARUNGSZEIT: Reis 150 Minuten, Torte ca. 60 Minuten
TIPPS:
- Lassen Sie sich von den für heutige Begriffe etwas seltsam anmutenden Zeit- und Mengenangaben nicht irritieren. Es handelt sich um ein uraltes Rezept, aber es funktioniert.
- Lösen Sie gleich zu Beginn eine Messerspitze Safranfäden in der Milch auf, dann erhält die Risottotorte, die in Rossinis Geburtsstadt früher vor allem zu Ostern gegessen wurde, einen besonders exotischen Geschmack.

FEINE CREMEN UND CREMIGE DESSERTS

Mousse au chocolat „Novelli"

ZUTATEN

5 Eidotter
60 g Staubzucker
130 g dunkle Schokolade
300 ml Schlagobers

ZUBEREITUNG

Eidotter gemeinsam mit Staubzucker in eine Schüssel geben und zuerst über heißem Wasserbad warm, dann über Eis kalt schaumig aufschlagen. Die Schokolade im Wasserbad sanft (nicht über 30 °C) temperieren und mit der Dottermasse glatt verrühren. Obers schlagen, unterheben und die Mousse mindestens 3 Stunden kühlen lassen. Mit einem in heißes Wasser getauchten Suppenlöffel Nocken ausstechen und anrichten.

TIPP: Nach demselben Grundrezept lassen sich selbstverständlich auch Mousses aus den unterschiedlichsten Schokoladesorten, die speziell in letzter Zeit vermehrt angeboten werden, zubereiten. So bieten etwa Bitter-, Milch-, Orangen-, Cappuccino-, Trauben- oder Limettenschokolade interessante Variationsmöglichkeiten. Bei der Verwendung von weißer Schokolade empfiehlt sich die Beigabe von 3 Blatt Gelatine.

Panna cotta

Toskana

ZUTATEN

125 ml Milch
500 ml Schlagobers
75 g Kristallzucker
2 Gelatineblätter
1 EL Grand Marnier oder Cointreau (Orangenlikör)
2 Vanilleschoten
Zitronen- und Orangenschale, abgerieben
Zitronenmelisse zum Garnieren

ZUBEREITUNG

Gelatineblätter in kaltem Wasser einweichen. Vanilleschoten der Länge nach halbieren und das Mark auskratzen. Milch mit Zucker und Vanillemark zum Kochen bringen, abseihen. Schlagobers, Zitronen- sowie Orangenschale hinzufügen und nochmals aufkochen. Die ausgedrückte Gelatine darin auflösen und mit Grand Marnier verfeinern. In Dariol- oder Portionsformen gießen und 3–4 Stunden kalt stellen. Vor dem Servieren kurz in heißes Wasser halten und auf den Teller stürzen. Mit Zitronenmelisse garnieren.

TIPP: Ergänzen Sie die subtile Geschmacksnote der Panna cotta durch aromastarke Fruchtsaucen aus Erd-, Him- oder Waldbeeren.

Crema di Siena

Toskana

ZUTATEN

1 unbehandelte Zitrone
1 Zitrone
1 kleine Orange
2 Eidotter
150 g Zucker
500 g Mascarpone

ZUBEREITUNG

Die unbehandelte Zitrone (am besten mit einem Zestenreisser) so schälen, dass sich daraus attraktive Schalenstreifen als Garnierung ergeben. Die andere Zitrone gut waschen, trocken reiben und in dünne Scheiben schneiden. Davon vier Scheiben als Garnitur beiseite legen. Von den restlichen Zitronenscheiben Fruchtfleisch herauslösen (dabei Kerne entfernen) und klein schneiden. Geschälte Zitrone und Orange auspressen. In einer Schüssel Eidotter mit Zucker sehr schaumig rühren. Mascarpone untermengen, gut verrühren, Fruchtfleisch sowie Orangen- und Zitronensaft zugeben. Etwas von den Zitronenzesten unterziehen. Mascarponecreme in gut gekühlten Schalen anrichten, jeweils mit Zitronenzesten und -scheiben dekorieren und auftragen.

TIPP: Wer die Creme lieber etwas hochprozentiger hätte, der ersetze den Orangensaft durch Mandarinen- oder Orangenlikör.

Tiramisu („Zieh-mich-hinauf"-Creme)

Venedig

ZUTATEN

4 Eidotter
60 g Kristallzucker
40 g Staubzucker
500 g Mascarpone
ca. 30 Biskotten
4 cl Rum
ca. 250 ml Kaffee zum Tunken
Kakao zum Bestreuen

ZUBEREITUNG

Eidotter mit Kristallzucker sehr schaumig aufschlagen. Mascarpone langsam einrühren. In einem Suppenteller Kaffee mit Rum und Staubzucker vermengen. Den Boden einer Form mit Biskotten auslegen und dabei jede Biskotte vor Verwendung kurz in den Kaffee tauchen. Einen Teil der Creme einfüllen, glatt streichen und wieder mit getränkten Biskotten bedecken. Diesen Vorgang wiederholen, bis alles verbraucht ist. Mit Creme abschließen. Glatt streichen und mindestens 2–3 Stunden kalt stellen. In Rechtecke schneiden und kurz vor dem Servieren mit Kakao bestreuen.

TIPP: Ersetzen Sie zur Abwechslung einmal den Kaffee durch eine fruchtige Erdbeersauce, die mit Grand Marnier aromatisiert wird, oder – speziell zur Weihnachtszeit – durch Zwetschkensauce, mit duftendem Zimt verfeinert.

Marillentiramisu mit weißem Kaffeeeis

Novelli-Spezialität

ZUTATEN FÜR DAS TIRAMISU

7 Eidotter
65 g Zucker
500 g Mascarpone
2 cl Vin Santo (oder anderer Dessertwein)
100 ml schwarzer, starker Kaffee
200 g Biskotten
Kakao zum Bestreuen

FÜR DAS MARILLENRAGOUT

150 g Marillen
100 g Zucker
3cl Marillenschnaps
Orangensaft nach Bedarf

FÜR DAS EIS

3 Eidotter
60 g Zucker
100 ml Schlagobers
200 ml Milch
ca. 10 Kaffeebohnen

ZUBEREITUNG

Zunächst das Eis vorbereiten. Dafür Schlagobers, Milch und Zucker aufkochen. Die Kaffeebohnen dazugeben und über Nacht kalt stellen (1 u. 2). Am nächsten Tag die Kaffeebohnen abseihen und die Milch nochmals erhitzen. Die Eidotter gut aufschlagen und die warme Flüssigkeit langsam einrühren. In einer Eismaschine frieren.

Für das Marillenragout die Marillen entkernen und in Spalten schneiden (3). Den Zucker in einer Pfanne erhitzen, bis er karamellisiert, nun die Marillenspalten dazugeben (4). Mit Marillenschnaps ablöschen. Kurz zur Seite stellen, bis aus den Marillen Wasser austritt. Sollte das nicht der Fall sein, wenig Orangensaft zugießen. Nochmals 3–4 Minuten einkochen und auskühlen lassen.

Nun für die Mascarponecreme die Eidotter schaumig schlagen.

Nach und nach den Zucker einrieseln lassen und Mascarpone einrühren (5).

In ein Whiskyglas (am einfachsten mit einem

1

2

3

4

5

6

Spritzsack) zuerst etwas Mascarponecreme einfüllen. Kaffee und Vin Santo vermengen, die Biskotten halbieren und kurz darin eintauchen. Auf die Mascarponecreme legen, etwas Marillenragout darauf verteilen und diesen Vorgang so lange wiederholen, bis etwa 4 Schichten Biskotten gelegt wurden (6). Mit Mascarponecreme abschließen. Für etwa 2 Stunden kühl stellen.

Vor dem Servieren mit Kakao bestreuen und jeweils eine Kugel Eis darauf setzen.

7

TIPP: Das Eis kann auch ohne Eismaschine zubereitet werden: Flüssigkeit in ein Metallgefäß gießen und einige Stunden im Tiefkühlfach frieren. Währenddessen wiederholt mit dem Handmixer aufmixen.

VARIANTE I

ZWETSCHKENTIRAMISU:
Statt Marillen einfach die gleiche Menge Zwetschken verwenden.

VARIANTE II

LEBKUCHENTIRAMISU:
Biskotten durch altbackenen Lebkuchen, der in Stücke gebrochen wird, ersetzen und unter die Mascarponecreme 2 Esslöffel Lebkuchengewürzmischung rühren.

VARIANTE III

ERDBEERTIRAMISU:
Etwa 150 g Zucker karamellisieren, 300 g geviertelte Erdbeeren zugeben und kurz durchschwenken.
Mit 6 cl Grand Marnier ablöschen und 3–4 Minuten bei kleiner Hitze sämig einkochen lassen. Abgekühlte Sauce wie Marillenragout weiter verarbeiten.

Mandel-Marillen-Creme

Mallorca

ZUTATEN FÜR 6 PORTIONEN

300 g Mandeln
12 Eidotter
2 Eiklar
200 g Staubzucker
4 EL Vanillezucker
ca. 1,5 l Milch
1 Prise Salz

FÜR DIE MARILLEN

9 Marillen
100 g Zucker
ca. 125 ml Wasser
4–5 EL Marillenschnaps

ZUBEREITUNG

Mandeln kurz in siedendem Wasser blanchieren (überbrühen). Haut abziehen, Mandeln gut trocken tupfen und in einer beschichteten Pfanne ohne Fettzugabe hell anrösten. Danach Mandeln fein reiben. In einer größeren Kasserolle Eidotter, Staub- und Vanillezucker gut miteinander vermischen. Milch unter ständigem Rühren langsam zugießen und alles bei mäßiger Hitze langsam erwärmen, aber nicht kochen, bis die Masse schön sämig zu werden beginnt. Währenddessen ständig umrühren. Hat die Masse die richtig sämige Konsistenz, vom Feuer nehmen. Mandeln einrühren und alles abkühlen lassen. Masse in eine passende Schüssel umfüllen und etwa 2 Stunden am besten im Gefrierfach gut durchkühlen lassen. Dabei alle 30–45 Minuten umrühren, damit die Creme nicht zu kristallisieren beginnt.
Inzwischen Marillen halbieren und entkernen. Zucker bei mäßiger Hitze hellbraun werden lassen. Wasser langsam zugießen, kurz aufkochen lassen und die Marillen darin unter wiederholtem Wenden etwa 10 Minuten dünsten. Vom Feuer nehmen, Marillen herausheben und verbliebenen Sirup mit Marillenschnaps aromatisieren. Marillen wieder einlegen und mit der Flüssigkeit überziehen. Alles überkühlen lassen. Unmittelbar vor dem Servieren Eiklar mit einer Prise Salz zu festem Schnee schlagen und unter die kalte Mandelmasse heben. Mit einem Esslöffel aus der Masse Nocken stechen, diese portionsweise anrichten und jeweils mit drei marinierten Marillenhälften anrichten. Sirup darüber gießen und sofort servieren.

TIPP: Die Mandelcreme kann auch mit frischen Früchten, aber auch mit fertig erhältlichen Saucen, wie etwa Schokolade- oder Orangensauce, garniert werden.

Portugiesische Eiercreme

ZUTATEN

250 g Kristallzucker
125 ml Wasser
14 Eidotter
2 EL Mehl, glatt

ZUBEREITUNG

Zucker mit Wasser aufkochen (spinnen), bis die Flüssigkeit von einem eingetauchten und wieder hoch gehobenen Kochlöffel in einem feinen Faden herunterläuft und einen Tropfen bildet. Den aufgekochten Zucker vom Herd nehmen und abkühlen lassen. Eidotter schaumig schlagen und nach und nach in das lauwarme Zuckerwasser einschlagen. Vorsichtig das gesiebte Mehl hinzufügen. Alles unter ständigem Rühren auf mittlerer Flamme erneut erwärmen (aber keinesfalls zum Kochen bringen!), bis sich die Masse vom Topfrand löst. Auskühlen lassen.

TIPP: Die so entstandene puddingartige Creme kann – wieder erkaltet – aus kleinen Schälchen gelöffelt oder aber auch für Füllungen aller Art (Mürbteigschiffchen, Teigröllchen etc.) verwendet werden.

Crème brûlée

Südfrankreich

ZUTATEN

250 ml Schlagobers
250 ml Crème fraîche
1/2 Vanilleschote
50 g Vanillezucker
4 Eidotter
40 g brauner Rohrzucker

ZUBEREITUNG

Vanilleschote längs halbieren und das Mark auskratzen. Schlagobers mit Crème fraîche, Vanillemark und -schote zum Kochen bringen. Topf von der Herdplatte nehmen, Deckel aufsetzen und etwa 15 Minuten lang ziehen lassen. Dann Vanilleschote entfernen. Eidotter mit Vanillezucker vermengen, mit dem Schneebesen vorsichtig unter die Obersmasse rühren und gut verquirlen. Masse in feuerfeste Portionsförmchen füllen und diese in ein mit heißem Wasser gefülltes Gefäß (Wasserbad) stellen. Das Wasser sollte bis knapp über die Hälfte der Förmchen reichen. Im auf 150 °C vorgeheizten Backrohr ca. 30 Minuten garen, bis die Schlagoberscreme fest, aber noch elastisch ist. Bei Zimmertemperatur auskühlen lassen und mindestens 6, besser 12 Stunden aromageschützt kalt stellen. Rohrzucker über die Creme streuen und bei maximaler Oberhitze (Grillschlange zuschalten) gratinieren, bis der Zucker goldgelb und knusprig karamellisiert ist. Förmchen wieder herausnehmen. Etwa 10 Minuten bei Zimmertemperatur auskühlen lassen und abermals ca. 30 Minuten in den Kühlschrank stellen. Kalt servieren.

BACKROHRTEMPERATUR: 150 °C, dann maximale Oberhitze (Grillschlange)
BACKZEIT: ca. 30 Minuten, einige Minuten karamellisieren
TIPP: Die Crème brûlée schmeckt noch besser, wenn Sie statt fertigem Vanillezucker aus dem Päckchen selbstgemachten verwenden. Die Herstellung ist keine Hexerei. Für 500 g Vanillezucker kratzen Sie einfach das Mark aus zwei ganzen Vanilleschoten und aromatisieren den Zucker mit den übrig gebliebenen leeren Schoten, indem Sie ihn einfach in einem verschlossenen Glas mehrere Wochen lang stehen lassen. Das übrig gebliebene Mark können Sie anderweitig (z. B. für die Herstellung von Vanilleeis/Vanillepudding) verwenden.

Zabaione (Rezept siehe nächste Seite)

Zabaione

Italien

ZUTATEN

3 Eidotter
50 g Kristallzucker
ca. 6 cl Wein
Minzeblätter zum Garnieren, nach Belieben

ZUBEREITUNG

Eidotter in einer Schüssel mit Zucker sowie Wein vermengen und über Dampf zu einem kompakten, warmen Schaum aufschlagen. In Gläser füllen und beliebig, etwa mit Minzeblättern, garnieren.

TIPPS:

- Was die Auswahl des Weines betrifft, so lassen sich je nach verwendetem Wein (roter oder weißer Portwein, Marsalawein, Traminer, Muskateller, Riesling, aber auch Honig als Zugabe) mit Hilfe dieses Grundrezepts interessante, auch regional verschiedene Geschmacksnoten erzielen.
- Zabaione, oft auch Zabaglione geschrieben, wird nicht nur als eigenständiges Dessert, garniert mit Biskotten, Cantucci oder anderem Gebäck, gereicht, sondern auch gerne als Garnierung für andere Desserts verwendet.

Zuppa fiorentina/Zuppa inglese

Toskana

ZUTATEN

1 Biskuitboden für eine passende Kuchenform
200 g kandierte Früchte
500 ml Milch
4 Eidotter
2 EL Kristallzucker
2 EL Mehl, glatt
1 TL Speisestärke
100–150 ml Grappa
500 ml Schlagobers
2 KL Staubzucker
Amaretto (Mandellikör) zum Einweichen
1 Vanilleschote (ersatzweise 1/2 Päckchen Vanillezucker)

ZUBEREITUNG

Den Biskuitboden einmal quer durchschneiden und in 2–3 cm dicke Streifen schneiden. Kandierte Früchte in kleine Würfel hacken und ca. 30 Minuten mit Amaretto marinieren. Milch in einem Topf langsam erhitzen. Vanilleschote halbieren, Mark herauskratzen und gemeinsam mit der Schote in die Milch geben. Bei mäßiger Hitze einige Minuten ziehen, aber nicht kochen lassen.

In einem anderen Topf Eidotter mit Zucker schaumig rühren. Speisestärke und Mehl einmengen, heiße Milch zugießen und alles aufkochen, bis eine sämige Creme entsteht. Dabei ständig weiterrühren. Vanilleschote entfernen und Creme über einer Schüssel mit Eiswasser so lange weiterrühren, bis sie kalt ist. Eine passende Form mit der Hälfte der Biskuitstreifen auslegen, mit Grappa beträufeln und Vanillecreme auftragen. Kandierte Früchte kurz abtropfen lassen, ca. 50 g davon als Garnierung beiseite geben und etwa die Hälfte des Restes über die Creme verteilen. Nochmals Creme auftragen und wieder mit kandierten Früchten bestreuen. Mit Biskuit abschließen. Schlagobers steif schlagen und Staubzucker einrühren. In einen Spritzbeutel füllen und üppig auf die Zuppa aufspritzen. Mit den restlichen kandierten Früchten garnieren. Nochmals kurz kühl stellen.

Crema catalana

Katalonien

ZUTATEN

1 l Milch
2 Zimtstangen
Schale von 1 unbehandelten Zitrone, abgerieben
2 Eier
4 Eidotter
150 g Zucker
1–2 EL Stärkemehl
Kristallzucker zum Bestreuen

ZUBEREITUNG

Milch in einen Topf gießen, Zimtstangen und Zitronenschale zugeben und alles bei kleiner Hitze etwa 10–15 Minuten ziehen lassen. Währenddessen in einer Schüssel Eier mit Eidottern und Zucker vermengen. Stärkemehl mit etwas kalter Milch oder Wasser verrühren, zugeben und alles schaumig schlagen. Milch vom Feuer nehmen, Zimtstangen entfernen und die Eiermasse nach und nach in die Milch einrühren. Wieder auf den Herd stellen und bei geringer Hitze langsam erhitzen, aber nicht zum Kochen bringen (das Eidotter flockt sonst aus!). Dabei ständig rühren. Ist die Creme schön sämig geworden, vom Feuer nehmen und kalt stellen. Vor dem Servieren in kleine Auflaufförmchen oder feuerfeste Tellerchen umfüllen und mit Zucker bestreuen. Backrohr auf höchste Stufe vorheizen, Oberhitze oder Grillschlange zuschalten und die Creme karamellisieren, bis die Zuckerschicht schön goldbraun ist. Sofort servieren.

BACKROHRTEMPERATUR: maximale Oberhitze
BACKZEIT: einige Minuten

Galaktoboureko

Griechenland

ZUTATEN FÜR 8–10 PORTIONEN

1 Paket Filo-Teigblätter
3 Eier
250 g Kristallzucker
100 g Hartweizengrieß
1 l Milch
Mark von 1 Vanilleschote
Saft und Schale von 1 Zitrone
1 Stange Zimt
ca. 125 ml Wasser
1 Prise Salz
ca. 150 g Butter zum Bestreichen

ZUBEREITUNG

Eier mit 150 g (!) Zucker schaumig schlagen und den Grieß untermengen. Milch mit ausgekratztem Vanillemark, abgeriebener Zitronenschale und einer Prise Salz aufkochen lassen. Eier-Grieß-Masse einrühren und unter ständigem Rühren sämig einkochen. Vom Herd nehmen und überkühlen lassen. Dabei gelegentlich umrühren.
Butter schmelzen. Die Teigblätter auf Küchentüchern ausbreiten, befeuchten und kurz rasten lassen. Die Hälfte der Blätter überlappend auf das gut befettete Backblech legen und gründlich mit Butter bepinseln. Grießmasse gleichmäßig auf den Teig streichen und die äußeren Ränder nach innen schlagen. Die restlichen Teigblätter ebenfalls beidseitig mit Butter bepinseln, darüber legen, Ränder nach unten einschlagen. Mit einem scharfen Messer in portionsgerechte kleine Quadrate schneiden und im vorgeheizten Backrohr bei 180 °C etwa 40 Minuten lang backen.
In der Zwischenzeit den restlichen Zucker mit 125 ml Wasser, Zitronensaft und Zimtstange 2 Minuten lang kochen. Abkühlen lassen, Zimtstange entfernen und den Grießkuchen noch ofenwarm mit der Flüssigkeit beträufeln. Dann erst abkühlen lassen und kalt servieren.

BACKROHRTEMPERATUR: 180 °C
BACKZEIT: ca. 40 Minuten

Die griechische Hausfrauenprobe

Der sündig-süße Galaktoboureko ist zwar ein griechisches Nationalgericht, gleichzeitig aber auch ein kulinarisches Relikt des oströmischen Reiches, das 1453 zugrunde ging und von den Osmanen übernommen wurde. In Griechenland gilt die Kunst, einen guten Galaktoboureko zu machen, als wahre Hausfrauenprobe – und es heißt, dass ein Galaktoboureko, an dem eine Hausfrau nicht mindestens einen halben Tag lang gearbeitet hat, sein Ziel, betrübte Menschen zu trösten und glückliche Menschen noch glücklicher zu machen, nicht erfüllen kann. Seit es den Filoteig jedoch fertig im griechischen und orientalischen Fachhandel zu kaufen gibt, ist dieses Glück auch in unseren schnelllebigen Zeiten beträchtlich näher gerückt.

OBST- UND KÄSEDESSERTS

Sherry-Feigen mit Orangen

Andalusien

ZUTATEN FÜR 4–6 PORTIONEN
- 500 g getrocknete Feigen
- 300 ml süßer Sherry
- 300 ml voller Rotwein
- 2 Orangen
- 200 g Walnüsse
- 7 EL kräftiger Honig

ZUBEREITUNG

Die getrockneten Feigen in eine Schüssel geben. Sherry mit Rotwein vermengen und über die Feigen gießen. Schüssel abdecken und mindestens 6 Stunden, am besten über Nacht, ziehen lassen.

Dann Orangen auspressen, Walnüsse – bis auf einige für die Garnitur – grob hacken. Feigen mitsamt der Marinade in eine Kasserolle geben, Orangensaft, Walnüsse und Honig beimengen und alles langsam erhitzen. Sobald die Flüssigkeit zu kochen beginnt, Hitze reduzieren und noch weitere 15–20 Minuten vor sich hinköcheln lassen. Kasserolle vom Feuer nehmen und Feigen leicht überkühlen lassen. In Portionsschälchen füllen und mit den bereitgehaltenen Walnüssen garnieren.

GARUNGSZEIT: ca. 20–25 Minuten

TIPP: Wenn Sie die Feigen vor dem Servieren noch mit etwas geschlagenem Obers oder Eis garnieren, sieht das Dessert nicht nur besser aus, sondern schmeckt auch noch raffinierter.

Glacierte Feigen mit Weißwein-Sabayon

Provence

ZUTATEN
8 frische, reife Feigen
2 EL Honig
1 TL frische Lavendelblüten, ersatzweise einige Gewürznelken

FÜR DAS SABAYON
4 Eidotter
100 g Zucker
ca. 200 ml Blanc de Blancs (oder anderer trockener Weißwein)
Schale von 1 unbehandelten Zitrone, abgerieben

ZUBEREITUNG

Die Feigen in eine passende feuerfeste Auflaufform aufrecht und möglichst dicht nebeneinander hineinschlichten. Jede Feige mit einer Gabel mehrmals rundum anstechen und gut mit Honig einstreichen. Lavendelblüten oder Nelken darüber streuen und gerade so viel Wasser eingießen, dass der Boden der Form bedeckt ist. Auflaufform in das auf 160 °C vorgeheizte Backrohr stellen und Feigen ca. 30 Minuten backen.

Währenddessen für das Sabayon in einer Kasserolle den Weißwein langsam erhitzen. Zitronenschale gemeinsam mit dem Zucker zugeben. Nach und nach Eidotter untermengen und dabei – bei mäßiger Hitze – ständig mit dem Schneebesen weiterschlagen, bis die Masse schön sämig wird. Vom Feuer nehmen und je nach Wunsch noch warm zu den glacierten Feigen reichen, oder aber in einer mit Eiswürfeln gefüllten Schüssel unter ständigem Umrühren abkühlen lassen. Die fertig gebackenen Feigen aus dem Backrohr nehmen und leicht überkühlen lassen. Auf Tellern anrichten, mit der verbliebenen Flüssigkeit übergießen und mit dem Sabayon garnieren.

BACKROHRTEMPERATUR: 160 °C

BACKZEIT: ca. 30 Minuten

TIPP: Noch rascher und für wirklich heiße Sommertage passender lässt sich dieses Dessert gestalten, wenn man zu den Feigen statt des Sabayons eine große Portion Vanilleeiscreme serviert.

Mit Apfelsabayon überbackener Blauschimmelkäse

Novelli-Spezialität

ZUTATEN
2 Eidotter
20 g Kristallzucker
4 cl Apfelsaft
200 g Blauschimmelkäse (Roquefort etc.)

ZUBEREITUNG

Eidotter mit Zucker und Apfelsaft vermengen und über Dampf schaumig schlagen. Den Blauschimmelkäse in Stücke schneiden, auf feuerfeste Teller verteilen und mit Sabayon bedecken. Im vorgeheizten Backrohr bei maximaler Oberhitze goldbraun überbacken und sofort servieren.

BACKROHRTEMPERATUR: maximale Oberhitze

BACKZEIT: einige Minuten

Birnen in Rotwein

Provence

ZUTATEN
4 kleine Williamsbirnen, geschält
80 g Kristallzucker
1 Päckchen Vanillezucker
500 ml kräftiger Rotwein
100 ml Brombeerlikör
Saft von 1 Zitrone
1 Vanilleschote
1/2 Zimtstange
3 Gewürznelken
160 g Vanilleeis
8 Minzeblätter

ZUBEREITUNG
Die Vanilleschote halbieren und das Mark auskratzen. In einer Kasserolle Rotwein, Zucker, Vanillezucker, Brombeerlikör, Zitronensaft, Vanilleschoten, Vanillemark, Zimtstange und Gewürznelken zum Kochen bringen. Birnen einlegen und unter gelegentlichem Wenden auf kleinster Flamme etwa 25 Minuten lang ziehen lassen, bis sie weich und glasig, aber noch bissfest sind. Birnen im Sud abkühlen lassen und anschließend im Sud über Nacht im Kühlschrank ziehen lassen. Dann die Birnen halbieren und vom Kerngehäuse befreien. In die so entstandenen Höhlungen Vanilleeis einfüllen und mit Minzeblättern garniert servieren.

GARUNGSZEIT: ca. 25 Minuten

Roquefortbirne mit Walnüssen

Südfrankreich

ZUTATEN
2 reife, aber nicht zu weiche Birnen
100 g Roquefort (ersatzweise anderer Blauschimmelkäse)
1 Schuss Cognac oder Armagnac
100 ml Vin de noix (französischer Nusswein), ersatzweise etwas weniger Nusslikör
150 g Walnüsse
2 EL brauner Zucker
1 EL Lavendelhonig oder anderer stark aromatischer Honig
einige Lavendelblüten, wenn vorhanden
4 Gewürznelken
1 Zimtstange
2 EL Butter, raumtemperiert
Zitronensaft

ZUBEREITUNG
In einer kleinen Schüssel den Roquefortkäse mit Butter vermengen, Cognac zugießen und alles zu einer kompakten Masse verkneten. Daraus 4 kleine Kügelchen formen und kalt stellen.
Walnüsse in eine kleine Schüssel geben, mit kochendem Wasser übergießen und etwa 15 Minuten ziehen lassen. Dann Nüsse schälen und unter fließendem kalten Wasser abspülen. Abtropfen lassen.
In einer Tasse Zucker und Honig mit 2–3 EL heißem Wasser vermengen. In einer Kasserolle das Honigwasser mit nochmals etwa 100 ml Wasser vermengen und unter ständigem Schlagen mit einem Schneebesen aufkochen lassen. Lavendelblüten, Gewürznelken und Zimtstange hinzufügen, Vin de noix zugießen, Walnüsse einlegen und alles bei mäßiger Hitze einige Minuten lang ziehen lassen. Nüsse herausheben und auf Küchenkrepp trocknen lassen. Inzwischen die Birnen halbieren, Kerngehäuse so herausschneiden, dass eine kleine Mulde entsteht. Die Schnittfläche sofort mit Zitronensaft beträufeln, damit die Birnen nicht braun werden. Je eine Birnenhälfte auf einem Teller anrichten, eine Roquefortkugel in die Aushöhlung legen und mit den getrockneten Walnüssen garnieren. Nach Belieben etwas von der Honigmarinade darüber träufeln. Mit knusprigem Baguette servieren.

TIPP: Wenn Sie statt der süß glacierten Walnüsse Cocktailtomaten, schwarze Oliven oder Paprikastreifen als Garnitur verwenden, so wird aus diesem Käsedessert flugs eine appetitanregende Vorspeise.

Roter Ziegenkäse mit warmen Balsamico-Erdbeeren

Novelli-Spezialität

ZUTATEN

100 g Roter Ziegenkäse
200 g Erdbeeren
300 ml Balsamicoessig
150 ml Portwein
100 g Kristallzucker

ZUBEREITUNG

Den Zucker in einer Pfanne erhitzen und karamellisieren lassen. Mit Portwein und Balsamicoessig ablöschen und zu einer dickflüssigen Sauce einkochen lassen. Erdbeeren putzen, würfelig schneiden und beigeben. Kurz durchschwenken. Den Ziegenkäse portionieren und auf vier Teller aufteilen. Mit den Erdbeeren übergießen und servieren.

TIPP: Allfällig übrig bleibende Balsamicosauce lässt sich problemlos einige Tage ungekühlt aufbewahren. Träufeln Sie etwas Sauce über zarte Salate oder Mozzarellascheiben – und das Geschmackserlebnis ist perfekt!

Melonen-Trauben-Salat mit Ziegenkäse

Südfrankreich

ZUTATEN

250 g Ziegenkäse
1 kleine Honigmelone
200 g blaue Weintrauben, möglichst groß
2 EL kalt gepresstes Olivenöl
150–200 ml gehaltvoller, weißer Dessertwein
1 Schuss Cognac oder Armagnac
2 EL frische Kräuter wie Oregano, Thymian oder Basilikum, gehackt
schwarzer Pfeffer aus der Mühle
Zitronensaft

ZUBEREITUNG

Den Ziegenkäse in kleinere Würfel schneiden und in eine Schüssel geben. Olivenöl und einen kräftigen Schuss Cognac darüber gießen. Von den Kräutern einige zum Garnieren aufbewahren, den Rest über den Käse streuen. Mit frisch gemahlenem Pfeffer würzen, leicht durchmengen, mit Klarsichtfolie abdecken und mindestens 3 Stunden kühl ziehen lassen.
Melone aufschneiden, Kerne entfernen und Fruchtfleisch mit einem Kugelausstecher herauslösen. Melonenkugeln in eine Schüssel geben, mit dem Dessertwein übergießen, mit Klarsichtfolie abdecken und ebenfalls im Kühlschrank 2–3 Stunden ziehen lassen.
Weintrauben waschen, nach Wunsch schälen und halbieren. Die Schnittflächen mit etwas Zitronensaft beträufeln und kurz ziehen lassen. Melonenkugeln und Weintrauben miteinander vermengen, portionsweise oder auf einer großen Vorlegeplatte anrichten. Ziegenkäse darauf in der Mitte aufhäufen, mit den restlichen frischen Kräutern bestreuen und mit frischem Weißbrot servieren.

TIPP: Je länger der Ziegenkäse ziehen kann, desto besser kann sich sein Aroma entfalten. Bereiten Sie den marinierten Käse also am besten bereits 2 bis 3 Tage vor dem geplanten Essen zu und lassen Sie ihn kühl „reifen“. In diesem Fall ist es vielleicht auch ratsam, gleich größere Mengen Käse zu verarbeiten, da sich der Käse wie gesagt durchaus auch längere Zeit aufbewahren lässt.

Erdbeeren in Balsamicoessig

Modena

ZUTATEN

500 g frische Walderdbeeren oder andere möglichst aromatische Erdbeeren
2 EL Balsamicoessig bester Qualität
1 EL Kristallzucker
Vanilleeis nach Wunsch

ZUBEREITUNG

Erdbeeren waschen, gut abtropfen lassen (wenn nötig, trocken tupfen) und Stiele entfernen. Erdbeeren in eine große, breite Schüssel legen, mit Zucker bestreuen und Balsamicoessig darüber träufeln. Erdbeeren vorsichtig durchmischen, mit Klarsichtfolie abdecken und bei Zimmertemperatur etwa 1 Stunde marinieren. Vor dem Servieren nach Wunsch eventuell im Kühlschrank kalt stellen und mit etwas Vanilleeis garnieren.

TIPP: Wer dieses Gericht noch etwas pikanter möchte, kann auch ein paar grüne Pfefferkörner darüber streuen und statt Vanilleeis Basilikumsorbet (s. S. 402) dazu servieren.

Gratinierte Orangen

Toskana

ZUBEREITUNG

Orangen schälen, sorgfältig von allen weißen Häutchen befreien und der Quere nach in Scheiben schneiden. Den dabei austretenden Saft aufbewahren. Weißwein mit sämtlichen Gewürzen, geriebenem Ingwer, Vanillezucker und dem aufgefangenen Orangensaft gut vermengen. Orangenscheiben in eine passende Gratinierform schindelartig einlegen, mit braunem Zucker bestreuen und den Wein darüber träufeln. Im vorgeheizten Backrohr bei 220 °C etwa 13–15 Minuten gratinieren. Obers nicht zu steif schlagen und mit etwas Staubzucker süßen. Gratinierte Orangen kurz überkühlen lassen und mit dem Schlagobers servieren.

BACKROHRTEMPERATUR: 220 °C

BACKZEIT: 13–15 Minuten

TIPPS:
- Dieses fruchtige Dessert wird durch süßes, trockenes Gebäck, wie etwa Cantuccini (s. S. 377), besonders harmonisch ergänzt.
- Wenn Sie für dieses Rezept sizilianische Blutorangen verwenden, so gewinnt dieses Gericht noch zusätzlich an Aroma.

ZUTATEN

750–1000 g Orangen
150 ml Galestro oder anderer trockener Weißwein
je 1 Prise Zimt- und Nelkenpulver
etwas Ingwer, frisch gerieben
1 KL Vanillezucker
2–3 EL brauner Zucker
250 ml Schlagobers
etwas Staubzucker

WARME DESSERTS

Crema fritta

Veneto

ZUBEREITUNG

Das Mehl durch ein feines Haarsieb in einen Topf sieben und mit den Eiern, Zucker, Vanillemark und Zitronenschale vermengen. Nach und nach die Milch zugießen und unter ständigem Rühren 10 Minuten knapp unter dem Siedepunkt ziehen lassen, bis eine dicklich-sämige Creme entsteht. Die Creme auf ein befettetes Backblech gießen und in Form bringen. Erkalten lassen. Aus der steif gewordenen Creme kleine Quadrate schneiden. Diese zuerst in Semmelbröseln, dann in verschlagenem Ei und anschließend noch einmal in Semmelbröseln wälzen. In ausreichend viel erhitztem Butterschmalz goldgelb backen. Herausheben, abtropfen lassen und mit Vanillezucker bestreut heiß servieren.

ZUTATEN

200 g Mehl, glatt
1 l Milch
8 EL Kristallzucker
4 Eier
Schale von 1 Zitrone, gerieben
1 Vanilleschote, ausgeschabt
Ei und Semmelbrösel zum Panieren
Butter für das Backblech
reichlich Butterschmalz zum Ausbacken
Vanillezucker zum Bestreuen

Cjalçons (Süße Maultaschen)

Friaul

ZUTATEN
Ravioliteig nach Grundrezept auf S. 34f.)

FÜR DIE FÜLLE
4 Kartoffeln
100 g Räucherricotta (geräucherter Ricotta), gerieben
1 Apfel, 1 Birne
1–2 EL Kräuter (Petersilie, Basilikum, Minze, Zitronenmelisse u. ä.), fein gehackt
Schale von 1 unbehandelten Zitrone, abgerieben
1 EL Rosinen
4 Kekse, zerdrückt
50 g Bitterschokolade, gerieben
4 EL Zwetschkenmarmelade
Eidotter zum Bestreichen
Salz

ZUM ANRICHTEN
2 EL Staubzucker mit 1 TL Zimt vermengt
4 EL Räucherricotta, gerieben
6 EL Butter, zerlassen

ZUBEREITUNG

Ravioliteig nach Grundrezept zubereiten und mit Hilfe einer Nudelmaschine oder mit einem Nudelholz möglichst dünn ausrollen. Aus dem Teig mit einem runden Ausstecher (oder einem umgedrehten Glas) runde Scheiben von ca. 8 cm Durchmesser ausstechen.

Für die Fülle geschälte Kartoffeln kochen und durch ein Passiersieb drücken. Die übrigen Zutaten für die Fülle möglichst klein hacken und mit dem Kartoffelpüree vermischen. In die Mitte jedes Teigplättchens etwas Fülle setzen, Ränder mit Dotter bestreichen und den Teig täschchenartig zusammenklappen. Rand mit Daumen und Zeigefinger gut verschließen. In reichlich Salzwasser al dente (bissfest) kochen, herausheben und abtropfen lassen. Mit geriebenem Räucherricotta und Zimtzucker bestreuen sowie mit reichlich brauner Butter beträufeln und heiß servieren.

GARUNGSZEIT: ca. 4–5 Minuten

TIPP: In Friaul isst man dieses Gericht meist als Vorspeise, was aufgrund seines süßen Charakters für Nicht-Einheimische jedoch etwas gewöhnungsbedürftig ist.

Feigenrisotto mit Himbeermark

Novelli-Spezialität

ZUTATEN
250 g Risottoreis (Arborio oder Vialone)
4 frische Feigen
40 g Butter
50 g weiße Schokolade
1 l Milch zum Aufgießen
100 ml Prosecco (oder Sekt)
50 g Kristallzucker

FÜR DAS HIMBEERMARK
ca. 200 g Himbeeren
30 g Staubzucker
1 EL Himbeergeist

ZUBEREITUNG

In einem tiefen Topf den Kristallzucker schmelzen, ohne ihn Farbe nehmen zu lassen. Den Reis beigeben, glasig anlaufen lassen und mit Prosecco ablöschen. Hitze reduzieren und unter ständigem Rühren die Milch nach und nach zugießen, wobei der Reis nie „schwimmen" soll. Nach 18–20 Minuten die in Würfel geschnittene Butter sowie die weiße Schokolade unter den al dente gegarten Reis mengen. Feigen klein schneiden und einmengen. Risotto anrichten und mit dem inzwischen vorbereiteten Himbeermark servieren.

Für das Himbeermark die Himbeeren mit den restlichen Zutaten vermengen und mit dem Stabmixer zu cremiger Konsistenz mixen. Durch ein Sieb passieren und mit dem Risotto anrichten.

GARUNGSZEIT: 18–20 Minuten

TIPP: Statt der hier verwendeten Feigen eignen sich auch andere Früchte, wie etwa Mango oder Papaya, für dieses aparte Dessert. Lassen Sie Ihrer Phantasie ruhig freien Lauf.

Foto rechts

Blätterteig-Maroni-Taschen

Provence

ZUTATEN

500 g Maroni (Edelkastanien)
ca. 500–600 g Blätterteig
4–5 EL Kristallzucker
500 ml Milch
1 Päckchen Vanillezucker
1 Prise Zimtpulver
1 Schuss Cognac oder Armagnac
250 ml Schlagobers
Mehl für die Arbeitsfläche
Ei zum Bestreichen

ZUBEREITUNG

Maroni an der gewölbten Seite kreuzweise einschneiden, auf ein mit Wasser bespritztes Backblech legen und im auf 200 °C vorgeheizten Backrohr etwa 15–20 Minuten backen, bis sich die Maroni schälen lassen. Noch ziemlich warm schälen und sämtliche Häutchen entfernen. In einer Kasserolle Kristallzucker langsam karamellisieren. Inzwischen in einer anderen Kasserolle Milch leicht erwärmen, zum karamellisierten Zucker gießen und dabei ständig rühren, damit sich nichts anlegt. Mit Vanillezucker, Zimt und einem Schuss Cognac aromatisieren. Maroni einlegen und in der Milch etwa 20–30 Minuten weich kochen. Dabei ständig rühren. Sind die Maroni weich und hat die Milch eine sirupartige Konsistenz, alles im Mixer pürieren oder durch ein Sieb drücken. Masse nochmals mit Cognac abschmecken, beiseite stellen.

Auf einer bemehlten Arbeitsfläche den Blätterteig ausrollen und in etwa 12 Rechtecke schneiden. Blätterteigstücke auf ein mit Backpapier ausgelegtes Backblech legen, mit verquirltem Ei bestreichen und im auf 220 °C vorgeheizten Backrohr im unteren Drittel etwa 20 Minuten goldbraun backen. Nun jedes Stück noch warm waagrecht in der Mitte durchschneiden, auseinanderklappen und etwas überkühlen lassen. Inzwischen Schlagobers steif schlagen und unter die Maronimasse mischen. Creme in einen Spritzbeutel füllen und auf jede Unterseite auftragen. Blätterteigdeckel aufsetzen und Täschchen möglichst rasch servieren, damit der Teig nicht zäh wird.

BACKROHRTEMPERATUR: für die Maroni 200 °C, für den Blätterteig 220 °C
GARUNGSZEIT: Maroni 15–20 Minuten braten, 20–30 Minuten kochen; Täschchen ca. 20 Minuten
TIPP: Wird tiefgekühlter oder fertiger Blätterteig verwendet, so teilt man den Teig in 24 Rechtecke und setzt diese nach dem Backen und Füllen aufeinander, wodurch man sich im übrigen auch das nicht unriskante Halbieren der warmen Blätterteigkissen erspart.

Mohnravioli mit warmem Weichselragout

Novelli-Spezialität

ZUTATEN
250 g Mehl, glatt (Typ 480)
250 g Mehl, griffig
5 Eier
1 EL Olivenöl
Mehl für die Arbeitsfläche
Ei zum Bestreichen

FÜR DIE FÜLLE
150 g Mohn, gerieben
150 g Mandeln, gerieben
8 cl Milch
40 g Kristallzucker
20 g Vanillezucker
Schale von 1/2 unbehandelten Zitrone
1 Prise Zimt
Rum

FÜR DAS WEICHSELRAGOUT
ca. 200 g Weichseln, tiefgekühlt
50 g Kristallzucker
300 ml Rotwein
etwas Maisstärke (Maizena)

ZUBEREITUNG

Glattes und griffiges Mehl mit Eiern sowie Öl zu einem geschmeidigen Teig verkneten und etwa 30 Minuten zugedeckt rasten lassen.

Inzwischen für die Mohnfülle Milch, Kristallzucker, Vanillezucker, abgeriebene Zitronenschale und Zimt gemeinsam aufkochen. Mohn, Mandeln und einen Schuss Rum unterrühren, kurz anziehen lassen und dann kalt stellen. Den Nudelteig auf einer bemehlten Arbeitsfläche dünn ausrollen und in ca. 6 x 6 cm große Quadrate schneiden. Die Ränder mit verschlagenem Ei bestreichen. Aus der Mohnmasse kleine Kugeln formen und je eine davon auf ein Teigquadrat setzen. Nun den Teig so darüber schlagen, dass ein Dreieck entsteht. Den Rand fest zusammenpressen. In einem Topf Salzwasser aufkochen, Ravioli einlegen und ca. 3–4 Minuten ziehen lassen. Herausheben, abtropfen lassen und kurz in dem warmen Kirschragout schwenken. Sofort servieren.

Für das Weichselragout den Kristallzucker schmelzen und leicht karamellisieren. Mit Rotwein ablöschen und verkochen lassen. Weichseln zugeben und kurz aufkochen. Etwas Maisstärke mit wenig Wasser verrühren, zugießen und das Ragout sämig einkochen lassen.

GARUNGSZEIT: 3–4 Minuten

Wer war Suzette?

Über die Namensgeberin dieses vielleicht berühmtesten französischen Dessertrezepts gibt es viele Geschichten. Eine davon handelt von einer Schauspielerin namens Suzette, die im neunzehnten Jahrhundert an der Comédie Française in einer Komödie mitspielte, in der sie im Laufe der Handlung allabendlich etliche Omelettes verspeisen musste. Als der Koch des benachbarten Restaurants Marivaux einmal im Publikum saß, bemerkte er, dass sie dies mit ausgesprochenem Unwillen tat, weil ihr die pampigen Pfannkuchen sichtlich nicht schmeckten. Von diesem Abend an bereitete er jeden Abend für die Vorstellung spezielle kleine Crêpes zu, die Madame Suzette, frisch flambiert, ins Theater serviert wurden. Seither hat sich das Rezept über die ganze Welt verbreitet und wird vor allem auch im französischen Süden gerne serviert, weil dort die Orangen am saftigsten sind.

Crêpes Suzette

Südfrankreich

ZUTATEN FÜR DEN TEIG

125 ml Milch, 2 Eier
80 g Mehl, glatt
2 EL Schlagobers
1–2 EL geschmolzene Butter
je 1 Prise Salz u. Zucker
Butter zum Backen
Staubzucker zum Bestreuen

FÜR DIE ORANGENSAUCE

3 unbehandelte Orangen
1 unbehandelte Zitrone
1–2 EL Butter
1 EL Kristallzucker
8 cl Grand Marnier oder Cointreau (Orangenlikör)

ZUBEREITUNG

Sämtliche Zutaten für den Teig in einer Schüssel vermengen und zu einem dünnflüssigen Teig verrühren. In einer kleinen Pfanne in heißer Butter 8 kleine Crêpes (Palatschinken) backen. Jede Crêpe sofort mit Staubzucker bestreuen und übereinandergestapelt warm stellen. Eine Orange und die Zitrone sehr gut waschen, trocken tupfen. Jeweils einige Schalen abschneiden, in sehr feine Streifen schneiden und beiseite legen. Alle Orangen und die Zitrone auspressen, Fruchtsäfte miteinander vermengen.
Nun jede Crêpe mit etwas Orangen-Zitronen-Saft beträufeln, in der Mitte zusammenschlagen und nochmals zusammenschlagen, so dass ein Viertelkreis entsteht. Dann entweder bei Tisch auf einem Rechaud oder in einer Pfanne Butter schmelzen, Zucker und die beiseite gelegten Schalen einrühren, restlichen Orangensaft zugießen und erwärmen. Zusammengefaltete Crêpes einlegen und unter einmaligem Wenden ebenfalls kurz erhitzen. Erwärmten Grand Marnier darüber gießen und anzünden. Sobald das Feuer verloschen ist, portionsweise anrichten.

Pizza dolce

Neapel

ZUTATEN FÜR 6 PORTIONEN

250 g Mehl
100 g Butter, raumtemperiert
2 EL Kristallzucker
20 g Hefe, 2 Eier
1 Prise Salz

FÜR DEN BELAG

3 frische Feigen
200 g Erdbeeren
200 g Mandarinen oder Orangen (am besten sizil. Blutorangen)
2–3 EL Butter
5 EL Kristallzucker
1 TL Zimt
1 Prise geriebene Muskatnuss
6 cl Weinbrand zum Flambieren
4 cl Limoncello (Zitronenlikör)
Zitronenmelisse oder Pfefferminzblätter zum Garnieren

ZUBEREITUNG

Gesiebtes Mehl auf einer Arbeitsfläche leicht salzen und mit Zucker sowie Hefe vermengen. In der Mitte eine Vertiefung machen und in diese verschlagene Eier, Butter sowie etwa 2–3 Esslöffel lauwarmes Wasser geben. Zu einem glatten, geschmeidigen Teig kneten. Teig abdecken und an einem warmen Ort mindestens 1 Stunde aufgehen lassen. Teig wieder zusammenschlagen und nochmals kurz durchkneten. In 6 Stücke teilen und diese jeweils auf Pizzagröße ausrollen. Pizzaböden auf ein mit Backpapier ausgelegtes Backblech legen und im vorgeheizten Backrohr bei 180 °C etwa 7–10 Minuten backen, bis sie goldgelb sind.
Feigen schälen und in Scheiben schneiden. Mandarinen schälen, enthäuten und entkernen. Erdbeeren waschen, besonders große halbieren. In einer Pfanne Butter schmelzen. Zimt, Muskatnuss und Zucker einrühren, Feigen und Mandarinen zugeben und langsam aufkochen. Weinbrand zugießen, rasch anzünden und alles flambieren. Mit Limoncello abschmecken, nochmals aufkochen lassen und vom Feuer nehmen. Jetzt erst die Erdbeeren unterrühren. Die fertigen Pizzaböden mit der Obstmischung belegen und mit gehackter Pfefferminze oder Zitronenmelisse bestreuen.

BACKROHRTEMPERATUR: 180 °C
BACKZEIT: 7–10 Minuten

EISGEKÜHLTE DESSERTS

Sorbetto (Grundrezept)

Novelli-Spezialität

ZUTATEN
125 ml Fruchtsaft oder Fruchtpüree
125 ml Wasser
125 ml Prosecco, Sekt oder Champagner
Saft von 1 Zitrone
Läuterzucker (Wasser und Zucker im Verhältnis 1:1 aufgekocht), nach Belieben

ZUBEREITUNG

Fruchtsaft oder Püree mit Wasser aufkochen und wieder auskühlen lassen. Prosecco sowie Zitronensaft zugießen und mit mehr oder weniger Läuterzucker, je nach gewünschtem Süßigkeitsgrad, vermengen. Die Masse in der Eismaschine so lange frieren, dass das Sorbet noch schön cremig und nicht zu hart ist. In hohen Gläsern anrichten.

Varianten

Nach diesem Grundrezept lassen sich die unterschiedlichsten Früchte wie etwa Erdbeeren, Himbeeren, Maracujas, Orangen, Zitronen, Kiwis, Mangos und sogar Kokos, aber auch Basilikum zu feinen Sorbets verarbeiten.

TIPP: Steht keine Eismaschine zur Verfügung, so kann die Masse in eine flache Form gefüllt und im Tiefkühlfach gefroren werden. Währenddessen muss die Masse allerdings alle 15–20 Minuten umgerührt werden, damit sie cremig bleibt.

Eierlikörparfait

Novelli-Spezialität

ZUTATEN
8 Eidotter
4 Eiklar
100 g Staubzucker
50 g Kristallzucker
3–4 cl Eierlikör
100 ml Schlagobers

FÜR DEN KROKANT (GRILLAGE)
30 g Nüsse, gehackt
30 g Kristallzucker
Öl zum Bestreichen

ZUBEREITUNG

Zuerst für den Krokant den Zucker schmelzen und karamellisieren. Nüsse dazugeben, kurz durchrösten, auf ein leicht mit Öl bestrichenes Backblech aufstreichen und kalt stellen. Währenddessen die Dariol- oder Portionsförmchen vorfrieren, da sich sonst der Alkohol absetzt. Die erkaltete Krokantmasse am besten in der Küchenmaschine zerkleinern.

Dotter mit Staubzucker zuerst über Dampf warm, dann über Eis kalt schlagen. Eierlikör zugießen und gut verrühren. Eiklar mit Kristallzucker zu Schnee schlagen und unter die Masse heben. Gut gekühltes Schlagobers schlagen und gemeinsam mit dem geriebenen Krokant ebenfalls vorsichtig einrühren. Rasch in die kalten Dariolformen einfüllen und 4–5 Stunden tiefkühlen. Vor dem Stürzen ganz kurz in heißes Wasser stellen.

TIPPS:
- Statt Eierlikör kann auch jeder andere Likör mit interessanter Geschmacksnote verwendet werden.
- Wem die Herstellung des Krokants zu mühsam ist, der verzichte einfach auf dessen Zugabe und serviere stattdessen knusprige Hippen dazu.

Sgroppino

Friaul/Venetien

ZUBEREITUNG

Vier Sektflöten im Tiefkühlschrank gut vorkühlen. Inzwischen in einem Gefäß mit Ausguss-Schnabel (Messbecher etc.) das Zitroneneis aufschlagen, bis es weich wird. Nach und nach gekühlten Wodka, flüssiges Obers und Prosecco einrühren. Sofort auf die eisgekühlten Sektflöten verteilen.
Vorsicht: der Sgroppino gerinnt, wenn man ihn länger stehen lässt.

ZUTATEN

500 g Zitroneneis
6 cl Wodka
100 ml Prosecco
80 ml Schlagobers

Sorbet de Cassis

Provence

ZUBEREITUNG

Johannisbeeren vorsichtig waschen, in einem Sieb gut abtropfen lassen und verlesen. In der Küchenmaschine pürieren und Masse durch ein Sieb streichen. Mit Cassis vermengen und nach Wunsch mit etwas Zucker abschmecken. Masse in eine möglichst flache Schüssel füllen und insgesamt 2–3 Stunden in das Tiefkühlfach stellen. Währenddessen alle 15–20 Minuten mit einem Löffel gut durchrühren. Fertiges Sorbet in Eisschalen oder Sektflöten anrichten, mit Zitronenmelisse und Hohlhippen garnieren und sofort servieren.

ZUTATEN FÜR 5–6 PORTIONEN

1 kg Johannisbeeren
6–7 EL Cassis (Johannisbeerlikör, ersatzweise unalkoholischer Johannisbeersaft)
Staubzucker nach Geschmack
Zitronenmelisseblätter und Hohlhippen als Garnitur

Cassata

Sizilien

ZUBEREITUNG

Die Makronen grob zerkleinern und mit Maraschino übergießen. Eidotter mit dem geschlagenen Obers vermengen. Die würfelig geschnittenen kandierten Früchte gemeinsam mit geriebenem Krokant und Makronen unterziehen. Eiklar mit 15 g (!) Zucker zu Schnee schlagen. Restlichen Zucker mit Wasser aufkochen. In den Eischnee einlaufen lassen, auf Eis langsam kalt schlagen und mit der Dottermasse vorsichtig vermengen. In eine Kastenform füllen und für 4–5 Stunden in den Tiefkühler geben. Vor dem Stürzen ganz kurz in heißes Wasser stellen.

TIPP: Noch verführerischer schmeckt diese klassische Eisspezialität, wenn Sie dazu etwas kalte Frucht- oder Schokoladesauce servieren.

ZUTATEN

250 ml Schlagobers, geschlagen
3 Eidotter
2 Eiklar
115 g Kristallzucker
25 g Mandelmakronen
25 g Krokant, gerieben (s. Eierlikörparfait S. 402)
40 g kandierte Früchte, gewürfelt
2 cl Maraschino (Kirschlikör)
100 ml Wasser

Das eiskalte Erbe der Araber

Wie fast alle Eisgerichte gelangte auch die Cassata über den arabischen Raum auf die apenninische Halbinsel, wo sie die Sizilianer seit jeher als ihre Erfindung für sich reklamieren. Sie behaupten, es handle sich dabei um eine Süßigkeit, die ursprünglich in einer kleinen Kassette, also incassata serviert wurde. Wahrscheinlicher ist indessen, dass der Name vom Arabischen q'sat herrührt, was soviel wie runde Schüssel bedeutet. Ob die Cassata nun aber in einer Kasten- oder einer runden Form zubereitet wird, das ist für ihren – köstlichen – Geschmack wirklich unerheblich.

Mandeleis

Mallorca

ZUTATEN FÜR 6–7 PORTIONEN

300 g Mandeln, geschält und gerieben
250 ml Schlagobers
300 g Kristallzucker
500 ml Milch
1 Prise Zimt
1 KL Vanillezucker
Schale von 1 unbehandelten Zitrone, abgerieben
1 Schuss Mandellikör

ZUBEREITUNG

In einem kleinen Topf Zucker mit ca. 375 ml Wasser langsam aufkochen und so lange weiterkochen, bis daraus dickflüssiger Sirup entsteht. In einem anderen Topf Milch, Schlagobers und etwa 200 ml Wasser ebenfalls bei mäßiger Hitze langsam aufkochen. Geriebene Mandeln untermengen und kurz aufkochen. Zimt, Vanillezucker, abgeriebene Zitronenschale, Mandellikör und Sirup einrühren und alles nochmals kräftig aufkochen lassen.
Topf vom Feuer nehmen und Masse etwas auskühlen lassen. In eine flache Schüssel umfüllen und völlig auskühlen lassen, dabei ab und an umrühren. Abgekühlte Masse ins Gefrierfach oder in den Tiefkühlschrank stellen und mindestens 5 Stunden frieren. Währenddessen etwa alle 45 Minuten einmal gut durchrühren. Gut gekühltes Eis mit einem Eiskugelformer ausstechen und in kleinen Eisschälchen servieren.

TIPP: Reichen Sie dazu knusprige Hohlhippen oder Kekse. Das Eis sieht übrigens noch attraktiver aus, wenn Sie es mit nicht zu dominanten Früchten, etwa Himbeeren oder Erdbeeren, und etwas geschlagenem Schlagobers garnieren.

Süße Grüße aus Santa Maria del Fiore

Der Zuccotto verdankt seinen Namen nicht nur der offensichtlichen Ähnlichkeit mit einem halbierten Kürbis (ital. zucca), sondern auch jener mit der Kuppel der Domkirche Santa Maria del Fiore in Florenz, der die Einheimischen den Spitznamen „Zuccotto" gegeben haben. Kenner wissen freilich, dass es sich bei dieser Namensgebung auch um eine klammheimliche Verspottung der hohen Geistlichkeit handelt, da „zuccotto" im toskanischen Dialekt auch soviel wie Kardinalshut bedeutet. Und an den Tafeln der Kardinäle hatte diese üppige kalte Köstlichkeit schon seit jeher ihren Platz.

Zuccotto (Eisbombe)

Florenz

ZUBEREITUNG

Geröstete Mandeln und Haselnüsse grob hacken, Schokolade grobwürfelig schneiden. Den Kuchen halbieren, in fingerbreite Schnitten teilen und so schneiden, dass Dreiecke bzw. Keile entstehen. Dabei einige größere Stücke als Deckel (in Größe der Bombenform) beiseite legen. Die kleinen Kuchenstücke mit einem Teil der Maraschino-Mischung tränken. Nun eine passende Bombenform mit getränktem Kuchen so auslegen, dass die schmalen Enden der Dreiecke nach oben zeigen, damit nach dem Stürzen ein optisch hübscher Effekt erzielt wird.

Etwa 250 ml Schlagobers steif schlagen und mit Vanille- sowie 3 EL Staubzucker aromatisieren. Grob zerkleinerte kandierte Früchte und Mandeln untermengen. Schlagobersmasse auf den Kuchen streichen und im Gefrierfach tiefkühlen. Währenddessen die Schokolade im Wasserbad schmelzen, einen Schuss Rum zugießen und abkühlen lassen. Die Hälfte (250 ml) des restlichen Schlagobers steif schlagen. Schokolade und Haselnüsse untermengen. Schüssel aus dem Gefrierfach nehmen, Masse auftragen und dabei in der Mitte eine Vertiefung (für die Erdbeermasse) freilassen. Abermals tiefkühlen. Gewaschene Erdbeeren mit einer Gabel zerdrücken. Restliches Schlagobers steif schlagen. Mit restlichem Staubzucker süßen, Erdbeeren einmengen und Masse in die freigehaltene Vertiefung füllen. Für den Deckel die beiseite gelegten Kuchenstücke in Form schneiden, mit restlichem Maraschino beträufeln und vorsichtig auflegen. Überstehende Teigstücke abschneiden. Mit Klarsichtfolie abdecken und im Tiefkühlfach gut durchfrieren lassen. Vor dem Servieren etwa 1 Stunde lang im Kühlschrank etwas antauen lassen. Stürzen und rasch auftragen.

ZUTATEN

1 fertiger Kuchen aus Sandteig- oder Biskuitmasse (ca. 300–350 g), ersatzweise auch Biskotten
30 g Haselnüsse, geröstet
30 g Mandeln, geschält und geröstet
50 g kandierte Früchte
70 g Zartbitterschokolade
750 ml Schlagobers
ca. 100 ml Maraschino, Cognac und Cointreau, in beliebigem Mischverhältnis oder mit Wasser verdünnt
1 TL Vanillezucker
100 g Staubzucker
1 Schuss Rum
100 g frische Erdbeeren

Als das „Novelli“ 1998, gerade noch rechtzeitig vor der Jahrtausendwende, eröffnet wurde, war es binnen Tagen „Talk of the Town." Hier, so waren sich Gastronomie- und Architekturkritiker mit dem Publikum einig, war es gelungen, weltläufige Urbanität mit südlichem Flair und einer zeitgemäß-leichten Küche zu verknüpfen.

Obwohl das „Novelli", wie schon der dem Venezianischen entlehnte Beiname „Bacaro con cucina" andeutet, zutiefst im Italienischen verwurzelt ist, war es doch viel mehr als nur „ein neuer Italiener in Wien". Es vermittelte vielmehr einer neuen Generation von Genießern ein neues Lebensgefühl, das sich mit Vokabeln wie „leicht, unprätentiös, informell, kommunikativ und hedonistisch" wohl am besten umschreiben lässt.

Dabei ist das Ambiente, in dem sich das alles abspielt, im Grunde so traditionell wie es in Wien nur sein kann. Denn das „Novelli" liegt in einem architektonischen Komplex der kaiserlichen Hofburg und der Spanischen Hofreitschule und ist Teil des Palais Pallavicini. Dieses wiederum zählt zu den bedeutendsten Schöpfungen des österreichischen Hochbarock und wurde von Ferdinand Hohenberg von Hetzendorf, dem Architekten der Schönbrunner Gloriette, erbaut.

Mit Hochbarock hatten die beiden Architekturbüros Zöhrer und Pedrini freilich ganz und gar nichts im Sinn, als sie sich Ende 1997 daran machten, das früher als Auktionshaus dienende Ensemble von Grund auf zu revitalisieren. Man strebte vielmehr ein in mediterranen Erdfarben gehaltenes Restaurant moderner Prägung an, das in Florenz und Mailand ebenso stehen könnte wie in New York.

Alleine die Auswahl der Farben benötigte etwa drei Monate und führte nach Durchsicht ungezählter Farbmuster einmal mehr nach Venedig, wo ortsansässige

Handwerker die Farben nach einer jahrhundertealten Technik selbst mischten.
Auch die ursprüngliche Glasdecke wurde durch einen venezianischen Luster von beeindruckendem Ausmaß

ersetzt, der eine ziemlich kosmopolitische Geschichte hinter sich hat: Er wurde nämlich vom Novelli-Gründer DDr. Franz Haslauer speziell für die Bedürfnisse des Hauses nach Vorbildern aus Murano in Istanbul in Auftrag gegeben – und zuletzt aus Teheran angeliefert.
Weder venezianisch noch byzantinisch ist jedoch ein anderes Kernstück des „Novelli" – nämlich jener Kamin, der aussieht als wäre er immer schon im Palais Pallavicini gestanden, in Wahrheit jedoch aus einem verfallenen Prager Stadtpalais nach Wien transferiert wurde.

Bei der Entstehung des Restaurantkonzepts war dem aus einer alteingesessenen Salzburger Gastronomendynastie stammenden Franz Haslauer vor allem die Kommunikation wichtig, was sich in einer Vielzahl von Spiegeln und möglichen Durchblicken äußert: Man sieht von der Bar in das Restaurant und umgekehrt dürfen Restaurantgäste mit Bargästen sogar durch einen eigens zu diesem Zweck installierten Wanddurchbruch flirten. Jeder Gast kann andere Gäste durch die kleinen Spiegel über den Bänken beobachten. Und damit auch alles wirklich klappte, wurden die Baupläne für das ganze Restaurant vor ihrer Verwirklichung am PC in ein dreidimensionales Modell verwandelt. Der Patron konnte sich mit seinen Architekten also virtuell auf jeden Platz des Restaurants setzen und überprüfen, was sich von dort aus alles betrachten ließ.
Blieb nur noch die Küche einzurichten, wobei sich die Novelli-Macher für eine in jeder Hinsicht europataugliche High-Tech-Küche von Electrolux entschieden, die den Ansprüchen einer modernen Gourmetcuisine ebenso gerecht wurde wie sie auch das Arbeiten nach autochthonen mediterranen Rezepten bei gleichzeitig modernsten hygienischen Standards ermöglichte. Ein nachgerade ideales gastronomisches Umfeld also, in dem sich die Novelli-Equipe um Geschäftsführer Andreas Mikulits und Küchenchef Gerhard Bernhauer optimal entfalten kann.
Trotz aller Modernität entstammt das gastronomische Grundkonzept Haslauers Vorliebe für die typischen venezianischen Bacari, jene Bars, in denen kleine Imbisse gereicht werden und wozu man ein „Ombra" (Schatten) genanntes Gläschen Wein trinkt. Dass das „Novelli" schließlich doch keine „kleine Bar" wurde, ist indessen Haslauers intensiver Beschäftigung mit den gegen Ende des vorigen Jahrhunderts in Paris, London und New York boomenden Brasseriekonzepten zu verdanken.
Mittlerweile hat das Restaurant, das, so Haslauer, „100 Namen hatte, bevor es letztlich doch Novelli hieß", fast schon den Charakter einer gastronomischen Wiener Institution – wozu die Verleihung des Titels „Bestes italienisches Restaurant außerhalb Italiens" durch den italienischen Außenhandelsminister selbstverständlich das ihrige beigetragen hat.

Neben so vielen Erfolgen muss Haslauer freilich auch eine Niederlage eingestehen: Der ursprüngliche Plan, im „Novelli" täglich eine Polenta am offenen Feuer anzurühren und diese als Amuse gueule zu reichen, scheiterte kläglich. „Wir schafften es einfach nicht, die Polenta im offenen Kamin über mehrere Stunden bei gleich bleibender Qualität und richtiger Hitze konstant zu halten", erinnert sich Haslauer. „Und schließlich muss es ja auch etwas geben, weswegen es sich trotz ‚Novelli' noch lohnt, nach Venedig zu reisen."

Glossar

Mediterrane und allgemeine Küchenausdrücke, die man kennen sollte

Einzelne Produktinformationen finden Sie in unserer kleinen mediterranen Kochschule

Al dente – bissfest
Anschwitzen – in heißem Fett kurz anrösten
Antipasti – kleine, appetitanregende Vorspeisen (ital.)
Biskotte – Löffelbiskuit
Blanchieren – etwas mit kochendem Wasser überbrühen
Bottarga – getrockneter Fischrogen von Meeräsche oder Thunfisch
Bräter – große Bratpfanne
Brunoise – feinwürfelig geschnittenes Wurzelwerk
Bruschetta – kleine geröstete und belegte Brotschnitte
Ciabatta – italienisches Weißbrot
Concassé – würfelig geschnittene, geschälte und entkernte Tomaten
Confit – Eingemachtes
Corail – Rogen von Schaltieren
Courtbouillon – Sud zum Garen von Fischen (s. Kochschule S. 19)
Crêpe – dünne französische Palatschinke
Crespelle – dünne, pikant gefüllte italienische Palatschinke
Crostino – größere, geröstete und belegte Brotschnitte
Cuttern – mit dem Blitzcutter (Küchenmaschine) zerkleinern
Eidotter – Eigelb
Eierschwammerl – Pfifferlinge
Eiklar – Eiweiß
Einbrenn – Mehlschwitze
Farce – Füllmasse
Faschiertes – Hackfleisch
Fingerkarotten – zarteste Karotten in der feinen Küche
Flambieren – etwas mit Alkohol übergießen und anzünden
Flotte Lotte – Passiersieb
Focaccia – römische Verwandte der Pizza
Fond – Saucengrundlage, die beim Kochen, Dünsten etc. von Speisen entsteht (s. Kochschule S. 18ff.)
Frittata – Eierkuchen
Gelbe Rübe – Möhre
Gnocchi – kleine Klößchen
Grand Marnier – frz. Orangenlikör
Gratinieren – etwas bei großer Hitze im Backrohr überbacken
Hefe – Germ
Julienne – kleinstiftelig geschnittenes Wurzelgemüse
Jus – konzentrierter, entfetteter Bratensaft (s. Kochschule S. 20)
Kalbsbries – Kalbsmilch
Kalbsstelze – Kalbshaxe
Kalt schlagen – eine Masse im eiskalten Wasserbad schlagen, bis diese kalt ist
Karamellisieren – Zucker durch Erhitzen bräunen
Karkassen – Knochengerüst von Geflügel oder Gräten ohne Fleisch
Karotte – Mohrrübe
Kitz – junge Ziege, Zicklein
Kohl – Wirsing
Korinthen – kleine, kernlose getrocknete Weinbeeren
Kotelett – Rippchen
Krapfen (Krapferl) – in Fett herausgebackenes Gebäck
Kraut – Weißkohl
Kutteln – Kaldaunen
Läuterzucker – Wasser und Zucker im Verhältnis 1:1 aufgekocht
Legieren – binden (meist mit Eidotter oder Butter)
Limetten – Zitrusfrucht (s. Kochschule S. 55)
Limone – Zitrusfrucht (s. Kochschule S. 55)
Lungenbraten – Filet
Madeira – süßer Wein von der gleichnamigen Insel, sehr gut zum Kochen geeignet
Marille – Aprikose
Marinieren – etwas in Aromastoffen, Wein o. ä. ziehen lassen und dadurch aromatisieren
Maroni – Edelkastanie
Marmelade – Konfitüre
Marsala – sizilianischer Süßwein, der sich sehr gut zum Kochen eignet

Melanzani – Auberginen
Mie de pain – entrindetes und sehr fein geriebenes Weißbrot
Montieren – Sauce binden (meist mit kalter Butter)
Navetten – zarte gelbe oder weiße Rüben, die auch roh gegessen werden können
Noilly-Prat – französischer Wermut, sehr gut zum Kochen geeignet
Omelett – Eierkuchen
Palatschinken – Eier- oder Pfannkuchen
Pancetta – ital. Bauchspeck (s. Kochschule S. 45)
Panieren – etwas in Mehl, verquirltem Ei und Bröseln wenden
Parieren – vor dem Braten sauber zuputzen (Häutchen, Sehnen etc. entfernen)
Passieren – durch ein Sieb pressen
Pasta – ital. Nudeln (s. Kochschule S. 33ff.)
Pelati – geschälte Tomaten aus der Dose (s. auch Kochschule S. 50f.)
Pernod – französischer Anislikör, in vielen provençalischen Saucen verwendet
Pesto – kalte Würzpaste (s. Kochschule S. 37ff.)
Piccata – Schnitzel
Pochieren – knapp unter dem Siedepunkt garen
Polenta – Maisgrieß (s. Kochschule S. 41f.)
Reduzieren – bis zur gewünschten Konsistenz einkochen lassen (vor allem Saucen)
Rosine – Weinbeere
Rote Rübe – Rote Bete
Sabayon – über Dampf aufgeschlagene Eiercreme
Salsicce – kleine ital. Bratwürstchen, die sich gut zum Kochen eignen
Sauerkraut – Sauerkohl
Sauerrahm – saure Sahne
Schlagobers – süße Sahne
Schmalz – ausgelassenes Schweinefett
Semmelbrösel – Paniermehl
Shaker – Edelstahlbecher zum Mixen (Shaken) von Bar-Drinks
Soufflé – Auflauf
Spanferkel – junges Milchschwein
Tabascosauce – sehr scharfe Würzsauce
Tahin – Sesampaste zum Würzen
Tarte – frz. süßer Kuchen
Tapas – spanische (ursprüngl. andalusische) Vorspeisen und kleine Happen
Temperieren – etwas ganz langsam erwärmen
Topfen – Quark
Tournieren – Zuputzen und in Form bringen (vor allem Gemüse)
Tramezzini – ital. Sandwiches (ohne Rinde)
Umstechen – etwas von einer Pfanne o. ä. in ein anderes Gefäß geben
Versprudeln – mit einer Schneerute verschlagen
Vinaigrette – pikante kalte Kräutersauce
Vorteig – Dampfl (zur Germteigbereitung)
Warm schlagen – eine Masse über Dampf schaumig aufschlagen
Weichsel – Sauerkirsche
Weißkraut – Weißkohl
Wurzelwerk – Wurzel- oder Suppengemüse
Zabaione (Zabaglione) – italienische Weincreme
Zeste – hauchdünn geschnittene Schale von Orangen oder Zitronen
Zwetschke – Pflaume

Register

R

S

T